ABC DU BREVET

Réussite

LE BREVET ASSURÉ

Physique-Chimie
Sciences de la Vie et de la Terre
Technologie

3^e^

Sous la direction de
Nicolas Coppens

• Physique-Chimie
Nicolas Coppens
Olivier Doerler

• Sciences de la Vie et de la Terre
Laurent Lafond

• Technologie
Sébastien Guivarc'h
Arnaud Lopin

Nathan

Crédits photographiques

14 BSIP/Charles Winter ; 23, 32, 34, 38 h, 40 h, 47, 85, 92, 93b, 95, 103b, 166, 185b, 205 b et 350 Frédéric HANOTEAU ; 33 AGE FOTOSTOCK/Ken Graham ; 38 b FOTOLIA/Dutourdumonde ; 48 COSMOS/SPL/ David A Hardy ; 49 NASA/JPL ; 50 www.lesud.com/Lsmpascal ; 53 CIEL ET ESPACE/AAO/D.Malin ; 54 NASA/JPL/Caltech ; 55 www.lesud.com 2011 ; 57 ISM/Jean Claude Révy ; 58 CIEL ET ESPACE ; 64 FOTOLIA/Jaggatimages@www.jaggat.com ; 66 © Catherine Clavery/DR ; 69 Courtesy of NASA ; 70 AFP/David Lillo ; 74 CNES DIFFUSION Christian Bardou,1993 ; 74 b © Hergé/Moulinsart 2016 ; 75 *Superman returns* film de Bryan Singer, 2006 avec Brandon Routh dans le rôle de Superman/ Collection CHRISTOPHE L ; 83 CORBIS/Sergeï Karpov ; 91 Illustration de Alexandre Bonnefoy ; 93 htd SHUTTERSTOCK/Erhan Dayi ; 93 htg SHUTTERSTOCK/Ljupco Smokovski ; 93 mhd GAMMA RAPHO/Michel Gounot ; 93 mhg FOTOLIA/Danielle Bonardelle ; 103 ht COSMOS/SPL ; 105 BSIP/Ted Kinsman ; 107 BIOSPHOTO/Christophe Suarez ; 109 Isabelle Carré ; 110 b GAMMA RAPHO/photo news ; 110 htd AGE FOTOSTOCK/James Lauritz ; 110 htg FOTOLIA/Bastien Poux ; 110 htm GAMMA RAPHO/NASA/BELL/WOLFF/UPI ; 110 md Annie Mercier/Service sécurité et prévention, Université Laval, Québec ; 110 mg MUSÉE DE LA FOUDRE/Alex Hermant ; 127 ht NASA/JHVAPL/SWRI ; 129 d COSMOS/SPL ; 129 g AGE FOTOSTOCK/John Cancalosi ; 141 GAMMA RAPHO/Francis Demange ; 144 Dessin d'après paca.gouv.fr ; 147 DR ; 148 AFP/Jean-Pierre Clatot ; 167 *Atlas de biologie végétale, Associations et interactions chez les plantes*, Dunod, p. 155&157 ; 168 htg PrS-M Dupont, Labo de cytogénétique, groupe hospitalier Cochin, Paris ; 174 SPL/Martyn F. Chilimaid ; 176 OREDIA : hg Reeson/Retna ; hd Bonfante ; b Antoine ; 178 FOTOLIA/danielpankoke ; 179 Pour la Science/Bibliothèque pour la Science/L'évolution/1980 ; 185 ht FOTOLIA/dionoanormalia ; 186 DR ; 187 BIS/Ph. Jeanbor © Archives Bordas ; 188 d FOTOLIA/pixs'sell ; 188 g FOTOLIA/Jean-Jacques Cordier ; 196 et 197 GOETGHELUCK Pascal ; 204 SIPA PRESS/Friz ; 205 ht M.E. Raichle/Washington University School of Medecine, Saint Louis ; 206 MEDIA FOR MEDICAL/Alamy/Oleksandr Rupeta ; 212 ISM/ Hervé Conge ; 219 PHILIPPON Alain ; 221 GAMMA RAPHO/Michel Cogan ; 223 Mairie de Paris/Aksel Oz & Nina Missir ; 231 DR ; 234 123RF Limited/lucadp ; 235 Photo laboratoire Ampère (CNRS 5005) ; 236 FOTOLIA/Prod.Numérik ; 240 SHUTTERSTOCK/monicaodo ; 247 d lexon-design.com ; 247 g FOTOLIA/Tomasz Zajda ; 247 m FOTOLIA/Oleksandr Moroz ; 248 bas ISTOCK/duncan1890 ; 248 ht National Museum, Damas, Syrie/Bridgeman Images ; 252 d OREDIA/Nat May/Retna (reprise p. 253 b) ; 252 g BIS/Ph. © X-DR - Archives Larbor ; 252 m d ROGER-VIOLLET/Hulton archives (reprise p. 253 h) ; 252 mg ISTOCK/ivan-96 (reprise p. 253 h) ; 263 123RF Limited/mipan ; 267 ISTOCK/Ivan Strba ; 278 MEDIA FOR MEDICAL/Alamy/Juan Pablo Franco ; 287 bas LMT/École Normale Supérieure de Cachan ; 287 ht Torqeedo GmbH ; 294 bas MEDIA FOR MEDICAL/Alamy/Thorbjorn Fredh ; 294 ht DR ; 319 bas d SHUTTERSTOCK/Syda Productions ; 319 bas g SHUTTERSTOCK/Mark Hayes ; 319 ht et mbd Radiospares ; 319 m bg SHUTTERSTOCK/Sethuphoto ; 335 DR ; 336 Pierre THOMAS/Laboratoire de Géologie de Lyon : Terre, Planète, Environnement École Normale Supérieure de Lyon (reprise p. 339) ; 337 ESA/DLR/FU Berlin (G.Neukum) image NASA/USGS.

Réalisation éditoriale : Raphaëlle Mourey
Édition : Julie Langlais et Fanny Morquin, assistées de Susana Pizarro
Conception graphique intérieur : Julie Lannes
Couverture : Marc & Yvette
Compositeur : JPM / Linéale

ISBN : 978-2-09-152036-0

Mode d'emploi

Un ouvrage synthétique pour réviser et progresser avec méthode !

Cours
Méthode | Exercices | Corrigés

- Le cours est structuré en doubles-pages, pour faciliter les révisions. La page de gauche présente un **cours précis et concis.**
- La page de droite présente des **exercices résolus.**

Méthode
Cours | Exercices | Corrigés

- Cette rubrique présente de manière simple les **savoir-faire** requis au programme et pour le brevet.
- Ces **fiches méthode** s'appuient sur des cas **concrets** et présentent la démarche à suivre de manière très détaillée, grâce à un exercice **corrigé**.

Exercices
Cours | Méthode | Corrigés

- Variés, les **exercices d'entraînement** permettent de manipuler les notions du chapitre et d'appliquer la méthode.
- Des exercices **Vers le brevet** vous permettent de vous entraîner sérieusement à l'épreuve du brevet avec des sujets conformes aux exigences de l'examen.

Corrigés
Cours | Méthode | Exercices

- Les corrigés sont accompagnés de petites « bulles » présentant des **conseils**, des **remarques**, des **astuces pour gagner des points**…

ANNEXES

- Des **sujets type brevet**, avec leur corrigé très détaillé et des **conseils de méthode,** vous permettent de vous entraîner dans les conditions de l'examen.

Connectez-vous à abcbrevet.com

Sommaire

DESCRIPTION DE L'ÉPREUVE DU BREVET

1 Forme de l'épreuve

- **Nature :** épreuve écrite d'une durée d'une heure.
- **Notation :** sur 50 points.

45 points sont distribués entre les différentes questions et 5 points sont réservés à la présentation de la copie et à la bonne utilisation de la langue française pour rendre compte des observations, expériences, hypothèses et conclusions.

2 Structure de l'épreuve

- La commission nationale d'élaboration des sujets détermine, à chaque session, les deux disciplines sur les trois (Physique-Chimie, Sciences de la Vie et de la Terre, Technologie) qui sont évaluées sur 25 points chacune lors de l'épreuve.
- L'épreuve porte sur une thématique commune. Les énoncés sont volontairement concis afin qu'une éventuelle difficulté en lecture ne constitue pas un obstacle supplémentaire. Les exercices sont identifiés pour chaque discipline.

3 Connaissances et compétences évaluées

Les connaissances et les compétences évaluées lors de l'épreuve s'appuient sur les thématiques suivantes.

- **En Physique-Chimie**, il faut connaître l'organisation et les transformations de la matière, les mouvements et les interactions, l'énergie et ses conversions, ainsi que les signaux pour observer et pour communiquer.
- **En Sciences de la Vie et de la Terre**, sont étudiés la planète Terre, l'environnement et l'action humaine, le vivant et son évolution, ainsi que le corps humain et la santé.
- **En Technologie**, les thématiques s'articulent autour du design, de l'innovation, de la créativité, des objets techniques, des services, des changements induits dans la société, de la modélisation et de la simulation des objets techniques. L'informatique et la programmation sont aussi étudiées, c'est pourquoi un exercice de programmation informatique peut être proposé lors de l'épreuve.

Quelques conseils

1 De l'organisation...

- **Prenez le temps de lire l'intégralité du sujet** avant de commencer.
- **Commencez** par les questions avec lesquelles vous êtes le plus à l'aise.
- **Gérez correctement votre temps.** Prévoyez de garder un peu de temps pour la relecture.

2 Pour chaque question

- **Repérez dans l'énoncé et dans les documents les informations** qui sont en rapport avec la consigne.
- **Utilisez les feuilles de brouillon.** Il est recommandé de tracer d'abord les schémas au brouillon, de manière à apprécier la place nécessaire à leur réalisation sur la copie.
- **Vérifiez plusieurs fois vos calculs**, en faisant attention aux unités utilisées.

3 Pour la rédaction

- **Rédigez chaque partie de l'épreuve** sur une copie distincte par discipline.
- **Précisez bien le numéro de la question** à laquelle vous répondez (surtout si vous ne répondez pas aux questions dans l'ordre).
- **Écrivez les démarches suivies et vos essais sur les copies** même si vous n'arrivez pas à trouver la solution finale. Ils seront valorisés lors de la correction même s'ils n'ont pas abouti.
- **Tracez les schémas à la règle.**
- **Écrivez lisiblement.** Si votre écriture est difficile à lire, essayez d'aérer votre devoir et de bien séparer les lettres.
- **Soulignez à la règle** les mots importants et les résultats de vos calculs. Vous pouvez utiliser des stylos de couleur pour faire ressortir les idées importantes, mais attention à la copie « arc-en-ciel » avec trop de couleurs !
- **Construisez des phrases simples** et assez courtes.
- **Évitez les ratures** qui nuisent à la lisibilité, ainsi que les « pâtés » de blanc correcteur.
- **Faites attention à l'orthographe et à la grammaire**, notamment lors de la relecture : pas de phrase sans verbe, sans sujet, etc.

CHAPITRE 1

[Physique-Chimie] Constitution et états de la matière

1 États de la matière

1 Espèces chimiques

À l'échelle microscopique, la matière est constituée d'espèces chimiques.

Exemples : l'eau est constituée de molécules d'eau, qui sont des espèces chimiques. Une canette de soda est constituée d'atomes d'aluminium, qui sont des espèces chimiques.

2 Corps pur et mélange

- **Un corps pur est constitué d'une seule espèce chimique.**

Exemple : l'eau pure ne contient que des molécules d'eau.

- **Un mélange contient plusieurs espèces chimiques différentes.**

Exemple : une eau minérale contient des molécules d'eau, mais aussi de nombreuses autres espèces chimiques (les minéraux).

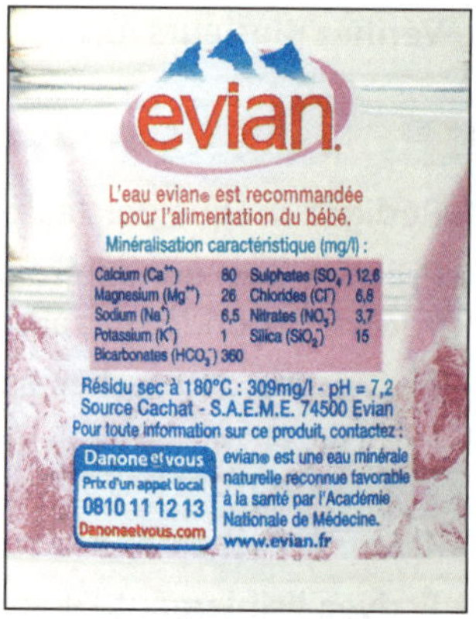

Doc. L'eau d'Évian est un mélange.

3 États de la matière

- **Les solides :** l'état solide est compact et ordonné. Les différentes espèces chimiques qui constituent le solide sont proches les unes des autres et immobiles.
Conséquence : un solide a un volume et une forme propres.
- **Les liquides :** l'état liquide est compact et désordonné. Les différentes espèces chimiques qui constituent le liquide sont proches les unes des autres, mais se déplacent.
Conséquence : un liquide a un volume propre, mais il prend la forme du récipient qui le contient.
- **Les gaz :** l'état gazeux est dispersé et désordonné. Les différentes espèces chimiques qui constituent le gaz sont éloignées et agitées.
Conséquence : un gaz n'a pas de volume ni de forme propres, son volume et sa forme sont ceux du récipient qui le contient.

EXERCICE RÉSOLU

Interpréter les états de la matière à l'échelle microscopique

ÉNONCÉ

À chaque proposition, associez la représentation d'un état : liquide, solide ou gaz.

1. Des grains de poussière dansent dans un rayon de soleil.

2. Des billes sont déposées dans un bocal, bien rangées. Les billes remplissent le bocal et sont immobiles.

3. Des billes sont enfermées dans un petit sac en tissu, bien tassées. Quand on déforme le sac, elles glissent les unes sur les autres.

4. Un chiffon utilisé pour nettoyer un tableau est agité pour en faire tomber la poudre fine de craie.

CORRIGÉ

1. Les grains de poussière sont en mouvement les uns par rapport aux autres, ils sont agités et éloignés les uns des autres.
Les grains de poussière peuvent être comparés, par analogie, à un **gaz**. Les poussières symbolisent les espèces chimiques qui constituent le gaz.

> **Attention !**
> Les poussières ne constituent pas un gaz. Il s'agit ici d'une comparaison, d'une représentation de la réalité.

2. Les billes sont immobiles et sont très proches les unes des autres.
Les billes peuvent être comparées, par analogie, à un **solide**. Elles symbolisent les espèces chimiques qui constituent le solide.

> **Piège à éviter**
> Le texte précise bien que le bocal est complètement occupé par les billes, qui ne glissent donc pas.

3. Cette fois, les billes peuvent se déplacer tout en restant relativement proches les unes des autres (grâce au sac).
Les billes peuvent être comparées, par analogie, à un **liquide**. Elles symbolisent les espèces chimiques qui constituent le liquide.

> **Remarque**
> La forme d'un liquide est celle du récipient. Ici aussi, la forme de l'ensemble des billes sera celle du sac.

4. Les fines particules de craie sont en mouvement les unes par rapport aux autres : elles ont des mouvements désordonnés et sont agitées.
Les particules de craie peuvent être comparées, par analogie à un **gaz**. Elles symbolisent les espèces chimiques qui constituent le gaz.

2 Changements d'état

1 Changements d'état d'un corps pur

• **Un corps pur est constitué d'espèces chimiques identiques**, quel que soit son état : solide, liquide ou gazeux.

Exemple : l'eau liquide, solide (glace) ou gazeuse (vapeur) contient des molécules d'eau identiques.

• **Un mélange est constitué de plusieurs corps purs :** différentes sortes de molécules coexistent dans le mélange.

• **La fusion d'un corps** est le passage de l'état solide à l'état liquide de ce corps.

Exemple : la fusion de l'eau solide correspond à la fonte de la glace.

• **La vaporisation d'un corps** est le passage de l'état liquide à l'état gazeux de ce corps.

Exemple : si on chauffe de l'eau pour qu'elle passe de l'état liquide à l'état gazeux, c'est une *vaporisation par ébullition*. Sous l'effet du Soleil, les eaux de surface peuvent passer à l'état gazeux en étant chauffées plus modérément, c'est une *vaporisation par évaporation*.

• **La liquéfaction d'un corps** est le passage de l'état gazeux à l'état liquide de ce corps.

• **La solidification d'un corps** est le passage de l'état liquide à l'état solide de ce corps.

2 Propriétés des changements d'état

• **Les températures de changement d'état sont caractéristiques d'un corps pur dans les conditions de l'expérience.**

Exemple : les températures de changement d'état de l'eau pure sous pression atmosphérique normale sont $T_{solidification} = 0$ °C et $T_{ébullition} = 100$ °C.

• **Durant un changement d'état, la masse du corps se conserve**, mais son volume varie.

• Un changement d'état s'accompagne de **transferts d'énergie**. Il s'explique au niveau microscopique par une **évolution de l'organisation des espèces chimiques**.

Doc. Modélisation microscopique des trois états de l'eau

EXERCICE RÉSOLU

Étudier des changements d'état

ÉNONCÉ

On souhaite étudier expérimentalement le changement d'état de différents corps. On dispose d'un bécher, de glace à –5 °C, d'un thermomètre avec sa sonde de température et d'un chronomètre.

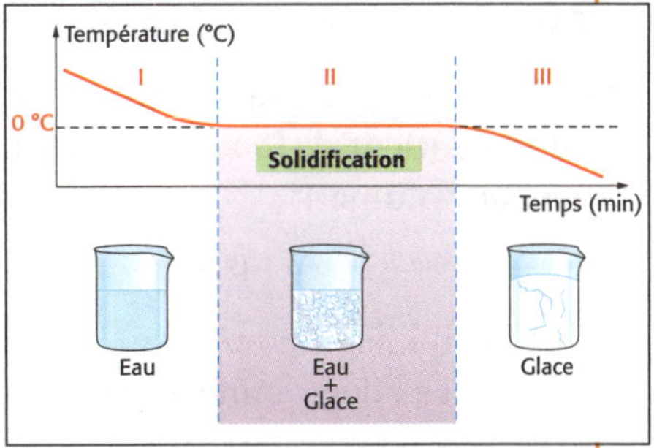

1. Proposez un protocole expérimental permettant d'obtenir la courbe ci-contre.

2. Un expérimentateur souhaite adapter ce protocole à la détermination de la température d'ébullition d'une solution contenant de l'éthanol.

a. Dans quel état physique est l'éthanol à température ambiante ?

b. L'expérimentateur relève une température d'ébullition de 65 °C. La solution est-elle composée d'éthanol pur ?

Données : pour l'éthanol pur, dans les conditions de l'expérience, T_{fusion} = – 114 °C, $T_{ébullition}$ = 78 °C.

CORRIGÉ

1. On plonge la sonde du thermomètre dans le bécher contenant la glace tout en déclenchant le chronomètre. On mesure ensuite régulièrement la température pour différentes dates et on représente la température sur l'axe vertical et le temps sur l'axe horizontal.

Remarque
Il est également possible de tracer la courbe à l'aide d'un tableur.

2. a. La température ambiante est de l'ordre de 20 °C. Or – 114 °C < 20 °C < 78 °C, l'éthanol pur est donc **liquide** à température ambiante.

b. La température d'ébullition serait de 78 °C si l'éthanol était pur, elle est ici très différente. On peut donc supposer que **l'éthanol n'est pas pur**.

Conseil
Pour répondre à ce type de question, choisissez une valeur approchée de la température ambiante.

3 Masse volumique

1 Définition de la masse volumique

Doc. 1 L de mercure a la même masse que 13,6 L d'eau.

• **La masse volumique d'une espèce chimique est le quotient de la masse *m* d'un échantillon par son volume *V* :**

$$\rho = \frac{m}{V}$$

avec m en kilogrammes (kg), V en mètres cubes (m^3) et ρ en kilogrammes par mètre cube (kg/m^3).

Exemples : la masse volumique de l'eau pure est égale à 1 000 kg/m^3 ; la masse volumique du mercure est de 13 600 kg/m^3.

• **La masse volumique peut s'exprimer dans d'autres unités.** Dans ce cas, les unités de la masse *m* et du volume *V* doivent être cohérentes.

Rappel : 1 mL = 1 cm^3 ; 1 $m^3 = 1 \times 10^3$ L $= 1 \times 10^6$ mL.

Exemple : la masse volumique de l'eau est aussi de 1 g/cm^3, mais dans ce cas, la masse doit être exprimée en grammes (g) et le volume en centimètres cubes (cm^3) dans la relation précédente.

• Si on connaît la masse volumique d'un corps et son volume, on peut calculer sa masse :

$$m = \rho \times V$$

Exemple : la masse d'un volume $V = 2$ m^3 d'eau sera $m = 1\,000 \times 2 = 2\,000$ kg.

• Si on connaît la masse volumique d'un corps et sa masse, on peut calculer son volume :

$$V = \frac{m}{\rho}$$

Exemple : le volume d'une masse $m = 3\,000$ kg d'eau sera $V = \frac{3\,000}{1\,000} = 3$ m^3.

2 Identification d'un corps pur

• **La masse volumique est caractéristique d'un corps pur dans un état donné.** Elle permet ainsi d'identifier ce corps.

Exemple : une masse volumique de 0,789 kg/m^3 permet d'identifier l'éthanol à l'état liquide.

• La masse volumique peut aussi parfois permettre d'identifier des matériaux de composition donnée.

Exemple : la masse volumique du sapin est de 450 kg/m^3, celle du chêne de 610 kg/m^3 à 950 kg/m^3.

EXERCICE RÉSOLU

Déterminer expérimentalement une masse volumique

ÉNONCÉ

Les analyses réalisées en laboratoire pour contrôler des échantillons combinent souvent plusieurs mesures. La masse volumique est ainsi parfois utilisée pour contrôler la qualité des arômes.

1. Proposez un protocole expérimental pour déterminer la masse volumique d'un échantillon liquide d'arôme.

Matériel disponible : éprouvette graduée de 50 mL, balance.

2. Comment faudrait-il modifier le protocole pour déterminer la masse volumique d'un solide ?

3. Si le protocole donné dans la question **2.** était appliqué pour un échantillon solide de fer de masse $m = 0{,}10$ kg, que pourrait-on observer et mesurer ?

Donnée : masse volumique du fer utilisé $\rho = 8\,000$ kg/m^3.

CORRIGÉ

1. On place l'éprouvette graduée vide sur la balance et on effectue le tarage de cette dernière. On prélève un volume $V = 50$ mL de la solution à l'aide de l'éprouvette graduée et on place l'éprouvette sur la balance afin de déterminer la masse m de liquide.

On calcule ensuite la masse volumique : $\rho = \dfrac{m}{V}$.

Vocabulaire

Le tarage de la balance consiste à ajuster la masse mesurée à zero. Il permet de ne pas comptabiliser la masse du récipient dans une pesée.

2. On pourrait par exemple placer un volume V connu d'eau dans une éprouvette graduée adaptée et plonger le morceau de fer dans l'éprouvette. La variation de volume observée correspondrait au volume V du morceau de fer. On calculerait ensuite la masse volumique en utilisant la relation $V = \dfrac{m}{\rho}$.

Remarque

Il est aussi possible de déterminer la masse volumique à l'aide d'un graphe (*cf.* exercices).

3. On observerait une élévation de volume égale à :

$$V = \frac{m}{\rho} = \frac{0{,}10}{8\,000} = 1{,}3 \times 10^{-5}\ \text{m}^3.$$

$$V = 1{,}3 \times 10^{-2}\ \text{L} = 12{,}5\ \text{mL}.$$

À savoir

$1\ \text{m}^3 = 1 \times 10^3$ L et
$1\ \text{L} = 1 \times 10^3$ mL.

4 Solubilité

1 Solubilité et miscibilité

- **Une solution est un mélange liquide homogène :** elle ne contient qu'une seule phase et est obtenue par dissolution dans un liquide d'une ou de plusieurs espèces chimiques.
- **Les solutés** sont les espèces chimiques dissoutes dans un liquide.
- **Le solvant** est la solution dans laquelle les solutés sont dissous. Si le solvant est l'eau, on parle de **solution aqueuse**.

Exemple : si on place du sel dans de l'eau, le sel est le soluté et l'eau le solvant.

- Un corps est **soluble** dans un solvant si le mélange obtenu, la solution, est **homogène**.
- **La solubilité** d'une espèce chimique dans un solvant est la masse maximale de cette espèce que l'on peut dissoudre dans un litre de solution. Elle s'exprime en grammes par litre (**g/L**) et dépend de la température. Si on atteint **la masse maximale de soluté** que l'on peut dissoudre, la solution est **saturée**.
- **Deux liquides sont miscibles si le mélange de ces deux liquides est homogène.**

Exemple : le mélange de l'eau et de l'éthanol est homogène, l'eau et l'éthanol sont miscibles.

- **Deux liquides ne sont pas miscibles si le mélange de ces deux liquides est hétérogène.**

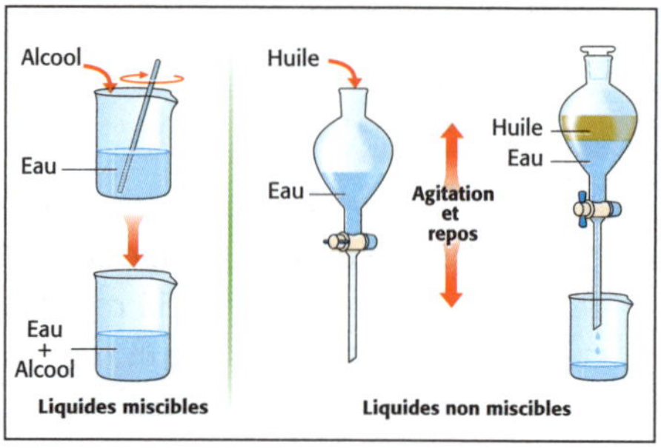

Doc. Liquides miscibles et non miscibles.

Exemple : le mélange de l'eau et de l'huile est hétérogène, l'eau et l'huile ne sont pas miscibles.

- Pour séparer les constituants d'un mélange liquide hétérogène, on utilise une **ampoule à décanter**.

2 Dissolution de gaz dans l'eau

- **L'air est un mélange**, essentiellement composé de 78 % de diazote, 21 % de dioxygène et 1 % d'autres gaz.
- La solubilité des gaz dans l'eau dépend de la nature du gaz et de paramètres physiques.

Exemple : la solubilité du dioxyde de carbone dans une eau minérale pétillante dépend de la pression du gaz dans la bouteille.

EXERCICE RÉSOLU

Analyser le fonctionnement d'un marais salant

ÉNONCÉ

Les marais salants permettent d'obtenir du sel à partir d'eau de mer. On cherche à expliquer physiquement cette séparation.

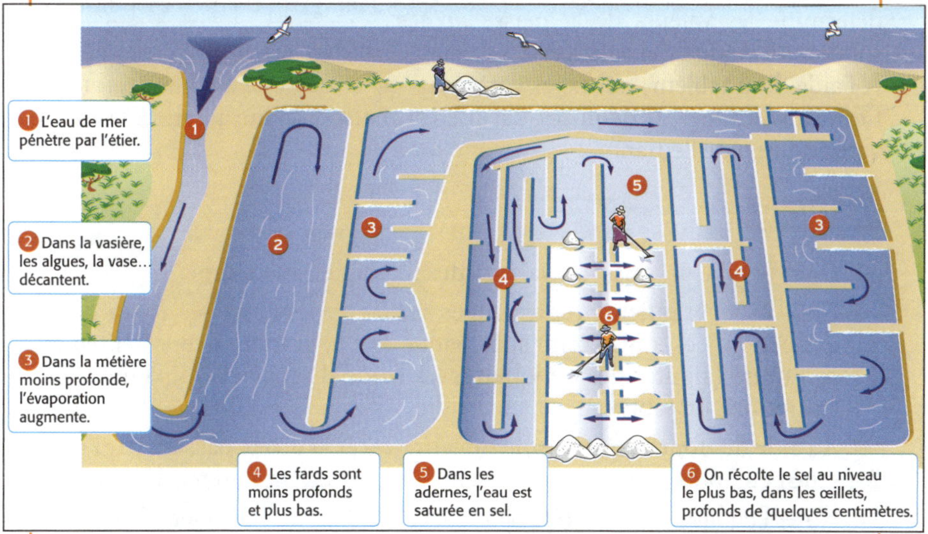

1. Quel changement d'état le fonctionnement du marais permet-il ?
2. Quelle différence y a-t-il entre l'eau de mer de l'étier et l'eau de mer des adernes ?
3. Peut-on recueillir du sel s'il pleut beaucoup lors de la récolte ?
4. Pourquoi ne récolte-t-on pas le sel en hiver ?

CORRIGÉ

1. La **vaporisation de l'eau par évaporation** permet le fonctionnement du marais.
2. L'eau de mer des adernes est **saturée en sel**, contrairement à l'eau de mer de l'étier.
3. En cas de fortes précipitations, l'eau de pluie augmentera le volume d'eau dans les adernes, et ces eaux ne seront plus saturées en sel. **On ne pourra plus récupérer le sel.**
4. En hiver, **l'ensoleillement n'est pas suffisant** pour permettre une évaporation suffisante de l'eau de mer, il est plus difficile, voire impossible, de récolter du sel dans le marais salant.

Piège à éviter
Il s'agit ici d'évaporation et non d'ébullition.

Vocabulaire
Lorsqu'elle est saturée en sel, l'eau de mer ne peut plus dissoudre de sel supplémentaire.

Déterminer une masse volumique à l'aide d'un graphique

ÉNONCÉ

À l'aide d'une éprouvette graduée, on prélève différents volumes V d'éthanol et on détermine les valeurs de la masse m des solutions à l'aide de la balance.

V (mL)	10	20	30	40	45
m (g)	7,9	16	24	32	35

À l'aide d'un tableur, tracez les variations de la masse m d'éthanol en fonction du volume V et déduisez-en une estimation de la valeur de la masse volumique ρ de l'éthanol.

MÉTHODE

1. Dans le tableur, saisir les valeurs des masses et du volume.
2. Choisir les grandeurs représentées sur l'axe des abscisses et sur l'axe des ordonnées, puis écrire sur chaque axe la grandeur représentée et son unité (ajouter des « étiquettes » à l'aide du tableur ou paramétrer les options du tableur).
3. À l'aide des fonctionnalités du tableur, tracer la droite passant par l'origine et au plus près des points (courbes de tendance ou modélisation).
4. Noter l'équation de la droite obtenue et la valeur du coefficient directeur.
5. Écrire la relation entre m et V en faisant intervenir ρ.
6. En comparant l'équation de la droite (**4**) et la relation écrite en **5.**, déterminer la masse volumique de l'éthanol.

CORRIGÉ

<table>
<tr><th>Solution</th><th>Commentaires</th></tr>
<tr><td rowspan="4">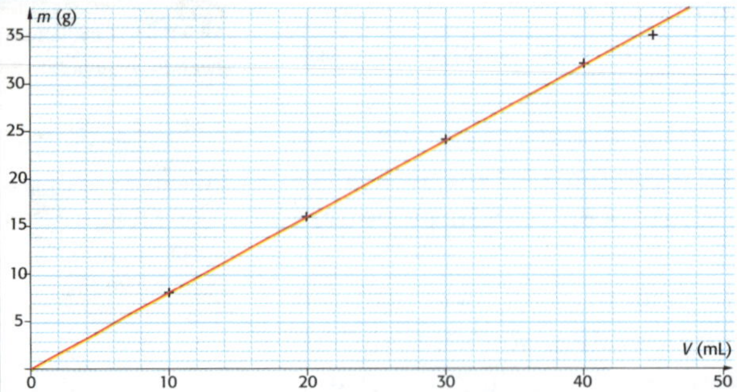
</td><td>1. On veut représenter m en fonction de V : m est en ordonnée et V en abscisse.</td></tr>
<tr><td>4. $m = a \times V$ avec $a = 0{,}79$ g/mL.</td></tr>
<tr><td>5. $m = \rho \times V$.</td></tr>
<tr><td>6. Par comparaison (identification) : $\rho = a = 0{,}79$ g/mL.</td></tr>
</table>

Déterminer la solubilité d'une espèce chimique dans l'eau

ÉNONCÉ

L'hydrogénocarbonate de sodium est un solide blanc. Comment mesurer expérimentalement sa solubilité dans l'eau à une température donnée ?

MÉTHODE

1. Bien lire la question et identifier les espèces chimiques mises en jeu en précisant le solvant et le soluté.
2. Donner la définition de la solubilité.
3. Déduire des questions précédentes une stratégie expérimentale.
4. Rédiger un protocole expérimental permettant de mesurer la solubilité de l'hydrogénocarbonate de sodium dans l'eau.

CORRIGÉ

Solution	Commentaires
Pour mesurer la solubilité de l'hydrogénocarbonate de sodium dans l'eau à une température donnée, on peut suivre le protocole expérimental suivant : – Prélever 100 mL d'eau à l'aide de l'éprouvette graduée et verser le prélèvement dans le bécher. – Mesurer et noter la température de l'eau. – Agiter constamment. – À l'aide de la coupelle de pesée et de la spatule, ajouter régulièrement l'hydrogénocarbonate de sodium dans l'eau tout en agitant et en notant la masse ajoutée. – Continuer à ajouter de l'hydrogénocarbonate de sodium tant qu'il se dissout dans la solution aqueuse. – Pour déterminer la solubilité, multiplier par 10 la masse finale mesurée.	**1.** Le solvant est l'eau, le soluté est l'hydrogénocarbonate de sodium. **2.** La solubilité est la masse maximale de soluté que l'on peut dissoudre dans 1 L de solvant. **3.** 1 L étant un volume trop important, on va déterminer quelle masse d'hydrogénocarbonate de sodium peut être dissoute dans 100 mL d'eau. **4.** La solubilité dépendant de la température, il faut mesurer la température de la solution. On ne mesure pas vraiment une valeur de la solubilité, mais son encadrement : elle est comprise entre la dernière masse mesurée entièrement dissoute (× 10 pour se rapporter à un volume de 1 L) et la première masse mesurée pour laquelle la dissolution n'est plus possible (× 10).

QCM

1 Cochez la (ou les) réponse(s) correcte(s).

1. Un corps pur est constitué :

a. ☒ d'une seule espèce chimique **b.** ☐ de plusieurs espèces chimiques

c. ☒ d'un seul type de molécules

2. Un solide a :

a. ☒ une forme propre **b.** ☒ un volume propre

c. ☐ la forme du récipient

3. Les changements d'état s'accompagnent :

a. ☐ d'une variation de masse **b.** ☒ d'une variation de volume

c. ☒ de transferts d'énergie

4. La masse volumique peut s'exprimer en :

a. ☒ g/L **b.** ☐ L/g **c.** ☐ g·L

5. La solubilité d'une espèce chimique dans de l'eau est :

a. ☐ toujours élevée **b.** ☐ toujours faible

c. ☒ différente suivant les espèces chimiques

6. L'air est :

a. ☒ un mélange **b.** ☒ surtout constitué de diazote

c. ☐ surtout constitué de dioxygène

2 Répondez par vrai ou faux.

Affirmations	Réponses
1. C'est dans l'état solide que les espèces chimiques sont le plus souvent le moins mobiles.	☒ V ☐ F
2. Dans des conditions déterminées (pression fixe par exemple), l'ébullition de l'eau s'accompagne d'un transfert d'énergie.	☒ V ☐ F
3. La température de solidification de l'eau pure est exactement la même que celle d'une eau minérale en bouteille.	☐ V ☒ F
4. Pour une espèce donnée, la masse de l'espèce est proportionnelle à son volume.	☒ V ☐ F
5. Pour séparer deux liquides hétérogènes, il est possible d'utiliser une ampoule à décanter.	☒ V ☐ F
6. La dissolution du sucre dans de l'eau s'explique par la fusion du sucre.	☐ V ☒ F

Exercices d'entraînement

3 La matière au niveau microscopique

A-t-on représenté dans les modélisations de la matière ❶, ❷ et ❸, un corps pur ou un mélange ? Justifiez chaque réponse.

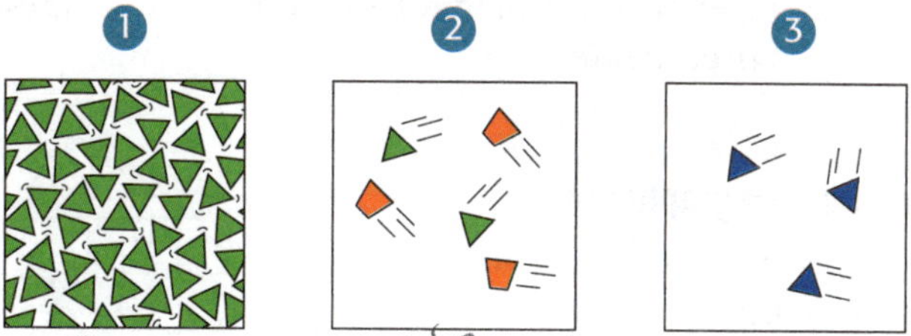

pur — mélange — pur

4 Différentes échelles pour la matière

Reliez les éléments correspondants comme sur le modèle.

Au cours d'une dissolution, la masse ne change pas.	Les molécules sont dispersées et en mouvement désordonné.
La menthe à l'eau est un mélange.	Le nombre de molécules de chaque substance se conserve.
L'odeur d'une bouteille de parfum ouverte se répand dans toute la pièce.	Il y a différentes sortes de molécules.
Un solide a une forme propre.	Les molécules sont disposées de façon compacte et ordonnée.

5 De la glace à l'eau

Justifiez précisément la schématisation ci-dessous.

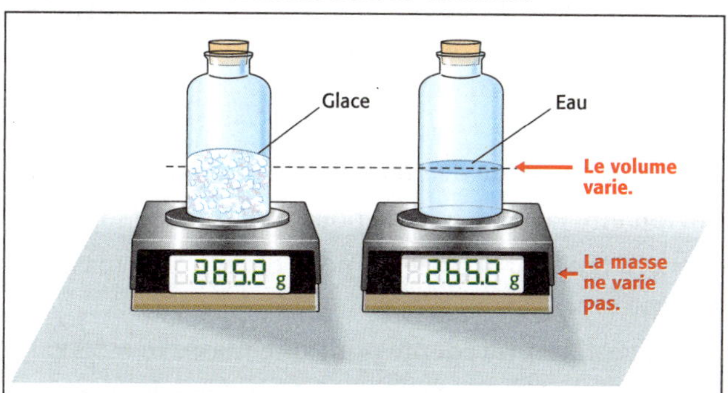

6 De l'eau à la glace

On sait qu'un litre d'eau liquide a une masse de 1 kg et que lorsque l'eau liquide se transforme en glace, son volume augmente.

1. La masse d'un litre de glace est-elle inférieure, égale ou supérieure à 1 kg ? Justifiez la réponse.

2. Proposez une expérience permettant de vérifier l'hypothèse formulée dans la question précédente.

7 Construction d'un graphique

On réalise l'expérience de fusion de la glace. À intervalles de temps réguliers, on relève la température dans le tube à essais :

Temps (min)	0	1	2	3	4	5	6
Température (°C)	– 18	– 7	0	0	0	4	13

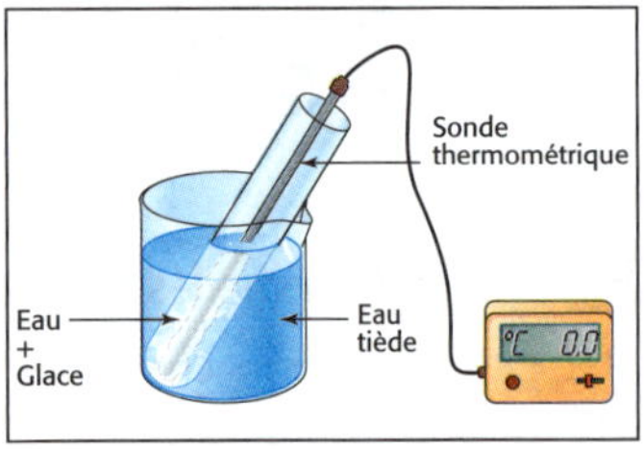

1. Tracez sur papier millimétré l'évolution de la température en fonction du temps.

2. Donnez l'état physique de l'eau dans chacun des trois domaines de la courbe.

3. Pourquoi la température de l'eau augmente-t-elle à nouveau entre 4 min et 5 min ?

4. Décrivez ce que l'on observerait sur le graphe représenté si on continuait à chauffer l'eau jusqu'à une température voisine de 100 °C.

8 L'octane dans tous ses états

On donne ci-dessous quelques caractéristiques d'un hydrocarbure, l'octane. On supposera dans l'exercice que l'on se place dans des conditions physiques identiques à celles de ces données :
– masse volumique : $\rho = 0{,}703$ kg/L ;
– températures d'ébullition $T_{\text{Ébullition}} = 125$ °C et de fusion $T_{\text{Fusion}} = -57$ °C.

1. Quel serait l'état physique de l'octane à température ambiante ? Justifiez.

2. Quelle devrait être la température pour que l'octane soit à l'état solide ?

3. Quel volume V faudrait-il prélever pour obtenir une masse $m = 0{,}703$ kg d'octane ? Justifiez.

4. Reprenez la question précédente pour une masse $m = 5$ kg.

5. Quelle serait la masse m d'un volume $V = 1{,}5$ m^3 d'octane ?

9 La mayonnaise

Recette de la mayonnaise

Mettre un jaune d'œuf dans un bol avec un peu de sel et une cuillère de moutarde. Tout en mélangeant avec le fouet, verser l'huile en filet jusqu'à obtention d'une bonne consistance. Ajouter un peu de vinaigre. Continuer à fouetter en versant de l'huile jusqu'à avoir la quantité désirée. (Le vinaigre est une solution aqueuse.)

Doc. Fabrication d'une mayonnaise

1. Identifiez les substances utilisées et leur état physique.
2. Quel est (sont) le (les) soluté(s) utilisé(s) ?
3. Quel est (sont) le (les) solvant(s) utilisé(s) ?
4. On rappelle que l'eau et l'huile ne sont pas miscibles. Que pourrait-on s'attendre à observer dans la mayonnaise ?
5. Lorsqu'elle est réussie, la mayonnaise est homogène. Formulez une hypothèse pour expliquer ce résultat.

10 Étude d'un mélange de liquides

On donne ci-dessous quelques caractéristiques de différentes espèces.

	Eau	Huile	Couleur
Sirop de menthe	Très soluble	Insoluble	Vert
Huile essentielle de lavande	Très peu soluble	Très soluble	Incolore
Eau		Insoluble	Incolore

1. Comment peut-on justifier qu'un sirop de menthe est une solution aqueuse ?
2. Que pourra-t-on observer si on mélange du sirop de menthe à de l'eau ? À de l'huile ?
3. Que pourra-t-on observer si on mélange de l'huile essentielle de lavande à de l'eau ? À de l'huile ?
4. Comment pourrait-on séparer les constituants d'un mélange {huile essentielle de lavande ; eau} ?

Vers le brevet

11 Adaptation des organismes aux attitudes élevées

La pression atmosphérique diminue quand on s'élève en altitude ; la solubilité du dioxygène dans le sang diminue également :

Pression de l'air (en bar)	1,0	0,90	0,80	0,70	0,2
Solubilité en masse du dioxygène dans l'eau (en mg/L)	8,3	7,5	6,6	5,8	1,6

Les habitants des régions élevées du globe ont un organisme adapté à la vie en altitude. En effet, la quantité de dioxygène dissous dans le sang artériel (constitué essentiellement d'eau) diminue avec l'altitude, mais le nombre de globules rouges augmente de façon importante, ce qui améliore le transport du dioxygène par le sang.

1. a. À l'aide de l'énoncé, expliquez comment varie la pression atmosphérique lorsque l'altitude augmente.

b. Quelle est l'espèce chimique majoritaire dans le sang ?

2. a. Tracez la représentation graphique de la solubilité en masse du dioxygène dans l'eau en fonction de la pression de l'air.

b. Quelle serait la valeur de la solubilité du dioxygène dans l'eau si la pression atmosphérique était de 0,50 bar ?

c. La pression atmosphérique moyenne étant de 1,0 bar au niveau de la mer et de 0,20 bar au sommet de l'Everest, par quel facteur sera divisée la solubilité du dioxygène dans l'eau si un alpiniste passe directement du niveau de la mer au sommet de l'Everest ?

3. a. À l'aide de la courbe tracée dans la question **2.**, expliquez comment varie la solubilité du dioxygène dans l'eau en fonction de la pression de l'air qui surmonte cette eau.

b. À l'aide de l'énoncé, expliquez comment les organismes des habitants de régions d'altitude élevée se sont adaptés à ces conditions particulières.

c. De nombreux sportifs français s'entraînent en altitude à la station des Pyrénées de Font Romeux. Expliquez en quoi cette préparation est intéressante lors du retour à une altitude moins élevée.

QCM

1 **1. Réponses : a et c.** Un corps constitué de **plusieurs espèces** chimiques est un **mélange** et non un corps pur.

> **Remarque**
> Les espèces chimique ne sont pas toutes des molécules.

2. Réponses : a et b. Ce sont les liquides et les gaz qui ne possèdent pas de formes propres.

3. Réponses : b et c. La masse est conservée dans les changements d'état.

4. Réponse : a. La masse volumique est le rapport d'une masse par un volume et s'exprime en unités de masse par unité de volume : **g/L.**

5. Réponse : c. La solubilité d'une espèce chimique **peut être très différente dans l'eau** suivant la nature de l'espèce chimique et son interaction avec l'eau.

> **Piège à éviter**
> Dans un changement d'état, c'est l'organisation microscopique des espèces chimiques qui change. Ces espèces chimiques sont en revanche conservées.

6. Réponses : a et b. L'air est un **mélange**, constitué en moyenne de **78 % de diazote, 21 % de dioxygène** et 1 % d'autres gaz.

2 **1. Vrai. Dans l'état solide, les espèces chimiques sont immobiles**, tandis qu'elles sont en mouvement les unes par rapport aux autres dans un liquide, et très agitées dans un gaz.

2. Vrai. Un changement d'état s'accompagne de **transfert d'énergie**.

3. Faux. Les températures de changement d'état sont **caractéristiques des corps purs**. Si les corps **ne sont pas purs, ces températures changent**.

4. Vrai. $m = \rho \times V$: pour une espèce donnée, la masse volumique ρ est une constante, et la masse est donc le produit d'une constante par le volume. **On dit que la masse est proportionnelle au volume**.

5. Vrai. Dans une ampoule à décanter, les différences entre les phases permettent de les recueillir indépendamment l'une de l'autre.

6. Faux. Le sucre se dissout dans l'eau, **car il est soluble dans l'eau**. La fusion est le changement d'état qui se produit lorsque l'on chauffe le sucre, pour former du caramel liquide par exemple.

> **Piège à éviter**
> Ne confondez pas fusion et dissolution !

Exercices d'entraînement

3 Dans les **figures ❶ et ❸**, il y a un seul type d'espèces chimiques modélisées : ce sont des **corps purs.**
Dans la **figure ❷**, il y a plusieurs types d'espèces chimiques modélisées : c'est un **mélange**.

L'astuce du prof

L'odeur qui se « répand » correspond à la dispersion d'un gaz.

4

- Au cours d'une dissolution, la masse ne change pas. → Le nombre de molécules de chaque substance se conserve.
- La menthe à l'eau est un mélange. → Il y a différentes sortes de molécules.
- L'odeur d'une bouteille de parfum ouverte se répand dans toute la pièce. → Les molécules sont dispersées et en mouvement désordonné.
- Un solide a une forme propre. → Les molécules sont disposées de façon compacte et ordonnée.

5 La figure présente le **changement d'état de la glace** (eau à l'état solide) **vers l'eau** (eau à l'état liquide). On observe que **la masse d'eau ne varie pas** dans le changement d'état, car l'indication de la balance reste la même. Le repère sur les flacons permet de conclure que **le volume diminue dans la fusion de la glace**.

6 **1.** Un litre de glace correspond à une quantité de matière issue d'un volume d'eau inférieur à 1 L puisque le volume de l'eau augmente lorsqu'elle passe de l'état liquide à l'état solide. **La masse d'un litre de glace devrait donc être inférieure à la masse d'un litre d'eau.**

Piège à éviter

On ne part pas ici de la même masse, mais d'un même volume.

2. Prendre de la glace pilée (réduite en très petits cubes) et remplir un récipient jusqu'à un volume de 1 litre. Déterminer la masse de glace. Comparer la masse obtenue avec la masse d'un litre d'eau liquide.

7 **1.** et **2.**

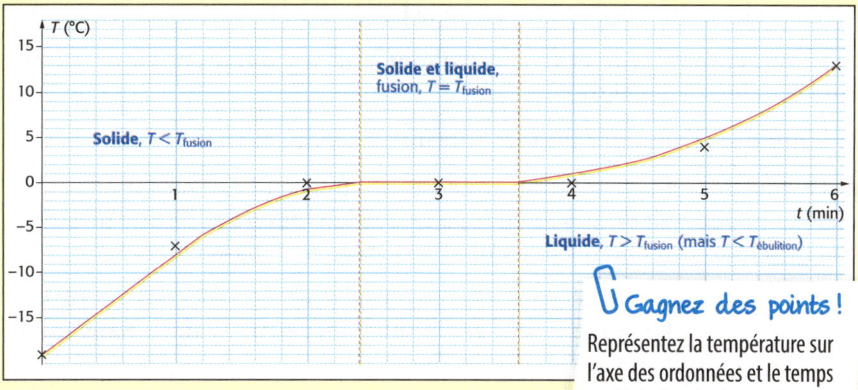

Gagnez des points !

Représentez la température sur l'axe des ordonnées et le temps sur l'axe des abscisses.

3. Lorsque toute la glace a fondu, si **le système continue à recevoir de l'énergie**, la température recommence à augmenter.

4. Si on continuait l'expérience, **on observerait à nouveau un palier, une température constante autour de 100 °C**, pendant toute la durée de l'ébullition de l'eau liquide. Le récipient étant ouvert, l'expérience s'arrêterait ensuite, car la sonde de température ne serait plus plongée dans le liquide.

Remarque

La température est constante durant tout le changement d'état, elle ne pourra varier que lorsque ce changement d'état sera terminé.

8 **1.** Pour une température ambiante voisine de 20 °C, on a :
$-57\ °C < 20\ °C < 125\ °C$, soit $T_{\text{Fusion}} < 20\ °C < T_{\text{Ébullition}}$.
L'octane sera **liquide** à température ambiante.

2. L'octane sera solide si la température est inférieure à la température de fusion, soit **pour des températures inférieures à – 57 °C.**

3. $V = \frac{m}{\rho} = \frac{0{,}703}{0{,}703} = 1$ L. Il faudrait prélever **1 L** pour obtenir 0,703 kg d'octane.

4. $V = \frac{m}{\rho} = \frac{5}{0{,}703} = 7{,}1$ L. Il faudrait prélever **7,1 L** pour obtenir 5 kg d'octane.

L'astuce du prof

$\rho = 0{,}703$ kg/L signifie qu'il y a 0,703 kg par litre de l'espèce.

5. La masse volumique est en kg/L, il faut convertir le volume en litres :
$V = 1{,}5\ m^3 = 1\,500$ L
$m = \rho \times V = 0{,}703 \times 1\,500 =$ **1 055 kg.**

9 **1.** Les substances solides utilisées sont le **sel** et la **moutarde**.
Les substances liquides utilisées sont le **jaune d'œuf**, l'**huile** et le **vinaigre**.

2. **Le sel, la moutarde et le jaune d'œuf sont les solutés**, ils sont dissous dans l'huile et le vinaigre.

3. **L'huile et le vinaigre sont les solvants**, on y dissout les solutés.

4. Le vinaigre est une solution aqueuse, or l'huile et l'eau ne sont pas miscibles. On pourrait donc s'attendre à ce que **le vinaigre et l'huile ne soient pas miscibles** et à obtenir **deux phases distinctes** dans la mayonnaise.

5. Un des solides ajoutés modifie les propriétés des solvants et permet leur miscibilité. **Le jaune d'œuf est la substance primordiale. Sans lui, le vinaigre et l'huile ne sont pas miscibles !**

10 **1.** On obtient un sirop de menthe par **dissolution de sirop pur dans de l'eau**, il s'agit donc d'une solution aqueuse.

2. Le sirop de menthe étant très soluble dans l'eau, on observera un **liquide homogène si on le mélange à l'eau**.
Le sirop de menthe étant insoluble dans l'huile, on observera un **liquide hétérogène** (deux phases) **si on le mélange à l'huile**.

> **Gagnez des points !**
> Analysez bien le tableau de données sur les solubilités.

3. **L'huile essentielle** de lavande étant très peu soluble dans l'eau, elle **formera deux phases dans l'eau**.
L'huile essentielle étant très soluble dans l'huile, elle **ne formera qu'une seule phase dans l'huile**.

4. On pourrait séparer les constituants d'un mélange {huile d'essentielle de lavande ; eau} à l'aide **d'une ampoule à décanter**. Il suffirait de laisser couler la phase inférieure et de la récupérer, avant d'opérer de même pour la phase supérieure.

Vers le brevet

11 **1. a.** D'après la première phrase du texte introductif, « **la pression atmosphérique diminue quand on s'élève en altitude** ».

b. Le texte affirme que le sang est **constitué essentiellement d'eau**.

> **Piège à éviter**
> La solubilité est en ordonnée et la pression en abscisse.

2. a. On trace le graphique avec la solubilité en ordonnée et la pression en abscisse.

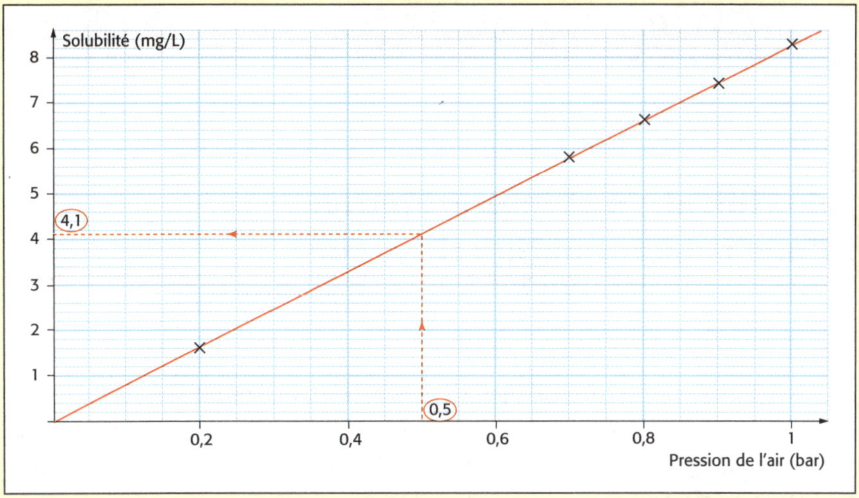

b. On cherche sur le graphe le point de la droite dont l'abscisse a pour valeur 0,50 bar. On en déduit par construction graphique son ordonnée : 4,1 mg/L. **La solubilité du dioxygène dans l'eau si la pression atmosphérique était de 0,50 bar serait de 4,1 mg/L.**

Remarque

Ce facteur est ici plus grand que 1, car la solubilité diminue en passant de 8,3 mg/L à 1,6 mg/L.

c. Dans le tableau de l'énoncé, on relève les solubilités du dioxygène dans l'eau à 1,0 bar et à 0,2 bar : 8,3 mg/L et 1,6 mg/L.

On calcule le rapport $\frac{8,3}{1,6} = 5,2$. **Lorsque l'alpiniste passe du niveau de la mer au sommet de l'Everest, la solubilité du dioxygène dans l'eau est divisée par 5,2 (quasiment par 5).**

3. a. La courbe représentée dans la question **2.** est une droite passant par l'origine. **On en déduit que la solubilité du dioxygène dans l'eau est proportionnelle à la pression de l'air (la solubilité augmente avec la pression).**

b. D'après le texte, « **le nombre de globules rouges augmente de façon importante, ce qui améliore le transport de dioxygène par le sang** ».

c. L'organisme des sportifs s'adapte à l'altitude en produisant plus de globules rouges. Lors du retour à une altitude plus faible, **cet accroissement du nombre de globules rouges entraîne une augmentation des capacités physiques des sportifs.**

Remarque

Des substances dopantes permettent aussi d'augmenter ce taux de globules rouges, non sans danger pour l'athlète !

CHAPITRE 2

[Physique-Chimie] Transformations chimiques

1 Identification et interprétation d'une transformation chimique

1 Molécules, atomes et ions

• **La matière est constituée de particules extrêmement petites, les atomes.**

• **Les atomes** sont représentés par un **symbole chimique** : une lettre majuscule quelquefois suivie d'une minuscule. Ces symboles figurent dans la **classification périodique**.

• **L'atome est constitué d'un noyau et d'électrons en mouvement** autour du noyau. La charge électrique négative des électrons compense la charge positive du noyau, donc **l'atome est électriquement neutre**.

• **Une molécule est un assemblage d'atomes.** Elle est représentée par une **formule chimique** indiquant le nom des atomes qui la constituent et leur nombre. Dans la formule chimique, le nombre d'atomes d'une même sorte est écrit en indice et à droite du symbole de l'atome correspondant.

Exemple : H_2O est la formule chimique de la molécule d'eau. Cette molécule contient 2 atomes d'hydrogène et 1 atome d'oxygène.

• **Un ion positif** est un atome qui a perdu 1, 2 ou 3 électrons. **Un ion négatif** est un atome qui a gagné 1, 2 ou 3 électrons.

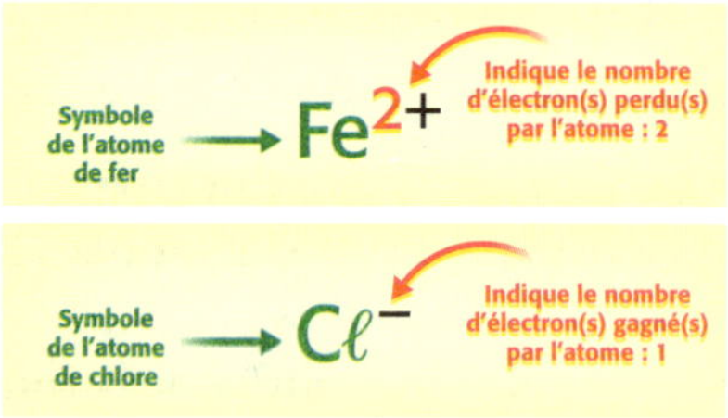

2 Transformation chimique

• **Dans une transformation chimique, il y a redistribution des atomes qui constituent les réactifs pour former de nouvelles molécules ou de nouveaux ions nommés produits.**

• Les ions peuvent être mis en évidence grâce à des **tests caractéristiques**.

Exemple : les ions cuivre Cu^{2+} conduisent à la formation d'un précipité bleu en présence d'une solution d'hydroxyde de sodium.

• **Au cours d'une transformation chimique, la masse totale se conserve :** la valeur de la masse des réactifs disparus est égale à la valeur de la masse des produits formés.

EXERCICE RÉSOLU

Utiliser une équation de réaction chimique

ÉNONCÉ

Les réactions de combustion contribuent à augmenter les rejets de dioxyde de carbone ($CO_{2(G)}$) dans l'atmosphère. On donne l'équation de la combustion du méthane dans le dioxygène :

$$CH_{4(G)} + 2\ O_{2(G)} \rightarrow CO_{2(G)} + 2\ H_2O_{(L)}$$

1. Donnez les noms et formules chimiques des différentes espèces qui interviennent dans cette réaction chimique, en précisant les réactifs et les produits.

2. Proposez une phrase pour décrire cette équation de combustion.

3. Si on réalise cette combustion dans un flacon fermé, que pourrait-on observer *a priori* ?

CORRIGÉ

1.

Réactifs		Produits	
$CH_{4(G)}$	$O_{2(G)}$	$CO_{2(G)}$	$H_2O_{(L)}$
Méthane	**Dioxygène**	**Dioxyde de carbone**	**Eau**

Piège à éviter

Les nombres placés devant les espèces ne sont pas dans la formule de l'espèce.

2. Une molécule de méthane réagit avec deux molécules de dioxygène pour former une molécule de dioxyde de carbone et deux molécules d'eau.

Vocabulaire

Pensez à utiliser les termes adaptés : « molécules » ici et non « atomes ».

3. Il y a deux produits dans la réaction. Le dioxyde de carbone est un gaz *a priori* incolore (sauf indication contraire), on ne l'observera donc pas, tandis que l'eau est un liquide. On devrait donc détecter **la formation de gouttelettes d'eau sur la paroi du récipient**.

Remarque : il y aura également une flamme vive durant cette combustion.

Modèles moléculaires	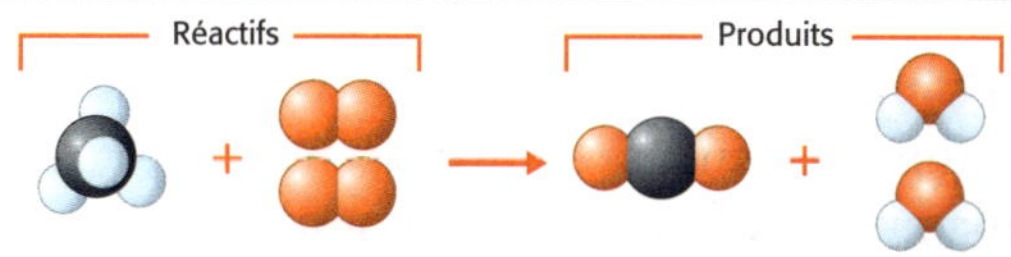
Équation de réaction	$CH_4 + 2\ O_2 \longrightarrow CO_2 + 2\ H_2O$

2 Propriétés acido-basiques d'une solution

1 Le pH et sa mesure

- Il est possible de mesurer le pH d'une solution à l'aide de **papier pH** ou d'un **pH-mètre.**
- Le nombre correspondant à la teinte obtenue sur le papier pH ou à l'affichage du pH-mètre est le pH de la solution. **Le pH est un nombre sans unité compris entre 0 et 14.**
- Une solution est **acide** si son pH est inférieur à 7, **neutre** si son pH est égal à 7, et basique si son pH est supérieur à 7.

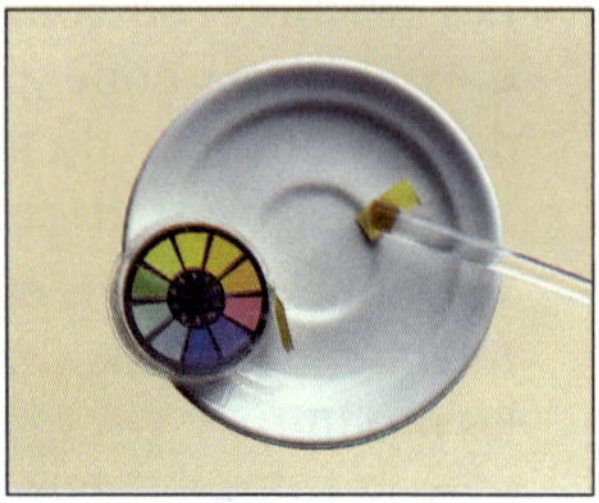

Doc. Mesure du pH avec du papier pH

Exemple : le pH du vinaigre est souvent voisin de 3, c'est une solution acide.

2 Ions H^+ et HO^-

Le pH d'une solution est lié aux quantités respectives d'ions hydroxyde HO^- et hydrogène H^+.

Exemple : une solution acide contient plus d'ions hydrogène que d'ions hydroxyde.

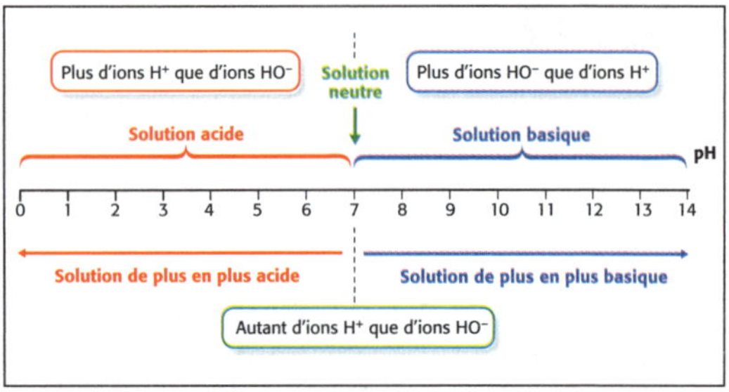

3 Réactions entre les solutions acides et basiques

Une solution acide et une solution basique peuvent réagir pour former durant la transformation chimique de nouvelles espèces.

Exemple : si on verse par inadvertance une solution d'acide chlorhydrique d'un détartrant dans de l'eau de Javel, la transformation chimique libère du gaz dichlore très dangereux pour la santé !

4 Réactions entre les solutions acides et les métaux

Les solutions acides peuvent réagir avec certains métaux en formant notamment du gaz dihydrogène $H_{2(G)}$. Si on approche une allumette enflammée de l'ouverture d'un tube contenant du dihydrogène, une **petite détonation caractéristique du dihydrogène** se produit.

Exemple : réaction de l'acide chlorhydrique avec le fer. La solution d'acide chlorhydrique contient les ions H^+ et Cl^-, ce sont les ions H^+ qui réagissent avec les atomes de fer : $2H^+ + Fe_{(S)} \longrightarrow H_{2(G)} + Fe^{2+}$.

EXERCICE RÉSOLU

Identifier des transformations chimiques acido-basiques

ÉNONCÉ

L'acide chlorhydrique réagit avec le calcaire en provoquant un dégagement de dioxyde de carbone. Cette propriété est utilisée pour augmenter la production des puits de pétrole de la mer du Nord. L'acide élargit les passages d'écoulement du pétrole en dissolvant les formations de calcaire et de grès. On ajoute différents produits chimiques pour limiter la réaction et empêcher l'attaque du matériel de forage par l'acide.

Doc. Puits de pétrole

1. Que pouvez-vous dire du pH de la solution d'acide chlorhydrique ?

2. La solution d'acide chlorhydrique contient-elle plus d'ions H^+ ou HO^- ? Justifiez.

3. Quel est le gaz produit par la réaction de l'acide chlorhydrique avec le calcaire ?

4. Comment les voies de passage du pétrole vers la surface sont-elles élargies ?

5. Pourquoi le matériel de forage risque-t-il d'être attaqué par l'acide ?

CORRIGÉ

1. La solution d'acide chlorhydrique est une solution acide, son pH devrait donc être **inférieur à 7**.

2. La solution d'acide chlorhydrique, **comme toutes les solutions acides, contient plus d'ions H^+ que d'ions HO^-**.

3. La réaction de l'acide chlorhydrique sur le calcaire conduit à la formation du **dioxyde de carbone gazeux** (de formule CO_2).

4. Le pétrole traverse des roches calcaires. **L'acide injecté réagit avec le calcaire de ces roches qui se désagrège dans la transformation chimique.** Le passage est ainsi élargi.

5. Le matériel de forage doit certainement contenir des métaux. **Les acides peuvent réagir avec les métaux et les dégrader.** Il faut par conséquent éviter ces réactions.

> **Vocabulaire**
> Une réaction acido-basique est une transformation chimique, le calcaire est ici un réactif.

Mettre en œuvre des tests caractéristiques d'espèces chimiques

ÉNONCÉ

On verse quelques gouttes d'une solution d'acide nitrique sur une plaque de métal (en fer ou en cuivre). Il y a effervescence et dégagement d'un gaz. On ajoute après réaction un peu d'eau au mélange et on retire la plaque.
Proposez un mode opératoire qui permette d'identifier la nature de la plaque.

Ion à identifier	Fe^{2+}	Fe^{3+}	Cu^{2+}
Réactif	Hydroxyde de sodium (soude)		
Expérience			
Couleur du précipité	Vert	Rouille	Bleu

Doc. Tests caractéristiques des ions Cu^{2+}, Fe^{2+}, Fe^{3+}

MÉTHODE

1. Dans le document donné dans l'énoncé, repérer le réactif utilisé pour le test.
2. À l'aide des symboles des ions et de la classification périodique présentée en annexe, repérer les ions fer et l'ion cuivre.
3. Noter les observations attendues après le test caractéristique si la plaque contient des atomes de cuivre. Idem pour le fer.
4. Écrire le protocole en envisageant les deux observations et les deux conclusions qui en découlent.

CORRIGÉ

Solution	Commentaires
Le mode opératoire permettant d'identifier la nature de la plaque de métal est le suivant. Après avoir versé quelques gouttes d'une solution d'acide nitrique sur une plaque de métal (en fer ou en cuivre), ajouter après réaction un peu d'eau au mélange et retirer la plaque. Ajouter ensuite quelques gouttes de soude à la solution. Si on observe un précipité : – bleu, la plaque contenait du cuivre ; – rouille ou vert, la plaque contenait du fer.	**1.** Les trois tests d'ions sont réalisés avec un seul et même réactif : la solution d'hydroxyde de sodium. **2.** Les ions Fe^{2+} et Fe^{3+} sont des ions fer et les ions Cu^{2+} sont des ions cuivre. **3.** Si la plaque contient des atomes de cuivre, on obtiendra un précipité bleu. Si la plaque contient des atomes de fer, on obtiendra un précipité vert ou rouille. **4.** La soude est corrosive. Il faut la manipuler avec des gants et des lunettes.

Identifier une transformation chimique

ÉNONCÉ

On réalise trois expériences regroupées dans le tableau ci-dessous. Une seule est le siège d'une transformation chimique. Laquelle ? Pourquoi ?

Expérience	(1)	(2)	(3)
Solution initiale	Eau liquide	Eau liquide	Soude (pH = 12)
Ajout, expérimentation	On porte à ébullition.	On dissout du sel solide NaCl dans l'eau (le sel solide est constitué d'ions Na^+ et Cl^-).	On ajoute une solution d'acide chlorhydrique (pH = 2,0).
Solution finale	Il n'y a plus d'eau liquide.	Des tests caractéristiques montrent la présence d'ions chlorure Cl^- et d'ions sodium Na^+ en solution dans l'eau.	La température du mélange augmente, on mesure un pH final voisin de 7.

MÉTHODE

1. Rappeler la définition d'une transformation chimique.
2. Étudier chacun des trois cas pour vérifier si les observations correspondent à la définition. Conclure en identifiant l'expérience dans laquelle il y a transformation chimique.

CORRIGÉ

Solution	Commentaires
Étudions chaque expérience : – expérience (1) : il n'y a pas de redistribution d'atomes, la formule chimique de l'eau est la même à l'état liquide et gazeux (H_2O) ; – expérience (2) : il n'y a pas formation de nouveaux ions, les ions chlorure et sodium sont déjà présents ; – expérience (3) : la variation du pH des deux solutions révèle l'évolution des quantités d'ions HO^- et H_3O^+, il y a bien redistribution des atomes et donc transformation chimique. Seule l'expérience 3 est donc le siège d'une transformation chimique.	**1.** Dans une transformation chimique, il y a redistribution des atomes qui constituent les réactifs pour former de nouvelles molécules ou de nouveaux ions que l'on nomme les produits. **2.** *Expérience 1.* Un changement d'état est une transformation physique et non une transformation chimique. *Expérience 2.* Dans une dissolution d'un solide comme le sel, seule la structure de l'édifice change, ce n'est pas une transformation chimique. *Expérience 3.* Si $pH_{final} < pH_{initial}$, la solution finale contient moins d'ions HO^- et plus d'ions H_3O^+ que la soude.

QCM

1 Cochez la (ou les) réponse(s) correcte(s).

1. Une molécule est constituée :

a. ☐ d'un ou de plusieurs ions **b.** ☐ d'un ou de plusieurs atomes

c. ☐ de plusieurs atomes.

2. Un ion positif est :

a. ☐ un atome **b.** ☐ un atome qui a capté un ou plusieurs électrons

c. ☐ un atome qui a perdu un ou plusieurs électrons

3. La molécule d'acide ascorbique de formule $C_6H_8O_6$:

a. ☐ est chargée positivement

b. ☐ contient 6 atomes de carbone, 8 d'hydrogène, 6 d'oxygène

c. ☐ ne contient pas d'atomes

4. Dans une transformation chimique, la masse totale des produits :

a. ☐ est supérieure à la masse des réactifs

b. ☐ est égale à la masse des réactifs

c. ☐ est inférieure à la masse des réactifs

5. Une solution de pH = 3 :

a. ☐ est une solution acide **b.** ☐ contient plus d'ions H^+ que HO^-

c. ☐ contient plus d'ions HO^- que H^+

6. Une solution basique peut subir une réaction acido-basique si on lui ajoute :

a. ☐ une solution basique **b.** ☐ une solution acide **c.** ☐ un métal

2 Répondez par vrai ou faux.

Affirmations	Réponses
1. Le pH d'une solution acide est un nombre sans unité compris entre 0 et 7.	☐V ☐F
2. Le pH d'une solution basique est égal à 7.	☐V ☐F
3. Une molécule de diazote contient 2 molécules d'azote.	☐V ☐F
4. La formule Al_2O_3 signifie que l'on a 3 molécules qui contiennent chacune 2 atomes d'aluminium et 1 atome d'oxygène.	☐V ☐F
5. $CH_3CO_2H + HO^- \rightarrow CH_3CO_2^- + H_2O$ Dans la transformation chimique associée, HO^- est un réactif.	☐V ☐F
6. Les acides peuvent réagir avec certains métaux.	☐V ☐F

Exercices d'entraînement

3 La formule chimique de l'acide éthanoïque

On donne ci-contre la représentation du modèle moléculaire de l'acide éthanoïque contenu dans le vinaigre.

Dans ce type de modèle, la couleur rouge est réservée à l'oxygène, le noir au carbone et le gris clair à l'hydrogène.

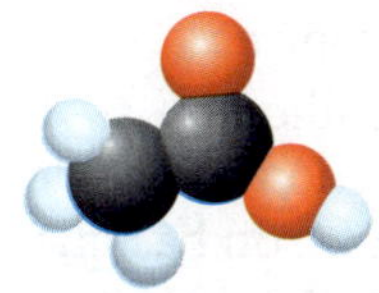

Doc. Représentation moléculaire de l'acide éthanoïque

Proposez une formule chimique pour l'acide éthanoïque.

4 Du nom de la molécule à sa formule chimique

Complétez le tableau ci-dessous.

Nom de la molécule	Constitution de la molécule	Formule chimique
Eau	....	....
....	....	CO_2
Benzène	6 atomes de carbone 6 atomes d'hydrogène	....
Trioxygène ou ozone	3 atomes d'oxygène	....

5 Interprétation d'une transformation chimique

À l'aide de vos connaissances et du document ci-dessous, expliquez soigneusement pourquoi la transformation entre le carbone et le dioxygène est bien une transformation chimique.

Atome	Carbone	Hydrogène	Oxygène
Modèle			
Symbole	C	H	O
Combustion du carbone dans le dioxygène	Carbone +	Dioxygène →	Dioxyde de carbone
Modèles moléculaires	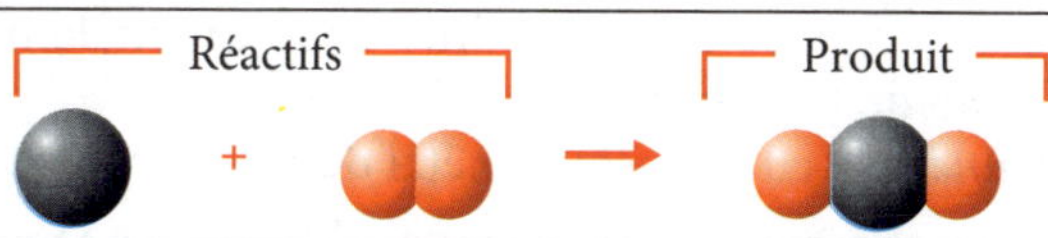		
Équation de réaction	C +	O_2 →	CO_2

6 Quelques mesures de pH

1. Pour chacune des solutions ci-contre :
   a. Indiquez si la solution est acide, neutre ou basique.
   b. Indiquez si la solution contient plus d'ions H^+ ou HO^-.
2. Classez ces solutions de la plus acide à la plus basique.

Doc. Mesures de pH

7 La levure chimique

Les levures chimiques contiennent plusieurs espèces chimiques, dont l'hydrogénocarbonate de sodium de formule chimique $NaHCO_3$. Ce solide peut se décomposer suivant l'équation suivante :

$$2\ NaHCO_{3(S)} \rightarrow Na_2CO_{3(S)} + CO_{2(G)} + H_2O_{(G)}$$

Cette transformation devient importante lorsque la température atteint 100 °C.

1. La décomposition de l'hydrogénocarbonate de sodium est-elle une transformation physique, chimique, ou provient-elle d'un simple mélange ?
2. Comment expliquez-vous que la levure chimique contribue à faire « gonfler » un gâteau ?

8 Du bronze dans les cloches

Les cloches sont en bronze, un alliage de cuivre et d'étain. Un petit échantillon de bronze de cloche de masse $m = 2{,}70$ g est plongé dans une grande quantité d'acide chlorhydrique. On se propose de déterminer expérimentalement la masse d'étain de l'échantillon.

Donnée : le cuivre est un métal de couleur rouge.

Doc. Une cloche en bronze

1. On observe un dégagement de gaz qui s'enflamme avec une légère détonation. De quel gaz s'agit-il ?

2. Après un certain temps, le dégagement cesse ; l'échantillon qui reste a une couleur rouge. Interprétez cette coloration.

3. On sèche, puis on pèse l'échantillon et on trouve 1,35 g. Quelle est la masse d'étain dans l'échantillon ? Justifiez.

4. Pourquoi a-t-on utilisé une grande quantité d'acide chlorhydrique dans l'expérience ?

9 De l'acide chlorhydrique à la maison

L'acide chlorhydrique est souvent utilisé à la maison pour détartrer ou désinfecter, pour rénover des carrelages et du cuivre oxydé, etc. Une dose du produit du commerce (solution à 33 %) doit être diluée dans quatre doses d'eau.

Produit irritant et corrosif, cet acide peut provoquer de graves brûlures et il ne faut pas inhaler ses vapeurs. Il est nécessaire de porter des gants et si possible des lunettes pour effectuer les travaux. L'acide chlorhydrique est non combustible, mais avec certains métaux, le dihydrogène produit peut exploser dans l'air.

Doc. Symboles utilisés par les fabricants de produits domestiques (initiative « Cleanright » complémentaire aux pictogrammes de sécurité)

On ne doit pas le transvaser dans une autre bouteille, ne pas le mélanger avec d'autres produits, comme l'eau de Javel, ce qui produit du dichlore, gaz dangereux à inhaler. Les résidus de ce produit ne doivent pas être jetés à l'évier, car il est dangereux pour l'environnement et peut dégrader les canalisations.

1. Quelles sont les utilisations courantes de l'acide chlorhydrique à la maison ?

2. Quelles précautions sont impératives lors de son utilisation ?

3. L'équation chimique de la réaction entre une solution d'acide chlorhydrique ($H^+ + Cl^-$) et la molécule HClO contenue dans l'eau de Javel est : $HClO + H^+ + Cl^- \rightarrow Cl_{2(G)} + H_2O$. À l'aide de cette équation chimique, justifiez et interprétez la phrase soulignée dans l'énoncé.

4. Les dessins proposés sur le document ci-dessus vous semblent-ils adaptés aux détartrants ménagers à base d'acide chlorhydrique ?

5. Dans la liste des pictogrammes de sécurité ci-dessous, lesquels faudrait-il apposer sur une bouteille d'acide chlorhydrique ? Justifiez.

Vers le brevet

10 Mesure du pH de l'eau d'un aquarium

La vie aquatique n'est possible que si le pH du milieu est compris entre 4,0 et 9,0. Le plus souvent, les valeurs de pH sont comprises entre 6,0 et 8,0 en eau douce et 8,1 à 8,3 en eau de mer. Des mesures fréquentes de pH de l'eau de l'aquarium doivent être réalisées.

Certains kits vendus dans le commerce permettent de vérifier diverses propriétés des eaux de piscine. On trouve notamment des indicateurs colorés, substances qui ont la propriété de changer de couleur en fonction de la valeur du pH. Le tableau ci-dessous présente quelques exemples d'indicateurs colorés acido-basiques :

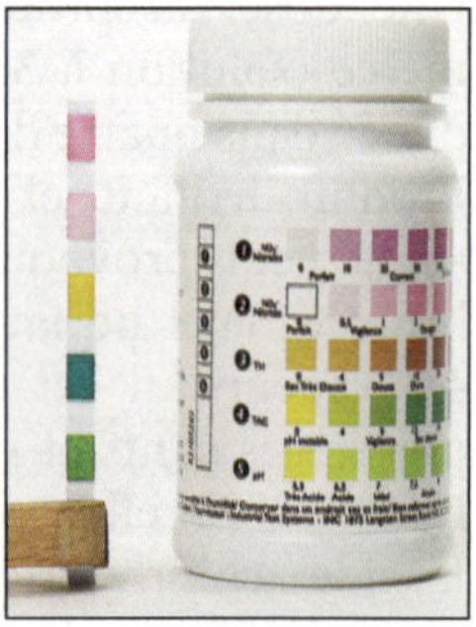

Doc. Bandelettes tests pour l'analyse de l'eau d'un aquarium

Indicateur coloré	Teinte de la forme acide	Zone de virage	Teinte de la forme basique
Rouge de méthyle	Rouge si pH < 4,2	Orange si 4,2 < pH < 6,3	Jaune si pH > 6,3
Bleu de bromothymol	Jaune si pH < 6,0	Vert si 6,0 < pH < 7,6	Bleu si pH > 7,6
Rouge de crésol	Jaune si pH < 7,2	Orange si 7,2 < pH < 9	Rouge si pH > 9

1. La mesure du pH de l'eau d'un aquarium peut s'effectuer à l'aide de bandelettes. Expliquez le principe de cette mesure.

2. Le dioxyde de carbone rejeté par les poissons se dissout dans l'eau et se transforme en acide carbonique. Cette dissolution fait-elle baisser ou augmenter le pH de la solution ? Expliquez pourquoi.

3. Pour augmenter le pH, on ajoute du bicarbonate de sodium. La solution de bicarbonate de sodium est-elle acide ou basique ? Justifiez.

4. Après analyse de l'eau douce d'un aquarium, un aquariophile trouve une valeur de pH comprise entre 3 et 4. En vous aidant de votre réponse à la question **3.**, proposez une solution possible pour préserver un milieu adapté à la vie des poissons.

5. Après ajout d'une substance de traitement, l'aquariophile découvre qu'il n'a plus de bandelettes spécifiques pour tester le pH de l'aquarium et décide d'utiliser les indicateurs colorés du kit piscine. En utilisant le texte et le tableau de l'énoncé, proposez un mode opératoire permettant de vérifier si l'eau de l'aquarium est adaptée à la vie aquatique en eau douce.

QCM

1 **1. Réponse : c.** Une molécule est un assemblage de plusieurs atomes.

2. Réponse : c. Lorsqu'un atome perd un ou plusieurs électrons, il acquiert une ou plusieurs charges positives.

> **Piège à éviter**
> Les ions, contrairement aux molécules, possèdent une charge électrique.

3. Réponse : b. Dans la formule des molécules, les indices situés en bas à droite du symbole des atomes représentent le nombre de chacun des atomes correspondants.

4. Réponse : b. La masse se conserve dans une transformation chimique.

5. Réponses : a et b. Le pH de la solution étant inférieur à 7, la solution est acide. Une solution acide contient plus d'ions hydrogène H^+ que d'ions hydroxyde HO^-.

6. Réponse : b. Une réaction acido-basique se produit entre une base et un acide, il faudra donc ajouter un acide à la base initiale pour qu'elle puisse se dérouler.

2 **1. Vrai.** Le pH d'une solution est un nombre sans unité compris entre 0 et 14. Pour une solution acide, le pH est bien compris entre 0 et 7.

2. Faux. Le pH d'une solution basique est supérieur à 7. Si le pH est égal à 7, la solution est neutre.

3. Faux. La molécule de diazote contient 2 atomes d'azote.

> **Piège à éviter**
> Ne confondez pas atome et molécules !

4. Faux. La formule Al_2O_3 signifie que l'on a une molécule composée de 2 atomes d'aluminium et 3 atomes d'oxygène.

5. Vrai. Dans l'écriture d'une équation chimique, les réactifs sont à gauche de la flèche modélisant la transformation.

> **À savoir**
> Les réactifs sont à gauche et les produits à droite.

6. Vrai. La réaction entre les acides et certains métaux conduit à un dégagement gazeux de dihydrogène.

> **Remarque**
> Dans une réaction acido-basique, une base ne peut réagir qu'avec un acide.

Exercices d'entraînement

3 En examinant le modèle moléculaire, il est possible de dénombrer **2 atomes de carbone, 2 atomes d'oxygène et 4 atomes d'hydrogène**.
On utilise la classification périodique en annexe pour trouver les symboles de ces trois atomes : **C** pour le carbone, **O** pour l'oxygène, **H** pour l'hydrogène.
On en déduit la formule chimique de l'acide éthanoïque présent dans le vinaigre : **$C_2H_4O_2$**.

Remarque

Si vous les classez dans un ordre différent, la réponse sera aussi validée…

4

Nom de la molécule	Constitution de la molécule	Formule chimique
Eau	**1 atome d'oxygène 2 atomes d'hydrogène**	**H_2O**
Dioxyde de carbone	**1 atome de carbone 2 atomes d'oxygène**	CO_2
Benzène	6 atomes de carbone 6 atomes d'hydrogène	**C_6H_6**
Trioxygène ou ozone	3 atomes d'oxygène	**O_3**

Les indices situés en bas à droite des atomes dans les formules chimiques des molécules représentent le nombre de ces atomes dans les molécules.

5 L'atome de carbone du dioxyde de carbone est présent dans les réactifs dans le carbone solide, sous une forme atomique simple, constituée d'**un seul atome de carbone : C.**
Les deux atomes d'oxygène du dioxyde de carbone sont présents initialement dans le dioxygène gazeux, constituant ainsi la **molécule de dioxygène O_2.**
Durant cette transformation, **il y a donc bien réarrangement des atomes (redistribution) entre les réactifs et les produits. Par définition, cette transformation est donc une transformation chimique.**

L'astuce du prof

Pour répondre à ce type de question, repérez dans les réactifs et les produits les différents atomes.

À savoir

La formation de nouvelles molécules montre bien la redistribution des atomes entre les réactifs.

6 **1.** On compare pour chaque solution la teinte obtenue en déposant une goutte de solution sur le papier pH aux différentes teintes présentes sur la boîte du papier pH.

Solution	Couleur papier pH	pH voisin de	a. Solution	b. Contient
Jus de citron	Orangé	3	**Acide car pH < 7**	**Plus d'ions H^+ que HO^-, car la solution est acide**
Eau de Volvic	Vert	7	**Neutre car pH = 7**	**Autant d'ions H^+ que HO^-, car la solution est neutre**
Soude	Bleu	14	**Basique car pH > 7**	**Plus d'ions HO^- que H^+, car la solution est basique**
Javel	Bleu clair	12	**Basique car pH > 7**	**Plus d'ions HO^- que H^+, car la solution est basique**
Acide chlorhydrique	Rose	1	**Acide car pH < 7**	**Plus d'ions H^+ que HO^-, car la solution est acide**

L'astuce du prof

Les couleurs du papier sont parfois délicates à interpréter. On préfère souvent intercaler le papier entre deux teintes de la boîte.

2. D'après les valeurs de pH, le classement des solutions de la plus acide à la plus basique revient à classer les solutions **du pH le plus petit au pH le plus grand :**

Acide chlorhydrique – Jus de citron – Eau de Volvic – Javel – Soude

7 **1.** Dans l'équation chimique donnée ici :

$$2\ NaHCO_{3(S)} \rightarrow Na_2CO_{3(S)} + CO_{2(G)} + H_2O_{(G)}$$

on observe la **formation de 3 molécules qui n'existent pas avant la transformation**. Cette formation de nouvelles espèces traduit le réarrangement des atomes des réactifs et permet de conclure que la transformation observée est bien une **transformation chimique**.

2. La transformation chimique forme **deux gaz : le dioxyde de carbone et la vapeur d'eau.** Ce sont **ces gaz qui vont permettre au gâteau de « gonfler ».**

Remarque

D'autres espèces chimiques présentes dans les levures chimiques favorisent la création de cavités dans la pâte.

8 **1.** Le gaz testé s'enflamme avec une détonation, ce gaz est sans doute du **dihydrogène**.

2. La couleur du métal qui constitue l'échantillon après réaction correspond à la couleur du métal cuivre donnée dans l'énoncé. Le métal restant est donc probablement du **cuivre**.

À savoir

Le test caractéristique du dihydrogène est une petite détonation en présence d'une flamme.

3. Le bronze est constitué de cuivre et d'étain. L'expérience utilisant une grande quantité d'acide chlorhydrique, on peut conclure que le métal cuivre n'est sans doute pas attaqué par l'acide chlorhydrique puisqu'il est toujours présent dans l'échantillon après réaction.
L'étain a par contre disparu, après réaction.
Pour le bronze, on a : $m = m_{\text{Cuivre}} + m_{\text{Étain}}$. On déduit des observations $m_{\text{Cuivre}} = 1{,}35$ g, c'est la masse de l'échantillon après réaction.
Par différence, on obtient :
$m_{\text{Étain}} = m - m_{\text{Cuivre}} = 2{,}70 - 1{,}35 = 1{,}35$ g.
La masse d'étain dans l'échantillon de l'alliage était sans doute de **1,35 g**.

Piège à éviter

La masse ne diminue pas ici. La conservation de la masse dans les transformations chimiques concerne l'ensemble des réactifs et produits.

4. L'utilisation d'une grande quantité d'acide chlorhydrique dans l'expérience permet d'être certain d'**avoir éliminé totalement l'étain**.

9 **1.** Les utilisations courantes de l'acide chlorhydrique à la maison sont précisées dans l'énoncé. Cet acide permet de **détartrer, désinfecter, rénover des carrelages et du cuivre oxydé**.

Remarque

L'acide chlorhydrique ne réagit pas avec le cuivre, mais avec le cuivre oxydé. Il permet ainsi de retirer les résidus de cette oxydation.

2. Il faut :
- **porter des lunettes et des gants** ;
- **éviter de l'inhaler** (on pourra aussi veiller à ventiler le local en aérant) ;
- **ne pas le mélanger avec d'autres produits**, en particulier avec l'eau de Javel ;
- **ne pas le jeter à l'évier** ;
- **ne pas le stocker dans un emballage autre que celui d'origine**.

3. $HClO + H^+ + Cl^- \rightarrow Cl_{2(G)} + H_2O$
Les réactifs de cette transformation chimique sont bien la solution d'acide chlorhydrique, $H^+ + Cl^-$, et l'eau de Javel HClO.
Le gaz dichlore $Cl_{2(G)}$ est un produit de cette transformation chimique.

L'astuce du prof

Si nécessaire, utilisez la classification périodique pour trouver le nom de l'atome associé au symbole Cl.

Conformément à la phrase soulignée, **le mélange d'eau de Javel et d'un produit domestique contenant de l'acide chlorhydrique conduit bien à la formation de gaz dichlore**, dangereux pour la santé.

4. Les petits dessins de l'initiative « Cleanright » stipulent :
– **de conserver le produit hors de portée des enfants**, cette précaution semble très importante compte tenu des dangers potentiels de l'acide chlorhydrique en l'absence de précautions adaptées ;
– **d'éviter les contacts avec les yeux** ; la substance étant corrosive, en cas de contact, il faudra laver à l'eau et évidemment consulter un médecin ;
– **de se rincer les mains après utilisation** ; cette précaution est de rigueur après toute manipulation de chimie, même en cas de port de gants ;
– **d'éviter un contact prolongé avec le produit** ; même avec des gants, cette précaution permet d'éviter de s'exposer à un contact cutané ;
– **de ne pas ingérer** ; la substance n'est évidemment pas propre à la consommation, et toute ingestion accidentelle peut avoir des conséquences dramatiques ;
– **de le conserver uniquement dans le récipient d'origine** ; cette précaution répond à deux risques : un emballage non prévu pour cette solution peut subir une dégradation chimique et, surtout, un autre emballage peut induire une confusion dramatique sur la substance contenue ;
– **de ne pas mélanger avec d'autres produits** ; l'exemple du mélange avec l'eau de Javel est particulièrement frappant, mais ce n'est pas le seul cas dangereux ;
– **d'aérer le local** ; les vapeurs d'acide chlorhydrique ne doivent pas être inhalées, l'aération permettra de les évacuer.

Attention !

Stocker l'acide chlorhydrique dans une bouteille d'eau minérale peut entraîner une confusion très dangereuse.

5. D'après les indications du texte, la solution d'acide chlorhydrique ne risque pas d'exploser ou de brûler, en tout cas en l'absence de mélange hasardeux. Son ingestion est dangereuse, mais ce n'est pas un poison en tant que tel. On retiendra par conséquent les deux pictogrammes suivants :

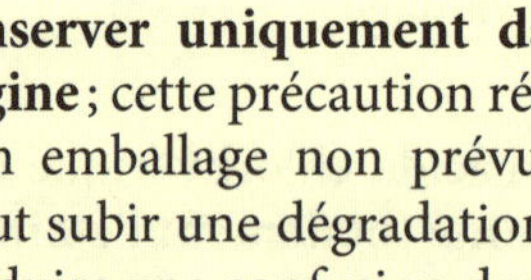

C-corrosif Xi-irritant

Remarque

Le pictogramme « ça ronge » (corrosif) l'emporte sur le pictogramme « ça pique » et se suffirait à lui-même.

Vers le brevet

10 **1.** Pour mesurer le pH de l'eau d'un aquarium, **on plonge une bandelette dans l'eau de l'aquarium, puis on compare la coloration de la bandelette avec les références de la boîte** ou de la notice pour en déduire la valeur du pH.
C'est un principe assez similaire à l'utilisation du papier pH.

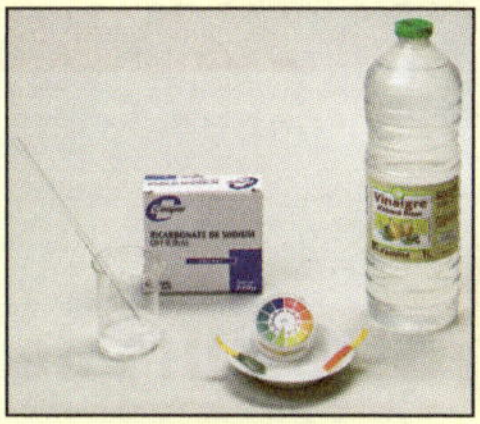

Doc. Test du pH avec du papier pH

2. Lorsque les poissons respirent, ils rejettent du dioxyde de carbone. Ce dioxyde de carbone forme ensuite de l'acide carbonique. **L'acide carbonique étant une solution acide, sa formation entraîne une diminution du pH**, donc l'acidification de l'eau de l'aquarium.

À savoir
Le pH d'une solution acide est inférieur à 7.

3. L'ajout de la solution de bicarbonate de sodium **entraîne une augmentation du pH de la solution. On en déduit que la solution de bicarbonate de sodium est basique** puisqu'elle permet d'augmenter le pH de l'eau.

Piège à éviter
Si le pH augmente, la solution ajoutée ne peut pas être acide.

4. La valeur du pH de l'eau douce de l'aquarium est comprise entre 3 et 4, or elle devrait être comprise entre 4 et 9 pour préserver la vie aquatique. **L'eau de cet aquarium est donc trop acide.** Il serait possible d'utiliser la solution proposée dans l'énoncé de la question **3.** : **un ajout de solution de bicarbonate de sodium permettrait d'augmenter la valeur du pH et de lutter contre l'acidification excessive de l'eau de cet aquarium.**

5. Les indicateurs colorés utilisés doivent permettre de savoir si le pH de l'eau est bien compris entre 4 et 9, zone de pH propice à la vie en milieu aquatique.
En plaçant quelques gouttes d'eau de l'aquarium dans du rouge de méthyle, il sera possible de vérifier que le pH est bien supérieur à 4,2.
Si le **rouge de méthyle se colore en orange ou en jaune, le pH est bien supérieur à 4,2** ; si le rouge de méthyle se colore en rouge, le pH est inférieur à 4,2 donc trop acide.
Quelques gouttes d'eau de l'aquarium mélangées au rouge de crésol permettront de vérifier que le pH est bien inférieur à 9 : le rouge de crésol ne doit pas se colorer en rouge (mais en jaune ou en orange).

L'astuce du prof
Cherchez dans le tableau les changements de couleur qui correspondent aux deux valeurs de pH limites, 4 et 9.

Piège à éviter
Les teintes rouges des deux indicateurs colorés ne correspondent pas aux mêmes valeurs de pH.

CHAPITRE **3** [Physique-Chimie]
Organisation de la matière dans l'Univers

1 Structure de l'Univers et du système solaire

1 Le système solaire et les galaxies

- **Le système solaire est constitué d'une étoile, le Soleil, autour de laquelle tournent 8 planètes :** Mercure, Vénus, la Terre, Mars, Jupiter, Saturne, Uranus et Neptune.
- **Le Soleil n'est qu'une étoile moyenne** dans un groupe contenant environ 100 milliards d'étoiles, une galaxie. **Notre galaxie est la Voie Lactée.** Ce n'est qu'une des nombreuses galaxies qui peuplent l'Univers.
- Dans les galaxies, il existe d'autres systèmes planétaires extrasolaires constitués de planètes, **les exoplanètes, qui gravitent autour d'une étoile autre que le Soleil.**

Doc. Voie Lactée sous différents angles (vue d'artiste)

2 Unités de distance en astronomie

- **Le mètre, de symbole m, est l'unité de longueur dans le système international.** Les distances astronomiques sont souvent exprimées en kilomètres, de symbole km : **1 km = 1×10^3 m.**

Exemple : la distance Terre-Soleil est en moyenne de 150 000 000 km.

- **L'écriture scientifique d'un nombre est l'écriture sous la forme $a \times 10^n$** avec a un nombre décimal tel que $1 \leqslant a < 10$ et n un entier positif ou négatif.

Exemple : la distance Terre-Soleil est en moyenne de $1,5 \times 10^8$ km.

- **Les distances qui séparent les étoiles ou les galaxies sont considérables.** Le mètre et le kilomètre sont des unités beaucoup trop petites à cette échelle. On utilise **l'année-lumière** (ou année de lumière), **de symbole al, qui est la distance (d) parcourue par la lumière dans le vide, en une année (Δt).**
- Dans le vide (ou dans l'air), la vitesse de propagation de la lumière est souvent notée c (**$c = 3,00 \times 10^8$ m/s**). Une année correspond à : $365 \times 24 \times 3\,600$ s, soit $d = c \times \Delta t = 3,00 \times 10^8 \times 365 \times 24 \times 3\,600$ $= 9,47 \times 10^{15}$ m $= 9,47 \times 10^{12}$ km = 1 al.

EXERCICE RÉSOLU

Utiliser l'écriture scientifique pour exprimer une distance

ÉNONCÉ

Dans le tableau ci-dessous, écrivez les distances en utilisant l'écriture scientifique, puis complétez les cases manquantes en justifiant les réponses.

Donnée : vitesse de propagation de la lumière dans le vide $c = 3{,}00 \times 10^5$ km/s.

Doc. Vue d'artiste du système solaire

	Distance moyenne au Soleil (en km)	Durée mise par la lumière pour se propager du Soleil à la planète
Mercure	58 000 000 = ……	……
Vénus	……	6 min = ……
Terre	150 000 000 = ……	……
Mars	……	12 min = ……

CORRIGÉ

Pour compléter la seconde colonne, on écrit la relation entre la vitesse de propagation de la lumière c, la distance d entre le Soleil et la planète, et la durée Δt nécessaire à la lumière pour parcourir d :

$$c = \frac{d}{\Delta t} \text{ d'où } \Delta t = \frac{d}{c}$$

Pour compléter la première colonne, on exprime d : $d = c \times \Delta t$.

> **Piège à éviter**
> c est en km/s, donc d doit être en km et Δt en s.

	Distance moyenne au Soleil (en km)	Durée mise par la lumière pour se propager du Soleil à la planète (en s)
Mercure	$d = 58\,000\,000$ $\boldsymbol{d = 5{,}80 \times 10^7}$	$\Delta t = \frac{5{,}800\,000\,0 \times 10^7}{3{,}00 \times 10^5} = \boldsymbol{1{,}93 \times 10^2}$
Vénus	$d = 3{,}00 \times 10^5 \times 360$ $\boldsymbol{d = 1{,}08 \times 10^8}$	$\Delta t = 6 \text{ min} = 6 \times 60 \text{ s} = \boldsymbol{3{,}60 \times 10^2}$
Terre	$d = 150\,000\,000$ $\boldsymbol{d = 1{,}50 \times 10^8}$	$\Delta t = \frac{1{,}500\,000\,00 \times 10^8}{3{,}00 \times 10^5} = \boldsymbol{5{,}00 \times 10^2}$
Mars	$d = 3{,}00 \times 10^5 \times 720$ $\boldsymbol{d = 2{,}16 \times 10^8}$	$\Delta t = 12 \text{ min} = 12 \times 60 \text{ s} = \boldsymbol{7{,}20 \times 10^2}$

2 Ordres de grandeur en astronomie

• L'ordre de grandeur d'une longueur est la puissance de dix la plus proche de cette longueur.

Exemple : l'ordre de grandeur de la distance Terre-Soleil est de 10^8 km.

Doc. Le Soleil a un rayon environ 10 fois plus grand que celui de Jupiter

• Quelques exemples de distances et d'ordres de grandeur de distances astronomiques :

Diamètre du système solaire	Distance Soleil-étoile la plus proche	Diamètre de la Voie Lactée	Distance Voie Lactée-galaxie la plus proche
10^{10} km	4,3 al → ordre de grandeur 1 al	100 000 al = 10^5 al	10^6 al

• **L'ordre de grandeur d'une année-lumière est de 10^{13} km.**

3 Matière dans l'Univers

1 Éléments sur Terre et dans l'Univers

• **La matière observable est partout de même nature et obéit aux mêmes lois.**

Exemple : les atomes d'hydrogène sont identiques sur Terre et sur Saturne.

• **Les deux éléments les plus abondants dans l'Univers sont l'hydrogène et l'hélium**, qui sont les deux principaux constituants des étoiles.

• À la mort d'une étoile, **les éléments qui la constituent sont dispersés dans l'Univers** et forment des nébuleuses qui donneront naissance à de nouveaux systèmes planétaires. On trouve ainsi sur Terre des éléments lourds (**oxygène, carbone, fer, silicium**), présents initialement dans la nébuleuse.

2 Constituants de l'atome

• **Les atomes sont les constituants élémentaires de la matière.** Ils sont **électriquement neutres.**

• **L'atome est constitué d'un noyau,** chargé positivement, **et d'électrons,** chargés négativement.

• **Le noyau contient des nucléons : les neutrons**, particules sans charges électriques, et **les protons**, particules chargées positivement.

• **L'atome est électriquement neutre :** il contient autant d'électrons que de protons.

EXERCICE RÉSOLU

Étudier les atomes de l'atmosphère terrestre

ÉNONCÉ

L'atmosphère terrestre contient essentiellement des atomes d'azote, d'oxygène et d'argon. Complétez le tableau ci-dessous.

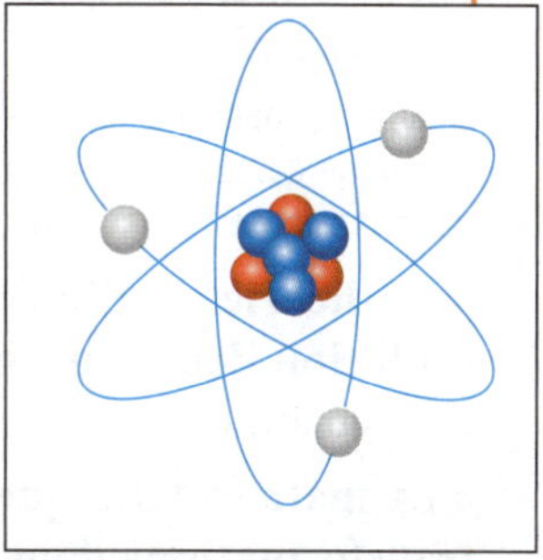

Doc. Représentation symbolique d'un atome

Nom de l'atome	Symbole de l'atome	Nombre de protons	Nombre de neutrons	Nombre de nucléons	Nombre d'électrons
Azote		7	7		
Oxygène				16	8
Argon			22	40	

CORRIGÉ

Pour remplir la première colonne, il faut chercher **les symboles des atomes : N pour l'azote, O pour l'oxygène et Ar pour l'argon.**

> **Rappel**
> Les symboles des atomes sont regroupés dans la classification périodique des éléments, présentée en annexe.

Dans la première ligne, on connaît le nombre de protons et le nombre de neutrons. **Le nombre de nucléons sera donc : 7 + 7 = 14.**

Le nombre d'électrons dans l'atome d'azote sera égal au nombre de protons, car l'atome est électriquement neutre : **7 électrons.**

Dans la deuxième ligne, le nombre d'électrons nous permet de déterminer **le nombre de protons : 8.**

Nous savons qu'il y a 16 nucléons dans l'atome d'oxygène, on en déduit **le nombre de neutrons : 16 – 8 = 8.**

Dans la dernière ligne, nous pouvons déterminer **le nombre de protons** à partir du nombre de nucléons et de neutrons : **40 – 22 = 18.**

Il y a autant d'électrons que de protons dans l'atome, soit **18 électrons.**

4 Origine et évolution de l'Univers

1 Voir loin, c'est voir dans le passé

• **Plus un objet est éloigné dans l'Univers**, plus la durée du trajet parcouru par la lumière est longue, et **plus nous observons dans le passé.**

Exemples :
Le Soleil lui-même (8 minutes-lumière) nous apparaît tel qu'il était 8 minutes auparavant.
La galaxie d'Andromède (2 millions d'années-lumière) nous apparaît telle qu'elle était il y a deux millions d'années, au moment de l'apparition des premiers hommes.

• La **théorie du Big Bang ne décrit pas l'origine de l'Univers, mais son évolution depuis un instant proche de l'origine**, il y a près de 13,8 milliards d'années.

• **La matière telle que nous la connaissons est le fruit de nombreuses transformations dans les instants primordiaux.** La théorie du Big Bang décrit notamment l'expansion de cette matière constituant l'Univers.

2 Formation du système solaire

• **Notre système solaire est né d'une nébuleuse.** La matière constituant cette nébuleuse a fini par s'effondrer sur elle-même, du fait de la gravitation.

• **Au centre, la matière a formé le Soleil**, tandis que le reste de la matière formait **le disque protoplanétaire**, d'où sont issues les planètes actuelles.

3 Âges géologiques

• **L'âge des planètes du système solaire est d'environ 4,7 milliards d'années.**

• La chronologie de l'histoire de la Terre est construite sur **différentes subdivisions : les quatre ères** (précambrien, paléozoïque, mésozoïque, cénozoïque) constituent les subdivisions les plus importantes.
Les ères sont elles-mêmes découpées **en périodes**, souvent divisées en **époques.**
Les âges géologiques constituent les subdivisions des époques.

Exemple :
L'ère cénozoïque, notre ère actuelle, est subdivisée en 2 périodes (Paléogène et Néogène).
Le Néogène est subdivisé en 4 époques (Miocène, Pliocène, Pléistocène et Holocène).
Le Pléistocène, découpé en 3 âges, correspond à l'apparition de l'*Homo erectus*, de l'homme de Neandertal et de l'*Homo sapiens*.

EXERCICE RÉSOLU

Voyager dans le passé

ÉNONCÉ

Quelle histoire peut nous raconter la photographie d'une galaxie ?
La source lumineuse très brillante visible sur la photographie à droite est apparue le 23 février 1987. Il s'agit de l'explosion d'une étoile située dans le Grand Nuage de Magellan, une petite galaxie satellite de la nôtre, à $1{,}7 \times 10^5$ al de la Terre.

Doc. Photographie du Grand Nuage de Magellan

Donnée : l'ordre de grandeur d'une année-lumière est égal à 10^{13} km.

1. Exprimez en km l'ordre de grandeur de la distance de la Terre au lieu où s'est produite l'explosion visible sur la photographie.

2. Depuis combien de temps s'était produite cette explosion lorsqu'elle a été observée ?

3. À quelle date s'est produit cet événement ? À quelle époque de l'histoire humaine correspond cette date ?

CORRIGÉ

1. Il faut utiliser l'ordre de grandeur de l'année-lumière indiqué dans les données. L'explosion s'est produite à $1{,}7 \times 10^5$ al de la Terre, donc à **$1{,}7 \times 10^5 \times 10^{13}$ km $= 1{,}7 \times 10^{18}$ km.**
L'ordre de grandeur de cette distance est ainsi 10^{18} km.

2. L'explosion s'est produite à $1{,}7 \times 10^5$ al de la Terre. Par définition de l'année-lumière, la lumière a parcouru cette distance en $1{,}7 \times 10^5$ années. **L'explosion s'est donc produite il y a $1{,}7 \times 10^5$ années.**

3. L'explosion s'est produite 170 000 ans plus tôt, donc approximativement en 2 000 – 170 000 = – 168 000.
Cette explosion s'est produite 168 000 ans avant notre ère, soit au Paléolithique.

Piège à éviter
Lisez bien la question, il faut donner ici un ordre de grandeur.

L'astuce du prof
Une distance en années-lumière indique immédiatement combien de temps auparavant la lumière a été émise.

Convertir des kilomètres en années-lumière

ÉNONCÉ

Le diamètre de la Voie Lactée est d'environ $1{,}0 \times 10^{18}$ km.
Exprimez la valeur de l'année-lumière en kilomètres et déduisez-en la valeur du diamètre de notre galaxie en années-lumière.
Donnée : vitesse de propagation de la lumière dans le vide, $c = 3{,}0 \times 10^5$ km/s.

Doc. Vue d'artiste de la Voie Lactée

MÉTHODE

1. Rappeler la définition de l'année-lumière.
2. Écrire la relation entre c, la vitesse de propagation de la lumière dans le vide en km/s, d, la distance en km correspondant à une année-lumière et Δt, la durée correspondant à une année exprimée en secondes.
3. En déduire l'expression de la distance d en fonction de c et Δt.
4. Convertir une année en secondes.
5. Calculer la valeur d'une année-lumière en kilomètres.
6. Déterminer le diamètre de la galaxie en années-lumière.

CORRIGÉ

Solution	Commentaires
Une année-lumière est la distance parcourue par la lumière dans le vide pendant une année.	**1.** L'année-lumière est une distance et non une durée.
Exprimons une année-lumière en kilomètres : $c = \dfrac{d}{\Delta t}$	**2.** Une vitesse est le rapport d'une distance par la durée de propagation correspondante.
$d = c \times \Delta t$ $\Delta t = 1$ année $= 365 \times 24 \times 3\,600$ s	**4.** Il y a 365 jours dans une année, 24 heures dans une journée, 3 600 s dans une heure.
D'où : $d = 3{,}0 \times 10^5 \times 365 \times 24 \times 3\,600$ $d = 9{,}5 \times 10^{12}$ km	**5.** Dans ce calcul, on obtient bien la distance en kilomètres, car la vitesse est en km/s.
Le diamètre de la galaxie est alors : $\dfrac{1{,}0 \times 10^{18}}{9{,}5 \times 10^{12}} = 1{,}1 \times 10^5$ al	**6.** Il faut diviser le diamètre de la galaxie en km par la valeur de l'al en km.

Comparer deux ordres de grandeur de distance

ÉNONCÉ

Déterminez, puis comparez les ordres de grandeur des distances de Mercure, de la Terre et de Neptune au Soleil.

Doc. Tailles relatives des planètes du système solaire

Données :

	Mercure	Terre	Neptune
Distance au Soleil (en km)	$57{,}91 \times 10^6$	$149{,}6 \times 10^6$	$4\,504 \times 10^6$

MÉTHODE

1. Réécrire chacune des distances en écriture scientifique.
2. Rappeler la définition de l'ordre de grandeur d'une distance.
3. En déduire les ordres de grandeur des trois distances.
4. Comparer ces ordres de grandeur.

CORRIGÉ

Solution

	Mercure	Terre	Neptune
Distance au Soleil (en km)	$5{,}791 \times 10^7$	$1{,}496 \times 10^8$	$4{,}504 \times 10^9$
Ordre de grandeur (en km)	10^8	10^8	10^9

On remarque que les ordres de grandeur des distances de Mercure et de la Terre au Soleil sont les mêmes. Ces deux planètes sont proches à l'échelle du système solaire.
Neptune est environ dix fois plus éloignée du Soleil.

Commentaires

1. L'écriture scientifique d'un nombre est l'écriture sous la forme $a \times 10^n$ avec a un nombre décimal tel que $1 \leqslant a < 10$ et n un entier positif ou négatif.

2. L'ordre de grandeur d'une distance est la puissance de dix la plus proche de cette distance.

3. Mercure : $5{,}791 > 5$ donc l'ordre de grandeur sera 10×10^7 km $= 10^8$ km.
Terre : $1{,}496 < 5$, l'ordre de grandeur sera 1×10^8 km.
Neptune : $4{,}504 < 5$, l'ordre de grandeur sera 1×10^9 km.

4. Deux distances proches conduisent aux mêmes ordres de grandeur.

QCM

1 Cochez la (ou les) réponse(s) correcte(s).

1. La théorie du Big Bang décrit :
a. ☐ l'origine de l'Univers **b.** ☐ la formation de la Terre
c. ☐ l'évolution de l'Univers de son origine à nos jours

2. Les galaxies :
a. ☐ sont des systèmes solaires **b.** ☐ sont des nuages de gaz
c. ☐ contiennent un grand nombre d'étoiles

3. Le système solaire :
a. ☐ s'est probablement formé dans une nébuleuse
b. ☐ contient 8 planètes
c. ☐ est le seul système planétaire de l'Univers

4. Les atomes d'hélium présents dans le Soleil et sur Terre :
a. ☐ n'ont pas la même composition **b.** ☐ sont identiques
c. ☐ possèdent le même nuage électronique mais des noyaux différents.

5. La matière présente sur notre planète a pour origine :
a. ☐ la matière présente dans la nébuleuse originelle
b. ☐ la matière contenue dans le Soleil
c. ☐ la matière contenue dans une étoile

6. Les éléments les plus répandus dans l'Univers sont :
a. ☐ l'oxygène **b.** ☐ l'azote **c.** ☐ l'hydrogène et l'hélium

2 Répondez par vrai ou faux.

Affirmations	Réponses
1. Une année-lumière est une durée.	☐ V ☐ F
2. L'année-lumière est la distance parcourue par la lumière dans le vide en une année.	☐ V ☐ F
3. 1 km = $9,5 \times 10^{12}$ al.	☐ V ☐ F
4. L'ordre de grandeur du diamètre du système solaire est de 10^{10} m.	☐ V ☐ F
5. L'ordre de grandeur de la distance qui nous sépare de la galaxie la plus proche de la Voie Lactée est d'un million d'années-lumière.	☐ V ☐ F
6. Un atome comporte autant d'électrons que de neutrons.	☐ V ☐ F
7. L'atome de carbone contient 6 électrons et 12 nucléons. Il contiendra donc 12 + 6 = 18 protons.	☐ V ☐ F

Exercices d'entraînement

3 L'unité astronomique et le système solaire

Pour exprimer des distances dans le système solaire, on a souvent recours à l'unité astronomique (ua), unité de longueur adaptée à ces distances. L'unité astronomique est égale à la distance moyenne entre la Terre et le Soleil : 1 ua = $1{,}49 \times 10^8$ km.

1. Complétez le tableau ci-dessous.

Planète	Distance au Soleil (en 10^6 km)	Distance au Soleil (en ua)
Mercure	58	....
Vénus	108	....
Terre	....	1,00
Mars	....	1,52
Jupiter	778	....
Saturne	....	9,54
Uranus	....	19,2
Neptune	4 500	....

2. La limite du système solaire, l'héliopause, est à une distance du Soleil d'approximativement 120 fois la distance Terre-Soleil. Déduisez-en le rayon approximatif du système solaire en kilomètres.

3. La vitesse de la lumière dans le vide a pour valeur $c = 3{,}0 \times 10^5$ km/s. Calculez, en minutes, la durée nécessaire à la lumière pour parcourir les distances Soleil-Terre et Soleil-Neptune.

4. À partir des réponses à la question **3.**, donnez les valeurs des distances Soleil-Terre et Soleil-Neptune en minutes-lumière (min·l).

4 Utilisation de l'écriture scientifique

Exprimez, en utilisant l'écriture scientifique, les valeurs des longueurs suivantes, sans modifier l'unité.
Indication : 1 milliard = 1×10^9.

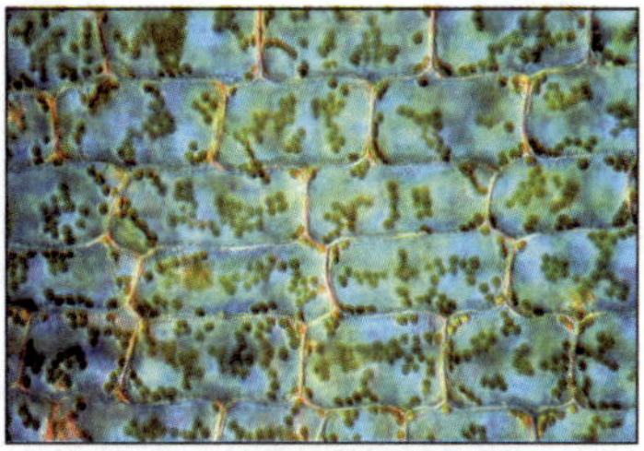
Doc. Cellules végétales

1. Longueur d'une cellule végétale (photographie ci-contre) : 100 µm.

2. Rayon de Jupiter : 71 490 km.

3. Distance du Soleil à l'étoile la plus proche : 41 000 milliards de kilomètres.

5 La jeunesse du monde

« En regardant "loin", nous regardons "tôt". La nébuleuse d'Orion* nous apparaît telle qu'elle était à la fin de l'Empire romain, et la galaxie d'Andromède telle qu'elle était au moment de l'apparition des premiers hommes, il y a deux millions d'années [...] Certains quasars** sont situés à douze milliards d'années-lumière. La lumière qui nous en arrive a voyagé pendant douze milliards d'années, c'est-à-dire quatre-vingts pour cent de l'âge de l'Univers... C'est la jeunesse du monde que leur lumière nous donne à voir au terme de cet incroyable voyage. »

Hubert Reeves, *Patience dans l'azur. L'Évolution cosmique*, © Éditions du Seuil, 1981, coll. « Science ouverte », 1988

Doc. Nébuleuse d'Orion

*Nébuleuse d'Orion : nuage interstellaire de gaz et de poussières situé à une distance d'environ $1,3 \times 10^{16}$ km de la Terre.

**Quasar : galaxie très lointaine dont le cœur émet une quantité d'énergie fantastique.

1. À l'aide du texte, en prenant l'année 476 comme référence pour la fin de l'Empire romain, calculez la vitesse de la lumière dans le vide.

2. À partir des indications du texte, évaluez une valeur approchée de l'âge de l'Univers. Ce résultat vous semble-t-il réaliste ? Justifiez.

Vers le brevet

6 La loi de Hubble

La loi de Hubble affirme que la vitesse d'éloignement des galaxies est proportionnelle à leur distance. La constante de proportionnalité est la constante d'Hubble, notée H_0. Cette loi décrit avec une bonne précision l'expansion de l'Univers, mais elle n'est pas applicable pour des galaxies très proches qui ont des mouvements différents.

À cette échelle, les distances sont souvent mesurées en parsec (pc), ou en mégaparsec (Mpc) : 1 Mpc = $3,2616 \times 10^6$ al.

On donne ainsi : $v = H_0 \times d$, avec v la vitesse d'éloignement des galaxies en km/s, H_0 la constante d'Hubble en km/s/Mpc, et d la distance entre les deux galaxies en Mpc. On admettra que $H_0 = 67$ km/s/Mpc.

La courbe ci-après donne la vitesse d'éloignement d'une galaxie v, en milliers de km/s, en fonction de la distance d à la Voie Lactée, en Mpc.

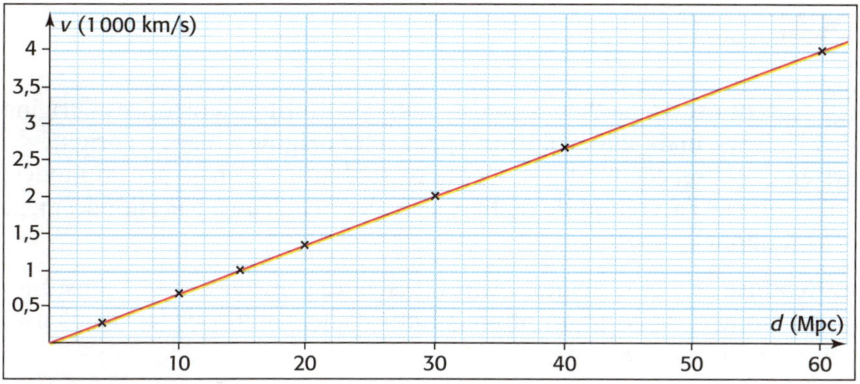

1. a. Quel est le nom de la théorie qui tente de décrire l'évolution de l'Univers ?

b. Expliquez en quelques mots comment s'est probablement formé notre système solaire.

2. a. Montrez que 1 al = $9,5 \times 10^{12}$ km.

b. Justifiez l'équivalence 1 Mpc = $3,1 \times 10^{19}$ km.

3. a. Expliquez précisément en quoi l'allure de la courbe proposée est en accord avec la loi d'Hubble.

b. Une galaxie est éloignée de 31×10^{19} km de la Voie Lactée. À l'aide du graphique proposé, estimez sa vitesse d'éloignement en km/s.

c. Une galaxie s'éloigne à une vitesse de 2 000 km/s de la Voie Lactée. À l'aide du graphique, déterminez la distance séparant cette galaxie de la Voie Lactée. Donnez un résultat en km, arrondi au dixième près, puis un ordre de grandeur.

d. Retrouvez par le calcul les résultats de la question **3.c.**

QCM

1 **1. Réponse : c.** La théorie du Big Bang ne décrit justement pas l'origine de l'Univers, **mais son évolution après cette origine**. Quant à l'origine du système solaire, elle n'est pas décrite par le Big Bang, mais par un modèle construit sur l'accrétion de matière dans les nébuleuses par effondrement gravitationnel.

2. Réponse : c. Les systèmes solaires (systèmes planétaires) sont constitués d'une étoile et de corps en orbite autour d'elle, tandis que les nébuleuses sont de grands nuages de gaz.

3. Réponses : a et b. D'autres systèmes planétaires ont été observés. On a, à ce jour, détecté plus de 2 000 exoplanètes.

4. Réponse : b. La matière observable est partout de même nature et obéit aux mêmes lois. Les compositions des noyaux et les nuages électroniques d'un même atome sont identiques, quel que soit l'endroit où se trouve cet atome.

5. Réponses : a et c. Les étoiles de masse assez faible en fin de vie expulsent une partie de leur matière (et se transforment en naines blanches). Ces gaz atomiques forment des nébuleuses d'où naissent de nouvelles étoiles et de nouveaux systèmes planétaires.

> **Piège à éviter**
> La matière qui constitue la Terre ne provient pas du Soleil, mais d'une autre étoile morte.

6. Réponse : c. Les éléments les plus répandus de l'Univers sont les deux constituants principaux des étoiles (plus de 90 % des atomes de l'Univers seraient des atomes d'hydrogène, un peu plus de 9 % des atomes d'hélium).

2 **1. Faux.** Une année-lumière est une **distance**.

2. Vrai. L'affirmation correspond à la définition de l'année-lumière.

3. Faux. L'égalité proposée ne peut pas être exacte, car l'année-lumière est plus grande que le kilomètre.

> **L'astuce du prof**
> $10^{12} > 1$, si $1 \text{ km} = 9{,}5 \times 10^{12}$ al, alors $1 \text{ km} > 1$ al.

4. Faux. L'ordre de grandeur du diamètre du système solaire est de 10^{10} km.

> **À savoir**
> $1 \text{ km} = 1 \times 10^3$ m.

5. Vrai. L'ordre de grandeur de la distance qui nous sépare de la galaxie la plus proche de la Voie Lactée (Andromède) est d'environ 10^6 al, soit un million d'années-lumière.

6. Faux. Un atome comporte autant d'électrons que de protons, car l'atome est neutre.

7. Faux. Le nombre de nucléons est la somme du nombre de protons et du nombre de neutrons. On peut donc calculer le nombre de protons par la différence 12 – 6 = 6 ou en utilisant la neutralité électrique de l'atome : il y a autant de protons que d'électrons, soit 6 protons.

Rappel

Un neutron est électriquement neutre.

Exercices d'entraînement

3 **1.**

Planète	Distance au Soleil (en 10^6 km)	Distance au Soleil (en ua)
Mercure	58×10^6	$\mathbf{\frac{58 \times 10^6}{1{,}49 \times 10^8} = 0{,}39}$
Vénus	$1{,}08 \times 10^8$	$\mathbf{\frac{1{,}08 \times 10^8}{1{,}49 \times 10^8} = 0{,}72}$
Terre	$\mathbf{1{,}49 \times 10^8}$	1,00
Mars	$\mathbf{1{,}52 \times 1{,}49 \times 10^8 = 2{,}28 \times 10^8}$	1,52
Jupiter	$7{,}78 \times 10^8$	$\mathbf{\frac{7{,}78 \times 10^8}{1{,}49 \times 10^8} = 5{,}20}$
Saturne	$\mathbf{9{,}54 \times 1{,}49 \times 10^8 = 1{,}42 \times 10^9}$	9,54
Uranus	$\mathbf{19{,}2 \times 1{,}49 \times 10^8 = 2{,}87 \times 10^9}$	19,2
Neptune	$4{,}50 \times 10^9$	$\mathbf{\frac{4{,}50 \times 10^9}{1{,}49 \times 10^8} = 30}$

L'énoncé nous donne : 1 ua = $1{,}49 \times 10^8$ km.
Pour déterminer la distance en ua à partir de la distance en km, il faut diviser la distance en km par $1{,}49 \times 10^8$.
Pour déterminer la distance en km à partir de la distance en ua, il faut multiplier la distance en ua par $1{,}49 \times 10^8$.
Pour la Terre, par définition de l'ua, la distance Terre-Soleil est de **$1{,}49 \times 10^8$ km**.

L'astuce du prof

Utilisez la définition de l'ua pour répondre à la question.

2. Le rayon approximatif du système solaire correspondra à la distance entre l'héliopause et le Soleil. Le texte indique « 120 fois la distance Terre-Soleil », soit **120 ua**, par définition de l'unité astronomique. Ce rayon, en kilomètres, sera : $120 \times 1{,}49 \times 10^8$ km = **$1{,}8 \times 10^{10}$ km**.

3. La relation entre la vitesse c, la durée Δt de propagation de la lumière entre le Soleil et une planète, et la distance d entre le Soleil et la planète est :
$c = \frac{d}{\Delta t}$ d'où $\Delta t = \frac{d}{c}$.
Pour la **Terre**, on obtient :
$\Delta t = \frac{d}{c} = \frac{1{,}49 \times 10^8}{3{,}0 \times 10^5} = 5{,}0 \times 10^2$ s.
Or 1 min = 60 s, soit $\Delta t = \frac{5{,}0 \times 10^2}{60} =$ **8,3 min**.
Pour **Neptune**, on obtient :
$\Delta t = \frac{d}{c} = \frac{4{,}50 \times 10^9}{3{,}0 \times 10^5} = 3{,}0 \times 10^5$ s.
Or 1 min = 60 s, soit $\Delta t = \frac{3{,}0 \times 10^5}{60} =$ **5 000 min**.

Piège à éviter

Si la vitesse est en km/s, les distances doivent être en km et les durées en s.

4. Comme la lumière met 8,3 min pour aller du Soleil à la Terre, **la Terre est à 8,3 min·l du Soleil, Neptune à 5 000 min·l (ou encore 3,5 jours·l).**

Remarque

Ces unités ne sont pas très utilisées, car peu adaptées aux distances hors système solaire.

4 **1.** 100 µm = **1,00 × 10² µm.**

2. 71 490 km = **7,1490 × 10⁴ km.**

3. 41 000 milliards de kilomètres = **41 000 × 10⁹ km**
$41\,000 \times 10^9$ km $= 4{,}1000 \times 10^4 \times 10^9$ km $=$ **$4{,}1000 \times 10^{4+9}$ km**
41 000 milliards de kilomètres = **$4{,}1000 \times 10^{13}$ km.**

5 **1.** En 1981 (date de parution de l'ouvrage), Orion apparaissait telle qu'elle était en 476. **La lumière a ainsi parcouru $1{,}3 \times 10^{16}$ km en 1 981 – 476 = 1 505 années.** Il faudra convertir cette durée en secondes pour obtenir une vitesse en km/s :
1 505 années = 1 505 × 365 × 24 × 3 600 s.
$c = \frac{d}{\Delta t}$ donc $c = \frac{1{,}3 \times 10^{16}}{1\,505 \times 365 \times 24 \times 3\,600} =$ **$2{,}7 \times 10^5$ km/s.**

2. D'après le texte, 12 milliards d'années correspondent à 80 % de l'âge de l'Univers : 12×10^9 années $= 0{,}80 \times A$, avec A l'âge de l'Univers.
$A = \frac{12}{0{,}80} =$ **15 milliards d'années.** Cette valeur a le bon ordre de grandeur, mais **semble sensiblement plus élevée que la valeur admise à ce jour :** 13,8 milliards d'années. Depuis 1981, des observations fines de l'Univers ont entraîné des évolutions dans les modélisations et donc une **révision de cette estimation.**

Vers le brevet

6 **1. a. La théorie du Big Bang** décrit l'évolution de l'Univers.
b. Notre système solaire s'est probablement formé **à partir d'une nébuleuse, grand nuage de gaz et de poussières**. Par effondrement gravitationnel, ces gaz se sont concentrés dans des amas d'accrétion qui ont donné naissance au Soleil et aux planètes.

2. a. Une année-lumière est la distance parcourue par la lumière dans le vide pendant une année. Exprimons une année-lumière en kilomètres :
$c = \frac{d}{\Delta t}$ donc $d = c \times \Delta t$. Or $\Delta t = 1$ année $= 365 \times 24 \times 3\,600$ s.
D'où, $\boldsymbol{d = 1\ \text{al} = 3{,}0 \times 10^5 \times 365 \times 24 \times 3\,600 = 9{,}5 \times 10^{12}\ \text{km}}$
b. 1 Mpc $= 3{,}2616 \times 10^6$ al or 1 al $= 9{,}5 \times 10^{12}$ km, soit :
$\boldsymbol{1\ \text{Mpc} = 3{,}261\,6 \times 10^6 \times 9{,}5 \times 10^{12} = 3{,}1 \times 10^{19}\ \text{km}}$.

3. a. La loi d'Hubble, $v = H_0 \times d$, décrit la proportionnalité entre v et d. La représentation de v en fonction de d est **une droite passant par l'origine, caractéristique de la proportionnalité** entre les deux grandeurs.
b. Il faut commencer par convertir la distance entre la galaxie et la Voie Lactée en Mpc : $d = \frac{31 \times 10^{19}}{3{,}1 \times 10^{19}} = 10$ Mpc. Le graphique donne, pour l'ordonnée du point d'abscisse 10 Mpc : $\boldsymbol{v = 0{,}68 \times 1\,000\ \text{km/s} = 6{,}8 \times 10^2\ \text{km/s}}$.
c. On cherche sur le graphique l'abscisse du point d'ordonnée 2 000 km/s :
$\boldsymbol{d = 30\ \text{Mpc}} = 30 \times 3{,}1 \times 10^{19}\ \text{km} = \boldsymbol{9{,}3 \times 10^{20}\ \text{km}}$.
9,3 est plus proche de 10 que de 1, l'ordre de grandeur de cette distance est 10×10^{20} km $= \boldsymbol{10^{21}}$ **km**.

Piège à éviter
Regardez bien l'échelle des axes : v est en milliers de km/s.

d. On utilise la loi d'Hubble, $v = H_0 \times d$, $d = \frac{v}{H_0} = \frac{2\,000}{67} = 30$ Mpc.

On retrouve ainsi **exactement les mêmes résultats qu'en 3.c.**

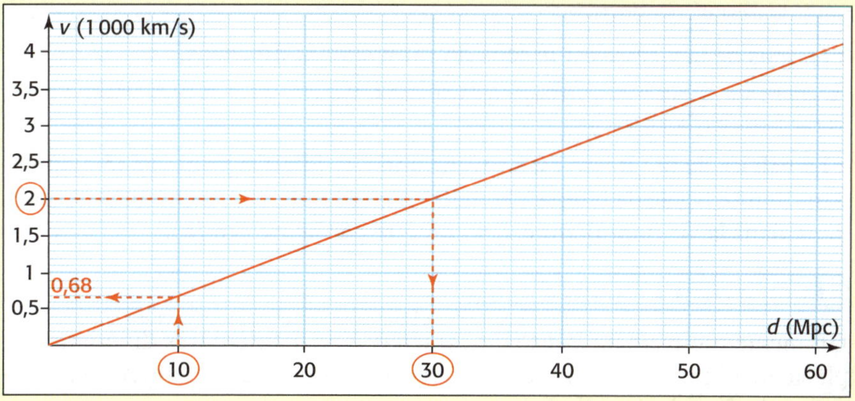

CHAPITRE 4

[Physique-Chimie] Mouvement et interaction

1 Caractérisation d'un mouvement

1 Trajectoire

• **La trajectoire d'un point d'un objet est la ligne formée par l'ensemble des positions successives occupées par ce point au cours de son mouvement.**

• Lorsque la trajectoire d'un point d'un corps est une **droite**, on dit que le mouvement du point est **rectiligne**. Si la **trajectoire est un cercle**, on dit que le mouvement est **circulaire**.

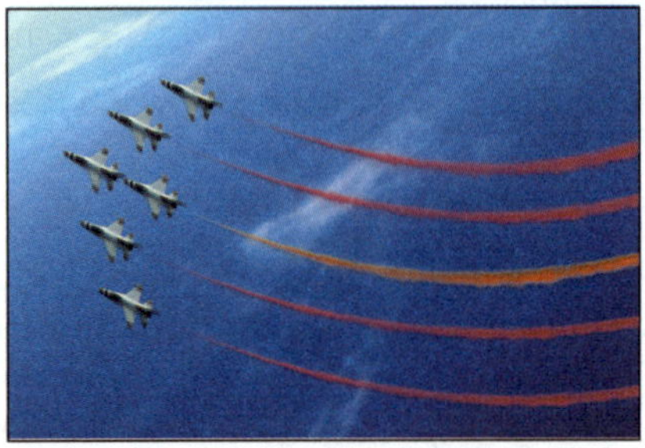

Doc. Fumigènes matérialisant les trajectoires des avions dans la voltige aérienne

Exemple : la plupart des planètes du système solaire ont des trajectoires quasi-circulaires autour du Soleil.

2 Vitesse

Pour caractériser un mouvement, il est nécessaire de préciser la vitesse de l'objet étudié, en indiquant sa direction, son sens et sa valeur :

• **La direction de la vitesse est une droite tangente à la trajectoire.**

Exemple : dans un mouvement circulaire, la direction de la vitesse est la droite tangente au cercle, donc perpendiculaire au rayon du cercle.

• **Le sens de la vitesse est le sens du mouvement du corps.**

Exemple : dans un mouvement rectiligne qui s'effectue de la gauche vers la droite, le sens de la vitesse sera lui aussi « vers la droite ».

• **La valeur de la vitesse** est souvent notée v. Elle s'exprime généralement dans l'unité légale de vitesse : le mètre par seconde (m/s). On utilise cependant, dans la vie quotidienne, le kilomètre par heure (km/h).

3 Relativité du mouvement

Un même mouvement peut être caractérisé de manière très différente par plusieurs observateurs. **Il faut préciser par rapport à quel objet ou observateur la description d'un mouvement est effectuée.**

EXERCICE RÉSOLU

Caractériser le mouvement de la Lune autour de la Terre

ÉNONCÉ

Dans l'illustration ci-contre, on représente le mouvement de la Lune autour de la Terre.

1. Que représente la ligne passant par la Lune et tracée autour de la Terre ?

2. Quel terme proposeriez-vous pour décrire le mouvement de la Lune par rapport au centre de la Terre ?

3. Le mouvement de la Lune sera-t-il le même par rapport au Soleil que celui caractérisé dans la question **2.** ? Justifiez.

4. Que pouvez-vous dire de la direction et du sens de la vitesse de la Lune ?

5. Comment caractériser le mouvement de la Terre autour de la Lune ?

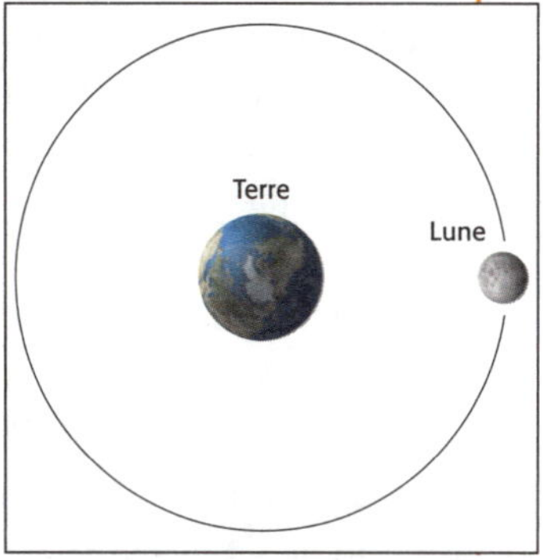

Doc. Orbite de la Lune autour de la Terre

CORRIGÉ

1. La ligne tracée sur le schéma est formée par l'ensemble des positions successives occupées par le centre de la Lune au cours de son mouvement autour du centre de la Terre. Cette ligne représente ainsi la **trajectoire de la Lune par rapport au centre de la Terre**.

> **Remarque**
> Pour un point du sol terrestre, le mouvement de la Lune est plus complexe.

2. D'après le schéma proposé, la trajectoire du centre de la Lune par rapport au centre de la Terre forme un cercle. La trajectoire du centre de la Lune autour du centre de la Terre constitue un **mouvement circulaire**.

3. Le système Terre-Lune tourne autour du Soleil. **Le mouvement de la Lune autour du Soleil est donc différent du mouvement de la Lune autour du centre de la Terre**, il est beaucoup plus complexe à décrire.

4. **La direction de la vitesse est tangente à la trajectoire**, donc tangente au cercle tracé. **Le sens de la vitesse sera le sens du mouvement du centre de la Lune autour du centre de la Terre.**

5. Si le centre de la Lune décrit un cercle dans son mouvement autour du centre de la Terre, la réciproque est vraie : **le centre de la Terre a un mouvement circulaire par rapport au centre de la Lune**.

> **Remarque**
> La Terre tourne elle aussi autour de la Lune !

2 Mouvements uniformes et non uniformes

1 Mouvements uniformes

• **Par rapport à un observateur donné, un mouvement est uniforme s'il s'effectue avec une valeur de la vitesse constante.**

• Un mouvement rectiligne s'effectuant avec une valeur de la vitesse constante est un **mouvement rectiligne uniforme**.

Exemple : parachute ouvert, la valeur de la vitesse d'un parachutiste par rapport au sol atteint une valeur limite constante.

Doc. Parachutiste en mouvement uniforme

• Un mouvement circulaire s'effectuant avec une valeur de la vitesse constante est un **mouvement circulaire uniforme.** Dans un mouvement circulaire uniforme, la valeur de la vitesse est constante, mais la direction de la vitesse change.

Exemples : les mouvements de la plupart des planètes autour du Soleil et le mouvement de la Lune autour du centre de la Terre peuvent être considérés en première approximation comme des mouvements circulaires uniformes.

• **Pour un mouvement uniforme**, la valeur de la vitesse peut s'écrire : $v = \frac{d}{t}$, avec v la valeur de la vitesse en mètres par seconde (m/s), d la distance parcourue par un point de l'objet en mètres (m) et t la durée du déplacement en secondes (s).

2 Mouvements non uniformes

• **Si la valeur de la vitesse change au cours du mouvement d'un point d'un objet, le mouvement de ce point est un mouvement non uniforme.**

• Un mouvement rectiligne non uniforme peut être un **mouvement rectiligne accéléré** ou un **mouvement rectiligne ralenti**.

Exemple : lors du démarrage d'un train (en ligne droite), le mouvement du train par rapport au quai est un mouvement rectiligne accéléré.

• Un mouvement circulaire non uniforme peut être un **mouvement circulaire accéléré** ou un **mouvement circulaire ralenti**.

Exemple : le mouvement d'un passager d'une nacelle sur une grande roue par rapport au centre de la grande roue est un mouvement circulaire ralenti lorsque la valeur de la vitesse de la roue diminue juste avant l'arrêt du manège.

EXERCICE RÉSOLU

Analyser un saut en parachute

ÉNONCÉ

La valeur de la vitesse d'un parachutiste sautant d'un hélicoptère immobile par rapport au sol évolue dans le temps, jusqu'à atteindre une valeur de vitesse constante limite lorsque le parachute est fermé, et une autre valeur de vitesse constante limite quand il est ouvert.

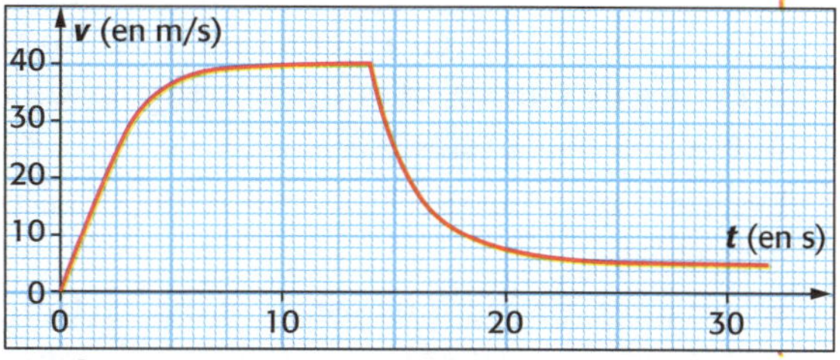

Doc. Évolution de la vitesse d'un parachutiste pendant les trente premières secondes du saut

1. À l'aide du graphique ci-dessus, répondez aux questions suivantes.

a. Quelle est la valeur de la vitesse initiale du parachutiste par rapport au sol ?

b. À quel instant le parachutiste atteint-il sa vitesse limite, parachute fermé ?

c. Quelle est la valeur de cette vitesse limite ?

d. À quel instant ouvre-t-il son parachute ?

2. Quelle est la distance d parcourue entre les instants $t_1 = 26$ s et $t_2 = 32$ s ?

CORRIGÉ

1. a. Sur le graphique, on lit **$v = 0$ m/s en $t = 0$ s**.

b. Cette première vitesse limite est atteinte au bout de **10 s, car la valeur de la vitesse devient alors constante** pendant quelques secondes.

> **L'astuce du prof**
> Lorsque la vitesse est constante, la courbe tracée est horizontale.

c. À l'instant $t = 10$ s (en abscisse), on lit sur le graphique **une ordonnée $v = 40$ m/s**.

d. À partir de $t = 10$ s, la valeur de la vitesse devient constante. Elle le reste jusqu'à l'ouverture du parachute. Sur le graphique, **la vitesse varie brutalement à $t = 14$ s, c'est à cet instant que le parachute est ouvert**.

> **Remarque**
> Lisez bien l'énoncé pour analyser les différentes phases du mouvement.

2. Entre les instants $t_1 = 26$ s et $t_2 = 32$ s, la valeur de la vitesse est constante : $v = 5{,}0$ m/s par lecture graphique. D'où :

$$v = \frac{d}{t_2 - t_1} \text{ et } \boldsymbol{d = v \times (t_2 - t_1) = 5{,}0 \times (32 - 26) = 30 \text{ m}}.$$

> **Piège à éviter**
> Dans la relation $v = \frac{d}{t}$, t est une durée et non une date.

3 Modélisation d'une interaction

1 Interactions

- **Deux corps sont en interaction si le mouvement de l'un dépend de la présence de l'autre, et réciproquement.** Chacun de ces deux corps exerce une action mécanique sur l'autre.

Exemple : Jupiter et son satellite Io sont en interaction. Jupiter exerce une action mécanique sur Io, et réciproquement.

- Certaines interactions sont des **interactions à distance**, elles ne nécessitent pas de contact entre les deux corps pour exister.
- D'autres interactions nécessitent un contact entre les deux corps pour s'exercer, ce sont des **interactions de contact**.
- Pour déterminer les différentes interactions, on peut utiliser les **diagrammes objet-interaction (DOI).** Les objets sont représentés par des bulles, les interactions à distance par des flèches en pointillés, les interactions de contact par des flèches en traits pleins.

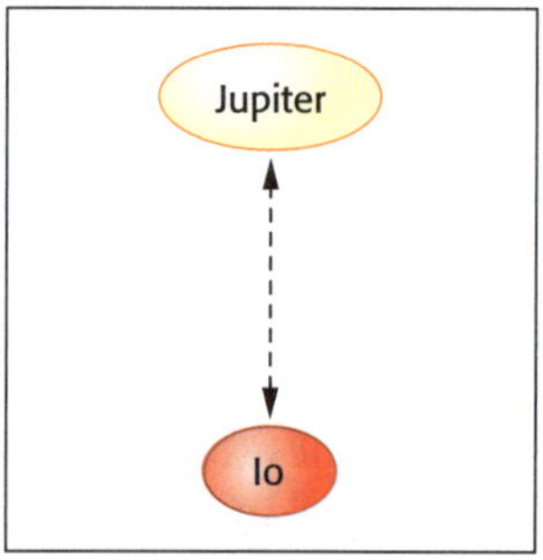

Doc. DOI Jupiter/Io

2 Forces

- Une action mécanique exercée par un corps en interaction avec un autre corps peut être modélisée (représentée) par une **force, caractérisée par un point d'application, une direction, un sens et une valeur exprimée en newtons (N).**
- **L'interaction gravitationnelle** entre deux corps de centres A et B, de masses respectives m_A et m_B et séparés d'une distance d, est modélisée par **des forces d'attraction gravitationnelle** :

– point d'application : centre de l'astre qui subit la force ;
– direction de la droite AB ;
– sens : vers le corps qui exerce la force ;
– valeur : $\boldsymbol{F = G \times \dfrac{m_A \times m_B}{d^2}}$ avec F en N, m_A et m_B en kg, d en m et $G = 6{,}67 \times 10^{-11}\ N \cdot m^2 \cdot kg^{-2}$ la constante de gravitation.

- Un objet proche de la surface d'un astre subit une **force d'attraction gravitationnelle exercée par l'astre nommée poids ou force de pesanteur**. La valeur du poids est donnée par $\boldsymbol{P = m \times g}$ avec P le poids en N, m la masse de l'objet en kg et g l'intensité de la pesanteur sur l'astre en N/kg.

EXERCICE RÉSOLU

Comparer les forces gravitationnelles entre le Soleil et la Lune, et entre la Terre et la Lune

Doc. L'astronaute Edwin E. Aldrin marchant sur la Lune, lors de la mission Apollo 11, en 1969

ÉNONCÉ

Qui de la Terre ou du Soleil exerce la force d'attraction gravitationnelle la plus grande sur la Lune ?

Données :

Expression de la force gravitationnelle :

$F = G \times \dfrac{m_A \times m_B}{d^2}$,

avec $G = 6,67 \times 10^{-11}\ N \cdot m^2 \cdot kg^{-2}$ la constante de gravitation.

Astre	Soleil	Terre	Lune
Masse (kg)	$1,99 \times 10^{30}$	$5,97 \times 10^{24}$	$7,35 \times 10^{22}$

Distances moyennes : Terre-Lune, $d_{T-L} = 3,83 \times 10^5$ km ; Soleil-Lune, $d_{S-L} = 1,52 \times 10^8$ km.

CORRIGÉ

La Terre et la Lune sont plus proches (d est plus petite dans la formule de la valeur de la force gravitationnelle exercée par la Terre sur la Lune), mais la masse de la Terre est plus faible que celle du Soleil. Dans la loi de la gravitation universelle, les distances sont exprimées en mètres. Convertissons d'abord les deux distances données en mètres :

$d_{T-L} = 3,83 \times 10^5\ km = 3,83 \times 10^5 \times 10^3\ m = 3,83 \times 10^8\ m.$

$d_{S-L} = 1,52 \times 10^8\ km = 1,52 \times 10^8 \times 10^3\ m = 1,52 \times 10^{11}\ m.$

$$F_{T-L} = G \times \frac{m_T \times m_L}{d^2_{T-L}}$$

$$F_{T-L} = 6,67 \times 10^{-11} \times \frac{5,97 \times 10^{24} \times 7,35 \times 10^{22}}{(3,83 \times 10^8)^2} = 2,00 \times 10^{20}\ N$$

$$F_{S-L} = 6,67 \times 10^{-11} \times \frac{1,99 \times 10^{30} \times 7,35 \times 10^{22}}{(1,52 \times 10^{11})^2} = 4,22 \times 10^{20}\ N$$

$F_{S-L} > F_{T-L}$, la force gravitationnelle exercée par le Soleil sur la Lune est plus grande que celle exercée par la Terre sur la Lune.

À savoir

Plus la distance entre les astres est faible, plus la valeur de la force gravitationnelle est grande.

Piège à éviter

Les distances, souvent données en km en astronomie, doivent être converties en m dans cette relation.

Convertir les m/s en km/h

ÉNONCÉ

Les vitesses des comètes sont très différentes suivant leur position par rapport au Soleil. Leurs valeurs peuvent ainsi passer de 100 000 m/s à moins de 1 000 m/s. Calculez ces valeurs en km/h.

Doc. La comète de Mac Naught

MÉTHODE

1. Rappeler la correspondance entre mètres et kilomètres.
2. En déduire les valeurs des deux vitesses en km/s.
3. Rappeler la correspondance entre heures et secondes.
4. Écrire un tableau de proportionnalité pour les distances parcourues en 1 h et en 1 s.
5. En déduire les valeurs des deux vitesses en km/h.

CORRIGÉ

<table>
<tr><th>Solution</th><th>Commentaires</th></tr>
<tr><td rowspan="5">100 000 m/s = 100 km/s
1 000 m/s = 1 km/s
v = 100 km/s
$v = 100 \times 3\,600$ km/h
v = 360 000 km/h.

De même :
$v = 1$ km/s $= 1 \times 3\,600$ km/h
v = 3 600 km/h.</td><td>1. 1 km = 1×10^3 m
100 000 m = 100×10^3 m = 100 km
1 000 m = 1×10^3 m = 1 km</td></tr>
<tr><td>2. Pour une vitesse exprimée en m/s et en km/s, seule l'unité de distance change, l'unité de temps est la même : la seconde.</td></tr>
<tr><td>3. 1 h = 60 min = 60×60 s = 3 600 s.</td></tr>
<tr><td>4. Pour v = 100 km/s :
<table><tr><td>Distance (en km)</td><td>100</td><td>d</td></tr><tr><td>Durée (en s)</td><td>1</td><td>3 600</td></tr></table>La proportionnalité entraîne :
$100 \times 3\,600 = 1 \times d$ soit $d = 100 \times 3\,600$ km</td></tr>
<tr><td>5. d = 360 000 km en 3 600 s, donc en 1 h.
Pour convertir des m/s en km/h, on multiplie la valeur de la vitesse par 3,6 et réciproquement (pour passer des km/h aux m/s, on divise la valeur de la vitesse par 3,6).</td></tr>
</table>

Construire et exploiter un diagramme objet-interaction (DOI)

ÉNONCÉ

En 1827, le premier trajet en train a lieu entre les villes de Saint-Étienne et d'Andrézieux. Le système de freinage des wagons consistait en deux sabots montés tête-bêche sur un levier pivotant autour d'un axe lié au châssis.
Réalisez un diagramme objet-interaction des roues du train lors d'un trajet Saint-Étienne-Andrézieux.

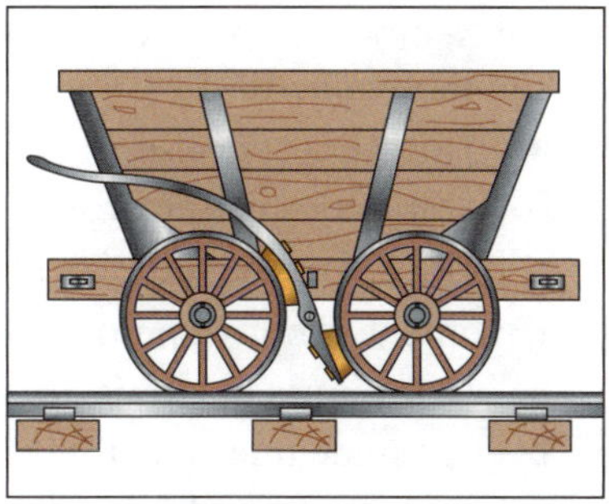

Doc. Système de freinage d'un wagon

MÉTHODE

1. Placer l'objet étudié dans une bulle au centre du diagramme.
2. Placer les corps en interaction avec cet objet dans d'autres bulles.
3. Identifier les interactions de contact et les interactions à distance, et représenter par des doubles flèches pleines les interactions de contact, et par des doubles flèches en pointillés les interactions à distance.

CORRIGÉ

<table>
<tr><th>Solution</th><th>Commentaires</th></tr>
<tr><td rowspan="3">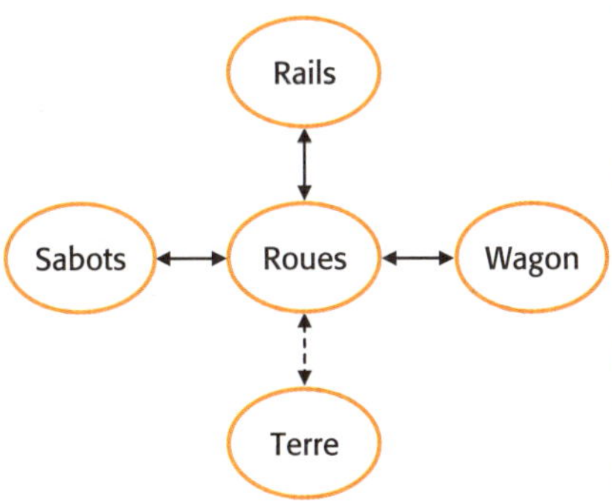
</td><td>1. Le DOI demandé doit permettre de recenser les interactions entre les roues et les autres systèmes.</td></tr>
<tr><td>2. Les rails, la plateforme du wagon, les sabots du système de freinage sont en interaction avec les roues. Il ne faut pas oublier la Terre, présente pour tous les DOI d'objets au voisinage de la planète.</td></tr>
<tr><td>3. Les interactions entre les roues et le wagon, les rails et les sabots ne peuvent exister sans contact, au contraire de l'interaction avec la Terre.</td></tr>
</table>

QCM

1 Cochez la (ou les) réponse(s) correcte(s).

1. L'ensemble des positions successives occupées par un point au cours de son mouvement :

a. ☐ forme la trajectoire

b. ☐ est toujours une droite

c. ☐ forme une droite si le mouvement est rectiligne

2. Un objet en mouvement uniforme :

a. ☐ a toujours une trajectoire rectiligne

b. ☐ possède une valeur de vitesse constante

c. ☐ a une vitesse dont la direction est constante

3. La relation entre la valeur de la vitesse v d'un objet en mouvement uniforme, la distance d parcourue par cet objet et la durée t du trajet est :

a. ☐ $v = d \times t$ **b.** ☐ $v = \frac{d}{t}$ **c.** ☐ $v = \frac{t}{d}$

4. Une interaction à distance entre deux objets :

a. ☐ peut s'exercer sans contact entre les objets

b. ☐ ne s'exerce qu'en l'absence de contact entre les objets

c. ☐ est représentée par une double flèche pleine sur un DOI

5. La valeur du poids d'un objet au voisinage du sol terrestre :

a. ☐ s'exprime en kg **b.** ☐ est égale à sa masse

c. ☐ est égale au produit de sa masse par l'intensité de la pesanteur

2 Répondez par vrai ou faux.

Affirmations	Réponses
1. La plupart des planètes du système solaire sont en mouvement quasi-circulaire uniforme autour du Soleil.	☐ V ☐ F
2. Le mouvement de la Lune par rapport à la Terre est le même que le mouvement de la Lune par rapport au Soleil.	☐ V ☐ F
3. Pour définir parfaitement une force, il faut donner son point d'application, sa direction, son sens et sa valeur.	☐ V ☐ F
4. La masse d'un objet est plus faible sur la Lune que sur la Terre.	☐ V ☐ F
5. L'expression du poids d'un objet est $m \times G$, avec m la masse de l'objet en kg et G la constante de gravitation en $N \cdot m^2 \cdot kg^{-2}$.	☐ V ☐ F
6. Une interaction est modélisée par une vitesse.	☐ V ☐ F

Exercices d'entraînement

3 Persistance d'un mouvement rectiligne uniforme

Deux objets sont lancés sur une table horizontale, en leur appliquant la même force pendant la même durée. Lorsque l'enregistrement des positions des objets commence, les forces de lancement ne sont plus appliquées. Les positions des centres des mobiles sont marquées à des intervalles de temps réguliers : $t = 40 \times 10^{-3}$ s entre deux points consécutifs.

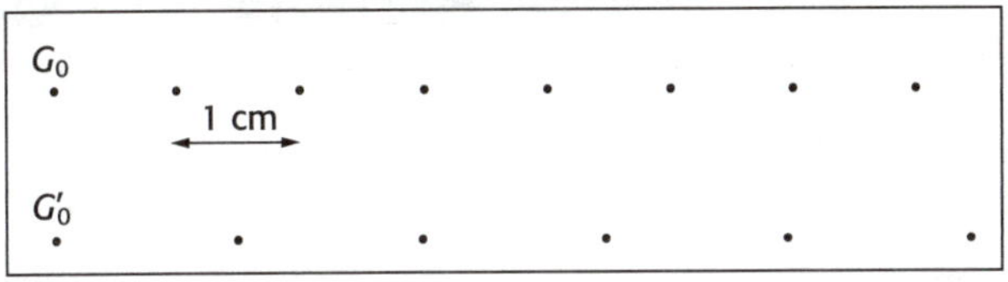

1. Caractérisez les mouvements des deux mobiles.

2. Déterminez en justifiant la valeur de la vitesse de chacun des deux mobiles en cm/s (l'enregistrement ci-dessus est à l'échelle 1).

3. Pourquoi l'un des deux mobiles a-t-il une valeur de vitesse plus grande que l'autre ?

4 Propulsion d'une fusée

Pour mettre en orbite un satellite, une fusée décolle vers le ciel et des gaz sont projetés vers le bas. En effet, les gaz expulsés par la fusée exercent une force sur la fusée, et la fusée exerce aussi une force sur les gaz. Ces deux forces sont opposées l'une à l'autre.
On notera dans la suite (A) la fusée et (B) les gaz, et on admettra que la force exercée par la fusée sur les gaz a une direction verticale et un sens vers le bas.

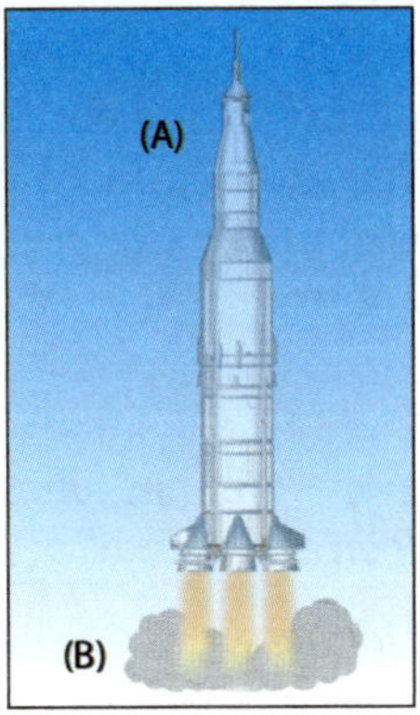

Données :
– 1 tonne = 1×10^3 kg ;
– intensité de la pesanteur au voisinage du sol terrestre : $g = 9{,}8$ N/kg.

1. Donnez la direction et le sens de la force exercée par les gaz sur la fusée.

2. Réalisez le diagramme objet-interaction pour la fusée après son décollage.

3. La fusée Ariane V a une masse au décollage de 750 tonnes. Déterminez son poids.

5 Entraînement des astronautes

Pour se préparer à supporter le mal de l'espace, les astronautes subissent des entraînements extrêmement éprouvants. À la Cité des étoiles, en Russie, ils sont notamment attachés à un tabouret qui tourne sur lui-même pendant plusieurs minutes.

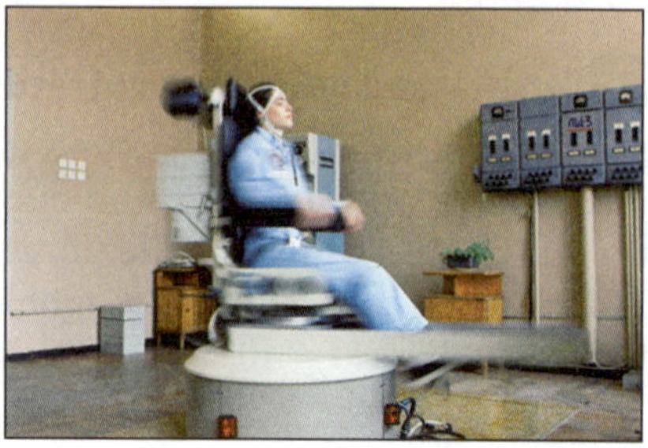

Doc. Entraînement d'un astronaute

1. Décrivez le mouvement de l'astronaute assis sur le tabouret tournant par rapport au tabouret, puis par rapport à un observateur immobile dans la salle d'entraînement.
2. Que pouvez-vous dire du mouvement de l'astronaute par rapport à un autre objet immobile dans la salle d'entraînement ?
3. Pourquoi faut-il préciser une référence lorsque l'on donne les caractéristiques d'un mouvement ?

6 Poids terrestre et poids lunaire

La valeur du poids P d'un objet de masse m posé sur le sol d'une planète de rayon R peut être assimilée à la valeur de la force d'attraction gravitationnelle exercée par la planète sur l'objet :

$$P = G \times \frac{M_{\text{Planète}} \times m}{R^2}$$

avec R en m, m et $M_{\text{Planète}}$ en kg, P en N, $G = 6{,}67 \times 10^{-11}\ \text{N}\cdot\text{m}^2\cdot\text{kg}^{-2}$.

Doc. Dessin extrait de *On a marché sur la Lune*

Données :
- $M_{\text{Terre}} = 5{,}97 \times 10^{24}$ kg ;
- $M_{\text{Lune}} = 7{,}35 \times 10^{22}$ kg ;
- rayon de la Terre : $R = 6{,}38 \times 10^3$ km ;
- rayon de la Lune : $R = 1{,}74 \times 10^3$ km ;
- masse du capitaine Haddock : $m = 80{,}0$ kg.

Justifiez le dialogue entre Tintin et le capitaine Haddock dans *On a marché sur la Lune*.

7 Les exploits de Superman

Les superpouvoirs de Superman sur Terre sont notamment dus à la différence de gravité entre sa planète d'origine, Krypton, et la Terre. Lors de son adolescence sur Krypton, les capacités physiques de Superman lui permettaient de sauter 2 m en hauteur, comme un bon athlète sur Terre. Cependant, la performance, hauteur ou longueur d'un saut, étant en pratique inversement proportionnelle à l'intensité de la pesanteur, les exploits de Superman sont beaucoup plus impressionnants sur Terre : ses sauts lui permettent de passer au-dessus d'immeubles de vingt étages (soit 60 m de hauteur) !

D'après *D'où viennent les pouvoirs de Superman ? Physique ordinaire d'un super-héros*, Roland Lehoucq.

Doc. *Superman returns*, film de Bryan Singer, 2006, avec Brandon Routh dans le rôle de Superman

Indication : si y et x sont inversement proportionnels, alors y est multiplié par a si x est divisé par a.

Données : intensité de la pesanteur moyenne au voisinage du sol terrestre, $g = 9,8$ N/kg ; intensité de la pesanteur au voisinage de la surface du Soleil, $g_S = 273$ N/kg.

1. Utilisez les informations données dans le texte de l'énoncé pour calculer l'intensité de la pesanteur à la surface de Krypton.

2. Comparez ensuite l'intensité de la pesanteur à la surface de Krypton avec l'intensité de la pesanteur à la surface du Soleil.

8 Station spatiale internationale (ISS)

La station spatiale internationale (ISS) tourne avec une vitesse constante autour de la Terre à une altitude de 370 km.

1. a. Quelle est la trajectoire de l'ISS par rapport au centre de la Terre ?

b. Le mouvement de l'ISS est-il uniforme ? Justifiez votre réponse.

c. Caractérisez le mouvement de l'ISS par rapport au centre de la Terre.

2. Déterminez la valeur de la force d'attraction gravitationnelle exercée par la Terre sur l'ISS.

On donne l'expression de cette force : $F = G \times \dfrac{M_{\text{Terre}} \times M_{\text{ISS}}}{(R+h)^2}$, avec R le rayon de la Terre ($R = 6,38 \times 10^6$ m), h l'altitude de l'ISS en m, M_{Terre} et M_{ISS} les masses respectives de la Terre et de la station spatiale en kg ($M_{\text{Terre}} = 5,97 \times 10^{24}$ kg, $M_{\text{ISS}} = 455 \times 10^3$ kg) et $G = 6,67 \times 10^{-11}$ N · m² · kg⁻².

Vers le brevet

9 Évolution de la vitesse dans un saut à l'élastique

Dans la première phase d'un saut à l'élastique, l'élastique n'est pas tendu, et la valeur de la vitesse augmente. Dans une deuxième phase, l'élastique s'allonge progressivement jusqu'à l'arrêt du sauteur : il a alors sa longueur maximale. Dans la troisième phase, l'élastique se raccourcit pendant que le sauteur remonte. Le saut se termine par quelques oscillations verticales du sauteur qui finit par s'immobiliser.

Donnée : intensité de la pesanteur, $g = 9{,}8$ N/kg.

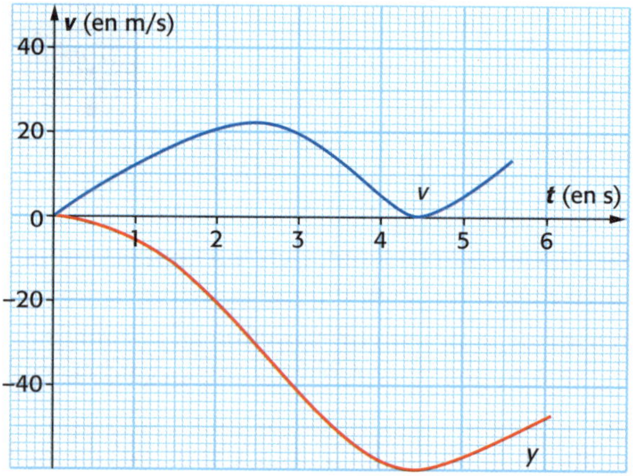

Doc. Évolution de la vitesse *v* du sauteur et de sa position *y* en fonction du temps *t*

1. Pour un sauteur de masse $m = 80$ kg, exprimez, puis calculez la valeur P du poids du sauteur.
2. Si un enfant de masse $m' = \frac{m}{2}$ se présentait sur le pont après le premier sauteur de masse $m = 80$ kg, quelle serait la relation entre le poids P' de l'enfant et le poids P de l'adulte ? Justifiez votre raisonnement, puis calculez P'.
3. À l'aide du texte de l'énoncé et du graphique donné ci-dessus, répondez aux questions suivantes.
   a. Quelle est, en m/s, la vitesse maximale atteinte par le sauteur ? Déduisez-en la durée de la première phase. Justifiez.
   b. Convertissez la vitesse déterminée dans la question précédente en km/h. Le mouvement du sauteur est-il uniforme ? Justifiez.
   c. Quelle est la position y du sauteur à la fin de la première phase ?
   d. Quelle est la longueur de l'élastique non tendu ?
   e. À quel instant le sauteur s'arrête-t-il pour la première fois ? Quelle est alors sa position ? Comparez la longueur de l'élastique à cet instant et sa longueur à la fin de la première phase.

QCM

1 **1. Réponses : a et c.** La trajectoire est par définition la ligne formée par les positions successives de l'objet durant son mouvement. Elle ne forme pas toujours une droite, mais si tel est le cas, le mouvement est qualifié de rectiligne.

2. Réponse : b. La valeur de la vitesse est constante dans un mouvement uniforme, mais la direction de la vitesse peut changer (exemple : mouvement circulaire uniforme). Les mouvements uniformes ne sont pas nécessairement rectilignes.

À savoir

Dans un mouvement rectiligne, la direction de la vitesse est constante.

3. Réponse : b. Par définition, la valeur de la vitesse est le rapport de la distance parcourue par la durée correspondante.

4. Réponse : a. L'interaction à distance peut s'exercer sans contact, mais elle s'exercera aussi lorsque les objets sont en contact ! Elle est représentée par une double flèche en pointillés sur un DOI.

Piège à éviter

Une interaction à distance s'exercera qu'il y ait contact ou non entre les deux corps.

5. Réponse : c. $P = m \times g$, la valeur du poids est bien égale au produit de la masse de l'objet par l'intensité de la pesanteur.

2 **1. Vrai.** La plupart des planètes ont **des trajectoires quasi-circulaires** autour du Soleil et des **vitesses quasi-constantes**.

2. Faux. Le mouvement de la **Lune n'est pas le même suivant l'observateur utilisé pour le décrire**.

À savoir

Les mouvements des objets sont relatifs, ils dépendent le plus souvent de l'observateur.

3. Vrai. Une force est définie par son point d'application, sa direction, son sens et sa valeur.

4. Faux. La masse d'un objet est la même sur la Lune ou sur la Terre, c'est le poids de cet objet qui change.

Piège à éviter

Ne confondez pas le poids et la masse !

5. Faux. $\boldsymbol{P = m \times g}$ et non $m \times \mathrm{G}$.

6. Faux. Une interaction est modélisée par une force.

Exercices d'entraînement

3 **1.** Les mouvements des deux mobiles sont étudiés par rapport à la feuille de l'enregistrement. **Les deux mobiles décrivent des mouvements rectilignes uniformes, car les trajectoires sont des droites, et la valeur de la vitesse est constante :** les mobiles parcourent des distances égales en des durées égales.

> **L'astuce du prof**
> $v = \frac{d}{t}$, donc si d et t restent constantes, alors v est elle aussi constante.

2. La valeur de la vitesse étant constante, on pourra déterminer ici une vitesse moyenne pour l'ensemble des intervalles.
Pour G_0, on mesure d_1 = 7,0 cm pour 7 intervalles de temps, soit pour $7 \times t$: $\boldsymbol{v_1 = \frac{d_1}{7 \times t} = \frac{7{,}0}{7 \times 40 \times 10^{-3}} = 25}$ **cm/s.**
Pour G'_0, on mesure d_2 = 7,5 cm pour 5 intervalles de temps, soit pour $5 \times t$: $\boldsymbol{v_2 = \frac{d_2}{5 \times t} = \frac{7{,}5}{5 \times 40 \times 10^{-3}} = 38}$ **cm/s.**

3. Les deux mobiles ont été lancés de la même manière. Les différences entre leurs valeurs de vitesse proviennent probablement d'une différence de masse, le mobile de centre G'_0 a probablement une masse plus petite que le mobile de centre G_0.

> **À savoir**
> Les effets d'une force sur un objet sont d'autant plus importants que la masse de l'objet est petite.

4 **1.** D'après le texte, la force exercée par les gaz sur la fusée est l'opposée de la force exercée par la fusée sur les gaz.
La force exercée par les gaz sur la fusée et la force exercée par la fusée sur les gaz ont ainsi la même direction, la verticale, et des sens contraires. La force exercée par les gaz sur la fusée est donc **dirigée suivant la verticale, vers le haut.**

> **Remarque**
> Les valeurs de ces deux forces opposées sont égales.

2.

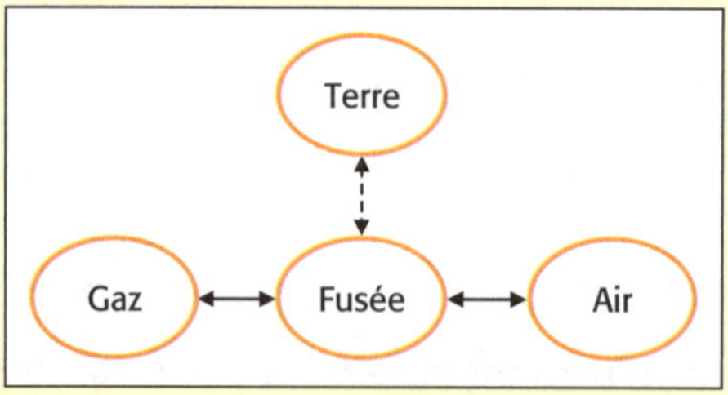

Les gaz éjectés sont en interaction de contact avec la fusée, cette interaction se traduira par une force de poussée exercée par les gaz éjectés sur la fusée.
L'air de l'atmosphère terrestre sera en interaction de contact avec la fusée, entraînant l'existence d'une force de frottement exercée par l'air sur la fusée.
La Terre et la fusée sont en interaction gravitationnelle, c'est une interaction à distance. La force de gravitation exercée par la Terre sur la fusée est le poids de la fusée.

3. La valeur du poids P de la fusée est :
$P = m \times g = 750 \times 10^3 \times 9{,}8 = \mathbf{7{,}4 \times 10^6\ N}$.

> **Piège à éviter**
> C'est au moment de l'éjection que les gaz et la fusée sont en interaction. Cette interaction ne peut pas être à distance.

> **Remarque**
> Le poids d'Ariane V est d'environ $\frac{1}{10}$ de celui de la Tour Eiffel !

5 **1.** L'astronaute est **immobile par rapport au tabouret, mais il est en mouvement circulaire par rapport à l'observateur** immobile dans la salle.

2. Le mouvement de l'astronaute par rapport à un objet fixe dans la salle sera **le même que le mouvement de l'astronaute par rapport à un observateur fixe.**

3. Les mouvements sont relatifs. Le mouvement d'un même objet pourra être interprété très différemment suivant l'observateur.

6 Calculons P_{Terre} le poids du capitaine Haddock sur Terre :

$$P_{\text{Terre}} = G \times \frac{M_{\text{Terre}} \times m}{R^2}$$

$$P_{\text{Terre}} = 6{,}67 \times 10^{-11} \times \frac{5{,}97 \times 10^{24} \times 80{,}0}{(6{,}38 \times 10^3 \times 10^3)^2} = \mathbf{784\ N}$$

Calculons P_{Lune} le poids du capitaine Haddock sur la Lune :

$$P_{\text{Lune}} = G \times \frac{M_{\text{Lune}} \times m}{R^2}$$

$$P_{\text{Lune}} = 6{,}67 \times 10^{-11} \times \frac{7{,}35 \times 10^{22} \times 80{,}0}{(1{,}74 \times 10^3 \times 10^3)^2} = \mathbf{130\ N}$$

Sur l'extrait de la bande dessinée, il est question d'une pesanteur, en fait une force de pesanteur, donc le poids, six fois plus faible sur la Lune que sur Terre. Calculons le rapport $P_{\text{Terre}}/P_{\text{Lune}}$:

$$\frac{P_{\text{Terre}}}{P_{\text{Lune}}} = \frac{784}{130} = 6$$

On trouve bien que le poids d'un astronaute (ou d'un personnage de bande dessinée !) est six fois plus faible sur la Lune que sur Terre.

> **Piège à éviter**
> Les distances doivent être exprimées en mètres et non en kilomètres dans cette relation !

> **L'astuce du prof**
> Pour comparer deux grandeurs qui possèdent des valeurs assez différentes, mais la même unité, vous pouvez en faire le rapport.

7 **1.** D'après le texte, la hauteur du saut est inversement proportionnelle à l'intensité de la pesanteur.
Superman franchit une hauteur de 60 m sur Terre et une hauteur de 2 m sur Krypton, il saute donc $\frac{60}{2} = 30$ fois plus haut sur Terre que sur Krypton.
L'intensité de la pesanteur devrait donc être **30 fois plus grande sur Krypton que sur Terre**, soit de 30 × 9,8 = 294 N/kg.

2. L'intensité de la pesanteur sur Krypton serait **du même ordre** que l'intensité de la pesanteur sur la surface du Soleil (voisine de 300 N/kg).

L'astuce du prof

Si y et x sont inversement proportionnels, lorsque x est multiplié par 30, y est divisé par 30.

8 **1. a.** L'énoncé précise que l'ISS « tourne autour de la Terre à une altitude de 370 km ». La trajectoire de l'ISS par rapport au centre de la Terre est un **cercle.**

b. L'énoncé indique que la vitesse de l'ISS est constante, son mouvement par rapport au centre de la Terre est donc **uniforme.**

c. Le mouvement de l'ISS est un **mouvement circulaire uniforme par rapport au centre de la Terre.**

À savoir

Pour caractériser un mouvement, il faut donner sa trajectoire et préciser comment varie sa vitesse.

2. La valeur de la force d'attraction gravitationnelle exercée par la Terre sur l'ISS est :

$$F = G \times \frac{M_{Terre} \times M_{ISS}}{(R+h)^2}$$

$$F = 6{,}67 \times 10^{-11} \times \frac{5{,}97 \times 10^{24} \times 455 \times 10^3}{(6\,380 \times 10^3 + 370 \times 10^3)^2} = \mathbf{3{,}98 \times 10^6\ N}$$

Vers le brevet

9 **1.** $\boldsymbol{P = m \times g = 80 \times 9{,}8 = 7{,}8 \times 10^2}$ **N.**

2. Sur le sol d'un astre donné, le poids est proportionnel à la masse. Si la masse est divisée par deux, le poids sera lui aussi divisé par deux : $\boldsymbol{P' = \frac{P}{2}}$.

On en déduit $P' = \frac{7{,}8 \times 10^2}{2} = \mathbf{3{,}9 \times 10^2\ N}$.

Piège à éviter

L'unité d'un poids est l'unité d'une force, soit le newton et non le kilogramme (unité de masse).

3. a. D'après le graphique, la valeur de la vitesse maximale atteinte par le sauteur est v_{Max} **= 22 m/s.** Cette valeur de vitesse est atteinte à la fin de la première phase. On détermine la durée de cette phase en cherchant l'abscisse du point d'ordonnée 22 m/s : t_1 **= 2,5 s.**

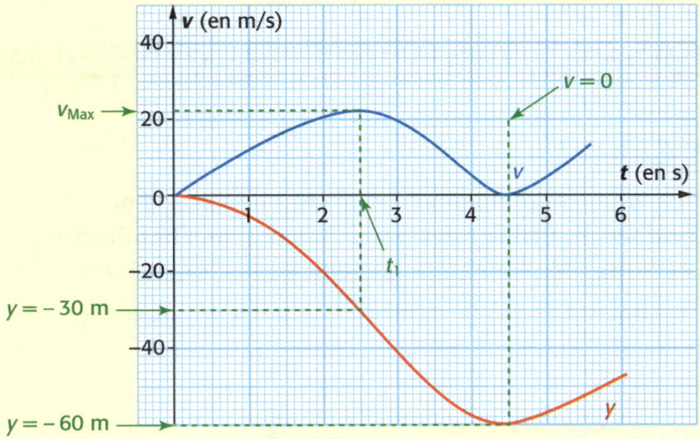

b. $v_{Max} = 22$ m/s $= 22 \times 10^{-3}$ km/s, car 1 m $= 1 \times 10^{-3}$ km.
Si le sauteur parcourt 22×10^{-3} km en une seconde, il va parcourir $22 \times 10^{-3} \times 3\,600$ km en 3 600 s (1 h).
$v_{Max} = 22 \times 10^{-3} \times 3\,600$ km/h = **79 km/h.**
La valeur de la vitesse du sauteur n'est pas constante dans le temps, **son mouvement n'est pas uniforme.**

À vérifier

La distance parcourue en une heure est nécessairement plus grande que la distance parcourue en une seconde.

c. Pour $t = t_1 = 2,5$ s, on trouve sur le graphique y **= – 30 m.**

d. Après 2,5 s de chute, l'élastique se tend. Le sauteur est alors à 30 m sous le pont. On peut donc affirmer que la longueur de l'élastique est **inférieure à 30 m.**

e. Lorsque le sauteur s'arrête pour la première fois, la valeur de sa vitesse s'annule pour la première fois. On trouve sur le graphique $v = 0$ pour t_2 **= 4,5 s.**
Graphiquement, on détermine que pour $v = 0$, y **= – 60 m.**
La longueur de l'élastique est alors de 60 m, alors qu'elle était de 30 m environ à la fin de la première phase.
La longueur de l'élastique a quasiment doublé entre le moment où il a commencé à se tendre et le moment où le sauteur commence à remonter.

Remarque

Le choix de l'élastique ne sera pas le même en fonction de la masse du sauteur.

CHAPITRE **5**

[Physique-Chimie] Énergie et électricité

1 Sources, transferts, conversions et formes d'énergie

1 Formes d'énergie

Pour vivre, pour nous chauffer, pour nous déplacer, pour nous éclairer, pour fabriquer ou utiliser des objets, nous avons besoin d'énergie sous différentes formes : énergie chimique, énergie nucléaire, énergie thermique, énergie lumineuse, énergie électrique, énergie cinétique ($E_c = \frac{1}{2}mv^2$), énergie potentielle (dépendant de la position)...

2 Transferts et conversions d'énergie

- **Une forme d'énergie peut être convertie en une autre forme d'énergie.**

Exemple : une éolienne convertit l'énergie cinétique du vent en énergie électrique.

- **L'énergie peut être transférée d'un objet à un autre objet.**

Exemple : l'énergie cinétique du vent est transférée au bateau à voiles.

3 Sources d'énergie

- **Certaines sources d'énergie sont renouvelables :** elles peuvent être exploitées de façon illimitée à l'échelle humaine.
- **D'autres sources d'énergie sont non renouvelables :** leurs stocks, limités, ne peuvent pas se renouveler à l'échelle humaine.
- **L'exploitation d'une source d'énergie a toujours un impact sur l'environnement :** fabrication du matériel nécessaire à l'exploitation de l'énergie, émission de gaz à effet de serre, production de déchets...

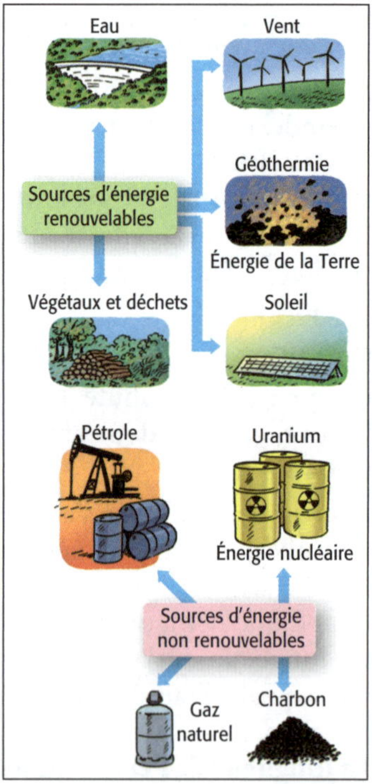

Doc. Sources d'énergie renouvelables et non renouvelables

EXERCICE RÉSOLU

Calculer une vitesse à partir d'une énergie cinétique

ÉNONCÉ

La plus haute plateforme de saut à l'élastique d'Amérique du Nord se trouve au Great Canadian Bungee, près d'Ottawa (Canada). Cette plateforme, d'une hauteur de 61 m, surplombe un réservoir d'eau naturelle.

Doc. Saut à l'élastique

1. Au début du saut, quelle conversion d'énergie a lieu ?

2. Lors du saut, une personne de masse $m = 50{,}0$ kg peut acquérir une énergie cinétique E_c égale à 22,5 kJ. À quelle valeur de vitesse v (en km/h) cela correspond-il ?

CORRIGÉ

1. Avant le saut, la personne qui se trouve sur la plateforme a une énergie potentielle importante, car la plateforme se trouve en hauteur. De plus, elle a une énergie cinétique nulle, car elle est immobile (la valeur de sa vitesse est nulle).

> **Piège à éviter**
> Le sauteur a aussi de l'énergie chimique dans son organisme, mais ce n'est pas cette énergie qui est convertie lors du saut.

Après avoir sauté, son **énergie potentielle** est **convertie en énergie cinétique** car la personne tombe en perdant de l'altitude, et la valeur de sa vitesse augmente.

2. L'énergie cinétique E_c est égale à : $E_c = \frac{1}{2}mv^2$.

D'où $v^2 = \frac{2E_c}{m}$ et $v = \sqrt{\frac{2E_c}{m}}$.

$$v = \sqrt{\frac{2 \times 22{,}5 \times 10^3}{50}} = 30{,}0 \text{ m/s}.$$

> **Rappel**
> L'unité légale de l'énergie est le joule (J) :
> 1 kJ = 10^3 J (= 1 000 J).
> La valeur de la vitesse est donnée en m/s.

Comme $1 \text{ km/h} = 1 \times 10^3 \text{ m/h} = \frac{1 \times 10^3}{3\,600} = \frac{1}{3{,}6}$ m/s, on trouve que :

1 m/s = 3,6 km/h.

Ainsi, la valeur de la vitesse est égale à :
$v = 30{,}0 \times 3{,}6 =$ **108 km/h !**

2 Circuits électriques

1 Dipôles et circuit électrique

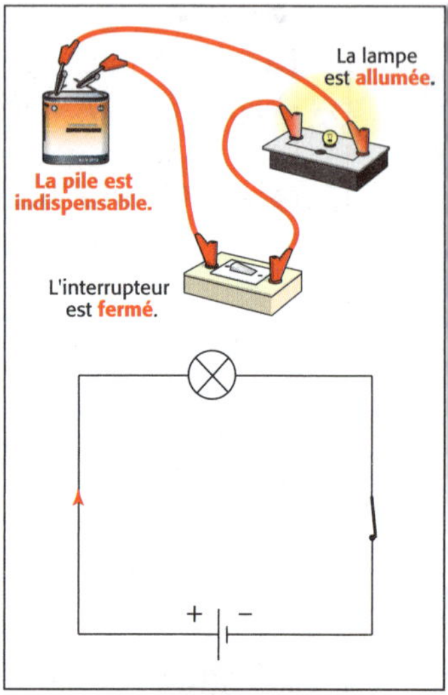

Doc. Circuit électrique

• **Un circuit électrique est composé d'un générateur et d'un ou plusieurs récepteurs électriques.** Le générateur et les récepteurs électriques comportent chacun deux bornes : ce sont des dipôles électriques.

Exemples : une pile est un générateur électrique, car elle convertit une partie de l'énergie chimique de ses constituants en énergie électrique. Une lampe est un récepteur électrique, car elle convertit de l'énergie électrique en énergie lumineuse et en énergie thermique.

• Pour qu'une lampe brille dans un circuit électrique, il faut relier chaque borne de la lampe à une borne de la pile. De plus, pour éteindre ou allumer facilement la lampe, on peut ajouter un interrupteur. Le courant électrique circule dans le circuit uniquement si l'interrupteur est fermé.

• Le schéma d'un circuit électrique représente les dipôles par des symboles normalisés et les fils de connexion par des segments de droite. **Par convention, le courant électrique circule dans un circuit électrique de la borne (+) vers la borne (–) du générateur.**

2 Dipôles en série ou en dérivation

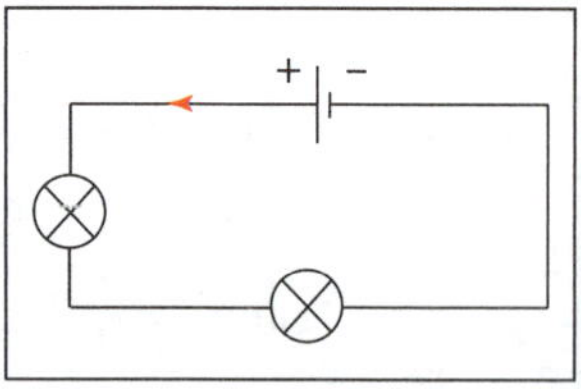

Doc. Dipôles en série

• **Les dipôles sont en série s'ils sont reliés les uns à la suite des autres en ne formant qu'une seule maille.**

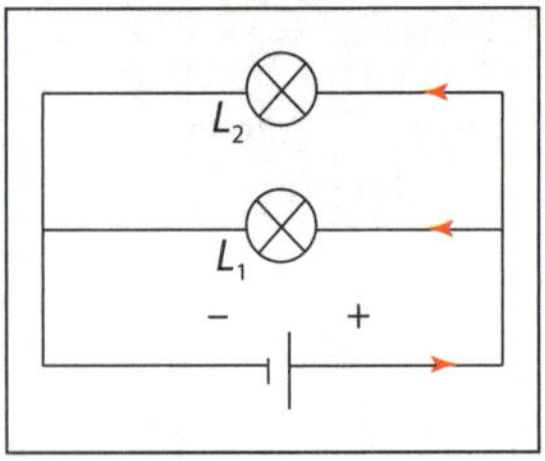

Doc. Dipôles en dérivation

Dans une même maille, les dipôles ne sont pas indépendants les uns des autres. Si une lampe est dévissée, la maille est ouverte, et les autres lampes ne fonctionnent plus.

• **Les dipôles sont en dérivation s'ils forment plusieurs mailles en étant reliés entre eux.**

Le courant électrique circule dans les différentes mailles du circuit, qui sont indépendantes les unes des autres. Si une lampe est dévissée dans une maille, les autres mailles restent fermées, et les lampes fonctionnent encore dans ces mailles.

EXERCICE RÉSOLU

Schématiser un circuit électrique

ÉNONCÉ

On réalise le circuit électrique ci-contre.

1. Quels sont les dipôles utilisés dans ce circuit électrique ?

2. Schématisez le circuit électrique en indiquant le sens conventionnel du courant.

3. Les dipôles sont-ils en série ou en dérivation dans ce circuit électrique ? Justifiez la réponse.

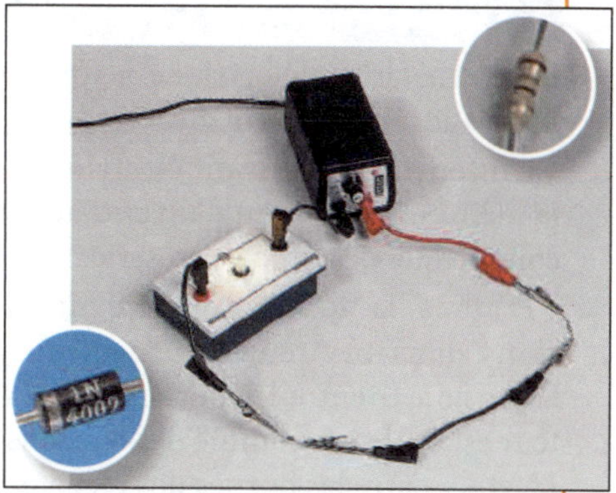

CORRIGÉ

1. Le circuit électrique est constitué d'un **générateur électrique**, d'une **diode**, d'un **conducteur ohmique** (appelé aussi quelquefois résistance) et d'une **lampe**.

2. Le symbole normalisé d'un générateur électrique est : 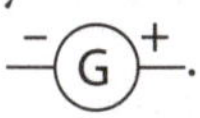

.

Ceux d'une diode, d'un conducteur ohmique et d'une lampe sont respectivement : , 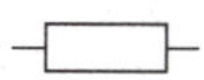 et .

Ainsi, le schéma normalisé du circuit électrique est :

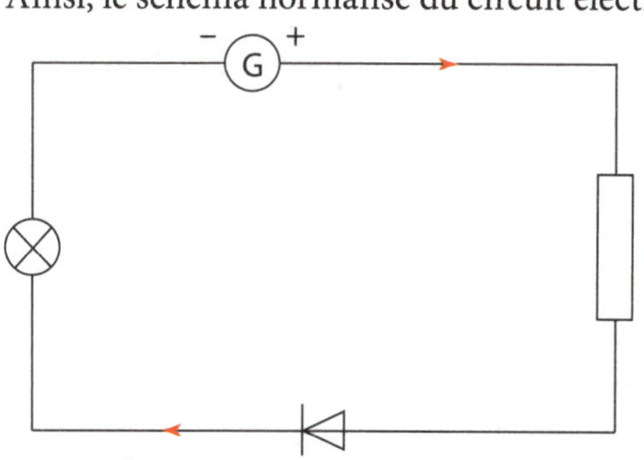

3. Les dipôles sont reliés les uns à la suite des autres en ne formant qu'une seule maille : ils sont **en série**.

Piège à éviter

Ne confondez pas le symbole d'une pile avec celui d'un générateur électrique, même si la pile est un générateur.

Gagnez des points !

La lampe brille sur la photographie : cela signifie que le courant électrique circule.
La diode est donc orientée dans le sens conventionnel du courant.

3 Lois de l'électricité

1 Circuit électrique à une maille

Dans un circuit électrique à une seule maille, les dipôles sont en série :

- **L'intensité du courant électrique I est la même** en tout point d'un circuit qui ne compte que des dipôles en série.
- **D'après la loi d'additivité des tensions**, dans un circuit à une seule maille, la tension U entre les bornes du générateur est égale à la somme des tensions U_1, U_2 et U_3 entre les bornes des récepteurs :

$$U = U_1 + U_2 + U_3$$

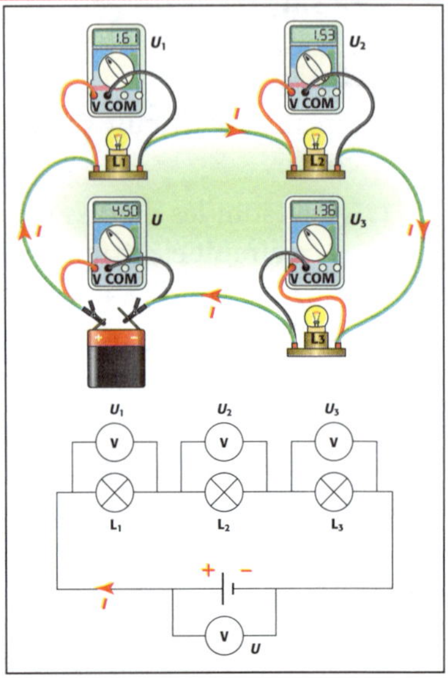

Doc. Circuit à une maille

2 Circuit électrique à plusieurs mailles

Dans un circuit électrique à plusieurs mailles, les dipôles sont en dérivation :

- **D'après la loi d'unicité des tensions**, la tension U entre les bornes de chaque dipôle en dérivation est la même.
- **D'après la loi d'additivité des intensités**, l'intensité du courant électrique dans la maille principale contenant le générateur est égale à la somme des intensités des courants dans les mailles dérivées : $I = I_1 + I_2 + I_3$.

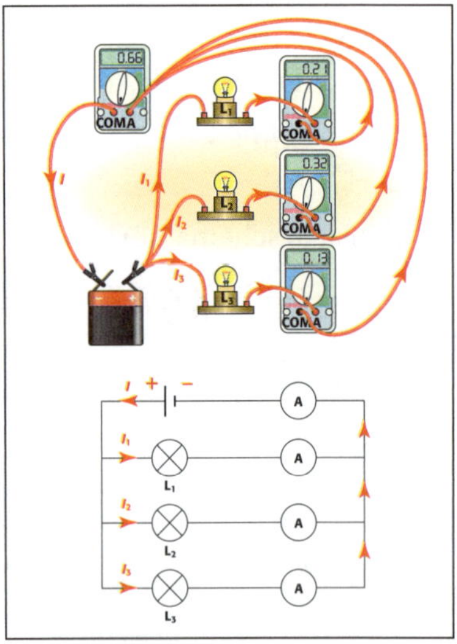

Doc. Circuit à plusieurs mailles

3 Loi d'Ohm

D'après la loi d'Ohm, la tension aux bornes d'un conducteur ohmique est proportionnelle à l'intensité du courant électrique qui le traverse, $U = R \times I$, avec U la tension aux bornes du conducteur ohmique en volts (V), I l'intensité du courant électrique en ampères (A) et R la résistance du conducteur ohmique en ohms (Ω).

4 Règles de sécurité

Le passage du courant électrique dans des conducteurs provoque un échauffement. S'il y a trop d'appareils électriques branchés en dérivation ou en cas de court-circuit, l'intensité du courant peut devenir importante et il y a un risque d'incendie.

EXERCICE RÉSOLU

Utiliser la loi d'Ohm

ÉNONCÉ

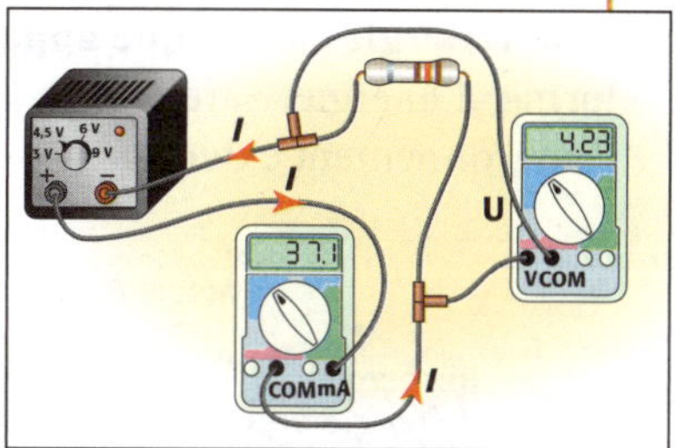

On souhaite connaître la valeur de la résistance d'un conducteur ohmique. Pour cela, on réalise l'expérience ci-contre.

1. Quel instrument mesure la tension aux bornes du conducteur ohmique ? Quelle est la valeur de la tension aux bornes du conducteur ohmique ?

2. Quel instrument mesure l'intensité du courant électrique ? Quelle est la valeur de l'intensité du courant électrique dans le circuit ?

3. Quelle est la valeur de la résistance du conducteur ohmique ? Avec quel instrument peut-on vérifier cette valeur de résistance ?

CORRIGÉ

1. La tension aux bornes du conducteur ohmique est mesurée avec un **voltmètre**. Sur le dessin ci-dessus, le voltmètre est l'instrument ayant comme branchements « V » et « COM ». La valeur de la tension aux bornes du conducteur ohmique est donc égale à : U = **4,23 V**.

2. L'intensité du courant électrique est mesurée par un **ampèremètre**. La valeur mesurée dans le circuit est égale à : $I = 37{,}1\ \text{mA} = \mathbf{37{,}1 \times 10^{-3}\ A}$.

3. D'après la loi d'Ohm, $U = R \times I$ avec R la résistance du conducteur ohmique.

La résistance du conducteur ohmique est donc égale à $R = \dfrac{U}{I}$.

$$R = \frac{4{,}23}{37{,}1 \times 10^{-3}} = \mathbf{114\ \Omega}.$$

Pour vérifier cette valeur, on peut utiliser un **ohmmètre**.

> **Rappel**
> Un multimètre joue à la fois le rôle d'ampèremètre, de voltmètre ou d'ohmmètre suivant ses branchements.

> **Remarque**
> La valeur de l'intensité du courant électrique lue sur un ampèremètre est souvent donnée en milliampères : $1\ \text{mA} = 1 \times 10^{-3}\ \text{A}$

4 Conservation, bilan d'énergie et puissance

1 Bilan énergétique

• **Une chaîne énergétique indique la succession des transferts et des conversions d'une forme d'énergie en d'autres formes d'énergie**, réalisées par des convertisseurs, à partir d'un réservoir d'énergie.

• **De l'énergie thermique apparaît lors d'une conversion d'énergie.** Cette forme d'énergie, rarement souhaitée, est souvent perdue, dissipée dans l'environnement extérieur.

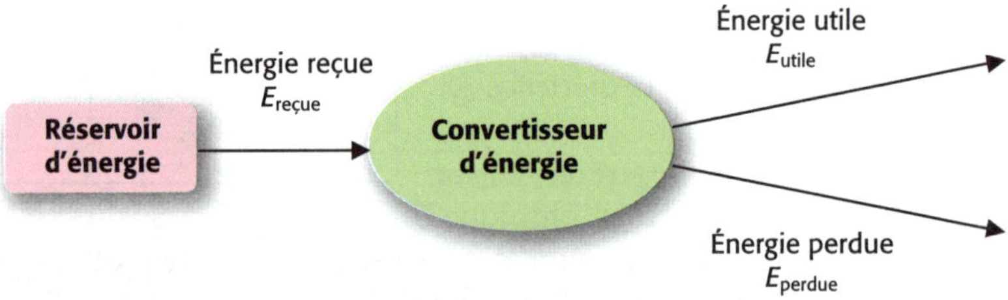

• L'énergie se conserve : $\boxed{E_{reçue} = E_{utile} + E_{perdue}}$

Exemple : le moteur d'un ventilateur électrique convertit de l'énergie électrique en énergie utile (qui correspond à l'énergie cinétique des pales du ventilateur) et en énergie perdue (qui correspond à l'énergie thermique, non utilisée ici), mais il n'y a pas de création ou de disparition d'énergie. Seules les formes d'énergie changent.

2 Énergie et puissance

• **L'énergie *E* produite ou consommée par un appareil** dépend de la puissance *P* et de la durée *t* de fonctionnement de l'appareil :

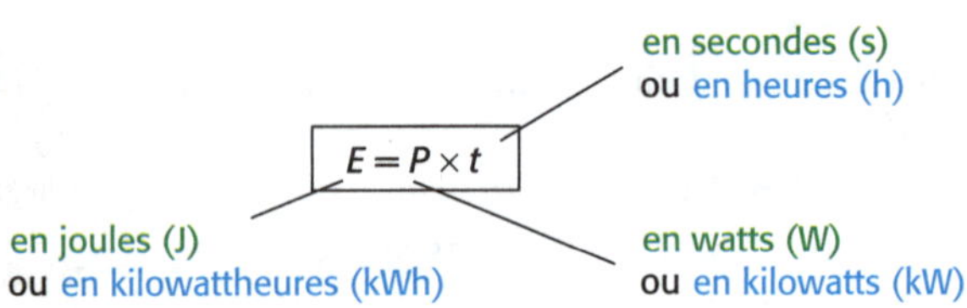

• **La puissance d'un appareil** correspond à l'énergie qu'il consomme ou qu'il produit par unité de temps. La puissance, en watts (W), d'un appareil ou d'un dipôle électrique est égale à $\boxed{P = U \times I}$ avec :

– *U* la tension aux bornes de l'appareil en volts (V) ;

– *I* l'intensité du courant électrique qui traverse l'appareil en ampères (A).

EXERCICE RÉSOLU

Calculer des consommations d'énergie électrique

ÉNONCÉ

Les fabricants notent sur chaque appareil électrique leur puissance nominale, qui est la puissance électrique consommée par l'appareil en fonctionnement normal.

Appareil électrique	Puissance nominale *P*
Lampe	20 W
Téléviseur	100 W
Ordinateur	250 W
Radiateur électrique	1,5 kW

1. Tous les appareils électriques convertissent une partie de l'énergie électrique qu'ils reçoivent en énergie thermique. Pour quels appareils l'énergie thermique est-elle de l'énergie perdue ? Pour quel appareil l'énergie thermique est-elle de l'énergie utile ?

2. Quels appareils électriques ont une puissance nominale du même ordre de grandeur ?

3. Quelle est l'énergie électrique, en joules, consommée par une lampe lorsqu'elle fonctionne normalement pendant cinquante heures ?

4. Quelle est la valeur de cette énergie en kilowattheures ?

CORRIGÉ

1. L'énergie thermique convertie à partir de l'énergie électrique est **perdue pour la lampe, l'ordinateur et le téléviseur**. En revanche, c'est de l'énergie **utile pour le radiateur électrique**, car on branche un radiateur électrique si on veut chauffer une pièce dans une habitation.

2. L'ordre de grandeur de la puissance nominale de la lampe est 10^1 W. Celui du téléviseur et de l'ordinateur est 10^2 W, tandis que celui du radiateur est 10^3 W.
Le téléviseur et l'ordinateur ont donc une puissance nominale du même ordre de grandeur.

Rappel
L'ordre de grandeur d'une grandeur est égal à la puissance de dix la plus proche de la valeur de cette grandeur.

3. L'énergie électrique E consommée par la lampe lorsqu'elle fonctionne normalement pendant une durée t est égale à : $E = P \times t$.
$E = 20 \times (50 \times 3\,600)$
$E = \mathbf{3{,}6 \times 10^6}$ **J**

4. L'énergie électrique E consommée par la lampe en kilowattheures vaut :
$E = (20 \times 10^{-3}) \times 50 =$ **1,0 kWh**.

Remarque
Si l'énergie E est calculée en joules (J), la puissance P est en watts (W) et la durée de fonctionnement t est en secondes (s).

Tracer la caractéristique d'un dipôle électrique

ÉNONCÉ

Pour différents réglages d'un générateur, on relève les valeurs de la tension *U* aux bornes d'un conducteur ohmique et les valeurs de l'intensité du courant électrique *I* qui traverse ce dipôle.

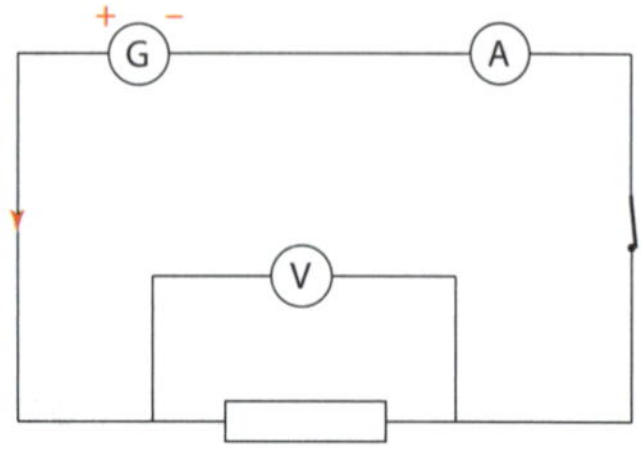

***U* (V)**	0	2,88	4,23	5,84	7,08	8,69	11,52
***I* (mA)**	0	25,3	37,1	49,5	61,9	76,3	101,8

Tracez la caractéristique du conducteur ohmique sur du papier millimétré, c'est-à-dire les variations de la tension *U* en fonction de l'intensité du courant électrique *I*.

MÉTHODE

1. Choisir les grandeurs représentées sur l'axe des abscisses et sur l'axe des ordonnées, puis écrire sur chaque axe la grandeur représentée et son unité.

2. Choisir une échelle adaptée pour chacun de ces deux axes et graduer les axes.

3. Placer les points sur le graphe en représentant chaque point par une petite croix.

4. Tracer une courbe passant au plus près des points. Il n'est pas nécessaire de passer par toutes les croix.

CORRIGÉ

<table>
<tr><th>Solution</th><th>Commentaires</th></tr>
<tr><td rowspan="4">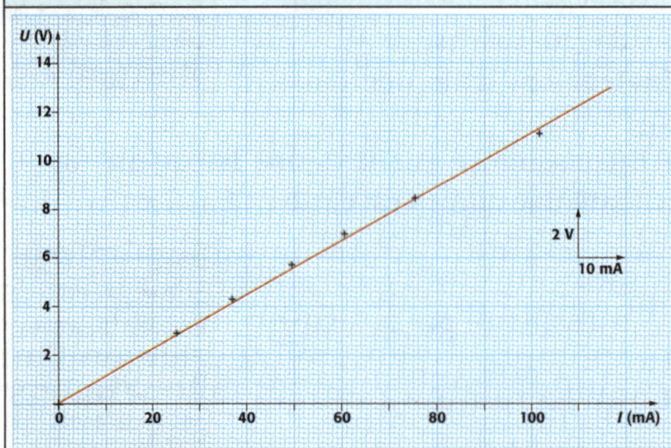
</td><td>1. On veut représenter U en fonction de I : U est en ordonnée et I en abscisse.</td></tr>
<tr><td>2. On choisit 1 cm pour 2 V et 1 cm pour 10 mA.</td></tr>
<tr><td>3. Il ne faut pas oublier le point (0,0) à l'origine.</td></tr>
<tr><td>4. Comme les points sont pratiquement alignés, on trace une droite passant par le point (0,0).</td></tr>
</table>

Construire une chaîne énergétique

ÉNONCÉ

Le soir, un cycliste utilise une lampe fonctionnant avec des piles pour s'éclairer.
Effectuez un bilan d'énergie en construisant une chaîne énergétique.

MÉTHODE

1. Identifier les convertisseurs d'énergie, ainsi que les réservoirs d'énergie.
2. Déterminer les formes d'énergie transférées.
3. Construire la chaîne énergétique en représentant les réservoirs d'énergie dans un rectangle et les convertisseurs d'énergie dans un ovale. Les formes d'énergie transférées sont notées à côté des flèches.

CORRIGÉ

Solution	Commentaires
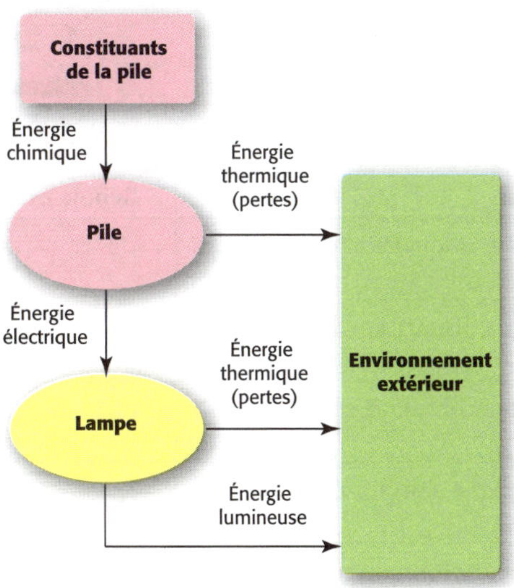	**1.** Les convertisseurs d'énergie sont la pile, qui convertit de l'énergie chimique en énergies électrique et thermique, et la lampe, qui convertit de l'énergie électrique en énergies lumineuse et thermique. Les réservoirs d'énergie sont les constituants de la pile et l'environnement extérieur.
	2. Il y a différentes formes d'énergie transférées : chimique, électrique, lumineuse et thermique.
	3. L'énergie chimique est transférée des constituants de la pile à la pile, l'énergie électrique de la pile à la lampe. L'énergie lumineuse est transférée de la lampe vers l'environnement extérieur. De l'énergie est perdue sous forme thermique par la pile et par la lampe vers l'environnement extérieur.

QCM

1 Cochez la (ou les) réponse(s) correcte(s).

1. Le pétrole est une source d'énergie :
a. ☐ renouvelable **b.** ☐ non renouvelable **c.** ☐ illimitée

2. Une lampe convertit de l'énergie électrique en énergie :
a. ☐ lumineuse **b.** ☐ chimique **c.** ☐ thermique

3. L'énergie est mesurée en :
a. ☐ watts **b.** ☐ kilowattheures **c.** ☐ joules

4. Dans un circuit électrique, les dipôles reliés les uns à la suite des autres sont :
a. ☐ en dérivation **b.** ☐ en parallèle **c.** ☐ en série

5. Dans le circuit électrique ci-contre, les tensions aux bornes de la première lampe et de la deuxième :
a. ☐ sont différentes **b.** ☐ sont égales **c.** ☐ valent 0,22 V

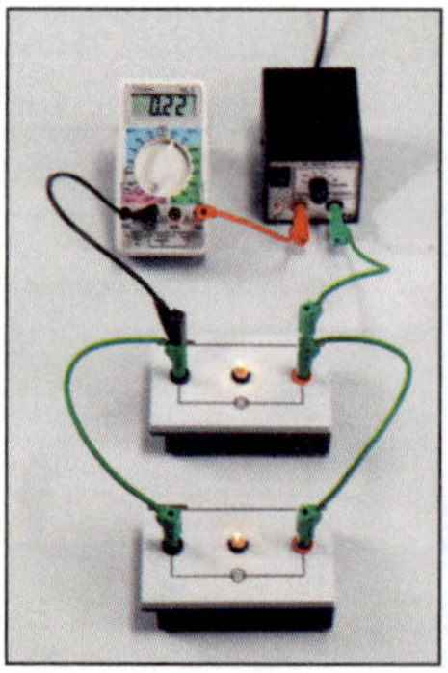

6. Si on ajoute une troisième lampe en dérivation dans le circuit électrique ci-contre, l'intensité du courant électrique mesurée dans la maille principale :
a. ☐ diminue **b.** ☐ ne varie pas **c.** ☐ augmente

2 Répondez par vrai ou faux.

Affirmations	Réponses
1. L'énergie cinétique d'un objet dépend uniquement de la valeur de sa vitesse.	☐ V ☐ F
2. Lors d'une conversion d'énergie, il y a disparition d'une partie de l'énergie.	☐ V ☐ F
3. La tension aux bornes d'un conducteur ohmique est mesurée avec un ohmmètre.	☐ V ☐ F
4. La loi d'additivité des tensions s'applique dans un circuit à une seule maille.	☐ V ☐ F
5. La tension aux bornes d'un conducteur ohmique est proportionnelle à l'intensité du courant électrique qui le traverse.	☐ V ☐ F
6. L'énergie consommée par un appareil électrique dépend de sa puissance.	☐ V ☐ F

Exercices d'entraînement

3 Formes d'énergie

Reliez les photographies ci-dessous aux formes d'énergie suivantes : énergie lumineuse, énergie thermique, énergie cinétique, énergie potentielle (dépendant de la position), énergie chimique, énergie électrique, énergie nucléaire.

1. 
2. 
3. 
4. 

4 Convertisseurs d'énergie

1. Donnez un exemple d'appareil convertissant :

a. de l'énergie électrique en énergie cinétique ;

b. de l'énergie cinétique en énergie électrique.

2. Réalisez les bilans d'énergie de ces deux appareils en construisant les deux chaînes énergétiques correspondantes.

5 Énergie cinétique

Sur une autoroute, une voiture roule à 120 km/h. Sachant que la masse de la voiture et de ses occupants est égale à 1 500 kg, calculez l'énergie cinétique de la voiture et de ses occupants.

6 Loi d'Ohm

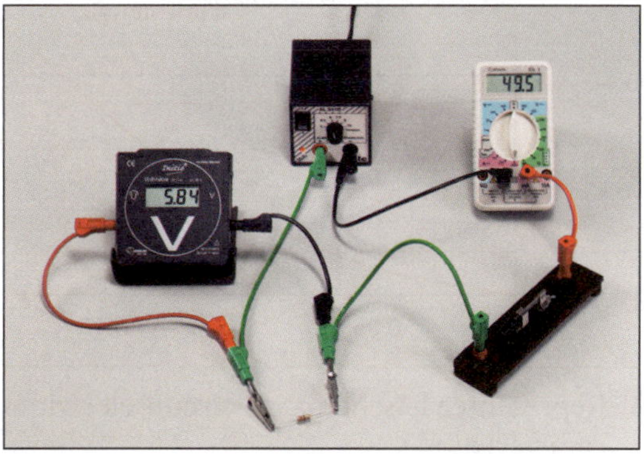

1. Schématisez le circuit électrique photographié ci-contre sachant qu'il y a un conducteur ohmique entre les deux pinces « crocodiles ».

2. Quelle est la valeur de la résistance de ce conducteur ohmique ?

3. Si la tension aux bornes du conducteur ohmique était égale à 3,00 V, quelle serait la valeur de l'intensité du courant électrique qui traverserait ce dipôle ?

7 Circuit électrique

On réalise le circuit électrique ci-contre.

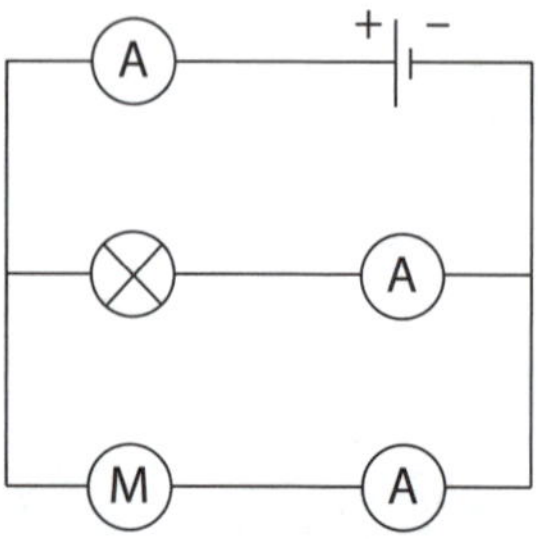

L'ampèremètre qui se trouve à côté de la lampe indique une intensité du courant électrique égale à 0,3 A, alors que l'intensité du courant mesurée par l'ampèremètre près du moteur est égale à 0,2 A.

1. Quelle est la valeur de l'intensité du courant électrique mesurée par l'ampèremètre qui se trouve à côté de la pile ? Justifiez la réponse.
2. Si on plaçait l'ampèremètre du côté de la borne (–) de la pile, lirait-on toujours la même valeur d'intensité sur l'ampèremètre ?
3. La tension aux bornes du moteur est égale à 4,5 V. Quelle est la puissance électrique consommée par ce moteur ?
4. Quelle est l'énergie consommée par ce moteur en fonctionnement pendant une minute ?
5. Si la lampe « grillait », le moteur continuerait-il à fonctionner ?

8 Caractéristique d'une lampe

La caractéristique d'une lampe a été tracée ci-dessous.

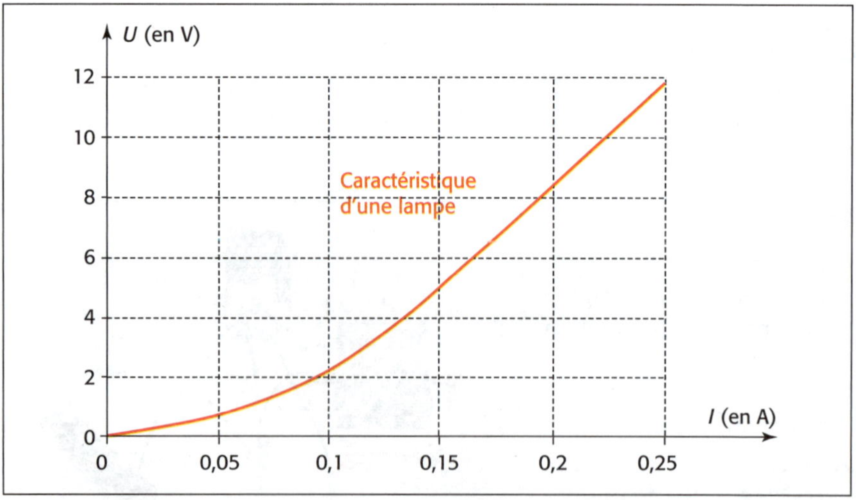

1. Représentez le schéma du circuit électrique ayant permis de tracer cette caractéristique.
2. Quelle grandeur est représentée sur l'axe des abscisses ? sur l'axe des ordonnées ?

3. Quelle est la valeur de la tension U_1 qui doit être appliquée aux bornes de cette lampe pour qu'elle soit traversée par un courant électrique d'intensité $I_1 = 200$ mA ?

4. Quelle est la valeur de l'intensité du courant électrique I_2 qui traverse la lampe lorsque la tension à ses bornes est égale à $U_2 = 4{,}0$ V ?

5. Une lampe est-elle un conducteur ohmique ? Justifiez votre réponse.

Vers le brevet

9 Cycle de vie d'un *smartphone*

Un *smartphone* a besoin d'énergie pour fonctionner, mais la quantité d'énergie électrique nécessaire à la recharge de sa batterie est assez faible.

Doc. *Smartphone* utilisé pour jouer

En revanche, le téléchargement de musique et de vidéos, l'utilisation d'applications, la lecture des e-mails nécessitent la mise en place et l'utilisation de centres de données informatiques un peu partout dans le monde, ce qui consomme beaucoup d'énergie. Ainsi, on considère que l'utilisation d'un *smartphone* génère une consommation d'énergie globale supérieure à celle d'un réfrigérateur.

De plus, il ne faut pas oublier l'énergie nécessaire à la fabrication puis au recyclage d'un *smartphone* qui est, elle aussi, très importante.

1. Quelle forme d'énergie est utilisée pour recharger la batterie d'un *smartphone* ?

2. Pourquoi les différentes étapes de la « vie » d'un *smartphone* nécessitent-elles beaucoup d'énergie ?

3. Réalisez un schéma récapitulant les différents besoins en énergie d'un *smartphone*, de sa fabrication à son recyclage.

4. La puissance moyenne d'un réfrigérateur est de 300 W. Quelle est la quantité d'énergie, en kilowattheures, consommée par un réfrigérateur en 30 jours ?

QCM

1 **1. Réponse : b.** Le pétrole est une source d'énergie **non renouvelable** car ses stocks sont limités à l'échelle humaine.

> **Remarque**
> Les réserves mondiales estimées de pétrole permettent une exploitation du pétrole pendant moins de 100 ans.

2. Réponses : a et c. Une lampe convertit de l'énergie électrique en **énergie lumineuse** mais aussi en **énergie thermique**. L'énergie lumineuse est de l'énergie utile, tandis que l'énergie thermique est de l'énergie perdue.

3. Réponses : b et c. L'unité légale de l'énergie est le **joule**, mais on utilise aussi le **kilowattheure** dans la vie quotidienne. Le watt est l'unité légale de la puissance.

4. Réponse : c. Dans un circuit électrique, les dipôles reliés les uns à la suite des autres sont **en série** : ils forment une seule maille. Si les dipôles sont en dérivation (ou en parallèle), ils forment plusieurs mailles.

5. Réponse : b. Les deux lampes sont en dérivation, la tension aux bornes de la première lampe et la tension aux bornes de la deuxième lampe sont donc **égales** d'après la loi d'unicité des tensions dans un circuit à plusieurs mailles.
L'appareil de mesure dans ce circuit électrique est un ampèremètre car il est en série avec le générateur. La valeur lue sur cet appareil correspond à l'intensité du courant électrique circulant dans la maille principale contenant le générateur.

> **Rappel**
> Un voltmètre qui mesure la tension aux bornes d'un dipôle est en dérivation avec ce dipôle, pas en série.

6. Réponse : c. Si on ajoute une troisième lampe en dérivation dans ce circuit électrique, l'intensité du courant électrique mesurée dans la maille principale contenant le générateur **augmente**. En effet, d'après la loi d'additivité des intensités dans un circuit à plusieurs mailles, l'intensité du courant électrique dans la maille principale est égale à la somme des intensités des courants dans les mailles dérivées.

2 **1. Faux.** L'énergie cinétique d'un objet E_c est définie par la formule mathématique : $E_c = \frac{1}{2} mv^2$. Elle dépend de la valeur de la vitesse v de l'objet, mais aussi de sa **masse** $\boldsymbol{m}$.

2. Faux. Lors d'une conversion ou d'un transfert d'énergie, l'énergie **se conserve**.

3. Faux. La tension aux bornes d'un conducteur ohmique est mesurée avec un **voltmètre**.

4. Vrai. La loi d'additivité des tensions s'applique dans un circuit à une seule maille, lorsque les dipôles sont **en série**.

5. Vrai. D'après la loi d'**Ohm**, la tension U aux bornes d'un conducteur ohmique est proportionnelle à l'intensité du courant électrique I qui le traverse : $\boldsymbol{U = R \times I}$ avec R la résistance du conducteur ohmique.

6. Vrai. L'énergie E consommée par un appareil électrique dépend de sa puissance P. Elle dépend aussi de la durée t de fonctionnement de l'appareil, d'après la formule mathématique : $\boldsymbol{E = P \times t}$.

Exercices d'entraînement

3 **1.** Le cycliste qui descend un chemin en VTT a une **énergie potentielle** (qui dépend de sa position) car il est en altitude. Cette énergie potentielle est convertie en **énergie cinétique** car la valeur de sa vitesse augmente lors de la descente. De l'**énergie thermique** est également perdue lors de cette conversion.

> **Remarque**
> Le cycliste a aussi de l'énergie chimique, qui peut être convertie par les muscles en énergie cinétique et en énergie thermique.

2. La photographie présente une centrale nucléaire. Une centrale nucléaire convertit l'**énergie nucléaire** de l'uranium en **énergie électrique**. De l'**énergie thermique** est aussi perdue lors de cette conversion.

3. Les lignes très haute tension transfèrent de l'**énergie électrique**.

4. Dans un feu de cheminée, l'**énergie chimique** des bûches de bois est convertie en **énergie lumineuse** et en **énergie thermique**.

> **Piège à éviter**
> L'énergie thermique n'est pas toujours de l'énergie perdue. Dans le cas d'un feu de cheminée, l'énergie thermique est de l'énergie utile.

4 **1. a.** Le **moteur électrique** d'un scooter électrique convertit de l'énergie électrique en énergie cinétique.

b. Un **alternateur de bicyclette** convertit de l'énergie cinétique en énergie électrique, pour alimenter une lampe par exemple.

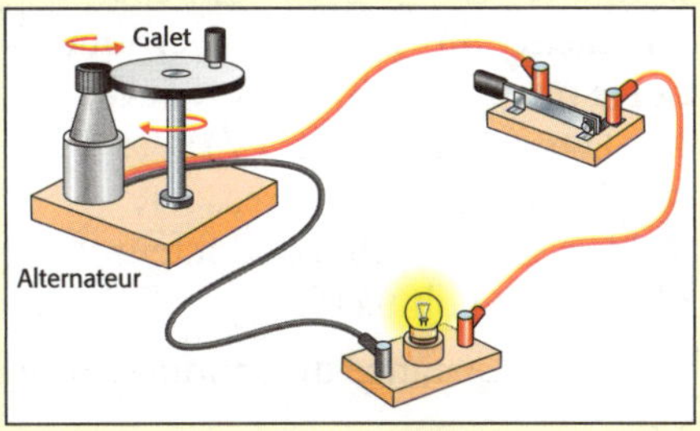

2. La chaîne énergétique du moteur électrique est la suivante :

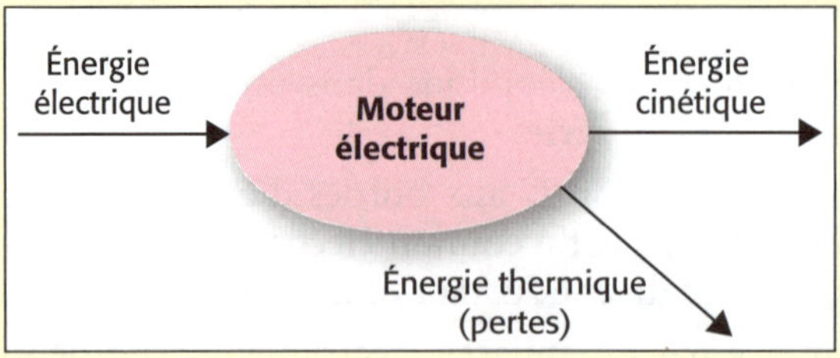

L'astuce du prof

Il n'est pas forcément nécessaire de faire apparaître les réservoirs d'énergie dans une chaîne énergétique.

La chaîne énergétique d'un alternateur de bicyclette est la suivante :

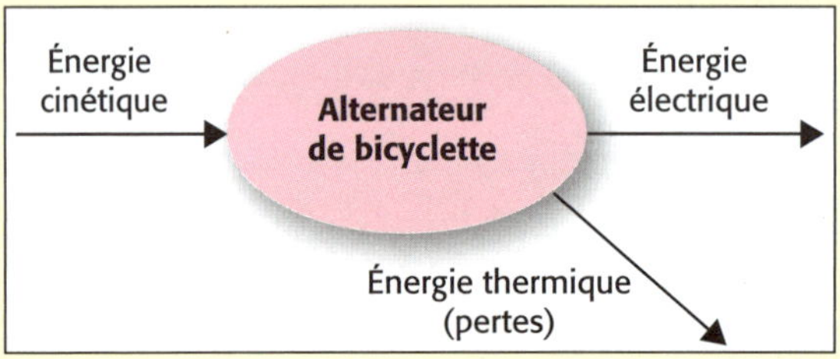

5 L'énergie cinétique de la voiture et de ses occupants est égale à :

$\boldsymbol{E_c = \frac{1}{2} m v^2}$ avec la masse m en kg et la valeur de la vitesse v en m/s.

$E_c = \frac{1}{2} \times 1\,500 \times \left(\frac{120}{3{,}6}\right)^2$

$E_c = \mathbf{8{,}33 \times 10^5\ J}$

Rappel

$1\ \text{km/h} = \frac{1}{3{,}6}\ \text{m/s}.$

6 **1.** Le schéma du circuit électrique est donné ci-contre :

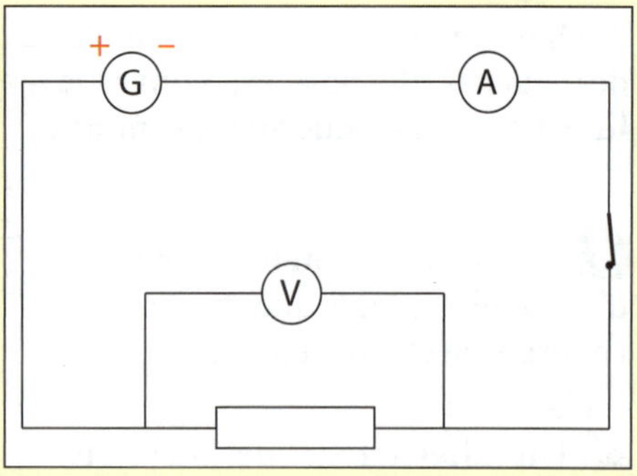

2. D'après la loi d'Ohm, la tension aux bornes d'un conducteur ohmique est proportionnelle à l'intensité du courant électrique qui le traverse, soit $U = R \times I$ avec :
- U la tension en volts (V) ;
- I l'intensité en ampères (A) ;
- R la résistance du conducteur ohmique en ohms (Ω).

Ainsi, la résistance du conducteur ohmique est égale à $R = \frac{U}{I}$.

D'après la photographie du circuit, $U = 5,84$ V et $I = 49,5$ mA $= 49,5 \times 10^{-3}$ A.

$$R = \frac{5,84}{49,5 \times 10^{-3}} = \mathbf{118\ \Omega}$$

L'astuce du prof

L'unité de l'intensité mesurée par l'ampèremètre est le milliampère. En effet, il n'est pas possible de générer un courant électrique d'intensité égale à 49,5 A.

3. D'après la loi d'Ohm, $U = R \times I$.
La valeur de l'intensité du courant électrique qui traverse ce dipôle est donc égale à $I = \frac{U}{R}$.

$$I = \frac{3,00}{118} = 25,4 \times 10^{-3}\ \text{A} = \mathbf{25,4\ mA}$$

7 **1.** D'après la **loi d'additivité des intensités** dans un circuit électrique à plusieurs mailles, l'intensité du courant électrique dans la maille principale contenant la pile est égale à la somme des intensités des courants dans les mailles dérivées (contenant la lampe et le moteur).

Ainsi, la valeur de l'intensité I du courant électrique mesurée par l'ampèremètre qui se trouve à côté de la pile est égale à : $I = 0,3 + 0,2 =$ **0,5 A**.

2. L'ampèremètre et la pile sont reliés l'un à l'autre et ils forment une même maille : ils sont donc en série. Comme l'intensité du courant électrique est la même en tout point d'un circuit qui ne compte que des dipôles en série, **on lirait toujours la même valeur** d'intensité sur l'ampèremètre si on le plaçait du côté de la borne (–) de la pile.

3. La puissance électrique P consommée par ce moteur est égale à : $\boldsymbol{P = U_M \times I_M}$ avec U_M la tension aux bornes du moteur et I_M l'intensité du courant électrique qui le traverse.
$P = 4,5 \times 0,2 = \mathbf{0,9\ W}$

Rappel

Pour calculer une énergie E en joules (J), la puissance P est en watts (W) et la durée de fonctionnement t en secondes (s).

4. Si le moteur fonctionne pendant une durée t, l'énergie E consommée par ce moteur est égale à :
$\boldsymbol{E = P \times t}$.
$E = 0,9 \times (1 \times 60)$
$E = \mathbf{54\ J}$

5. La lampe et le moteur sont **en dérivation**. Si la lampe « grillait », le moteur **continuerait donc encore à fonctionner.**

Ce ne serait pas le cas si la lampe et le moteur étaient en série.

8 **1.** Le schéma du circuit électrique ayant permis de tracer la caractéristique de la lampe est donné ci-dessous :

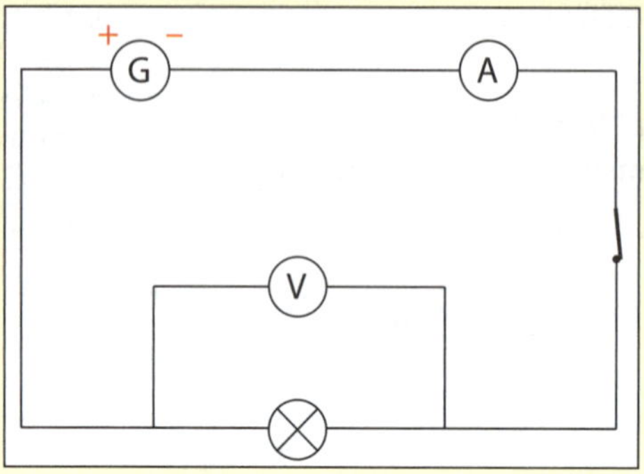

2. **L'intensité** du courant électrique I qui traverse la lampe est représentée sur l'axe des abscisses et la **tension** U à ses bornes est représentée sur l'axe des ordonnées.

3. La valeur de la tension qui doit être appliquée aux bornes de cette lampe pour qu'elle soit traversée par un courant électrique d'intensité $I_1 = 200$ mA est égale à : $U_1 = \mathbf{8{,}4\ V}$.

> **Rappel**
> $I_1 = 200\text{ mA} = 0{,}200\text{ A}$.

4. Lorsque la tension aux bornes de la lampe est égale à $U_2 = 4{,}0$ V, la valeur de l'intensité du courant électrique qui la traverse est égale à $I_2 = \mathbf{0{,}13\ A}$.

5. D'après la loi d'Ohm, la tension aux bornes d'un conducteur ohmique est proportionnelle à l'intensité du courant électrique qui le traverse. Ainsi, la caractéristique d'un conducteur est une droite qui passe par l'origine.

Comme la caractéristique de la lampe n'est pas une droite qui passe par l'origine, **la lampe n'est pas un conducteur ohmique** : elle ne suit pas la loi d'Ohm.

Vers le brevet

9 **1.** La forme d'énergie utilisée pour recharger la batterie d'un *smartphone* est **l'énergie électrique**.

2. La **fabrication** d'un *smartphone* demande beaucoup d'énergie pour **extraire** puis **utiliser les matières premières** nécessaires à sa fabrication. De plus, il ne faut pas oublier l'énergie nécessaire à la fabrication des emballages ou au transport.

Lors de son **utilisation** quotidienne, la recharge de la batterie d'un *smartphone* consomme de l'énergie, mais c'est surtout le téléchargement de musique et de vidéos, l'utilisation d'applications et la lecture des e-mails qui utilisent beaucoup d'énergie, car ils nécessitent la **mise en place de centres de données informatiques** spécifiques.
Lors du recyclage du *smartphone*, il faut également beaucoup d'énergie pour **séparer** convenablement **les différents matériaux** afin de pouvoir les réutiliser.

3. Pour récapituler les différents besoins en énergie d'un *smartphone*, de sa fabrication à son recyclage, on peut réaliser le schéma suivant :

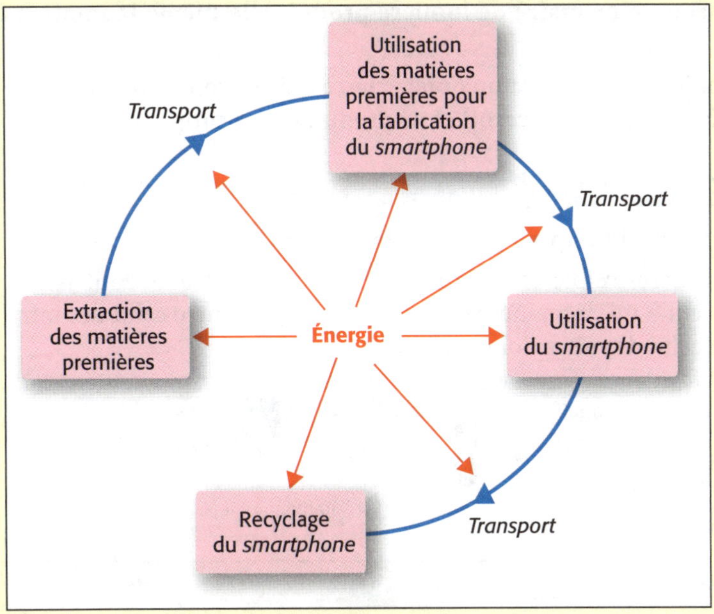

4. La quantité d'énergie E consommée par un réfrigérateur en 30 jours est égale à $\boldsymbol{E = P \times t}$ avec P la puissance moyenne du réfrigérateur et t la durée d'utilisation du réfrigérateur.
Comme la puissance moyenne d'un réfrigérateur est égale à $P = 300\ \text{W} = 0{,}300\ \text{kW}$, on trouve que : $E = 0{,}300 \times (30 \times 24) = \mathbf{216\ kWh}$.

Remarque
Pour calculer une énergie E en kilowattheures (kWh), la puissance P est en kilowatts (kW) et la durée d'utilisation t en heures (h).

CHAPITRE

6 [Physique-Chimie] – Des signaux pour observer et communiquer

1 Signaux lumineux

1 Sources de lumière

- **Une source primaire de lumière produit elle-même la lumière qu'elle émet.**
- **Un objet diffusant est un objet éclairé qui renvoie dans toutes les directions la lumière qu'il reçoit** et ne produit pas sa propre lumière.

2 Domaines de fréquences

- **L'œil humain est un récepteur de lumière.**
- La lumière visible est une **onde électromagnétique** dont la fréquence appartient à un domaine très restreint, compris entre celui des infrarouges (IR) et celui des ultraviolets (UV).

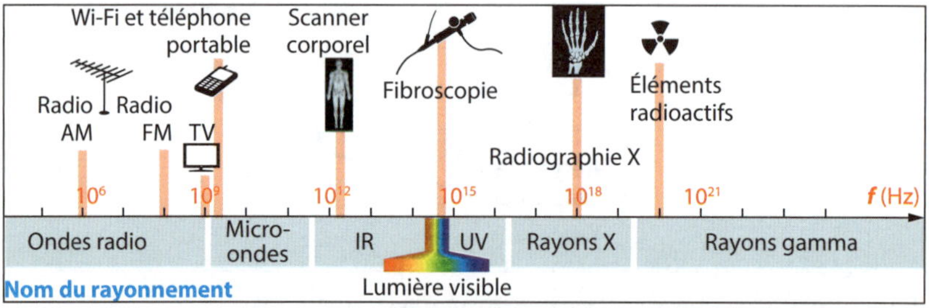

Doc. Ondes électromagnétiques : différentes fréquences pour différentes applications

3 Propagation de la lumière

- **Dans un milieu homogène et transparent, comme l'air, la lumière se propage en ligne droite.** C'est la propagation rectiligne de la lumière.
- On modélise le trajet rectiligne de la lumière par un rayon de lumière qui est une droite munie d'une flèche indiquant le sens de propagation, de la source de lumière vers l'objet éclairé.

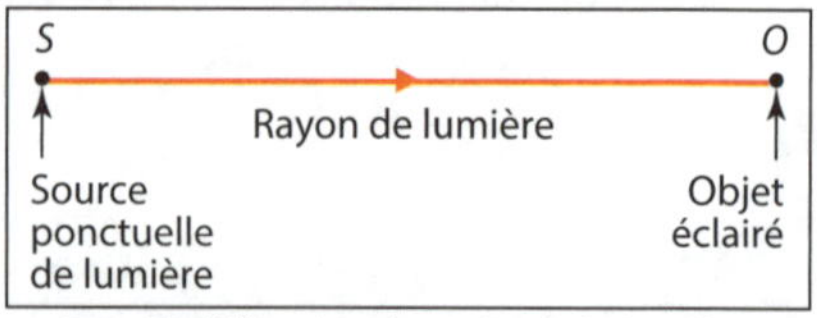

Doc. Modélisation du trajet de la lumière par un rayon lumineux

EXERCICE RÉSOLU

Décrire la propagation de la lumière

ÉNONCÉ

Nathaniel se promène en fin de journée, il observe le ciel.

1. Identifiez sur la photographie les sources primaires de lumière et les objets diffusants.

2. Qu'observe Nathaniel au-dessus des nuages ? Quelle est la source de lumière concernée ?

3. Quelle hypothèse Nathaniel peut-il faire sur l'air qui entoure les nuages ? Justifiez.

4. Si Nathaniel voulait tester son hypothèse, quelle pourrait être la suite de sa démarche ?

Doc. Ciel observé par Nathaniel

CORRIGÉ

1. Le Soleil est une source primaire de lumière, il émet de la lumière. **Les nuages, le ciel sont des objets diffusants**, ils renvoient la lumière du Soleil et n'émettent pas de lumière par eux-mêmes.

> **À savoir**
> Tous les objets éclairés sont des objets diffusants.

2. Nathaniel observe au-dessus des nuages **des particules dans l'atmosphère éclairées par le Soleil**, qui est la source de lumière concernée.

3. Les particules éclairées au-dessus des nuages forment une ligne droite, caractéristique de la **propagation rectiligne de la lumière**. On peut en déduire que **l'air est probablement un milieu homogène et transparent**.

> **Remarque**
> L'air n'est pas toujours un milieu homogène.

4. Le trajet de la lumière issue de la source ponctuelle devrait suivre le fil (propagation rectiligne).

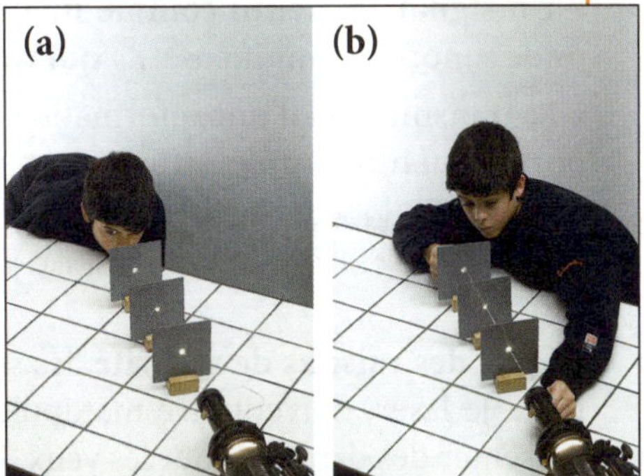

Doc. (a) Nathaniel dépose trois écrans percés d'un trou de manière à observer la source ponctuelle de lumière.
(b) Nathaniel tend le fil qui passe par le centre des écrans sans déplacer les écrans.

2 Signaux sonores

1 Fréquence

L'oreille humaine est un récepteur sensible à des sons dont la fréquence est comprise entre environ 20 Hz et 20 kHz, soit le domaine situé entre celui des infrasons et celui des ultrasons.

2 Propagation

- **Un son se propage dans l'air, dans l'eau ou dans les solides.** En vibrant, l'émetteur du son comprime et dilate le milieu matériel avec lequel il est en contact. La vibration peut se transmettre de proche en proche dans la matière environnante.
- **Un son se propage dans un milieu matériel, mais ne peut pas se propager dans le vide.**
- La vitesse de propagation du son v dépend du milieu matériel.

Exemple : la vitesse de propagation du son dans l'air dans les conditions habituelles de pression et de température est de 340 m/s.

- La distance d parcourue par un son pendant la durée t est : $d = v \times t$, avec d en mètres, t en secondes et v en mètres/seconde.

3 Transport d'informations et sécurité

- **Un signal est défini comme une grandeur physique** (tension, courant, onde sonore ou lumineuse…) **qui transmet une information.**
- La transmission d'une information s'effectue le long d'une « chaîne » comportant au moins un émetteur et un récepteur.

Exemple : si un violoniste joue sur une scène, les cordes du violon constituent les émetteurs, le son se propage dans l'air en transportant l'information jusqu'aux oreilles des spectateurs, qui constituent les récepteurs.

- **Pour des raisons de sécurité**, les sources lumineuses utilisées, et notamment le laser, doivent être manipulées avec précaution, car elles peuvent présenter des dangers pour les yeux. De même, l'exposition prolongée à des signaux sonores présente des risques auditifs parfois irréversibles.

EXERCICE RÉSOLU

Exploiter l'information d'une photographie en thermographie infrarouge

ÉNONCÉ

La thermographie infrarouge permet de mesurer à distance la température d'un corps à partir de ses émissions infrarouges. Sur les caméras infrarouges, les zones correspondant aux différentes températures sont représentées en fausses couleurs. Les températures les plus élevées sont ainsi souvent représentées en rouge, la température de la source diminuant graduellement lorsque la coloration passe à l'orange, au jaune et au bleu.

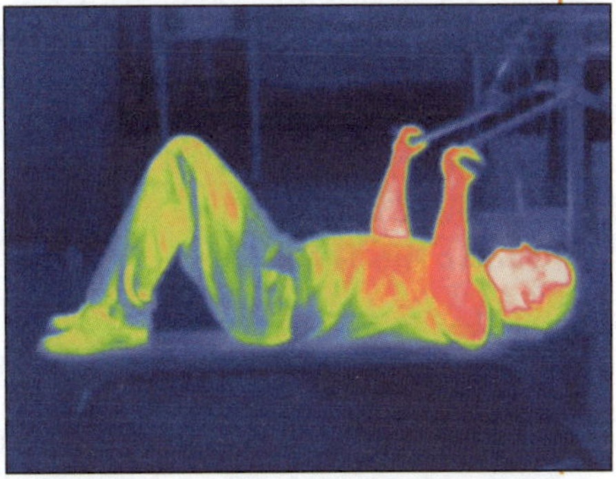

Doc. Personne photographiée pendant un effort à l'aide d'une caméra infrarouge

1. Identifiez la source des infrarouges sur la photo, et précisez si elle constitue une source primaire pour ces infrarouges ou un objet diffusant.

2. Les infrarouges sont-ils visibles directement par un œil humain ?

3. Si l'air constitue un milieu transparent et homogène, comment se propagent les infrarouges entre la source et le récepteur ?

4. À l'aide du texte de l'énoncé et de la photographie, précisez quelle(s) information(s) permettent de fournir les infrarouges.

CORRIGÉ

1. Le corps de la personne constitue la source des infrarouges. Il émet lui-même les infrarouges, il constitue **une source primaire**.

> **Piège à éviter**
> Ne confondez pas les fausses couleurs de l'image avec les véritables couleurs.

2. Les infrarouges ne sont pas visibles directement par un œil humain, ils sont situés en dehors du domaine du visible.

3. Il y a propagation rectiligne de la lumière dans un milieu homogène et transparent. Les infrarouges se propagent donc **en ligne droite**.

4. Les infrarouges permettent de déterminer la température du corps de la personne. On voit notamment que les bras ont une température plus élevée que le reste du corps.

> **Remarque**
> Les zones du corps couvertes par des vêtements ne peuvent pas être analysées.

Utiliser les rayons lumineux pour déterminer des zones d'ombre et de lumière

ÉNONCÉ

Deux sphères blanches sont placées entre une source de lumière ponctuelle *S* et un écran. Trois trous *M*, *N* et *O* sont percés dans cet écran.
Par quel(s) trou(s) *M*, *N* ou *O* est-il possible de voir la source de lumière ? Justifiez votre réponse.

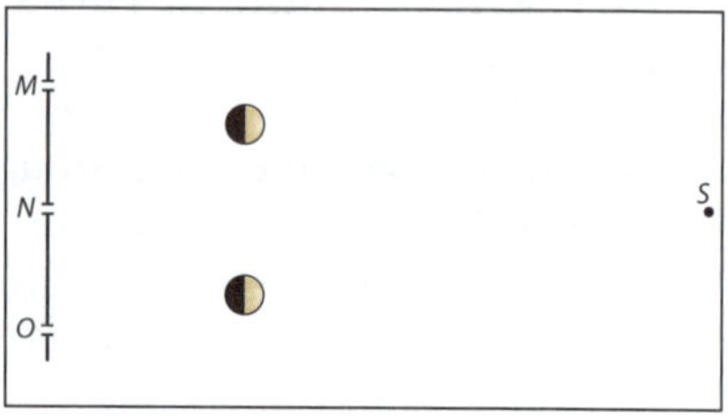

Doc. Schéma de la source de lumière ponctuelle *S*, des objets et des trous *M*, *N* et *O*

MÉTHODE

1. Reproduire soigneusement le schéma à l'aide de papier-calque.
2. Tracer les rayons lumineux qui permettent de déterminer les ombres de chaque objet.
3. En déduire les zones de lumière sur l'écran.
4. Conclure en identifiant le (ou les) trou(s) situé(s) dans les zones de lumière.

CORRIGÉ

Solution	Commentaires
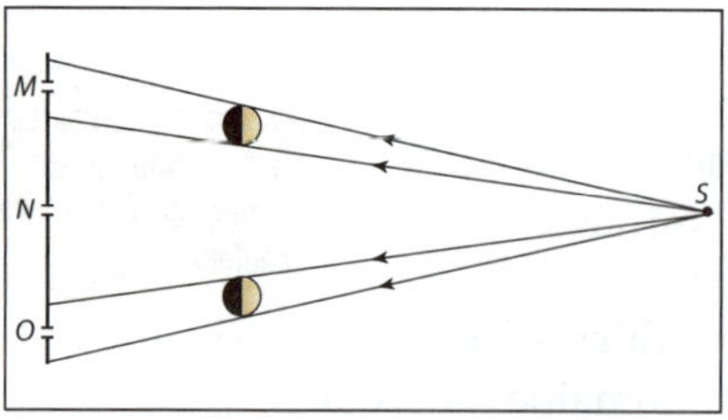 Les trous *M* et *O* sont dans les ombres des deux objets. La zone de lumière sur l'écran est centrée autour du trou *N*. Il faudra regarder à travers le trou *N* pour voir la source de lumière *S*.	**1.** Il faut prendre soin de bien respecter les positions relatives de la source de lumière *S*, des deux objets et des trous *M*, *N* et *O*.
	2. La lumière émise par *S* se propage dans toutes les directions. Les ombres portées de chacun des objets sont déterminées en traçant les rayons lumineux extrêmes, pour chacun des objets, de la source vers l'écran.
	3. L'ombre des deux objets est la zone comprise entre les deux rayons extrêmes.
	4. Le trou *N* est le seul des trois trous à se situer dans la zone de lumière.

Mesurer une distance grâce à des signaux

ÉNONCÉ

Cécile regarde, par la fenêtre de sa chambre, les éclairs zébrer le ciel. Elle remarque qu'elle entend le bruit du tonnerre environ 6 s après avoir vu l'éclair lumineux. Rassurez Cécile en déterminant à quelle distance d de son appartement se trouve l'orage.

Doc. Photographie de la foudre pendant un orage

Données : vitesse de propagation du son dans l'air, $v = 340$ m/s ; vitesse de propagation de la lumière dans l'air, $c = 3{,}0 \times 10^8$ m/s.

MÉTHODE

1. Expliquer pourquoi le son du tonnerre et la lumière de l'éclair ne sont pas perçus en même temps par Cécile.
2. Comparer les vitesses du son et de la lumière, et en déduire que l'on peut considérer, à cette échelle de distance, que la lumière se propage instantanément par rapport au son. *Cette méthode pourra être suivie chaque fois qu'un phénomène produit simultanément un son et de la lumière.*
3. Écrire la relation entre la durée, la vitesse de propagation v et d.
4. En déduire la valeur approchée de la distance d.

CORRIGÉ

Solution	Commentaires
La vitesse de propagation de la lumière est très grande devant celle du son dans l'air : $\frac{c}{v} = \frac{3{,}0 \times 10^8}{340} = 8{,}8 \times 10^5 \gg 1$	**1.** En 1 s, le son parcourt 340 m dans l'air, contre 300 millions de mètres pour la lumière.
Lorsque Cécile voit l'éclair, on néglige la durée de propagation de la lumière entre le point d'impact et son œil, devant la durée de propagation du son du tonnerre :	**2.** La lumière parcourt 3 millions de mètres en un centième de seconde, c'est quasiment instantané.
$v = \frac{d}{t}$ et donc $d = v \times t$	**3.** La distance est le produit de la vitesse de propagation par la durée de propagation.
$d = 340 \times 6 = 2\,040$ m $= 2 \times 10^3$ m $= 2$ km La foudre est tombée à 2 km de Cécile.	**4.** La vitesse de propagation du son est exprimée en m/s, la durée doit être exprimée en s et la distance sera obtenue en m.

QCM

1 Cochez la (ou les) réponse(s) correcte(s).

1. La Lune :

a. ☐ est une source primaire de lumière **b.** ☐ est un objet diffusant
c. ☐ n'émet pas de lumière par elle-même

2. La lumière se propage en ligne droite :

a. ☐ dans tous les milieux matériels **b.** ☐ seulement dans le vide
c. ☐ dans les milieux transparents et homogènes

3. Les infrarouges et les ultraviolets :

a. ☐ sont visibles par l'œil humain
b. ☐ n'appartiennent pas au domaine du visible
c. ☐ peuvent être détectés par certains capteurs

4. Les sons :

a. ☐ se propagent dans les liquides
b. ☐ ne se propagent pas dans l'air
c. ☐ ne se propagent que dans un milieu matériel

5. Les infrasons sont :

a. ☐ de moins grande intensité sonore que les sons audibles
b. ☐ de fréquences inférieures à celles des sons audibles
c. ☐ de mêmes fréquences que celles des ultrasons

6. La lumière et le son :

a. ☐ ne transportent aucune information
b. ☐ peuvent transporter une information
c. ☐ se propagent dans le vide

2 Répondez par vrai ou faux.

Affirmations	Réponses
1. Lors d'un orage, le bruit du tonnerre est une onde lumineuse.	☐ V ☐ F
2. Le bruit du tonnerre parvient à un observateur avant la lumière de l'éclair.	☐ V ☐ F
3. La distance parcourue par un son pendant une durée donnée est le produit de cette durée par la vitesse de propagation du son.	☐ V ☐ F
4. Pour déterminer si un point est dans l'ombre d'un objet, il n'est pas nécessaire de savoir où se trouve la source de lumière.	☐ V ☐ F
5. Les sources sonores peuvent entraîner des risques auditifs.	☐ V ☐ F
6. La lumière d'un laser peut toujours atteindre l'œil en toute sécurité.	☐ V ☐ F

Exercices d'entraînement

3 Rayons lumineux et vision

Lucie regarde un chat dans le jardin. Les trois schémas ci-dessous proposent trois possibilités différentes des rayons lumineux modélisant cette observation.

Quel est le schéma qui modélise l'observation du chat par Lucie ? Justifiez.

4 Un cadran solaire

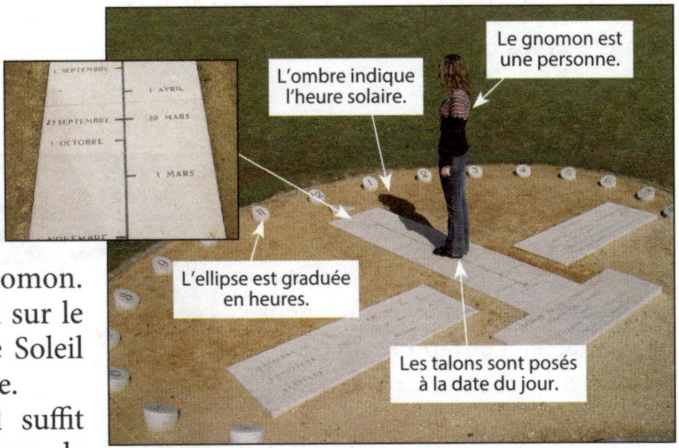

Doc. Cadran solaire

Plantez un bâton dans le sol, observez son ombre portée, et vous obtiendrez le plus simple des cadrans solaires. Ce bâton est appelé gnomon. L'ombre du gnomon sur le sol « tourne » avec le Soleil au cours de la journée.
Pour lire l'heure, il suffit de graduer les positions de l'ombre en tenant compte des saisons. En hiver, à la même heure qu'en été, le Soleil est plus proche de l'horizon, et l'ombre du gnomon est plus longue.

1. Quelle source de lumière éclaire un cadran solaire ?
2. Un cadran solaire est-il utilisable à tout moment ?
3. Comment s'appelle la partie du cadran solaire qui crée l'ombre permettant de lire l'heure au sol ? Ici, qu'est-ce qui joue ce rôle ?

5 Poussière de craie éclairée

Un professeur allume un projecteur sur le bureau. Puis il secoue devant le projecteur la brosse à effacer la craie sur le tableau. Immédiatement, on observe une zone lumineuse. Les bords de cette zone sont rectilignes.

1. Pourquoi observe-t-on une zone lumineuse lorsqu'il y a de la poussière de craie ?

2. Comment se propage la lumière depuis la source ? Que peut-on en déduire sur le milieu dans lequel elle se propage ?

6 Sources de lumière

Pour les photographies ci-dessus, distinguez les sources primaires de lumière et les objets diffusants. Justifiez.

7 Risques d'utilisation des lasers

Doc. Pointeur laser

Les lasers sont utilisés dans de nombreux secteurs d'activités, tels que l'industrie, la recherche, l'astronomie, la médecine, la restauration de monuments, ou encore le spectacle. Leur puissance varie selon leur classe. Les lasers de classe 1, utilisés dans les imprimantes ou les lecteurs de DVD, sont sans danger s'ils sont bien utilisés. Dès la classe 2, les lasers, tels les pointeurs, présentent un danger pour les yeux. Pour les lasers de classes 3 et 4, le port de lunettes est obligatoire et le danger élevé.

1. Citez deux exemples de domaines dans lesquels les lasers sont utilisés.

2. Quel est le danger principal du laser ?

3. Les lasers de classes 1 et 2 sont-ils toujours sans danger ? Justifiez.

8 Les risques auditifs

L'échelle d'intensité sonore (I) et de niveau sonore (L) ci-contre donne quelques exemples tirés de la vie quotidienne.
À l'aide de ce document, répondez aux questions suivantes.

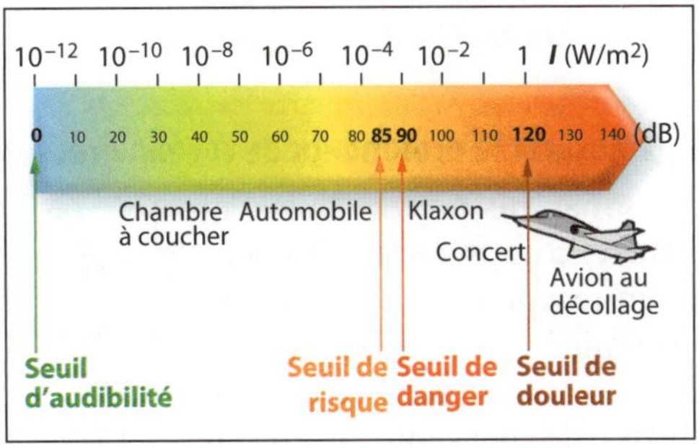

Doc. Échelle d'intensité et de niveau sonores

1. Quel est le domaine d'intensités sonores perceptibles par l'oreille humaine ?
2. Relevez les intensités sonores et les niveaux sonores qui correspondent aux seuils d'audibilité, de risque, de danger et de douleur.
3. Pourquoi le seuil de risque et le seuil de danger sont-ils différents ?
4. Un son de niveau sonore 110 dB présente-t-il un risque ? Un danger ? Est-il douloureux ?
5. Répondez à nouveau à la question **4.** pour un son d'intensité sonore de 10^{-4} W/m^2.

9 Mesure de la vitesse de propagation de la lumière et du son

Avant Galilée (1564-1642), on pensait que la propagation de la lumière était instantanée, c'est-à-dire que la vitesse de propagation de la lumière dans l'air était infinie. Galilée pensait que cette vitesse était finie et tenta de la mesurer. Il avait imaginé la méthode suivante :
– Deux hommes munis chacun d'une lanterne sont placés, de nuit, à une distance d'environ trois kilomètres l'un de l'autre.
– Le premier homme émet un signal lumineux en découvrant sa lanterne et déclenche en même temps une « horloge ».
– Le deuxième homme découvre sa lanterne dès qu'il perçoit le signal lumineux émis par le premier homme.
– Le premier homme arrête « l'horloge » quand il voit le signal répondant au sien.

1. Quelle durée Galilée voulait-il mesurer ?
2. Si la mesure avait été possible à cette époque, quelle valeur Galilée aurait-il trouvée ? Que pensez-vous de cette valeur ?
3. En utilisant la méthode suivie pour déterminer une distance grâce à des signaux p. 107, proposez une modification de la méthode imaginée par Galilée pour déterminer la vitesse de propagation du son dans l'air. Précisez quelles sont les hypothèses réalisées.
   Donnée : vitesse de propagation de la lumière dans l'air, $c = 3{,}00 \times 10^8$ m/s.

Vers le brevet

10 Mesurer la profondeur de l'océan grâce au sonar

Le sonar de profondeur d'un bateau comporte un émetteur et un récepteur sonores. Le son est émis à $t = 0$ s vers le fond de l'océan sur lequel il se réfléchit avant de parvenir au récepteur à la date t. Le graphique ci-contre représente l'évolution des durées t mesurées par le sonar lorsque le bateau se déplace d'une distance x à la surface d'un océan.

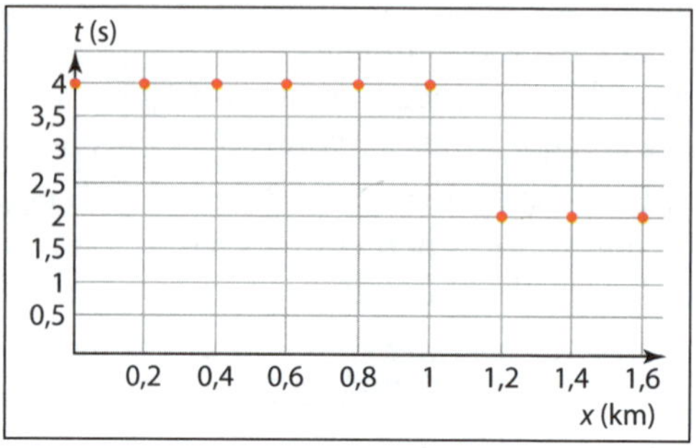

Donnée : vitesse de propagation du son dans l'eau de mer à 10 °C, $v = 1\,500$ m/s.

1. a. En admettant que la propagation du son peut être modélisée par un « rayon sonore », représentez sur un schéma : le sonar, la surface de l'océan, le plancher océanique et les rayons sonores matérialisant la propagation du son entre l'émetteur sonore du sonar et son récepteur.

b. Représentez sur le schéma précédent la distance d entre la surface de l'océan et le plancher océanique.

c. Justifiez la relation suivante : $d = \dfrac{v \times t}{2}$.

2. À l'aide de la relation de la question **1. c.** et du graphique de l'énoncé, représentez l'évolution de la profondeur h de l'océan en fonction de x. Justifiez.

3. Le tableau ci-dessous regroupe des couples de valeurs (d, t) déterminées à l'aide du sonar d'un sous-marin immergé dans une eau de mer à 0 °C.

d (m)	25	50	75	100	150
t (10^{-2} s)	3,5	7,0	10	14	21

a. Représentez sur un graphique la distance d sur l'axe des ordonnées (1 cm pour 10 m) et la durée t sur l'axe des abscisses (1 cm pour 10^{-2} s) et concluez.

b. À l'aide du graphe précédent et de la relation donnée à la question **1. c.**, déterminez en justifiant la valeur de la vitesse du son dans l'eau de mer à 0 °C.

QCM

1 **1. Réponses : b et c.** La Lune reflète la lumière du Soleil, elle constitue ainsi un objet diffusant qui n'est pas capable d'émettre de la lumière par lui-même.

2. Réponse : c. La lumière se propage en ligne droite dans les milieux transparents et homogènes.

> **Piège à éviter**
> La lumière ne se propage pas en ligne droite *que* dans le vide.

3. Réponses : b et c. Les infrarouges et les ultraviolets ne sont pas visibles par l'œil humain, puisqu'ils n'appartiennent pas au domaine du visible. Ils peuvent cependant être détectés par certains capteurs (par exemple une caméra thermique pour les infrarouges).

4. Réponses : a et c. Les sons ne se propagent que dans un milieu matériel. Ils peuvent ainsi se propager dans les liquides, mais aussi dans les gaz et donc dans l'air.

5. Réponse : b. Les infrasons sont de fréquences inférieures aux sons audibles.

6. Réponse : b. La lumière et le son peuvent transporter une information. Seule la lumière se propage dans le vide.

> **L'astuce du prof**
> Le préfixe *infra* signifie ici de fréquences *inférieures* à celles des sons audibles.

2 **1. Faux.** Le bruit du tonnerre est une **onde sonore**.

2. Faux. Le bruit du tonnerre parvient à un observateur après la lumière de l'éclair, car la vitesse de la lumière dans l'air est bien plus grande que celle du son.

3. Vrai. $d = v \times t$, la distance d parcourue pendant une durée t est bien égale au produit de la vitesse de propagation v par la durée.

4. Faux. L'ombre portée d'un objet dépend de la position relative de l'objet et de la (ou des) source(s) lumineuse(s).

5. Vrai. L'exposition trop longue à certains sons, ou l'exposition courte à un son de forte intensité peut entraîner des pertes irréversibles d'audition.

> **Remarque**
> La présence de plusieurs sources lumineuses peut entraîner l'existence de plusieurs ombres différentes pour un même objet.

6. Faux. La lumière d'un laser ne doit pas pénétrer dans l'œil.

Exercices d'entraînement

3 **Le schéma (b) modélise correctement la situation :** un rayon lumineux issu de la source primaire de lumière, le Soleil, se propage vers le chat. Le chat constitue un objet diffusant, le rayon lumineux diffusé se propage jusqu'à l'œil.

> **Piège à éviter**
> Le rayon lumineux ne va pas de l'œil vers l'objet, mais de l'objet vers l'œil.

4 **1. Le Soleil** éclaire le cadran solaire, il constitue une source primaire de lumière.

2. Le cadran solaire n'est utilisable que lorsque la lumière du Soleil l'éclaire. **La nuit, et le jour en cas de très forte couverture nuageuse, le cadran ne sera pas utilisable.**

3. Le gnomon crée l'ombre permettant de lire l'heure au sol. Dans le cadran présenté, c'est **la personne** qui **joue le rôle du gnomon**.

5 **1. La poudre de craie diffuse la lumière de la source dans toutes les directions.** Les petits morceaux de craie constituent des objets diffusants qui permettent de visualiser la propagation de la lumière depuis la lampe du projecteur.

> **À savoir**
> Un faisceau lumineux n'est pas visible dans l'air ; ce sont les poussières éclairées qui sont visibles.

2. D'après le texte de l'énoncé, les bords de la trace lumineuse du faisceau sont rectilignes. On peut en conclure que **la lumière de cette source se propage en ligne droite et que le milieu considéré (l'air) est transparent et homogène.**

6 Les sources primaires de lumière émettent de la lumière par elles-mêmes, contrairement aux objets diffusants.

Sur la photographie du volcan, **la lave constitue une source primaire de lumière, tandis que le volcan est un objet diffusant.**

> **Remarque**
> Dans l'Univers, toutes les planètes sont des objets diffusants.

Sur la photographie de Mars, **l'ensemble de la planète est un objet diffusant**, éclairé par la lumière du Soleil.

Le ciel et les nuages sont des objets diffusants.

La flamme de l'allumette est une source primaire de lumière, tandis que le bois de l'allumette est un objet diffusant.

La pomme est un objet diffusant.

Les éclairs sont des sources primaires de lumière qui éclairent le ciel et le sol. Ces derniers diffusent la lumière de ces éclairs.

7 **1.** Les lasers sont, par exemple, utilisés **en médecine et en astronomie.**

2. Les lasers présentent des **risques importants pour les yeux.**

3. Les lasers de classe 2 présentent des risques quasi immédiats pour la vue. Quant aux lasers de classe 1, ils ne sont pas sans risques : de mauvaises manipulations de ces lasers peuvent aussi entraîner des risques.

Remarque

Les lasers les plus puissants présentent aussi des risques pour la peau, et même des risques d'électrocution.

8 **1.** Les intensités sonores perceptibles par l'oreille humaine sont **comprises entre 10^{-12} W/m² (seuil d'audibilité) et 1 W/m² (seuil de la douleur).**

L'astuce du prof

Un tableau permet de regrouper les réponses à ce type de question.

2.

	Seuil d'audibilité	Seuil de risque	Seuil de danger	Seuil de douleur
Intensité sonore (W/m²)	10^{-12}	Entre 10^{-4} et 10^{-3}	10^{-3}	1
Niveau sonore (dB)	0	85	90	120

3. Le seuil de danger correspond à un danger immédiat, dès le début de l'exposition. Le seuil de risque ne représente pas un danger aussi immédiat, mais **en cas d'exposition prolongée à cette intensité sonore, car des dommages irréversibles peuvent se manifester.**

4. $L_{\text{Douleur}} > 110 \text{ dB} > L_{\text{danger}}$. Le son de niveau sonore de 110 dB **présente un risque, un danger, mais n'est pas douloureux** (en tout cas de manière immédiate). Les dommages causés à l'appareil auditif peuvent déclencher ensuite des acouphènes, parfois douloureux.

5. $10^{-4} \text{ W/m}^2 < I_{\text{Risque}}$. Le son d'intensité sonore de 10^{-4} W/m² **ne présente pas de risque, pas de danger, et n'est pas douloureux.**

Piège à éviter

La distance doit être exprimée en mètres.

9 **1.** La durée mesurée est celle de **l'aller-retour de la lumière entre le premier homme (muni de « l'horloge ») et le second.**

2. $v = \frac{2 \times d}{t}$ soit $2 \times d = v \times t$ et $t = \frac{2 \times d}{t} = \frac{2 \times 3 \times 10^3}{3{,}00 \times 10^8} = 2 \times 10^{-5}$ **s.**

La durée obtenue est extrêmement faible, bien trop faible pour être mesurée à l'époque.

3. Si on suppose que la durée de propagation de la lumière entre les deux hommes est négligeable devant la durée de propagation du son, on peut considérer que la lumière se propage instantanément entre les deux hommes.
Le premier homme pourrait ainsi déclencher un fort signal sonore (coup de pistolet à l'époque) simultanément avec l'émission d'un signal lumineux et le déclenchement de l'« horloge ».
Dès que le second homme perçoit le son, il découvre sa lanterne, et le premier homme arrête son chronomètre en apercevant cette lumière.
On obtiendrait $v = \frac{d}{t}$ pour la vitesse de propagation du son.

Remarque

Cette expérience fut réalisée à l'aide d'un canon (1738), la lumière de l'explosion faisant fonction de repère lumineux.

Piège à éviter

La distance parcourue par le son pendant la durée *t* est *d* et non 2*d*.

Vers le brevet

10 **1. a.** et **b.**

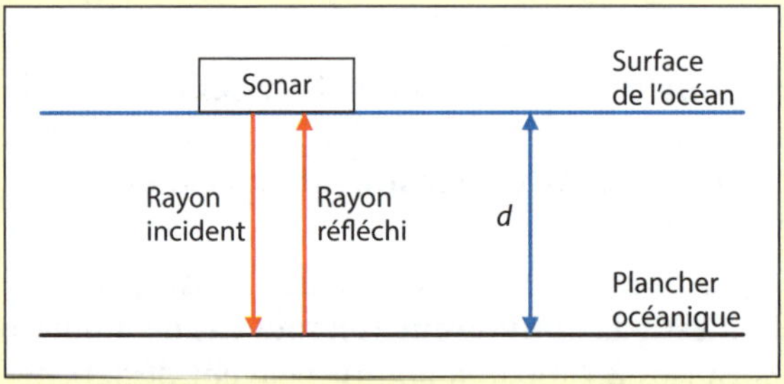

Piège à éviter

N'oubliez pas le rayon réfléchi sur le plancher océanique.

c. Le son parcourt la distance $2 \times d$ pendant la durée *t*. On en déduit :
$v = \frac{2 \times d}{t}$ soit $v \times t = 2 \times d$ et $\boldsymbol{d = \frac{v \times t}{2}}$.

À savoir

La vitesse est le rapport de la distance parcourue par la durée correspondante.

2. Pour *x* compris entre 0 et 1 000 m, $t = 4{,}0$ s et donc, en appliquant la relation établie dans la question **1. c.** :

$$\boldsymbol{h} = d = \frac{v \times t}{2} = \frac{1\,500 \times 4{,}0}{2} = \mathbf{3\,000\ m = 3{,}0\ km}$$

Pour *x* compris entre 1 000 et 1 500 m, $t = 2{,}0$ s et donc, en appliquant la relation établie dans la question **1. c.** :

$$\boldsymbol{h} = d = \frac{v \times t}{2} = \frac{1\,500 \times 2{,}0}{2} = \mathbf{1\,500\ m = 1{,}5\ km}$$

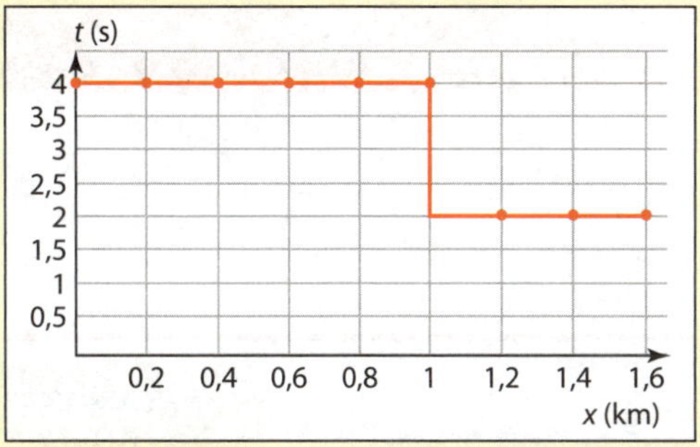

Remarque

La profondeur est d'autant plus grande que la durée de propagation du son est grande.

On en déduit **l'évolution de la profondeur *h* de l'océan en fonction de *x* (courbe ci-dessus).**

3. a. La représentation graphique de la distance *d* sur l'axe des ordonnées et de la durée *t* sur l'axe des abscisses (avec ici une autre échelle que celle demandée) est **une droite passant par l'origine, donc *d* est proportionnelle à *t*.**

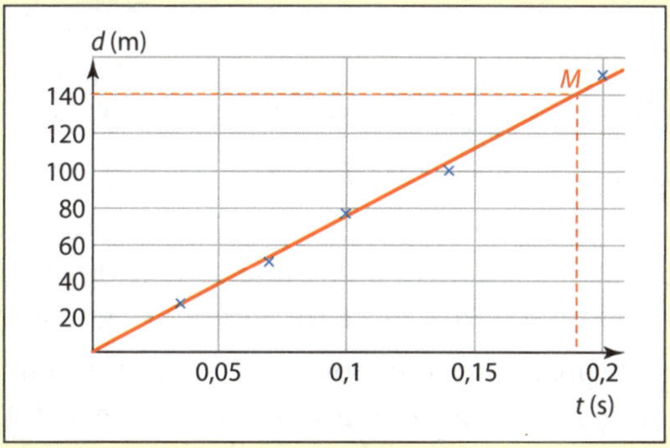

b. On avait précédemment $v = \frac{2 \times d}{t}$, soit au point M de la droite tel que $d_M = 140$ m et $t_M = 0{,}19$ s :

$v_M = \frac{2 \times d_M}{t_M} = \frac{2 \times 140}{0{,}19} = 1\,474$ m/s.

La vitesse du son dans l'eau est de **1 474 m/s.**

CHAPITRE 7

[SVT] La planète Terre

1 Le système solaire

1 Place de la Terre dans le système solaire

Vocabulaire

Système solaire : ensemble de planètes et d'astéroïdes en mouvement autour du Soleil.

• À partir de Copernic (XVIe siècle) et Galilée (XVIIe siècle), le monde scientifique admet **que la Terre et les autres planètes sont en mouvement autour d'une étoile : le Soleil.**

• **La Terre**, située à environ **150 millions de kilomètres du Soleil**, effectue une révolution complète autour de ce dernier en un peu plus de **365 jours** et 6 heures.

2 Planètes telluriques et planètes gazeuses

Le système solaire comporte 8 planètes :

• les 4 planètes les plus proches du Soleil sont principalement constituées de roches et de métaux, entourés d'une fine couche de gaz (l'atmosphère) : ce sont les **planètes telluriques** (du latin *tellus* qui signifie « terre », « sol ») ;

• les 4 planètes les plus lointaines sont essentiellement constituées de gaz (hélium et hydrogène) entourant probablement un cœur solide fait de roches et/ou de glace : ce sont les **planètes gazeuses**.

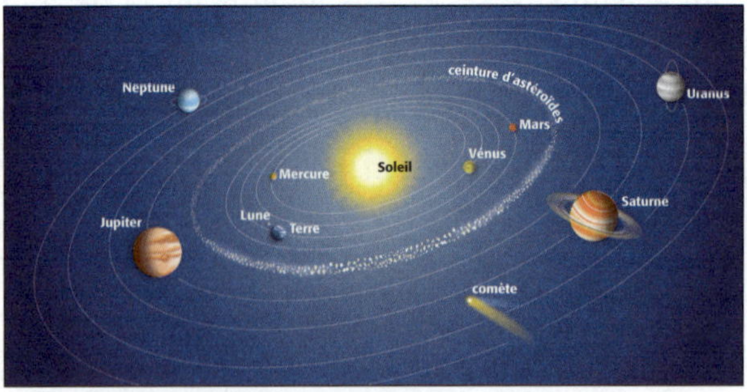

Doc. Le système solaire (les échelles ne peuvent pas être respectées)

3 Forme et rotation de la Terre

• **La Terre n'est pas une sphère parfaite. Elle est légèrement aplatie aux pôles et renflée à l'équateur** à cause de sa vitesse de rotation (plus de 1 600 km/h à l'équateur !). Ainsi, le diamètre de la Terre à l'équateur (12 756 km) mesure 43 km de plus que celui entre les pôles.

• De plus, **la croûte terrestre et les océans sont déformés**, bombés par l'attraction de la Lune et du Soleil (phénomène des marées).

EXERCICE RÉSOLU

Critiquer une conception du système solaire

ÉNONCÉ

La carte ci-dessous présente le système solaire tel que se le représentait Aristote (philosophe grec du IVe siècle avant J.-C.).

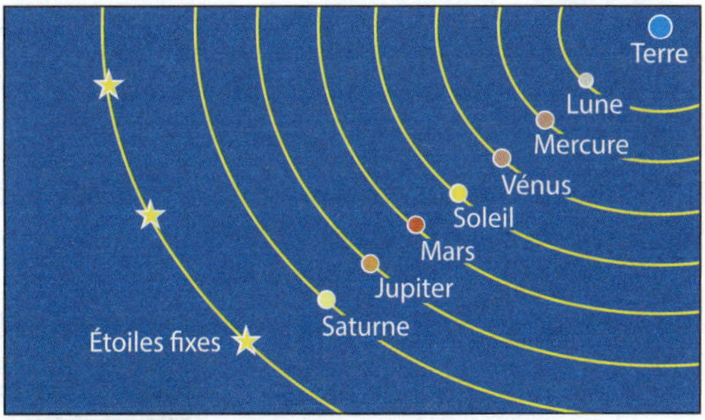

Doc. Le système solaire selon Aristote

L'astuce du prof
Critiquer, c'est indiquer les aspects négatifs, mais aussi les aspects positifs.

1. Quels sont les éléments de la conception d'Aristote qui ont **changé** par rapport à la conception actuelle du système solaire ?

2. Quels sont les éléments de la conception d'Aristote qui **concordent** avec la conception actuelle ?

CORRIGÉ

1. Aristote proposait la **Terre au centre du système solaire**, avec les planètes et le Soleil en orbite autour, alors que l'on sait depuis Copernic que ce sont toutes les planètes (y compris la Terre) qui gravitent autour du Soleil. De plus, Aristote plaçait des **étoiles fixes** dans le système solaire, alors qu'aujourd'hui, on considère que le Soleil est la seule étoile du système solaire.
Enfin, il manque **Neptune** dans le système solaire d'Aristote.

2. Les éléments qui concordent entre la conception d'Aristote et la conception actuelle sont l'**ordre des planètes** (excepté la Terre, bien sûr) et la **rotation de la Lune** autour de la Terre.

2 Activité interne de la planète Terre

1 Production d'énergie thermique par la Terre

• **Lors de sa formation, la Terre était une masse de roches et de métaux en fusion**. Son refroidissement a permis la création d'une croûte solide, mais la Terre libère encore cette énergie produite par la fusion.

• **La Terre produit aussi de l'énergie thermique** à cause de réactions nucléaires qui ont lieu dans son manteau et son noyau.

2 Manifestations de l'activité interne

• **La planète Terre libère de l'énergie thermique par sa surface.** Ce flux d'énergie peut être mesuré ; il est beaucoup plus faible que celui que le Soleil envoie sur Terre (4 000 fois inférieur).

• L'énergie thermique de la Terre est parfois libérée de manière spectaculaire lors des **éruptions volcaniques** ou des **geysers**.

3 Mouvements des plaques lithosphériques

• L'énergie produite par la Terre est à l'origine de mouvements lents des roches dans l'asthénosphère, qui entraînent le **déplacement des plaques lithosphériques**.

Vocabulaire

Plaque lithosphérique : ensemble solide et rigide formé de roches de la croûte et d'une partie de roches du manteau.

Asthénosphère : ensemble solide et déformable de roches du manteau.

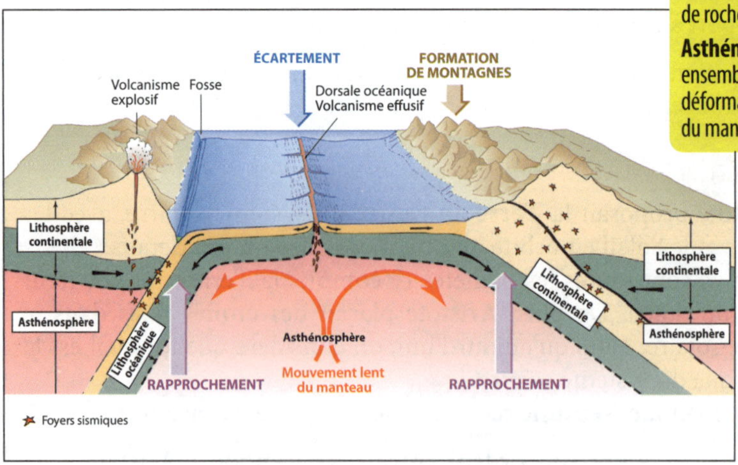

Doc. Conséquences du mouvement des plaques lithosphériques

• Les mouvements des plaques lithosphériques sont responsables de l'**ouverture des océans** et de la **formation des chaînes de montagnes**.

EXERCICE RÉSOLU

Caractériser le mouvement de plaques lithosphériques

ÉNONCÉ

La carte ci-dessous représente les déplacements de balises GPS fixées sur les continents ou sur des îles.

1. Quelles sont les plaques lithosphériques délimitées sur la carte ?

2. À quelle plaque sont fixées les balises GPS situées sur des îles de la mer Rouge ?

3. Quelles sont les directions de déplacement des plaques arabique et eurasiatique ?

4. Quelles sont les vitesses de déplacement de ces deux plaques ?

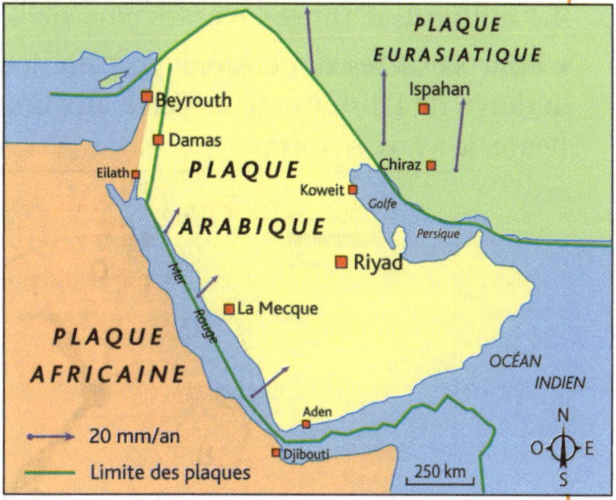

Doc. La situation géologique particulière de la plaque arabique

5. D'après les réponses précédentes, comment s'appelle le mouvement à la limite entre ces deux plaques ?

6. D'après la carte, la mer Rouge va-t-elle disparaître ou au contraire s'ouvrir ? Justifiez votre réponse.

CORRIGÉ

1. Il s'agit des **plaques arabique et eurasiatique**.

2. Ces balises GPS sont fixées à la **plaque arabique**.

3. La plaque **arabique** se dirige vers le **Nord-Est** et la plaque **eurasiatique** vers le **Nord**.

4. La vitesse de la plaque arabique est plus ou moins de **20 mm/an**, alors que celle de la plaque eurasiatique est d'environ **40 mm/an**.

> *L'astuce du prof*
> Reportez la longueur de la flèche bleue légendée « 20 mm/an » sur les autres flèches pour connaître la vitesse des balises GPS.

5. Le mouvement entre les deux plaques est un mouvement de **rapprochement**.

6. La mer Rouge devrait **s'élargir** puisque la plaque arabique s'écarte de la plaque africaine.

3 Histoire de la Terre

1 Durée géologique et durée humaine

• **L'histoire humaine est décrite depuis 3 500 ans** avec les premières écritures, alors que **l'histoire de la Terre est décrite depuis plus de 4,4 milliards d'années** avec les plus vieilles roches connues.

• Pour saisir les dimensions de cette longue histoire, on peut comparer la durée de l'histoire de la Terre aux douze heures d'une horloge. À zéro heure, la Terre se forme.

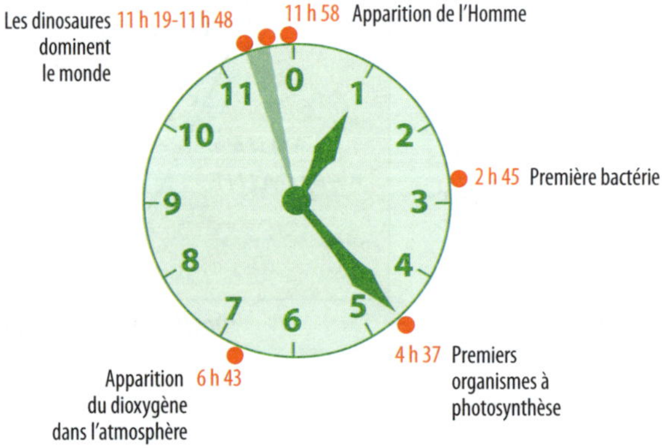

Doc. Si la Terre existait depuis 12 heures…

2 Découpage du temps en ères géologiques

• L'histoire de la Terre est découpée en **4 grandes ères**. Chaque ère est séparée de la précédente par un événement majeur qui a affecté la planète entière.

• **L'ère précambrienne** (de – 4,5 milliards d'années à – 540 millions d'années) est l'ère la plus longue et se termine par l'explosion de la vie dans les océans.

• Après le Pré-Cambrien, on décrit les ères : **Paléozoïque** (« la vie ancienne ») ou **Ère primaire, Mésozoïque** (« la vie du milieu ») ou **Ère secondaire, Cénozoïque** (« la vie récente ») ou **Ère tertiaire-quaternaire**.

• Ces ères sont séparées par des **extinctions massives d'espèces** provoquées par une chute de météorite géante et/ou du super-volcanisme et/ou un changement climatique brutal.

Exemple : c'est le cas de la disparition de 80 % des espèces continentales et marines à la fin de l'Ère secondaire.

EXERCICE RÉSOLU

Réaliser une frise chronologique en géologie

ÉNONCÉ

Pour appréhender les temps géologiques, on peut traduire les durées en longueurs sur des bandes de papier. L'échelle choisie est la suivante : 1 cm de papier représente 10 millions d'années.

1. Quelle devra être la longueur totale de la bande de papier pour représenter les 542 millions d'années des trois dernières ères géologiques ?

2. À quelles distances seront placées les limites des différentes ères géologiques en prenant comme 0 la date d'aujourd'hui ?

3. À quelle distance de la fin de l'ère cénozoïque seront placés les événements suivants : les premiers dinosaures (– 220 millions d'années), la formation de l'Himalaya (– 40 millions d'années) et l'apparition de l'*Homo Sapiens* (– 0,2 million d'années) ?

ÈRE	PÉRIODE		Millions d'années
CÉNOZOÏQUE	Quaternaire		1,8
	Néogène		2,3
	Paléogène		66
MÉSOZOÏQUE	Crétacé		146
	Jurassique		200
	Triassique		251
PALÉOZOÏQUE	Permien		299
	Carbonifère	Pennsylvanien	318
		Mississipien	359
	Dévonien		416
	Silurien		444
	Ordovicien		488
	Cambrien		542
PRÉCAMBRIEN			4 600

Doc. Les temps géologiques

CORRIGÉ

1. Puisque 1 cm représente 10 millions d'années, il faut trouver combien de centimètres représentent 542 millions d'années :

$$\frac{10 \text{ millions d'années}}{1 \text{ centimètre}} = \frac{542 \text{ millions d'années}}{x \text{ centimètres}}$$

Ainsi, x centimètres $= \frac{542}{10} \times 1$. Soit x = **54,2 cm de papier** (une feuille format A4 coupée dans le sens de la longueur suffit).

2. La limite entre l'Ère cénozoïque et l'Ère mésozoïque se situera à **6,6 cm** (66/10) de la date d'aujourd'hui, et celle entre l'Ère mésozoïque et l'Ère paléozoïque à **25,1 cm** (251/10).

3. Les premiers dinosaures seront placés à **22 cm**, la formation de l'Himalaya à **4 cm** et l'apparition de l'*Homo Sapiens* à seulement **2 mm** de la date d'aujourd'hui !

Exploiter un tableau de données

ÉNONCÉ

Utilisez les données du tableau ci-dessous pour montrer qu'il existe deux catégories de planètes dans le système solaire : les planètes telluriques et les planètes gazeuses.

Planète	Distance au Soleil (en unités astronomiques, UA)	Masse de la planète (par rapport à la Terre)	Épaisseur de l'atmosphère (en km)	Principaux gaz de l'atmosphère
Mercure	0,39	0,06	Quasi inexistante	–
Vénus	0,72	0,82	350	CO_2, N_2, H_2O, O_2
Terre	1	1	500	N_2, O_2, H_2O, CO_2
Mars	1,52	0,11	> 100	CO_2, N_2, H_2O, O_2
Jupiter	5,2	317,8	1 000	H_2, He, CH_4
Saturne	9,45	95,2	1 400	H_2, He, CH_4
Uranus	19,18	14,6	7 500	H_2, He, CH_4
Neptune	30,06	17,2	8 000	H_2, He, CH_4

MÉTHODE

1. Pour chaque type de données, vérifier si les valeurs sont proches pour les planètes telluriques (par exemple la distance au Soleil) et si elles sont proches pour les planètes gazeuses (par exemple la masse).
2. Choisir les données qui montrent le mieux ce que partagent les planètes d'une même catégorie.

CORRIGÉ

Solution	Commentaires
Les planètes telluriques ont une distance au Soleil et une masse faibles, ainsi qu'une atmosphère peu épaisse, contrairement aux planètes gazeuses qui ont également toutes de l'hélium (He) comme gaz principal de leur atmosphère.	**1.** C'est l'ordre de grandeur qui compte. Par exemple, les planètes gazeuses sont toutes à plus de 5 UA du Soleil.
	2. Toutes les planètes gazeuses ont une masse élevée et une atmosphère très épaisse. Toutes les planètes telluriques sont les plus proches du Soleil.

Reconstituer une histoire géologique

ÉNONCÉ

La carte ci-contre indique les positions de l'Inde à trois époques géologiques.

Expliquez le déplacement de l'Inde jusqu'à sa position actuelle.

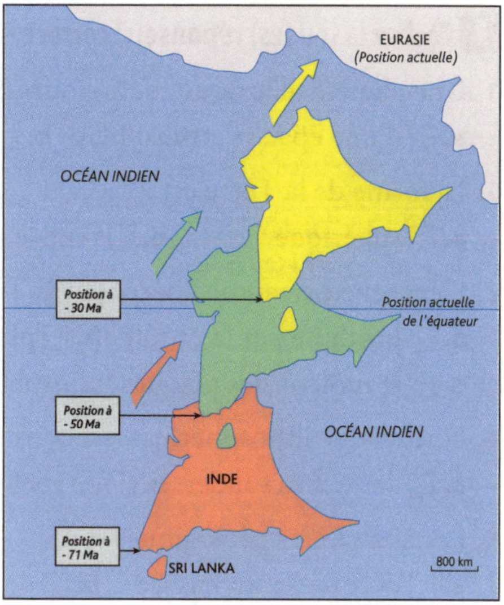

Doc. Positions de l'Inde au cours des temps géologiques

MÉTHODE

1. Utiliser la carte fournie pour décrire le déplacement.
2. Indiquer la position actuelle de l'Inde.
3. Utiliser ses connaissances sur les plaques lithosphériques.

CORRIGÉ

Solution	Commentaires
L'Inde est portée par une plaque lithosphérique. C'est le mouvement de cette plaque lithosphérique qui a entraîné l'Inde vers l'Asie à une vitesse d'environ 100 km par million d'années. Il y a un rapprochement entre la plaque qui porte l'Inde et celle qui porte l'Asie. Finalement, l'Inde est venue percuter le continent asiatique, ce qui a entraîné la formation de l'Himalaya.	**1.** De – 71 à – 30 millions d'années, l'Inde s'est déplacée de plus de 5 000 km vers l'Asie située plus au Nord.
	2. L'Inde fait partie du continent asiatique.
	3. L'Inde est une partie de la plaque indo-australienne. L'Asie fait partie de la plaque Eurasiatique. La limite entre ces deux plaques est marquée par une chaîne de montagnes : l'Himalaya.

QCM

1 Cochez la (ou les) réponse(s) correcte(s).

1. Une planète tellurique est toujours constituée :

a. ☐ d'une épaisse atmosphère **b.** ☐ de roches **c.** ☐ de métaux

2. La forme de la Terre est :

a. ☐ sphérique **b.** ☐ renflée aux pôles **c.** ☐ renflée à l'équateur

3. L'énergie thermique libérée par la Terre est :

a. ☐ produite par la croûte **b.** ☐ plus forte que celle reçue du Soleil

c. ☐ le moteur des plaques lithosphériques

4. Une plaque lithosphérique est constituée :

a. ☐ de roches solides **b.** ☐ de roches en fusion **c.** ☐ d'eau et de terre

5. Les quatre ères géologiques sont :

a. ☐ découpées au hasard **b.** ☐ de même durée

c. ☐ valables pour le monde entier

6. L'âge de la Terre est estimé à :

a. ☐ 4,5 milliards d'années **b.** ☐ 4 500 millions d'années **c.** ☐ 4,5 Ga

2 Répondez par vrai ou faux.

Affirmations	Réponses
1. Depuis l'Antiquité, on sait que la Terre gravite autour du Soleil.	☐ V ☐ F
2. Mars est plus proche du Soleil que la Terre.	☐ V ☐ F
3. Des réactions nucléaires ont lieu dans la Terre.	☐ V ☐ F
4. Les Alpes se sont formées grâce aux plaques lithosphériques.	☐ V ☐ F
5. Si la Terre avait 12 heures, l'Homme serait apparu dans les deux dernières minutes.	☐ V ☐ F
6. Les scientifiques ne savent pas pourquoi les dinosaures ont disparu.	☐ V ☐ F

Exercices d'entraînement

3 Durée de l'année

2016 est une année bissextile, c'est-à-dire qu'elle comporte 366 jours au lieu des 365 jours habituels. C'est le cas tous les 4 ans.

1. Indiquez comment est définie la durée d'une année terrestre.
2. Expliquez pour quelle raison on est obligé de rajouter 1 jour tous les 4 ans à la durée de l'année civile.
3. Cherchez sur Internet la durée de l'année martienne.

4 Une planète bien lointaine

Lancée en janvier 2006, la sonde New Horizons est passée à proximité de Pluton le 14 juillet 2015. Pluton est une planète naine de notre système solaire située à 4,8 milliards de kilomètres de la Terre. Elle est constituée d'une masse rocheuse de 2 200 km de diamètre, entourée d'une croûte de glace de 20 km et d'une atmosphère de 200 km d'épaisseur.

Doc. Image de Pluton, juillet 2015

1. Calculez la vitesse moyenne en km/h de la sonde New Horizons en considérant que son trajet a duré 10 ans.
2. Classez Pluton dans une des catégories « planète tellurique » ou « planète gazeuse ». Justifiez.

5 La géothermie, source d'énergie

Une centrale géothermique fonctionne à Bouillante en Guadeloupe depuis 1986.
L'eau chaude captée en profondeur permet de produire de l'électricité.

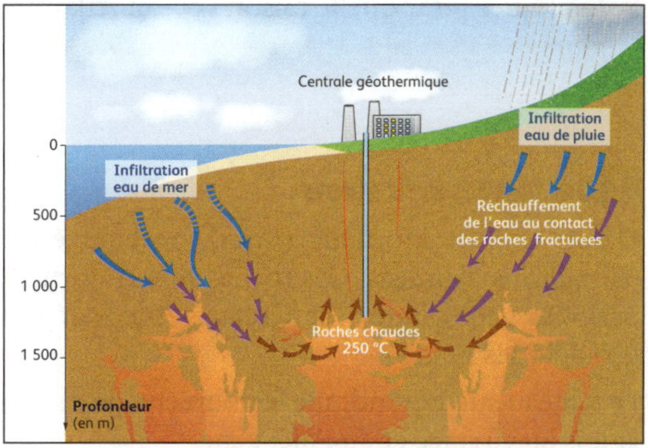

Doc. Trajet de l'eau d'infiltration sous la centrale

1. D'où provient l'eau chaude captée en profondeur ?
2. Expliquez la température très élevée de cette eau.
3. Expliquez la présence de roches chaudes à 1 500 m de profondeur en utilisant une carte mondiale des plaques lithosphériques.

6 Quand l'océan Atlantique n'existait pas

La carte ci-dessous représente l'âge de la lithosphère océanique située au fond de l'océan Atlantique.

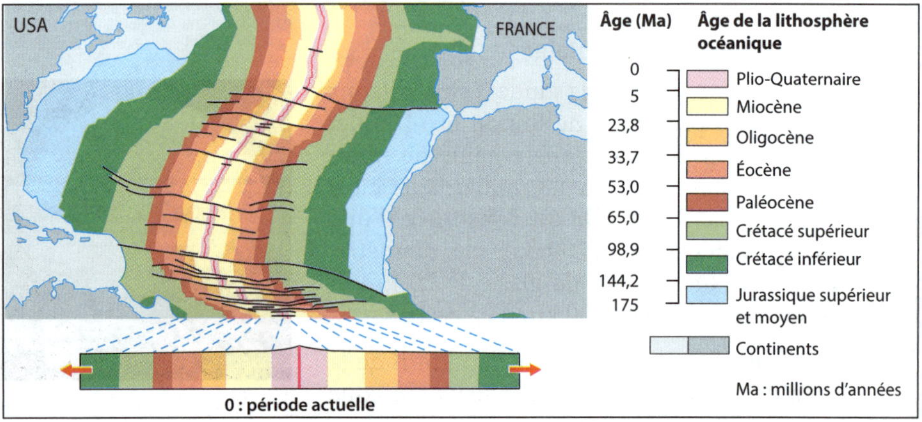

Doc. Âge de la lithosphère océanique située au fond de l'océan Atlantique

1. Quel est l'âge de l'océan Atlantique ? Justifiez.
2. Dessinez la coupe de la lithosphère océanique à la manière de la coupe actuelle ci-dessus, telle qu'elle était il y a 65 millions d'années.
3. Expliquez pour quelle raison l'océan Atlantique s'agrandit encore de nos jours.

7 Des fossiles indicateurs

Dans l'état du Montana (USA), on trouve des roches datées autour de 65 millions d'années. Ces roches se sont formées à la transition entre deux périodes géologiques : le Crétacé et le Paléogène (voir échelle des temps géologiques p. 123).

Le tableau suivant indique le pourcentage de fossiles de vertébrés présents à la fois au Crétacé et au Paléogène.

Espèces	% d'espèces présentes à la fois dans les roches du Crétacé et du Paléogène
Batraciens	98 %
Mammifères placentaires	98 %
Tortues	87 %
Crocodiles	80 %
Poissons osseux	70 %
Lézards	30 %
Requins	20 %
Mammifères marsupiaux	10 %
Dinosaures	0 %

1. Citez les espèces majoritairement présentes dans les deux périodes.
2. Citez les espèces surtout présentes au Crétacé.
3. Expliquez pourquoi la limite Crétacé-Paléogène est une crise majeure de biodiversité utilisée pour séparer deux ères géologiques.

8 D'autres fossiles indicateurs

On connaît des fossiles identiques en Amérique du Sud et en Afrique.

Doc. Fossile de reptile trouvé en Afrique et en Amérique du Sud, le mesosaurus. Ce petit reptile de lac d'eau douce vivait il y a 260 millions d'années.

Doc. Fossile de fougère trouvé en Afrique et en Amérique du Sud, le glossopteris. Cette plante terrestre poussait il y a 240 millions d'années.

1. Trouvez les indices qui montrent que le mesosaurus et le glossopteris n'ont pas pu traverser l'océan Atlantique.
2. Expliquez comment il est possible de trouver des fossiles identiques de ces deux espèces en Afrique et en Amérique du Sud.
3. Citez un autre argument qui indique que l'Amérique du Sud et l'Afrique étaient collées l'une à l'autre, il y a 220 millions d'années.

Vers le brevet

9 Le déplacement des continents

Les continents n'ont pas toujours occupé leur position actuelle. Il y a 250 millions d'années, ils étaient tous rassemblés en un seul continent : la Pangée.

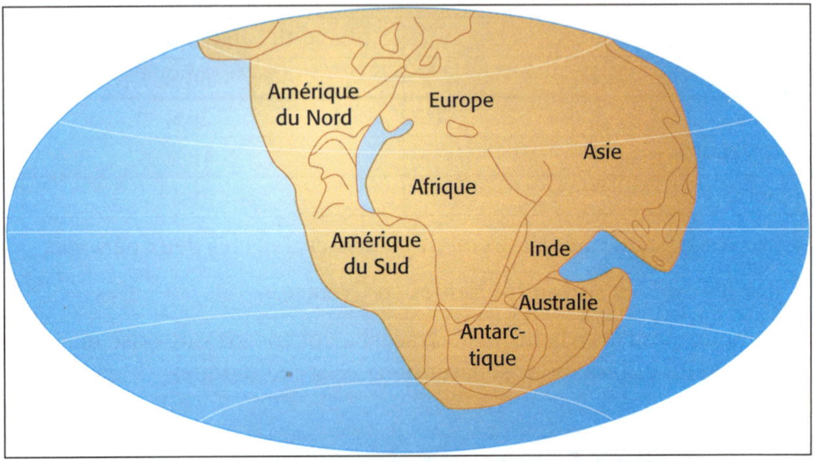

Doc. Position des continents à la fin du Permien, il y a 250 millions d'années. Le Permien est une période de l'ère primaire (ou paléozoïque).

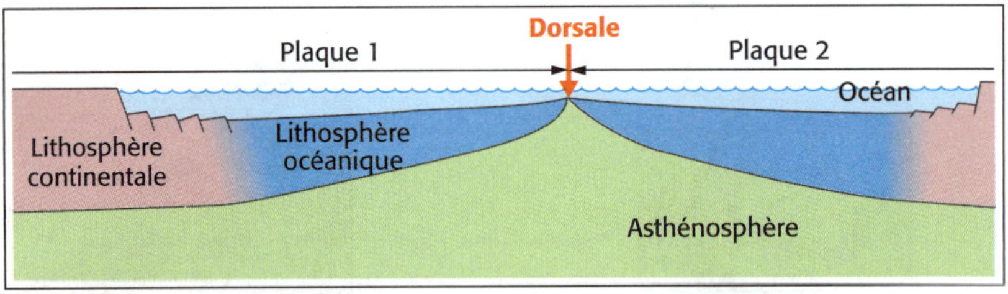

Doc. Représentation schématique de plaques lithosphériques (vue en coupe)

1. Après avoir défini les termes « plaques lithosphériques » et « asthénosphère », expliquez comment les continents se déplacent au cours des temps géologiques.

2. Sachant que l'océan Atlantique Nord mesure 8 000 km dans sa plus grande largeur et qu'il s'est ouvert il y a 180 millions d'années, calculez la vitesse moyenne de l'écartement des plaques Nord-américaine et de la plaque Eurasienne en cm/an. Justifiez vos calculs.

3. À partir des documents et de vos connaissances, réalisez une série de trois schémas légendés pour expliquer la position actuelle des continents africain et sud-américain.

QCM

1 **1. Réponses : b et c.** Les quatre planètes telluriques sont constituées **d'une croûte et d'un manteau faits de roches**, et **d'un noyau métallique.** L'atmosphère qui entoure ces planètes est parfois épaisse (Vénus) ou presque inexistante (Mercure).

2. Réponses : a et c. La Terre est une **sphère déformée**. Non seulement, elle est renflée à l'équateur, mais la surface des océans est bosselée, avec des différences de niveaux qui atteignent jusqu'à 100 m de hauteur.

3. Réponse : c. Ce sont le manteau et le noyau de la Terre qui produisent son énergie thermique. Celle-ci est bien inférieure à celle reçue du Soleil. Cependant, la libération de cette énergie rend les roches du manteau déformables et **provoque de très lents mouvements** qui entraînent les plaques lithosphériques.

> **L'astuce du prof**
> Les roches du manteau se comportent comme un glacier : une masse solide qui se déplace lentement.

4. Réponse : a. Il n'y a pratiquement pas de roches en fusion dans les profondeurs de la Terre (moins de 1 %). La pression très élevée qui règne dans le sous-sol empêche les roches de fondre même si la température est très élevée.

5. Réponse : c. Les géologues du monde entier utilisent la même échelle des temps géologiques. La dernière version date de 2016 (elle est révisée tous les 4 ans). Le Précambrien a duré beaucoup plus longtemps que les trois autres ères réunies (presque 4 milliards d'années).

> **Remarque**
> Le découpage en ères géologiques est fondé sur l'existence de disparitions massives d'espèces vivantes à l'échelle planétaire.

6. Réponses : a, b et c. Ce sont trois écritures différentes pour la même durée. On pourrait encore écrire 4 500 Ma. L'âge de la galaxie dans laquelle nous habitons (la Voie lactée) est encore plus grand : environ 13 milliards d'années.

2 **1. Faux.** On doit ce savoir à Nicolas Copernic et à Galilée (et à d'autres encore). Ces deux savants ne se sont pas connus, car Copernic est mort avant la naissance de Galilée. Ce sont des observations à la lunette astronomique qui ont permis à Galilée de confirmer les idées de Copernic.

2. Faux. La température sur Mars est d'ailleurs **plus basse** que celle sur Terre, du fait de cet éloignement (25 °C à l'équateur le jour, mais – 70 °C la nuit).

3. Vrai. On estime que la quantité d'énergie thermique dégagée chaque année par ces réactions est équivalente à trois fois la quantité d'énergie produite par l'Homme dans le monde. Pas mal, pour une « vieille dame » de 4,5 milliards d'années !

> **Gagnez des points !**
> Les centrales géothermiques permettent de **convertir** l'énergie thermique libérée par la Terre en énergie électrique.

4. Vrai. La chaîne des Alpes s'est formée il y a 30 millions d'années grâce au **rapprochement de la plaque africaine et de la plaque eurasiatique**. Certaines parties des Alpes continuent d'ailleurs à se soulever de 1 mm par an à cause de ce mouvement des plaques lithosphériques.

5. Vrai. Les plus vieux fossiles du genre humain ont **2,5 millions d'années**, ce qui est très peu en comparaison des **4 500 millions d'années** d'existence de la Terre.

6. Faux. La disparition des dinosaures et d'un très grand nombre d'autres espèces avec eux serait due à la présence de poussières et de cendres qui auraient obscurci le ciel pendant des mois, voire des années. Cela aurait conduit à la mort de la plupart des herbivores, entraînant par conséquent la mort de la plupart des carnivores.

> **Remarque**
> Les scientifiques discutent encore pour savoir ce qui a provoqué la présence de poussières et de cendres dans le ciel : une énorme météorite ou des volcans géants.

Exercices d'entraînement

3 **1.** La durée d'une année terrestre correspond au temps mis par la Terre pour réaliser **un tour complet autour du Soleil** (**une révolution**).

2. La Terre réalise sa révolution autour du Soleil en 365 jours et 6 heures. Or, l'année civile ne dure que 365 jours. Pour rattraper ce décalage, on ajoute un jour à l'année civile tous les 4 ans puisque $4 \times 6 = 24$ heures, soit un jour.

3. L'année martienne dure **687 jours**, soit presque deux fois plus longtemps qu'une année terrestre.

> **Remarque**
> Sur Mars, votre âge officiel serait presque divisé par deux (mais cela ne change rien à votre âge réel…).

4 **1.** La vitesse moyenne de la sonde New Horizons au cours de son voyage Terre-Pluton a été de 4,8 milliards de kilomètres pour 10 ans, soit 480 millions de kilomètres par an.

Or, 1 an = 12 (nombre de mois par an) × 365 (nombre de jours par an) × 24 (nombre d'heures par jour) = 105 120 heures.
La vitesse moyenne de la sonde est donc de 480 millions de kilomètres pour 105 120 heures, soit **4 560 km/h environ**. En réalité, comme il n'y a pas de frottements dans l'espace, la sonde accélère sans arrêt, elle se déplace aujourd'hui à la vitesse de **49 000 km/h** !

2. Pluton possède les caractéristiques d'une **planète tellurique** : une masse rocheuse et une atmosphère peu épaisse par rapport à cette masse rocheuse. Cependant, sa **petite taille** a conduit les astronomes à la classer dans les planètes naines.

5 **1.** L'eau chaude captée à Bouillante provient de l'**infiltration d'eau de pluie ou d'eau de mer**, chauffée par du magma peu profond.

2. Le magma est à une température de 1 000 °C et chauffe les roches autour de lui. Quand l'eau s'infiltre dans les fractures de ces roches, sa température augmente.

> **Gagnez des points !**
> Il faut que l'eau soit très chaude pour faire tourner des turbines et produire de l'électricité. Il s'agit de **vapeur** d'eau.

3. Bouillante est située en Guadeloupe. Or, la Guadeloupe fait partie de l'**archipel des Antilles localisé à la limite de deux plaques lithosphériques**. On sait que ces limites sont des lieux de remontée de magma.

6 **1.** L'océan Atlantique a **175 millions d'années** puisque la carte montre une lithosphère océanique âgée de 175 millions d'années sous les bordures de cet océan.

2. Il y a 65 millions d'années, tous les terrains plus jeunes n'existaient pas, donc on ne représente que les terrains plus âgés. L'océan Atlantique était beaucoup moins large.

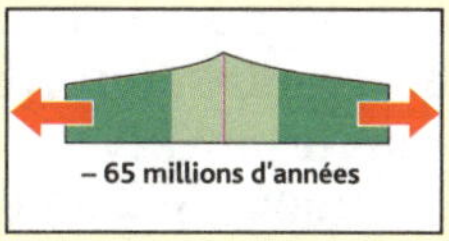

3. L'océan Atlantique s'élargit encore aujourd'hui, car la **dorsale océanique fonctionne toujours**, et cette limite de plaque est une zone d'écartement qui repousse les continents américain et européen.

7 **1.** Les **batraciens**, les **mammifères**, les **tortues**, les **crocodiles** et les **poissons osseux** étaient largement présents au cours des deux périodes.

2. Les espèces surtout présentes au Crétacé étaient les **lézards**, les **requins**, les **mammifères marsupiaux** et les **dinosaures** (absents au Paléogène).

3. Le Crétacé fait partie de l'Ère mésozoïque, alors que le Paléogène fait partie du Cénozoïque. À la fin du Secondaire, **de nombreuses espèces animales et végétales ont disparu suite à un événement catastrophique planétaire** : il s'agit d'une crise majeure de biodiversité.

Remarque

La vitesse de disparition des espèces aujourd'hui est telle que les scientifiques parlent d'une crise majeure de biodiversité.

8 **1.** Le mesosaurus était un reptile d'eau douce et le glossopteris une fougère terrestre. **Ils n'ont pas pu traverser une telle étendue d'eau salée sans mourir**.

2. Il y a 220 millions d'années, l'océan Atlantique n'existait pas, et **l'Amérique du Sud et l'Afrique étaient collées**. Ainsi, les animaux et les végétaux terrestres pouvaient se déplacer de l'une à l'autre « à pieds secs ».

3. Les **formes complémentaires des côtes africaine et américaine** sont un argument supplémentaire.

Vers le brevet

9 **1.** Une plaque lithosphérique **est une plaque formée par la croûte et une partie du manteau** de la Terre. Elle est constituée de roches solides et rigides.
L'asthénosphère est une **enveloppe située sous la lithosphère**. Elle est constituée de roches solides et déformables.
Les continents sont des parties de plaques lithosphériques ; **ils subissent donc les mouvements de ces plaques qui glissent sur l'asthénosphère**.

2. Pour calculer la vitesse, il faut **diviser la longueur de l'écartement par la durée mise pour réaliser cet écartement**, soit 8 000 km divisés par 180 millions d'années.
Or, **8 000 km = 800 millions de cm**.
Ainsi, la vitesse moyenne de l'écartement des plaques Nord-américaine et de la plaque Eurasienne est de 800 millions ÷ 180 millions = **4,5 cm/an.**

3. Les schémas de formation de l'océan Atlantique sont fournis ci-après.

L'astuce du prof

Tous les éléments représentés doivent être légendés, y compris les flèches.

Chaque schéma doit être situé dans le temps.

Il y a 250 millions d'années :

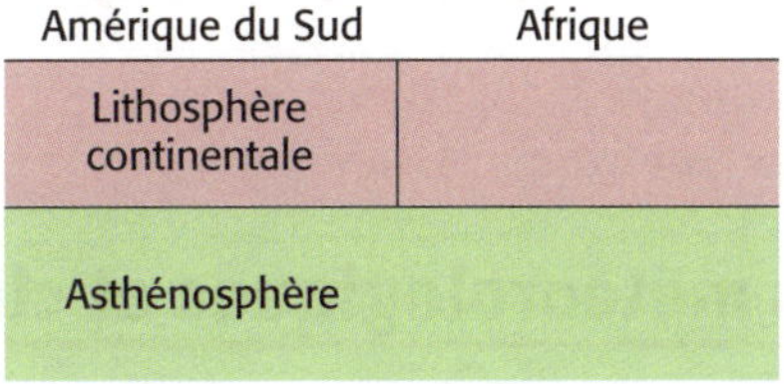

Quelques millions d'années plus tard :

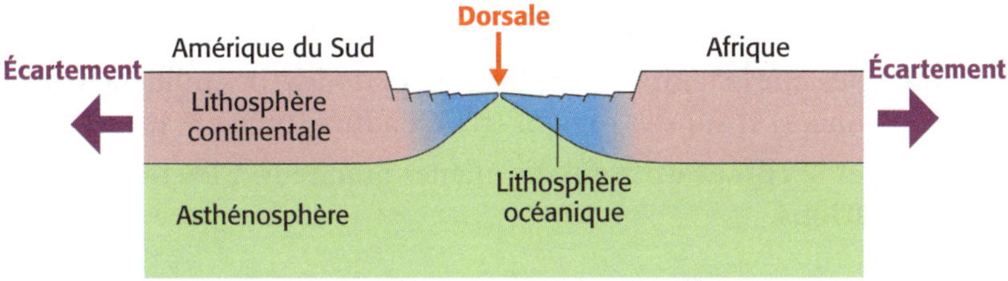

Aujourd'hui :

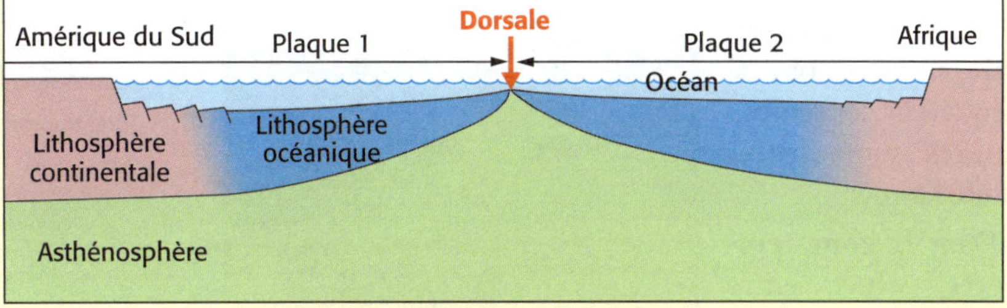

CHAPITRE

8 [SVT] Environnement et action humaine

1 Phénomènes météorologiques et climatiques

1 Différences entre météo et climat

- **La météo** désigne le temps sur de courtes périodes (quelques jours) et dans un lieu géographique très localisé (ville, région).
- **Le climat** désigne le temps sur de longues périodes (des milliers, voire des millions d'années) et sur des régions très étendues (un pays, un continent).
- **La météo et le climat utilisent** les mêmes grandeurs : **les températures, les précipitations.**

2 Trois grandes zones climatiques mondiales

- Dans les **zones polaires**, situées autour des pôles, les températures sont très basses durant toute l'année.
- Dans la **zone tropicale**, située autour de l'équateur, les températures sont élevées toute l'année.
- Dans la **zone tempérée**, située entre les zones polaires et la zone tropicale, les quatre saisons sont bien marquées.

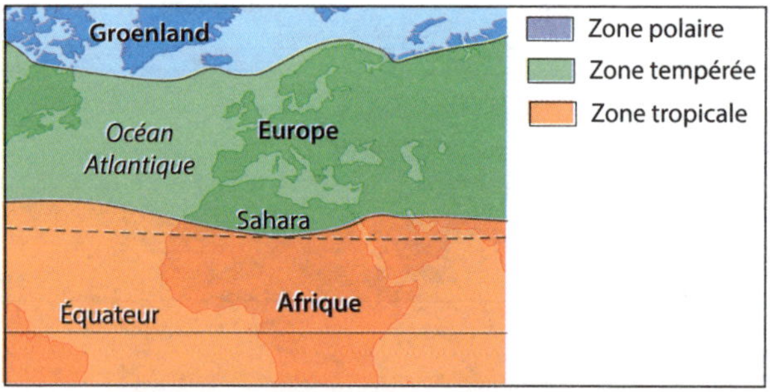

Doc. Les zones climatiques de l'hémisphère Nord

3 Changements climatiques du passé

> **Vocabulaire**
> **Paléoclimat :** climat ancien.

- **Les zones climatiques mondiales actuelles n'ont pas toujours existé.**
- L'étude des roches et des fossiles qu'elles contiennent permet aux géologues de reconstituer des **paléoclimats**.

Exemple : au Carbonifère (il y a environ 300 millions d'années), le climat était tropical en Europe.

- Le **déplacement des continents** au cours des temps géologiques est une des causes des changements climatiques du passé.

EXERCICE RÉSOLU

Comparer les zones climatiques de deux cartes

ÉNONCÉ

La carte ci-dessous représente les zones climatiques de l'hémisphère Sud.

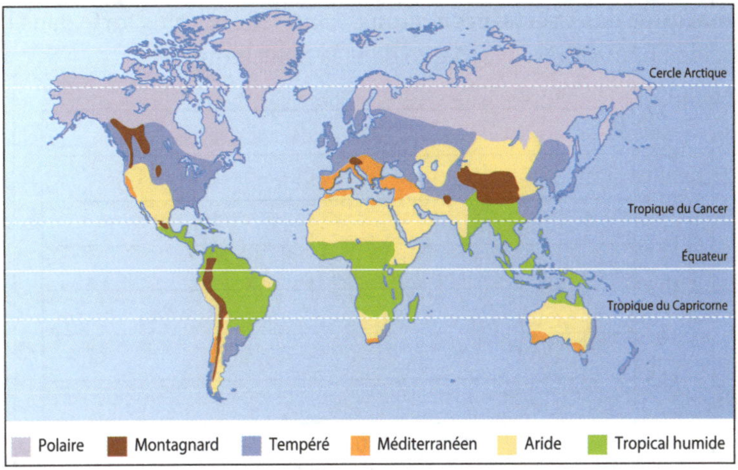

Doc. Les zones climatiques de l'hémisphère Sud

1. Quelles sont les zones climatiques communes avec la carte de l'hémisphère Nord (p. 136) ?

2. Quelles sont les zones climatiques différentes entre ces deux cartes ?

> **À savoir**
> Pour effectuer une comparaison, établissez une liste de points communs, puis une liste de différences.

CORRIGÉ

1. Les points communs entre les deux cartes sont :
– **la présence de la zone tropicale** proche de l'équateur ;
– **la présence de la zone tempérée.**

2. Les différences entre les deux cartes sont :
– **la présence de nouvelles zones climatiques** sur la carte de l'hémisphère Sud (climats méditerranéen, aride et montagnard) ;
– **l'absence de la zone polaire** dans l'hémisphère Sud ;
– le fait qu'il n'y a **presque pas de zone tempérée** dans l'hémisphère Sud.

> **L'astuce du prof**
> Commencez toujours par citer les différences les plus marquantes, puis terminez avec les différences de détail.

2 Influence de l'Homme sur le climat

1 Changement climatique actuel

• Depuis 1880, **la température moyenne de l'atmosphère et des océans augmente** dans le monde entier. Cette augmentation de la température est **plus marquée dans certaines régions**. Ainsi, elle est plus forte dans la zone polaire de l'hémisphère Nord que dans la zone tempérée.

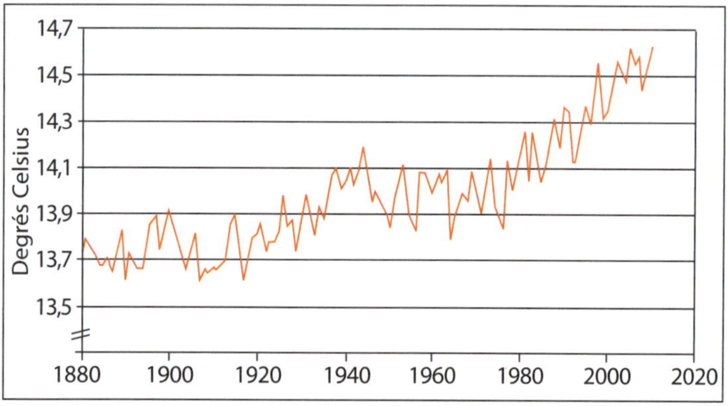

Doc. Température moyenne mondiale de 1880 à 2010 (source : NASA GISS)

• Le changement climatique concerne aussi **la répartition des précipitations** : certaines régions deviennent plus humides, alors que d'autres deviennent plus sèches.

2 Influence des activités humaines sur le climat actuel

• Depuis 1880, le nombre d'êtres humains sur Terre est passé de 1 milliard à **plus de 7 milliards aujourd'hui**.

• Cette explosion démographique a entraîné le développement des industries, de l'agriculture et des transports, qui est à l'origine du **rejet de quantités colossales de dioxyde de carbone (CO_2) dans l'atmosphère**.

> **Vocabulaire**
> **Effet de serre :** phénomène naturel dans lequel des gaz de l'atmosphère entraînent un réchauffement de la surface de la Terre.

• Le CO_2, mais aussi le méthane et la vapeur d'eau, sont des **gaz à effet de serre**.

3 Pour limiter le réchauffement climatique

Lors de la dernière Conférence mondiale sur le climat (2015), 195 pays ont pris des **engagements pour réduire leurs rejets de CO_2**.

EXERCICES RÉSOLUS

Décrire l'évolution de la température

ÉNONCÉ

En utilisant le graphique de la page ci-contre, décrivez l'évolution de la température depuis 1880.

CORRIGÉ

La température moyenne de la Terre **a augmenté depuis 1880**. Elle est passée de 13,7 °C à 14,6 °C en 120 ans. Elle a surtout augmenté depuis 1980.

> **Piège à éviter**
> Ne vous contentez pas de dire que la température a augmenté, précisez de combien et à quel moment.

Utiliser un schéma de l'effet de serre

ÉNONCÉ

Le schéma ci-contre résume l'effet de serre.

1. Que devient la radiation solaire reçue par la Terre ?

2. Toute la radiation terrestre est-elle renvoyée vers l'espace ? Justifiez la réponse.

3. Comment ce schéma montre-t-il que les gaz à effet de serre réchauffent la surface de la planète ?

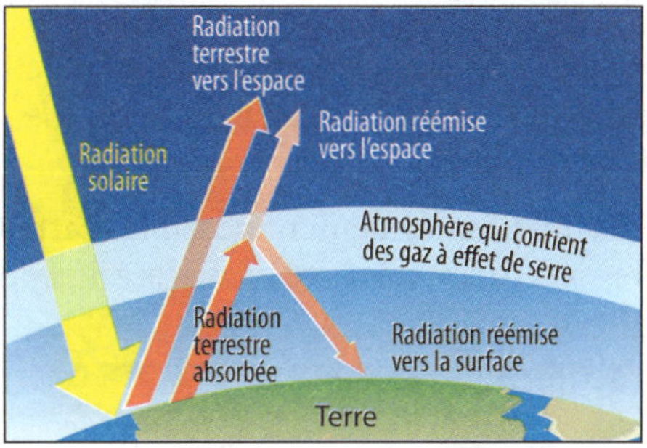

Doc. Les radiations ont un pouvoir chauffant sur la matière : gaz, liquide, solide

CORRIGÉ

1. La radiation solaire est transformée **en radiation terrestre**.

2. Toute la radiation terrestre n'est pas renvoyée dans l'espace. On voit sur le schéma qu'**une partie de cette radiation est** stoppée par l'atmosphère et **réémise** vers la surface de la Terre.

3. Ce schéma montre que les gaz à effet de serre réchauffent la surface de la planète, car ils **renvoient** une partie de la radiation terrestre vers la Terre. Or, ces radiations ont un pouvoir chauffant.

> **Gagnez des points !**
> Sur ce type de schéma, la largeur des flèches donne une idée des quantités d'énergie des radiations.

3 L'Homme face aux aléas de l'environnement

1 Aléa et risque

- **Un aléa de l'environnement** est un phénomène que l'on ne peut pas prévoir. Il peut être **naturel** (séisme, éruption volcanique, cyclone, inondation…) ou **lié aux activités humaines** (incident nucléaire, pollution chimique…).
- **Un risque** existe quand un aléa peut survenir dans une zone habitée par l'Homme et avoir des conséquences défavorables (destructions, victimes).

Vocabulaire
Risque : combinaison entre un danger probable et la présence humaine.

2 L'Homme face aux risques naturels

- Dans certains cas, on peut mettre en place des **mesures de prévention des risques.**

Exemple : des alertes météorologiques en cas de tempête sont données quelques heures avant.

- Il existe aussi des **mesures de protection.**

Exemple : les constructions parasismiques dans les zones à fort risque sismique sont conçues pour résister aux séismes.

- Enfin, il est également possible d'**atténuer les risques.**

Exemple : certaines constructions peuvent être surélevées contre les inondations.

3 Vivre dans une zone à risque

- **La vie dans une zone à risque implique des comportements collectifs et individuels.**
- En France, l'État établit des **plans de prévention des risques naturels et technologiques** pour informer la population et indiquer où il est possible de construire et dans quelles conditions.
- Chacun de nous doit connaître les **comportements à adopter** en cas de confrontation à un risque majeur : incendie, séisme…

Doc. Carte des risques volcaniques

EXERCICE RÉSOLU

Utiliser ses connaissances sur le volcanisme

ÉNONCÉ

Doc. Relevé sur un sismomètre

Le Piton de la Fournaise est un volcan actif situé sur l'île de la Réunion. Il est surveillé par un observatoire qui dispose de plusieurs instruments de mesure :

– des sismomètres qui mesurent les secousses du volcan ;

– des bornes GPS qui mesurent la distance entre plusieurs points du volcan (au mm près) ;

– des analyseurs des gaz émis par le volcan (CO_2, SO_2…) ;

– des extensomètres qui mesurent l'écartement de fissures sur le volcan.

1. En utilisant vos connaissances sur les volcans, rappelez ce qu'est le magma et comment il produit une éruption volcanique.

2. Comment les différents appareils de l'observatoire permettent-ils de prévenir de l'arrivée d'une éruption volcanique ?

CORRIGÉ

1. Le magma est un **mélange de roches fondues et de gaz**. Il est stocké dans une chambre magmatique située à quelques kilomètres de profondeur. Lors d'une éruption volcanique, le magma remonte vers la surface en empruntant des cheminées volcaniques.

À savoir

Liquide ou visqueux, le magma représente un gros volume de roches en fusion.

2. La remontée du magma vers la surface provoque des secousses détectables par les **sismomètres**. L'arrivée du magma dans les cheminées volcaniques provoque une déformation du volcan que les **bornes GPS** peuvent mesurer. Ces déformations peuvent agrandir des fissures déjà existantes du volcan, ce qui est capté par les **extensomètres**. Enfin, en remontant vers la surface, le magma perd des gaz que les **analyseurs** vont mesurer.

L'astuce du prof

Chaque instrument détecte la remontée du magma à sa manière. Il faut lire attentivement ce que chaque appareil mesure pour pouvoir indiquer son rôle.

4 Ressources naturelles

1 Exploitation des ressources naturelles

• **L'Homme exploite les ressources de la planète** pour assurer son alimentation (eau potable, ressources en poissons des océans), pour réaliser des cultures et des élevages (eau d'irrigation, sols), pour se procurer de l'énergie (charbon, pétrole, gaz), pour réaliser ses constructions (roches, bois), etc.

• **Les ressources naturelles ne sont pas toutes inépuisables.**

Les réserves d'eau potable deviennent rares dans de nombreuses régions du monde. Des espèces de poissons sont menacées ou disparaissent à cause de la pêche excessive. Les réserves de combustibles fossiles (charbon, pétrole, gaz) sont limitées et finiront par disparaître d'ici un à deux siècles.

Vocabulaire

Ressource naturelle : matière première ou source d'énergie naturelle permettant de subvenir aux besoins des êtres humains.

2 Solutions de préservation et de restauration des ressources

Différentes solutions permettent de préserver et/ou de restaurer les ressources :

• **l'utilisation des sources d'énergie renouvelables ;**

Exemples : énergie éolienne, géothermie, énergie hydraulique, biomasse…

• **des accords internationaux** pour limiter la pêche, le rejet de polluants… ;

• **une modification de nos habitudes de consommation ;**

Exemples : éviter le gaspillage, acheter des produits locaux, se déplacer en transport en commun…

• **la réduction des pollutions** des cours d'eau et **la protection des espèces** qui les peuplent pour améliorer la qualité de l'eau ;

• **la gestion des forêts** pour retrouver de la biodiversité ;

• **le développement de l'agriculture biologique** pour que les sols redeviennent fertiles (arrêt des labours, restes de récoltes laissés au sol, cultures tournantes, etc.).

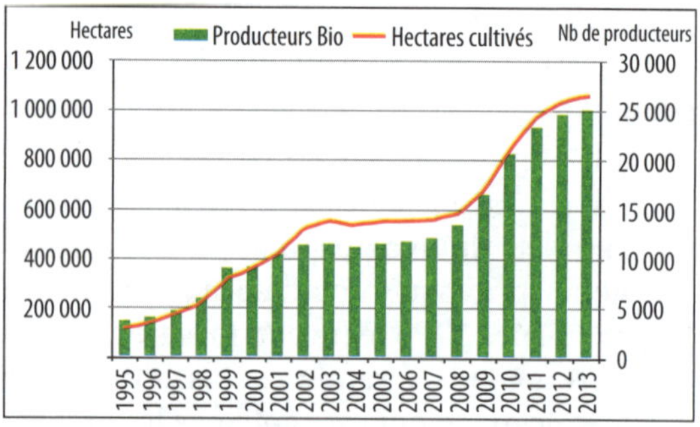

Doc. La progression de l'agriculture biologique en France

EXERCICE RÉSOLU

Comprendre une technique de préservation de la biodiversité

ÉNONCÉ

Le saumon avait quasiment disparu de nos rivières. Mais, depuis plus de 20 ans, il fait l'objet d'actions importantes en vue de sa réintroduction et sa préservation grâce à l'association Migado (Migrateurs Garonne Dordogne). Elle relâche ainsi, chaque année, 500 000 jeunes saumons dans la rivière Corrèze et ses affluents. Ces jeunes suivent le cours d'eau jusqu'à l'océan Atlantique puis à l'âge adulte, ils remontent la rivière pour s'y reproduire.
Pour que les populations de saumons se maintiennent toutes seules, il faudrait que 2 000 saumons remontent chaque année. Le comptage effectué au niveau de l'ascenseur à poissons du barrage de Tuilières, en Dordogne, a permis d'en recenser 1 400, au début des années 2000, mais seulement 350 en 2012. Les barrages pour la production électrique font beaucoup de dégâts. À cause d'eux, moins de la moitié des poissons trouvent les passages pour remonter.

D'après un article de La Montagne, 23/03/2013.

1. Le taux de retours traduit l'efficacité de la réintroduction du saumon. Il se calcule en divisant le nombre de saumons remontés par le nombre de jeunes saumons lâchés. Calculez les taux de retours réels obtenus au début des années 2000 et en 2012, et celui qu'il faudrait atteindre pour que la population de saumons se maintienne. Argumentez sur l'efficacité des lâchers de saumons.

Piège à éviter
Un taux n'a pas d'unité, il a juste une valeur. Dans cet exercice, le taux n'est pas un nombre de poissons.

2. Citez une raison qui explique que seules quelques centaines de saumons remontent la rivière, alors que 500 000 ont été lâchés.

CORRIGÉ

1. Taux de retours (années 2000) = 1 400 ÷ 500 000 = **0,002 8**.
Taux de retours (2012) = 350 ÷ 500 000 = **0,000 7**.
Taux de retours idéal = 2 000 ÷ 500 000 = **0,04**.
L'efficacité des lâchers n'est pas bonne puisque le taux de retours réel est inférieur au taux qu'il faudrait atteindre pour que la population de saumons se maintienne.

L'astuce du prof
0,0028 < 0,04 car on compare le deuxième chiffre après la virgule (ici en rouge).

2. De nombreux poissons (plus de la moitié) ne parviennent pas à trouver des passages pour remonter la rivière **à cause des barrages**.

Formuler une question ou un problème scientifique

ÉNONCÉ

À partir de la carte ci-contre, quel question ou problème scientifique peut-on formuler ?

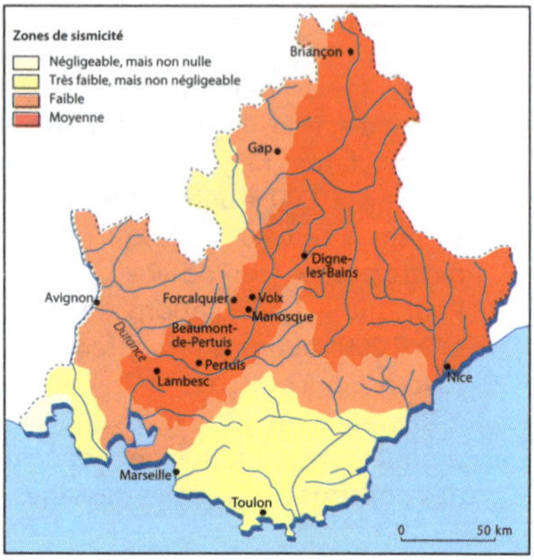

Doc. Plan de prévention sismique de la région Provence – Alpes-Côte d'Azur

MÉTHODE

1. Énoncer les connaissances en rapport avec le document.
2. Écrire toutes les questions en lien avec le document à poser à ceux qui l'ont produit.
3. Parmi toutes les questions, ne conserver que celles pour lesquelles on ne possède pas de réponse immédiate, c'est-à-dire qui nécessitent une recherche documentaire, des observations, des expériences, une enquête…

L'astuce du prof
Pensez à formuler la question en commençant par « Comment », « Pour quelle raison », « Quelle est l'origine de », « De quelle manière », « Dans quelle mesure »…

CORRIGÉ

Solution	Commentaires
Comment expliquer que certaines villes sont situées dans une zone à risque sismique négligeable (par exemple Toulon), alors que d'autres sont dans une zone à risque moyen (par exemple Nice) ? ou De quelle manière peut-on délimiter les zones à risque sismique ?	**1.** Causes et conséquences des séismes. **2.** Y a-t-il déjà eu des séismes ? Ont-ils fait des dégâts ? Existe-t-il des appareils de surveillance ? … **3.** Les deux questions ci-contre n'ont pas de réponse immédiate. Il faudra enquêter.

Exploiter un diagramme

ÉNONCÉ

Les diagrammes ci-contre présentent les parts des différentes sources d'énergie dans la production électrique en Europe. Quelle est l'évolution prévue des parts des différentes sources d'énergie entre 2010 et 2020 ?

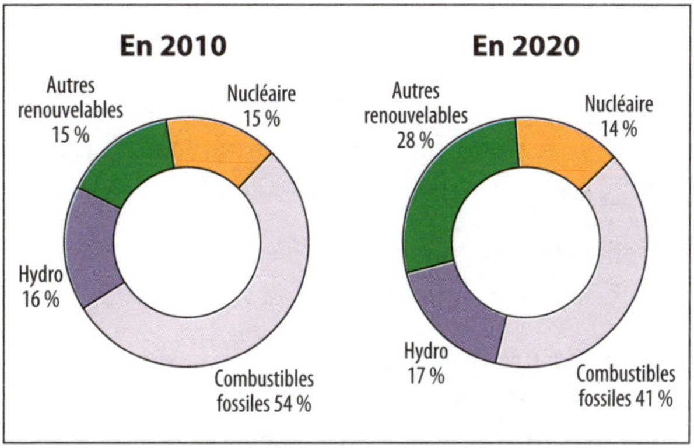

Doc. Part des différentes sources d'énergie dans la production électrique en Europe

MÉTHODE

1. Identifier les sources d'énergie.
2. Distinguer les sources d'énergie renouvelables de celles qui ne le sont pas.
3. Comparer les parts en 2010 et celles en 2020 pour repérer si elles augmentent, diminuent ou stagnent.

CORRIGÉ

Solution	Commentaires
De 2010 à 2020, la part des énergies renouvelables (hydro + autres) comme sources d'énergie augmentera de 31 à 45 %. Dans le même temps, la part des combustibles fossiles diminuera de 54 à 41 %. Les parts de l'hydroélectricité et du nucléaire ne changeront presque pas.	**1.** « Hydro » : électricité produite par l'énergie hydraulique (barrages). « Autres renouvelables » : l'éolien, le solaire, la géothermie, la biomasse… **2.** Le nucléaire et les combustibles fossiles sont des sources d'énergie non renouvelables. **3.** On décrit d'abord les changements les plus importants, puis les changements mineurs.

QCM

1 Cochez la (ou les) réponse(s) correcte(s).

1. Pour évoquer un climat, on utilise des températures et des précipitations :
a. ☐ sur un jour **b.** ☐ sur une semaine **c.** ☐ sur plus de mille ans

2. L'Homme influence le climat à cause de :
a. ☐ sa respiration **b.** ☐ ses moyens de transport
c. ☐ ses industries

3. L'effet de serre réchauffe la Terre :
a. ☐ jusqu'au noyau **b.** ☐ à cause du CO_2 **c.** ☐ en surface

4. Une mesure qui permet d'avertir la population en cas de risque naturel ou technologique est une mesure :
a. ☐ de prévention **b.** ☐ de protection **c.** ☐ d'atténuation

5. Les ressources en combustibles fossiles sont :
a. ☐ épuisables **b.** ☐ renouvelables **c.** ☐ illimitées

6. La réduction des rejets polluants permet d'améliorer :
a. ☐ la biodiversité **b.** ☐ la qualité de l'eau **c.** ☐ la qualité de l'air

2 Répondez par vrai ou faux.

Affirmations	Réponses
1. La zone tropicale présente quatre saisons bien marquées.	☐ V ☐ F
2. Au cours des temps géologiques, le climat global de la Terre a beaucoup changé.	☐ V ☐ F
3. Le changement climatique actuel affecte toutes les régions du monde de la même manière.	☐ V ☐ F
4. Aléa sismique et risque sismique sont des synonymes.	☐ V ☐ F
5. Les constructions parasismiques sont plus résistantes aux séismes.	☐ V ☐ F
6. Les réserves de pétrole seront probablement épuisées dans un siècle ou deux.	☐ V ☐ F

Exercices d'entraînement

3 Climat et météo

1. Définissez le terme « climat ».
2. Définissez le terme « météo ».

4 Un climat du passé

Des gisements de charbon vieux de 300 millions d'années ont été exploités en France. Ce charbon a livré des fossiles de fougères arborescentes.

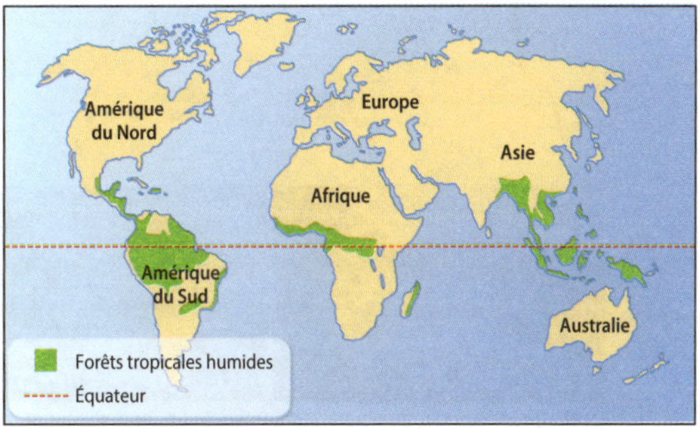

Doc. Localisation actuelle des fougères arborescentes

1. Décrivez la répartition mondiale actuelle des fougères arborescentes à partir de la carte.
2. Expliquez pour quelle raison on trouve des fossiles de fougères arborescentes dans le charbon en France.

5 Le changement climatique actuel

1. Quels sont les effets du changement climatique ?
2. Quelles sont les activités humaines impliquées dans ce changement à l'échelle de la planète ?

6 Des comportements adaptés

Les élèves des établissements scolaires situés dans des zones à risque sismique réalisent régulièrement des exercices d'alerte. Ils doivent connaître la signification des pictogrammes ci-contre.

Doc. Les réflexes qui sauvent

1. Que signifie « zone à risque sismique » ?
2. Quelle est la signification des pictogrammes Ⓐ à Ⓕ ?

7 Le recul des glaciers

La Mer de Glace est le plus gros glacier de France. Ce glacier alpin proche du Mont-Blanc mesure au total 7 km de long, son épaisseur est d'environ 200 m.

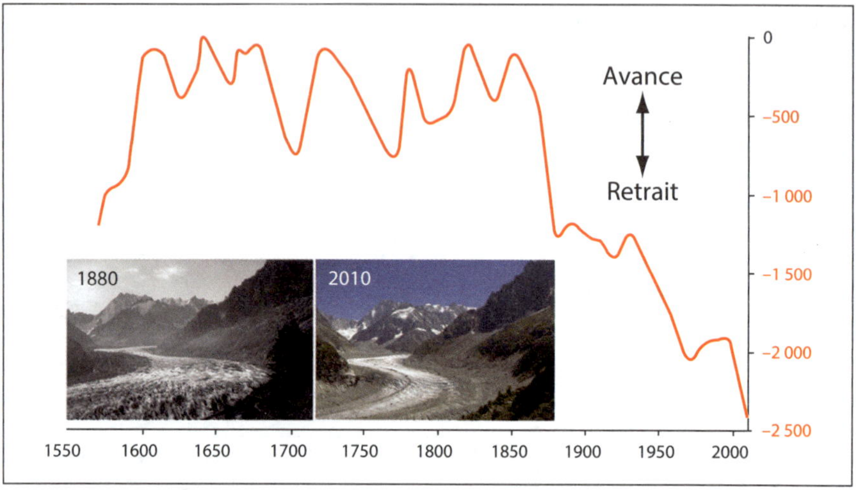

Doc. Retrait de la Mer de Glace, 1560-2010 (position du front, en mètres par rapport au maximum de 1650). (Source : Nussbaumer et Rouille.)

1. Comparez les deux photographies ci-dessus de la Mer de Glace.
2. Décrivez l'évolution de la Mer de Glace de 1600 à 1880 à l'aide du graphique.
3. Décrivez l'évolution de la Mer de Glace depuis 1880 à l'aide du graphique.
4. Proposez une explication au recul de ce glacier.

8 Risque de pollution d'une ressource naturelle

Un camion transportant un produit chimique liquide polluant s'est renversé. La coupe ci-après représente les couches du sous-sol sous le camion.

1. Recherchez sur Internet les définitions de « roche perméable » et « roche imperméable ».
2. Recherchez si les sables, graviers et marnes sont perméables ou imperméables.
3. Argumentez sur le risque de pollution de la ressource en eau située dans les calcaires en dessinant le trajet suivi par la pollution sur la coupe ci-avant.

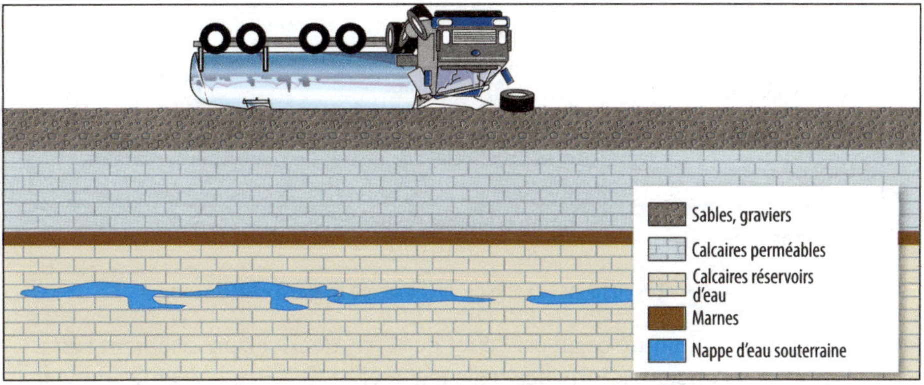

Doc. Coupe schématique du sous-sol

Vers le brevet

9 Activités humaines et réchauffement climatique

Le réchauffement climatique préoccupe les scientifiques et la société. Il s'agit d'une augmentation généralisée des températures moyennes de l'atmosphère. Les scientifiques font le lien entre le réchauffement climatique et l'augmentation des concentrations atmosphériques des gaz à effet de serre.

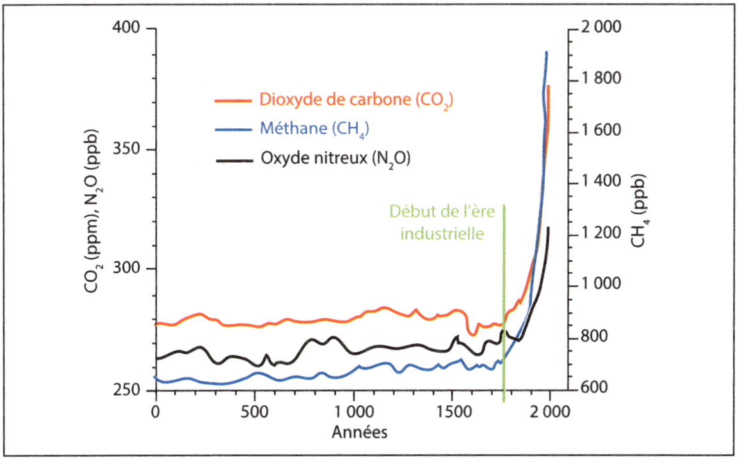

Doc. Concentrations atmosphériques des gaz à effet de serre depuis 2 000 ans (ppm : parties par million/ppb : parties par milliard)

Gaz à effet de serre	Origine des émissions des gaz à effet de serre
Dioxyde de carbone	Déforestation Activités industrielles Combustion des combustibles fossiles
Méthane	Agriculture (élevage de bovins, déjections animales, cultures)
Oxyde nitreux	Pratiques agricoles intensives Activités industrielles

Doc. Activités humaines à l'origine de l'émission de gaz à effet de serre

1. Après avoir expliqué ce qu'est l'effet de serre, décrivez précisément l'évolution des concentrations des trois gaz à effet de serre présentés dans le schéma ci-avant.

2. À partir de l'exploitation des documents ci-avant et de vos connaissances, montrez que l'Homme a une responsabilité dans le réchauffement climatique actuel.

3. Proposez deux mesures pouvant limiter le réchauffement climatique.

QCM

1 **1. Réponse : c.** Quand on évoque un climat, on s'appuie sur des températures et des précipitations sur de longues durées (d'un siècle à plusieurs millions d'années).

2. Réponses : b et c. L'influence de l'Homme se traduit par les gaz à effet de serre que ses activités rejettent. Il s'agit essentiellement du dioxyde de carbone provenant de combustions et du méthane provenant de la biomasse.

> **À savoir**
> Le CO_2 de la respiration des êtres humains est négligeable par rapport au CO_2 rejeté par les transports.

3. Réponses : b et c. Le noyau de la Terre produit sa propre chaleur, ce qui le porte à des températures bien supérieures à celles de la surface de la Terre. La surface de la Terre absorbe une partie des radiations solaires et aussi une partie des radiations renvoyées par les gaz à effet de serre.

4. Réponse : a. La prévention a lieu avant l'événement; la protection empêche les dommages et les victimes ; l'atténuation les limite lorsque l'événement est en cours. Pour un séisme par exemple, la prévention consiste à informer la population des zones à risque sismique élevé; la protection consiste à construire des bâtiments parasismiques; l'atténuation consiste à appliquer les consignes de sécurité.

5. Réponse : a. Le renouvellement des ressources en charbon, pétrole ou gaz a lieu en réalité, mais il nécessite plusieurs millions d'années, ce qui rend ces ressources limitées et épuisables à l'échelle de temps de l'humanité.

6. Réponses : a, b et c. La qualité de l'eau influence la biodiversité. En effet, les végétaux et les animaux aquatiques sont très sensibles à la qualité de l'eau dans laquelle ils évoluent (sa teneur en dioxygène, les ions qu'elle contient, sa limpidité, etc.) pour leur respiration, leur alimentation et leur reproduction.

2 **1. Faux.** Il n'y a que deux saisons tropicales : une saison sèche et une saison humide, et la température moyenne varie assez peu.

2. Vrai. Le climat de la Terre a déjà été bien plus chaud dans le passé (à l'époque du Tyrannosaure, il n'y avait pas de glace aux pôles), mais aussi bien plus froid (il y a 20 000 ans, la banquise du pôle Nord s'étendait jusqu'à l'emplacement actuel de Paris).

3. Faux. Le changement climatique actuel est très marqué dans la zone polaire de l'hémisphère Nord. L'augmentation de la température pourrait y atteindre + 12 °C en moyenne

L'astuce du prof

Sans présence humaine, pas de risque, que des aléas !

4. Faux. Le risque résulte de la survenue d'aléas dans une région où il existe des activités humaines.

5. Vrai. Elles sont conçues pour résister aux vibrations engendrées par les séismes. Au Japon, certains immeubles sont construits sur des amortisseurs géants.

6. Vrai. L'estimation des réserves mondiales reste difficile, mais il est certain qu'elles sont très limitées.

À savoir

Les réserves mondiales d'uranium, le combustible des centrales nucléaires, sont également réduites : moins de 90 ans.

Exercices d'entraînement

3 **1.** Le climat est une description des températures et des précipitations sur de **longues durées** et sur des **zones étendues**.
Par exemple, on peut parler du climat qui a régné au Moyen Âge sur l'Europe de l'Ouest.

2. La météo est une description des températures et des précipitations sur de **courtes durées** et sur des **zones localisées**.
Par exemple, on peut parler de la météo d'hier sur la ville de Bordeaux.

4 **1.** Les fougères arborescentes sont localisées actuellement sur les continents **autour de l'équateur** (dans la zone tropicale).

2. Les fossiles de fougères arborescentes indiquent que **le climat devait être tropical en France il y a 300 millions d'années**, puisque ces fougères ne se rencontrent aujourd'hui que dans la zone tropicale.

L'astuce du prof

C'est le principe de l'actualisme : une espèce fossile avait les mêmes exigences de vie que l'espèce actuelle qui la représente.

5 **1.** Les effets du changement climatique sont :

– **l'augmentation globale de la température sur Terre**, avec des variations de + 2 à + 6 °C prévues, en moyenne, d'ici 2100 ;

– **le changement des volumes de précipitations** selon les régions du monde (qui deviennent plus sèches ou plus arides) ;

– **l'élévation du niveau des océans**, qui obligera de très nombreuses personnes à se déplacer (réfugiés climatiques).

2. Les activités humaines impliquées dans le changement climatique à l'échelle de la planète sont celles qui rejettent du CO_2 dans l'atmosphère, c'est-à-dire **les centrales à combustibles fossiles** (gaz et fuel), **les activités industrielles** (comme la fabrication du ciment), **les transports**…

Remarque

Les éructations des millions de vaches élevées sur Terre libèrent tellement de méthane, qu'elles contribuent à 20 % de l'effet de serre dû à l'Homme !

6 **1.** Une zone à risque sismique est une **zone dans laquelle un séisme peut avoir lieu et provoquer des dégâts et/ou des victimes.**

2. A : Mettez-vous à l'abri sous un meuble solide ; B : Éloignez-vous des bâtiments ; C : N'utilisez ni le gaz, ni l'électricité ; D : Écoutez la radio pour être informé des attitudes à adopter ; E : Quittez les bâtiments dans le calme ; F : N'allez pas chercher vos enfants à l'école.
Si tous les parents prennent leur voiture en même temps pour aller chercher leurs enfants, cela risque de provoquer des accidents, des embouteillages, et de ralentir ou d'empêcher le déplacement des véhicules de secours.

7 **1.** En 1880, la Mer de Glace occupait toute la vallée et arrivait jusqu'à la bordure droite de la photographie. En 2010, la Mer de Glace a pratiquement disparu de la vallée qu'elle occupait.

2. De 1600 à 1650, la Mer de Glace a avancé jusqu'à atteindre son extension maximale. Puis, ce glacier s'est retiré à certaines périodes (par exemple entre 1650 et 1700) et a avancé à d'autres (par exemple entre 1750 et 1800). De 1650 à 1880, le glacier est resté à moins de 500 m de son front maximal de 1650.

3. Depuis 1880, **la Mer de Glace s'est retirée de plus de 2 500 m** (2,5 km) de son front maximal.

4. Depuis 1880, on sait que la température de surface moyenne de la Terre a augmenté. En outre, on sait aussi que la répartition des précipitations a changé. Or, un glacier est une accumulation d'eau sous forme solide qui nécessite des précipitations sous forme de neige, donc à basse température. Ainsi, avec le changement climatique actuel, la Mer de Glace fond plus vite qu'elle ne se forme : elle se retire.

À savoir

De très nombreux glaciers dans le monde subissent le même sort que la Mer de Glace. Cela montre bien que le changement climatique est un phénomène global.

8 **1.** Une roche perméable est une **roche qui se laisse traverser par l'eau.** Une roche imperméable est une **roche qui ne se laisse pas traverser par l'eau.**

2. Les sables et les graviers sont perméables, les marnes sont imperméables.

3. Le produit chimique liquide qui s'échappe du camion traversera les sables et les graviers qui sont perméables. Il traversera également les calcaires perméables. En revanche, le produit chimique ne traversera pas les marnes qui sont imperméables et n'atteindra pas la nappe d'eau souterraine. Donc, **le risque de pollution de la nappe souterraine est très faible, voire nul.**

> **Remarque**
> Un morceau de calcaire est imperméable, mais une couche de roches calcaires est souvent perméable, car elle contient des fissures, des trous.

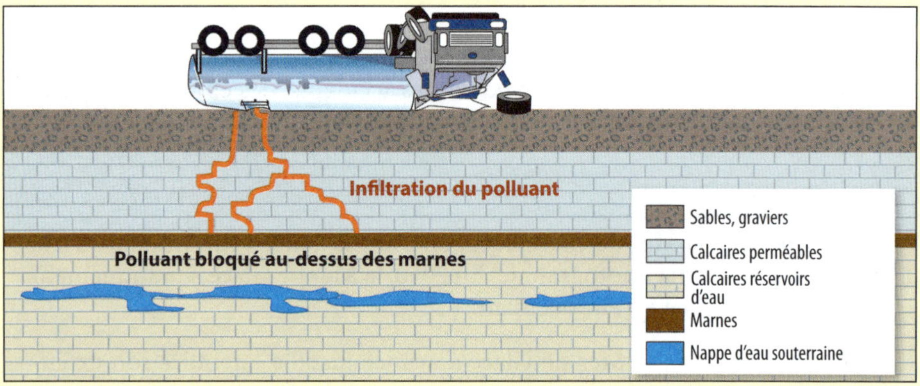

Vers le brevet

9 **1.** L'atmosphère contient des gaz qui ont la capacité d'absorber le **rayonnement infrarouge** émis par la surface de la Terre et d'en **renvoyer une partie vers cette surface**, ce qui la réchauffe. Ce phénomène s'appelle l'**effet de serre**.
La concentration en dioxyde de carbone est restée **à peu près stable** au cours des 1 800 premières années (autour de **280 ppm**), puis elle a **augmenté brutalement** à partir du début de l'ère industrielle, **pour atteindre 380 ppm en l'an 2000.**
La concentration en méthane **a augmenté faiblement** de l'an 0 à 1800, en passant de 650 à 700 ppb, puis elle a **augmenté brutalement** à partir du début de l'ère industrielle **pour atteindre 1 950 ppb en l'an 2000.**

La concentration en oxyde nitreux **a augmenté faiblement** de l'an 0 à 1800, en passant de 750 à 800 ppb, puis elle a **augmenté brutalement** à partir du début de l'ère industrielle pour atteindre **1 250 ppb en l'an 2000.**

2. On constate que les concentrations de dioxyde de carbone, de méthane et d'oxyde nitreux ont fortement augmenté depuis le début de l'ère industrielle (vers 1800).
Or, on sait que de nombreuses activités humaines produisent ces gaz. L'agriculture est à l'origine d'émissions d'oxyde nitreux et de méthane. Les activités industrielles et surtout l'utilisation des combustibles fossiles sont à l'origine de l'émission de dioxyde de carbone.
On sait également que le dioxyde de carbone, le méthane et l'oxyde nitreux sont des gaz à effet de serre, c'est-à-dire qu'ils produisent un réchauffement de la surface de la Terre (atmosphère et océans).
Donc, on en déduit que l'Homme a une responsabilité dans le réchauffement climatique actuel, puisque ses activités entraînent une augmentation de la quantité de gaz à effet de serre dans l'atmosphère.

L'astuce du prof

Pensez à articuler les informations tirées des documents (« je constate ») avec vos connaissances (« je sais ») et une conclusion (« j'en déduis »).

Remarque

La concentration du méthane est beaucoup plus faible que celle du dioxyde de carbone, mais son effet de serre est 20 fois plus fort.

3. Plusieurs mesures sont **efficaces pour limiter le réchauffement** climatique, par exemple :
- arrêter la déforestation et/ou **replanter** systématiquement **des arbres** ;
- remplacer l'utilisation des combustibles fossiles par des sources d'**énergie renouvelables** (éolien, solaire, hydraulique) pour produire de l'électricité ;
- réduire la consommation de viande bovine pour **réduire les élevages** ;
- pratiquer **une agriculture biologique** pour réduire la production des engrais.

[SVT]
CHAPITRE 9 Organisation du monde vivant

1 Organisation et fonctionnement des animaux

1 Des niveaux d'organisation emboîtés les uns dans les autres

• **Tous les animaux sont constitués d'appareils et de systèmes qui coopèrent entre eux** pour assurer le fonctionnement de l'organisme.

• Les **appareils** sont faits d'**organes** qui sont eux-mêmes constitués de **tissus**, eux-mêmes faits de **cellules**.

> **Vocabulaire**
> **Organe :** ensemble de tissus qui participent à la réalisation d'une fonction.
> **Tissu :** ensemble de cellules spécialisées.

	Appareils	Organes	Tissus	Cellules
Un être vivant est un organisme. 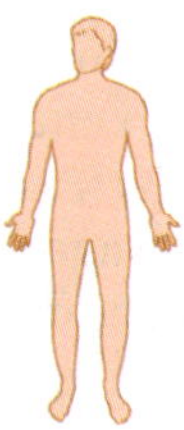 **Exemple :** l'être humain.	Un organisme est constitué de plusieurs appareils ou systèmes. 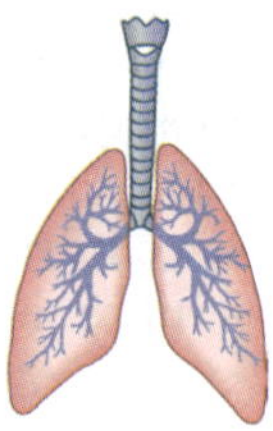 **Exemple :** l'appareil respiratoire (en dm).	Un appareil est constitué de plusieurs organes. 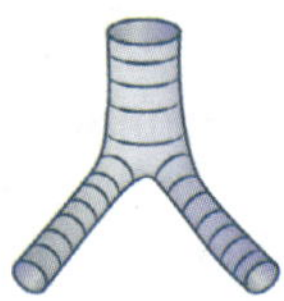 **Exemple :** les bronches (en cm).	Un organe est constitué de plusieurs tissus. 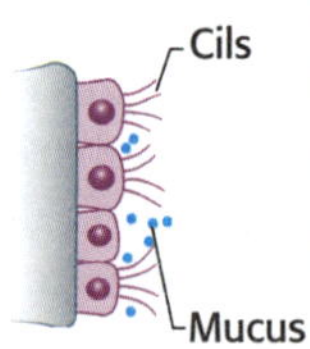 **Exemple :** le tissu bronchique (en mm).	Un tissu est formé de nombreuses cellules. 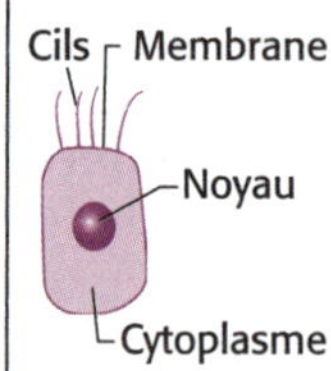 **Exemple :** la cellule des bronches (en 1/1 000e mm).

Doc. Les niveaux d'organisation chez un être humain

2 Systèmes de transport des nutriments

• **Toutes les cellules ont besoin de nutriments**, mais certaines sont très éloignées de l'appareil digestif.

• **Un système de vaisseaux ramifiés** dans lequel circule un liquide nutritif **permet d'approvisionner toutes les cellules**, même les plus éloignées : c'est le **système circulatoire**.

3 Une nutrition assistée par des microbes

- **Le tube digestif des animaux contient de nombreux microbes bénéfiques** pour la digestion des fibres végétales chez les herbivores et pour la digestion ou l'absorption de certains nutriments chez les autres animaux.
- Cette flore microbienne assure également une **protection contre les infections**.

EXERCICE RÉSOLU

Comprendre la digestion des ruminants

ÉNONCÉ

Les ruminants possèdent plusieurs « estomacs », dont le rumen. Dans le rumen, des bactéries digèrent les végétaux mâchés. Elles dégradent la cellulose des herbes et des feuilles. Pendant la digestion, la vache mastique plusieurs fois les végétaux en produisant beaucoup de salive.

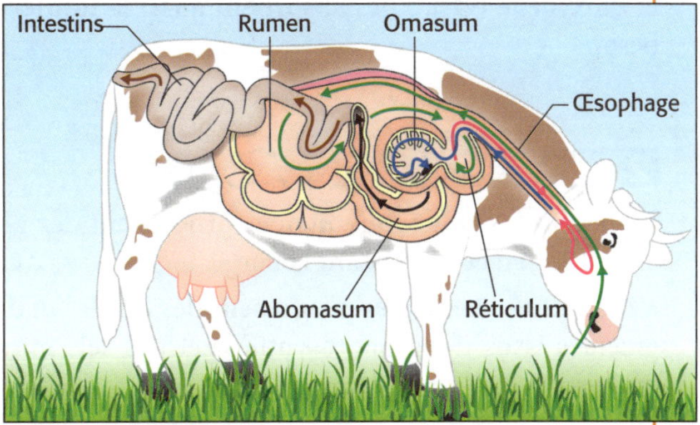

Doc. La digestion chez les ruminants

1. En utilisant le document ci-dessus, décrivez le trajet de l'herbe mangée par la vache de sa bouche jusqu'à ses intestins.
2. Indiquez les rôles respectifs de la vache et des bactéries dans la digestion de l'herbe.

CORRIGÉ

1. L'herbe passe par l'**œsophage** et rejoint le **rumen**. Pendant la rumination, l'herbe fait des allers-retours entre le rumen et la bouche, en passant par le **réticulum**. Puis, l'herbe digérée repasse une dernière fois par la bouche, le réticulum, l'**omasum** et l'**abomasum,** et atteint finalement les **intestins**.

2. La vache **mastique** longuement l'herbe et y ajoute de la **salive**. Les bactéries **dégradent la cellulose** ; elles **digèrent** l'herbe.

L'astuce du prof
Dans un schéma fonctionnel, il suffit souvent de suivre les flèches pour construire sa réponse.

2 Organisation et fonctionnement des végétaux

1 Des organes spécialisés dans le prélèvement des ressources

- **Les racines** qui ancrent les végétaux dans le sol sont très ramifiées. Elles occupent une **grande surface** dans le sol, ce qui leur permet d'**absorber l'eau et les sels minéraux** dont les végétaux ont besoin. Ce mélange d'eau et de sels minéraux s'appelle la **sève brute**.
- **Les nombreuses feuilles aplaties** des végétaux occupent aussi une grande surface. Elles **assurent l'absorption des gaz** : dioxyde de carbone (CO_2) et dioxygène (O_2). Elles **absorbent aussi la lumière** dont les végétaux ont besoin.

2 Production de matière végétale

- **Les cellules chlorophylliennes produisent des glucides** à partir de l'eau et du CO_2 en convertissant l'énergie lumineuse : c'est la **photosynthèse**.
- **Les cellules végétales produisent des lipides et des protides** à partir des glucides issus de la photosynthèse et des sels minéraux absorbés par les racines.

3 Transport, utilisation et stockage de la matière végétale

- **Des vaisseaux permettent la circulation de la sève élaborée** (mélange d'eau et de molécules fabriquées par la plante) dans l'ensemble du végétal. Cette **sève** contient un glucide essentiel à la nutrition des cellules : le **saccharose**.
- Les cellules végétales utilisent le saccharose pour le convertir en **énergie**, le transformer ou le **stocker**.

Exemples : les bulbes, tubercules et rhizomes sont des organes de stockage des végétaux.

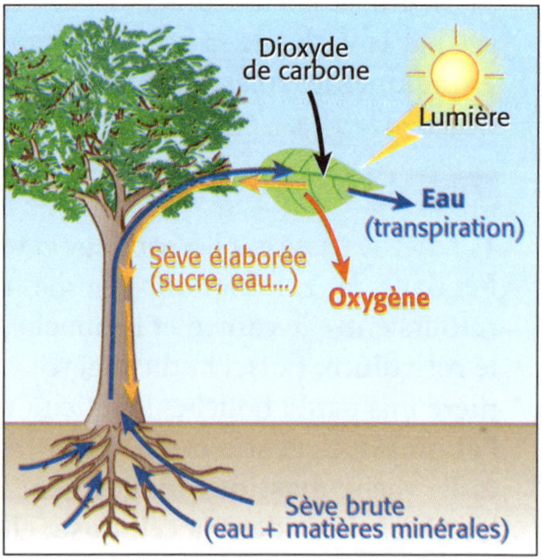

Doc. Circulation des sèves dans une plante

EXERCICE RÉSOLU

Comprendre la composition des sèves d'un végétal

ÉNONCÉ

Des analyses chimiques ont permis d'établir la composition moyenne de la sève brute et de la sève élaborée.

	Sève brute	**Sève élaborée**
Eau en % de la masse	93 à 99	93 à 99
Ions minéraux en µg/mL	350	2 000
Molécules organiques (glucides, protides et lipides) en µg/mL	700	170 000

1. À partir de vos connaissances, définissez les expressions « sève brute » et « sève élaborée ».

2. Comparez la composition de la sève brute et de la sève élaborée.

3. Expliquez la richesse en molécules organiques de la sève élaborée.

4. Que devient l'eau contenue dans la sève brute quand celle-ci arrive dans les feuilles du végétal ?

CORRIGÉ

1. La sève brute est une **solution d'eau contenant des ions minéraux absorbée par les racines**.
La sève élaborée est une **solution d'eau contenant un glucide élaborée par les feuilles**.

2. Les deux sortes de sève contiennent **autant d'eau**.
La sève élaborée contient davantage d'ions minéraux que la sève brute et surtout, elle contient **beaucoup plus de molécules organiques**.

Remarque
La sève élaborée est comparable au sang des animaux. Elle transporte les nutriments distribués à toutes les cellules du végétal.

3. La sève élaborée provient des **feuilles**. Or, ce sont les feuilles qui élaborent les molécules organiques lors de la photosynthèse.

4. Une partie de l'eau contenue dans la sève brute est **transpirée par les feuilles** et une partie est **utilisée dans la photosynthèse**.

3 Reproduction sexuée et diversité génétique des êtres vivants

1 Gamètes chez les animaux et les végétaux

Les **gamètes** sont produits dans des organes spécialisés :

- chez les animaux : dans les **testicules** pour les spermatozoïdes et dans les **ovaires** pour les ovules ;
- chez les plantes à fleurs : dans les **étamines** pour les spermatozoïdes et dans le **pistil** pour les ovules.

Vocabulaire

Gamète : cellule spécialisée dans la reproduction sexuée.

2 Diversité génétique des gamètes

- **Chaque gamète contient la moitié du patrimoine génétique de l'individu qui l'a produit :** un chromosome de chaque paire. Dans un gamète, la répartition des chromosomes a été réalisée **au hasard** pour chacune des paires.
- Chaque individu produit des **millions de gamètes génétiquement différents**.

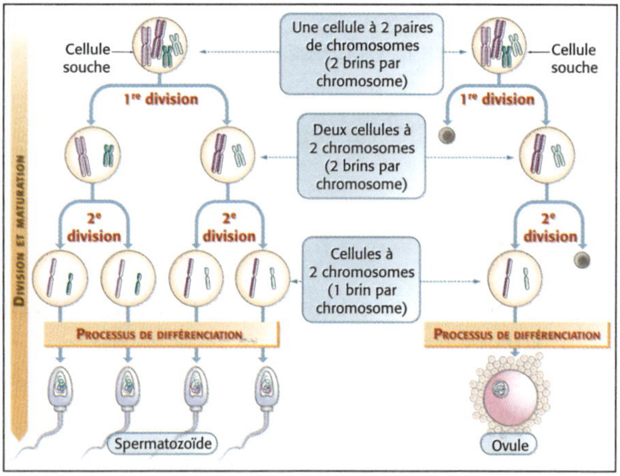

Doc. Formation des gamètes

3 Fécondation et loterie génétique

- **Au moment de la fécondation, un spermatozoïde** parmi tous ceux qui ont été produits **fusionne au hasard avec un ovule** parmi tous ceux qui ont été produits.
- **La cellule œuf issue de la fécondation est génétiquement originale.** La moitié de ses chromosomes sont d'origine maternelle et l'autre moitié d'origine paternelle. **La fécondation augmente la diversité génétique** en combinant les chromosomes des gamètes.

EXERCICE RÉSOLU

Utiliser un tableau de croisement des gamètes

ÉNONCÉ

Un tableau de croisement est utilisé pour évaluer la diversité génétique d'une descendance. Dans ce cas, il y a deux paires de chromosomes.

1. Complétez le tableau ci-contre en dessinant les chromosomes présents dans les cellules œufs.

2. Combien de cellules œufs génétiquement différentes ce tableau comporte-t-il ?

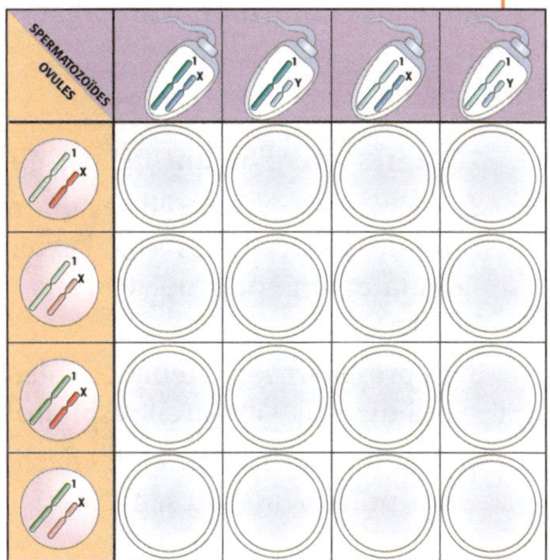

CORRIGÉ

1. Les chromosomes présents dans les cellules œufs sont les suivants :

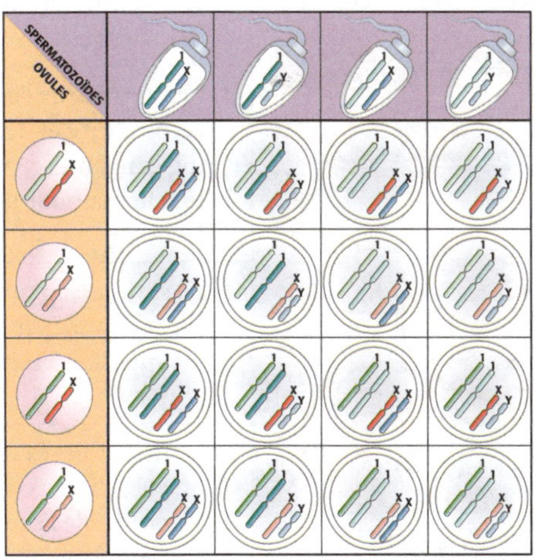

Remarque

Pour un couple humain (23 paires de chromosomes), le nombre de cellules œufs génétiquement différentes est de 70 000 milliards.

2. Le tableau comporte **16 sortes de cellules œufs génétiquement différentes**.

Construire un schéma fonctionnel

ÉNONCÉ

Schématisez les appareils respiratoire, digestif et circulatoire, ainsi que leurs rôles dans la nutrition d'un organisme animal.

MÉTHODE

1. Représenter l'organisme par un grand rectangle.
2. Représenter l'appareil respiratoire et l'appareil digestif par des ronds ou des carrés reliés avec l'extérieur de l'organisme (bouche et anus). Ajouter un rond ou un carré pour représenter un autre organe du corps.
3. Représenter le système circulatoire par un anneau qui touche l'appareil digestif, l'appareil respiratoire et l'autre organe.
4. Ajouter les légendes et des flèches pour indiquer le trajet du dioxygène, des nutriments, du sang. Rédiger un titre.

CORRIGÉ

<table>
<tr><th>Solution</th><th>Commentaires</th></tr>
<tr><td rowspan="4">
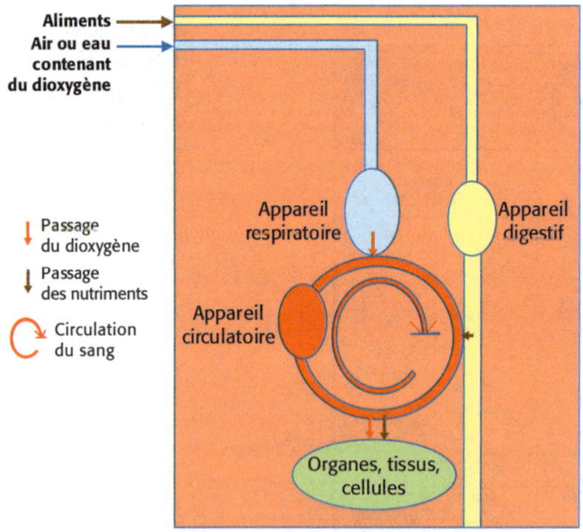

Coopération des appareils digestif, respiratoire et circulatoire dans la nutrition d'un organisme
</td><td>1. Le schéma doit être grand. Utilisez au moins une demi-page.</td></tr>
<tr><td>2. Les entrées de l'appareil respiratoire et de l'appareil digestif sont séparées sur le schéma pour faciliter la lecture.</td></tr>
<tr><td>3. Le système circulatoire est en contact avec tous les appareils et organes du corps.</td></tr>
<tr><td>4. Le titre doit résumer ce que le schéma contient. L'énoncé de l'exercice peut souvent être utilisé pour inspirer le titre du schéma.</td></tr>
</table>

Rejeter ou conserver des hypothèses

ÉNONCÉ

Après avoir travaillé sur la respiration des animaux, des élèves commencent l'étude de la respiration chez les végétaux.
Ils proposent plusieurs hypothèses :
- H1 : les plantes ne respirent pas ;
- H2 : les plantes respirent à l'envers ;
- H3 : les plantes respirent d'autres gaz.

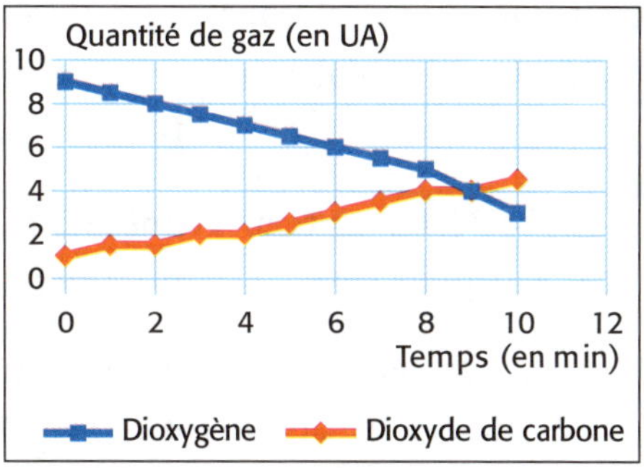

Doc. Résultats de mesures de gaz dans une enceinte contenant des végétaux à l'obscurité

Utilisez les résultats expérimentaux ci-dessus pour rejeter ou conserver les hypothèses.

MÉTHODE

1. Décrire les résultats expérimentaux. En déduire le gaz produit et celui qui est consommé par les végétaux.
2. Examiner les conséquences de chaque hypothèse en termes de consommation et de production de CO_2 et d'O_2.

CORRIGÉ

Solution	Commentaires
Les trois hypothèses sont rejetées : – puisque les quantités de gaz changent pendant l'expérience, H1 et H3 sont rejetées ; – puisque la quantité de CO_2 augmente pendant l'expérience, H2 est rejetée.	**1.** Pendant la durée de l'expérience, la quantité de CO_2 augmente et celle d'O_2 diminue. Donc, les végétaux produisent du CO_2 et consomment de l'O_2.
	2. Pour H1 et H3 : – ni production de CO_2, – ni consommation d'O_2. Pour H2 : – consommation de CO_2, – rejet d'O_2.

QCM

1 Cochez la (ou les) réponse(s) correcte(s).

1. Le système circulatoire des animaux distribue :
a. ☐ de l'air **b.** ☐ de l'eau **c.** ☐ des nutriments

2. Les bactéries contenues dans le tube digestif des animaux sont :
a. ☐ pathogènes **b.** ☐ inoffensives **c.** ☐ bénéfiques

3. La grande surface occupée par les feuilles d'un végétal absorbe :
a. ☐ les gaz de l'air **b.** ☐ la lumière **c.** ☐ l'eau

4. Les cellules végétales produisent :
a. ☐ des glucides **b.** ☐ des lipides **c.** ☐ des protides

5. Une cellule œuf est :
a. ☐ le résultat d'une fécondation
b. ☐ génétiquement identique aux autres cellules œufs
c. ☐ génétiquement originale

6. Lors de la formation des gamètes, les chromosomes sont répartis :
a. ☐ par paires **b.** ☐ au hasard **c.** ☐ par taille

2 Répondez par vrai ou faux.

Affirmations	Réponses
1. Un organe est un ensemble de cellules spécialisées.	☐ V ☐ F
2. Les cellules d'un organisme se procurent leurs nutriments directement à partir de l'appareil digestif.	☐ V ☐ F
3. Les racines des végétaux absorbent de l'eau et des ions minéraux contenus dans le sol.	☐ V ☐ F
4. Tous les glucides fabriqués par les feuilles des végétaux sont utilisés immédiatement sur place.	☐ V ☐ F
5. Il y a des gamètes chez les végétaux comme chez les animaux.	☐ V ☐ F
6. Les gamètes contiennent autant de chromosomes que les autres cellules de l'organisme.	☐ V ☐ F

Exercices d'entraînement

3 Appareil circulatoire des insectes

Chez les insectes, l'appareil circulatoire est ouvert. Le sang circule dans tout le corps dans les espaces situés entre les organes (hémocèle) ; il pénètre dans le vaisseau dorsal par des ostioles, puis il est propulsé par le cœur vers l'hémocèle. Le sang des insectes transporte les nutriments, mais le dioxygène est distribué directement par l'appareil respiratoire.

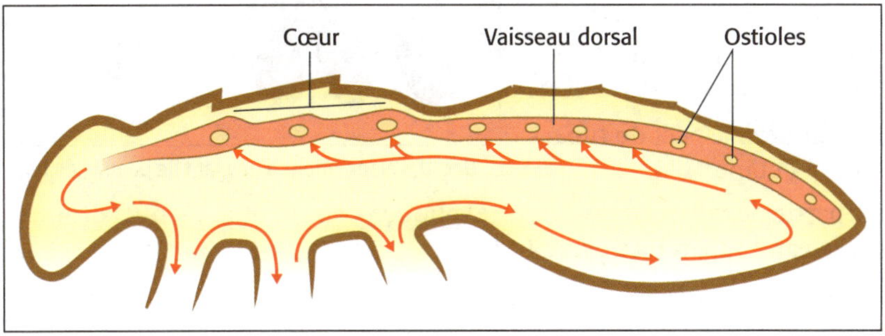

Doc. Appareil circulatoire d'un insecte

1. À partir de vos connaissances, réécrivez le texte ci-dessus pour décrire la circulation du sang dans l'appareil circulatoire d'un mammifère.
2. Indiquez les points communs entre le système circulatoire des insectes et celui des mammifères.
3. Indiquez les différences entre le système circulatoire des insectes et celui des mammifères.

4 Échanges de services

Les fibres végétales solubles contenues dans de nombreux fruits ne sont pas digérées par l'intestin grêle des animaux. Ces fibres servent de nourriture aux milliards de bactéries qui vivent dans le gros intestin. Ces bactéries, qui ont besoin d'eau et d'une température comprise entre 35 et 40 °C, fermentent, c'est-à-dire qu'elles transforment les fibres solubles en acides organiques et en gaz. Les acides organiques sont utilisés par les cellules du gros intestin comme nutriments.

1. À partir du texte précédent, indiquez les bénéfices des bactéries à vivre dans le gros intestin d'un animal.
2. À partir du texte précédent et de vos connaissances, indiquez les bénéfices de l'animal à héberger des bactéries dans son gros intestin.

5 Rôle du tubercule de pomme de terre

La pomme de terre est une plante cultivée pour ses tubercules qui sont très riches en amidon, un glucide. Laissé dans le sol, un tubercule peut germer et permettre le développement d'une nouvelle plante.

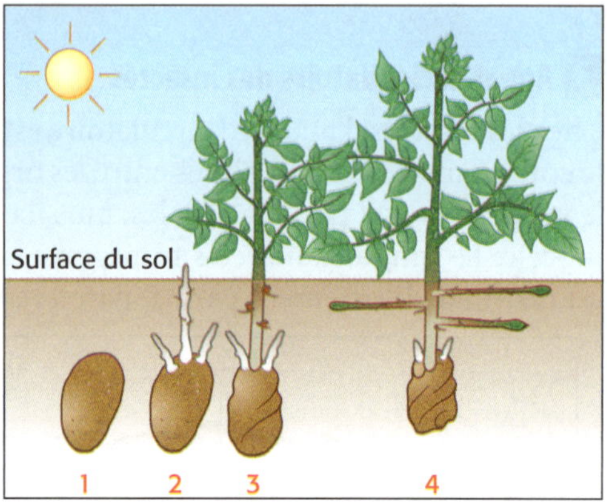

Doc. Développement d'un plant de pomme de terre

1. Décrivez l'évolution du tubercule au cours des étapes 1 à 4.
2. Expliquez l'aspect du tubercule à l'étape 4.
3. À partir de vos connaissances, expliquez comment la plante fabrique de nouveaux tubercules pendant l'été.

6 Des vaisseaux dans les plantes

Une expérience simple permet de montrer l'existence de vaisseaux dans la tige des plantes.

Doc. Tige de céleri placée dans du colorant vital et coupe transversale de la tige au bout d'une heure

1. À l'aide de l'échelle située sur la photographie, estimez le diamètre des vaisseaux contenus dans la tige. Justifiez votre réponse.
2. Cette expérience montre-t-elle l'existence de vaisseaux conducteurs de sève brute ou de sève élaborée ? Justifiez votre réponse.

7 Un transporteur de gamètes

Les grains de pollen, produits par les étamines de la fleur, sont dispersés par le vent ou les animaux et se déposent le plus souvent sur le pistil d'une autre fleur. Le grain de pollen germe, c'est-à-dire qu'il développe un long tube pollinique qui pénètre dans le pistil de la fleur.

1. Déterminez la longueur du tube pollinique visible sur la photo du bas.
2. À partir de vos connaissances, indiquez si le noyau du gamète visible sur la photographie est celui d'un ovule ou celui d'un spermatozoïde.
3. À quel organe animal peut-on comparer le pistil d'une fleur ? Justifiez votre réponse.

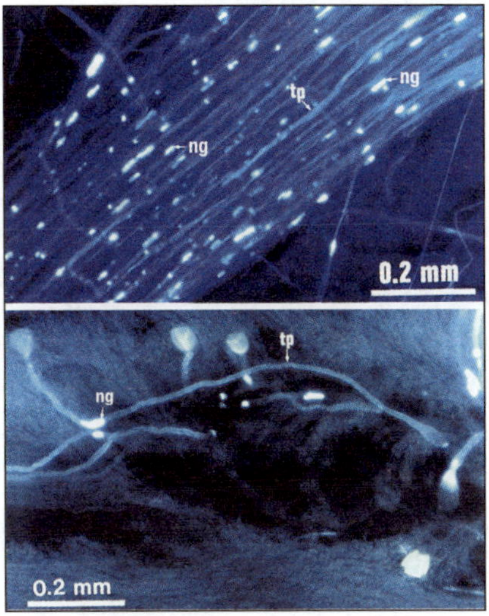

tp : tube pollinique
ng : noyau de gamète

Doc. Grain de pollen ayant germé dans le pistil d'une fleur

8 Un calcul de diversité génétique

L'ours blanc (*Ursus arctos*) possède 37 paires de chromosomes. Comme chez tous les animaux, les deux chromosomes de chaque paire ne sont pas identiques.

1. Calculez le nombre de gamètes génétiquement différents qu'un ours blanc peut produire si on envisage la distribution des chromosomes de deux paires seulement.
2. Recommencez le calcul avec trois paires de chromosomes.
3. Réalisez le calcul avec les 37 paires de chromosomes de l'ours blanc.

Vers le brevet

9 L'origine du syndrome de Down

Les individus atteints par le syndrome de Down présentent des modifications de la face, des anomalies cardiaques, des problèmes visuels et auditifs, et un retard mental léger à modéré.

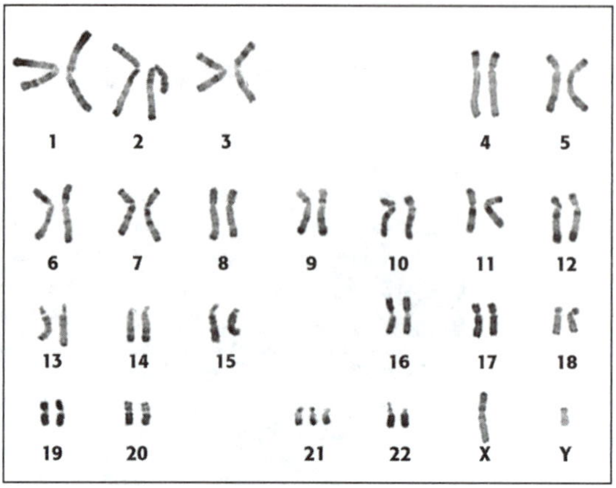

Doc. Caryotype d'un individu atteint par le syndrome de Down

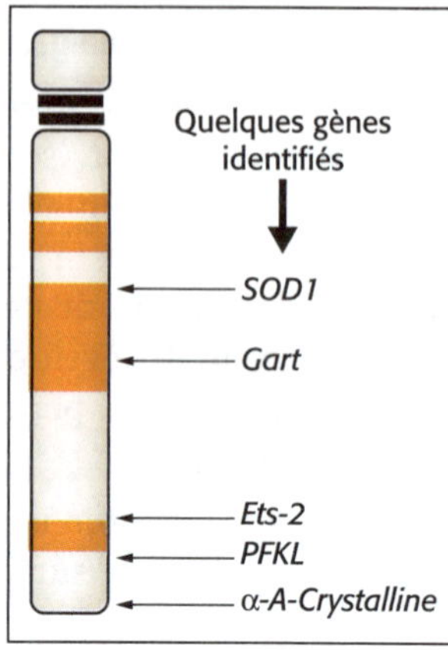

Doc. Carte génétique du chromosome 21 (on estime que ce chromosome porte environ 200 gènes). Le gène de l'α-A-Crystalline code pour une protéine du cristallin de l'œil.

1. Comparez le caryotype ci-dessus à celui d'un individu non atteint par le syndrome de Down. Indiquez le sexe de l'individu du caryotype ci-dessus.
2. Après avoir rappelé ce qu'est un chromosome, exploitez la carte génétique du chromosome 21 pour en déduire l'explication des caractéristiques du syndrome de Down.
3. Une cellule œuf résulte de la fusion d'un spermatozoïde et d'un ovule. Dans le schéma suivant, seules deux paires de chromosomes ont été représentées : la paire n° 1 et la paire n° 21. Complétez le schéma à l'endroit des pointillés (dessin ou texte).

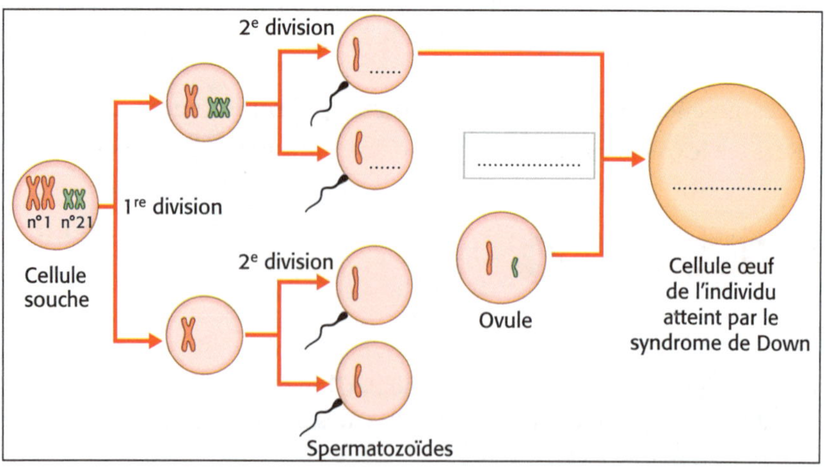

QCM

1 **1. Réponses : b et c.** Le système circulatoire contient un liquide riche en eau (du sang ou un autre liquide équivalent). Le principal rôle du système circulatoire est la distribution de nutriments à l'ensemble des cellules de l'organisme. Il n'y a pas la moindre bulle d'air dans le système circulatoire, car cela bloquerait la circulation. En revanche, il y a des gaz dissous.

2. Réponses : b et c. En l'absence d'infection gastro-intestinale, toutes les bactéries présentes dans le tube digestif sont bénéfiques pour l'animal qui les héberge. Par exemple, **elles l'aident dans sa digestion.**

> **Remarque**
> Les bactéries présentes dans le tube digestif d'un animal sont plus nombreuses que ses propres cellules.

3. Réponses : a et b. Les feuilles sont percées de trous minuscules à ouverture réglable qui laissent passer les gaz. Elles contiennent également de la chlorophylle qui absorbe une partie de la lumière. L'eau est essentiellement absorbée par les racines.

4. Réponses : a, b et c. La photosynthèse permet la production de glucides à partir de l'eau et du CO_2. Ces glucides servent de matériaux de base pour la fabrication des protides et des lipides.

5. Réponses : a et c. Une cellule œuf est le résultat de la fusion d'un spermatozoïde et d'un ovule. Chacun de ces gamètes apporte un lot original de chromosomes. L'association de ces chromosomes paternels et maternels est donc originale.

> **Remarque**
> La fécondation aboutit à la fabrication d'une seule cellule à partir de deux cellules. $1 + 1 = 1$ en SVT !

6. Réponse : b. Un seul chromosome de chaque paire migre dans le gamète en formation, et cette migration se fait au hasard. Il n'est pas question de taille, car toutes les paires seront représentées dans le gamète.

2 **1. Faux.** Un organe est un ensemble de **tissus différents**, qui sont eux-mêmes des ensembles de cellules spécialisées.

2. Faux. Les nutriments ne peuvent pas diffuser très loin du tube digestif. Ainsi, pratiquement tous les animaux possèdent un **système circulatoire** qui prend en charge et distribue les nutriments à toutes les cellules, y compris les plus éloignées du tube digestif.

> **L'astuce du prof**
> Un mot permet de se rappeler l'ordre des niveaux d'organisation : ORAPORTICE (ORganisme, APpareil, ORgane, TIssu, CEllule).

3. Vrai. La surface d'absorption représentée par les racines d'un végétal est très importante. Par exemple, chez un châtaignier d'une dizaine de mètres de hauteur, la surface occupée par ses racines dépasse les 40 000 m², soit 6 terrains de football. Cette immense surface permet l'absorption de l'eau du sol avec les ions minéraux qu'elle contient.

4. Faux. Les feuilles utilisent une partie de ces glucides pour elles-mêmes, mais elles en **exportent la majorité** sous forme de saccharose vers les autres organes (tige, racines, fleurs, fruits, tubercules…). Une partie des glucides exportés est utilisée et l'autre est **mise en réserve**.

Remarque

Le sirop d'érable est fabriqué à partir de la sève d'une espèce d'érable très riche en saccharose. La sève est récoltée au printemps quand l'arbre remobilise ses réserves pour lui fournir de l'énergie.

5. Vrai. Les gamètes des végétaux ont les mêmes caractéristiques que les gamètes des animaux : ce sont des cellules uniques fabriquées par des organes reproducteurs spécialisés. Elles contiennent la moitié du patrimoine génétique du parent qui les a produites et permettent la fécondation.

6. Faux. Si les gamètes contenaient autant de chromosomes que les autres cellules, la cellule œuf puis l'embryon comporteraient deux fois plus de chromosomes que les parents. Or, le nombre de chromosomes reste stable dans une espèce donnée. Dans un gamète, il y a exactement un chromosome de chaque paire présente chez le parent.

Exercices d'entraînement

3 **1.** Chez les mammifères, l'appareil circulatoire est **fermé**. Le sang circule dans des **vaisseaux** dans tout le corps et est propulsé par le cœur. Le sang des mammifères transporte **les nutriments et le dioxygène** vers toutes les cellules de l'organisme.

2. Les systèmes circulatoires des insectes et des mammifères possèdent **un cœur et des vaisseaux**. Le sang qui y circule transporte les nutriments.

Important

Dans tous les systèmes circulatoires, une pompe met le sang en mouvement : le cœur.

3. Le système circulatoire des insectes est **ouvert**, alors que celui des mammifères est **fermé. Le sang des insectes ne transporte pas le dioxygène**, contrairement à celui des mammifères.

4 **1.** Les bactéries hébergées dans le tube digestif des animaux y trouvent **de l'eau et des nutriments en abondance**. La **température** qui règne dans le tube digestif est **idéale** pour leur développement.

2. Les cellules du gros intestin de l'animal se nourrissent de **nutriments produits par les bactéries** (*élément tiré du texte*). La présence de ces bactéries bénéfiques **empêche le développement d'autres bactéries** qui pourraient être dangereuses pour l'animal (*élément tiré des connaissances*).

5 **1.** Le tubercule de pomme de terre **germe** (de 1 à 2), puis une tige et des feuilles se **développent** à partir d'un des germes, et le tubercule se **flétrit** (étape 3). Enfin, la partie aérienne de la plante **se développe**, pendant que la taille du tubercule **se réduit** encore (étape 4).

2. L'amidon contenu dans le tubercule a été utilisé pour le développement de la tige et des feuilles. Ainsi, le tubercule s'est vidé de ses réserves.

3. Pendant l'été, les feuilles fabriquent des glucides grâce à la **photosynthèse**. Une partie de ces glucides est exportée par la sève élaborée jusqu'aux parties souterraines de la plante. Ces glucides permettent la formation des nouveaux tubercules, organes de réserve de la plante.

> **Rappel**
> Chez les végétaux, les glucides importants sont le saccharose et la cellulose. Chez les animaux, ce sont le glucose et le glycogène.

6 **1.** Les vaisseaux ont un diamètre compris **entre 1 et 4 mm**. La photographie est à l'échelle 1:1 puisque le segment dessiné sur la photographie mesure bien 1 cm en réalité. Il suffit donc de mesurer directement le diamètre de quelques vaisseaux sur la photographie.

2. Cette expérience montre l'existence de vaisseaux conducteurs de **sève brute**. En effet, le liquide coloré s'est déplacé **du bas de la tige vers les feuilles**, ce qui correspond au sens de déplacement de la sève brute.

> **À savoir**
> C'est la transpiration de l'eau par les feuilles de la plante qui fait monter la sève brute dans les vaisseaux, comme si les feuilles aspiraient dans une paille.

7 **1.** Le tube pollinique fait 5 fois la longueur du segment de l'échelle. Donc il mesure $5 \times 0{,}2$ mm = **1 mm**.

2. Le noyau du gamète est celui d'un **spermatozoïde** puisque le grain de pollen a été fabriqué par les étamines d'une fleur et que les étamines sont les organes producteurs des spermatozoïdes.

3. Le pistil de la fleur est comparable à l'**ovaire** des animaux puisqu'il permet la **production des ovules**.

8 **1.** La distribution au hasard d'un chromosome de chaque paire permet la production de **4 gamètes différents**, car il y a deux possibilités de distribution des chromosomes de la première paire, combinées à deux possibilités de distribution des chromosomes de la deuxième paire.

L'astuce du prof

Un dessin de deux paires de chromosomes de couleurs différentes aide à raisonner.

2. Pour trois paires, il y a $2 \times 2 \times 2 = 2^3 =$ **8 gamètes génétiquement différents possibles**.

3. Pour 37 paires, il y a $2^{37} =$ **137 438 953 472 gamètes génétiquement différents possibles**.

Vers le brevet

9 **1.** Le caryotype d'un individu non atteint par le syndrome de Down comporte 23 paires de chromosomes, dont une paire de chromosomes sexuels : XX ou XY. Dans le caryotype proposé, on retrouve **22 paires de chromosomes comparables à celles d'un individu non atteint**, dont la paire de chromosomes sexuels. Mais, on observe **trois chromosomes à la paire 21 au lieu de deux**. L'individu est de **sexe masculin**, car son caryotype comporte un chromosome X et un chromosome Y à la paire 23.

Vocabulaire

Trois chromosomes à la place d'une paire, c'est une **trisomie**. Un seul chromosome à la place d'une paire, c'est une **monosomie**.

2. Un chromosome est un élément microscopique constitué de protéines et d'**ADN**, contenu dans le **noyau** des cellules et qui **porte les gènes**. La carte génétique proposée représente le chromosome n° 21. Ce chromosome porte de **nombreux gènes** (200), dont le gène de l'α-A-Crystalline qui intervient dans l'expression d'une protéine du cristallin de l'œil.
Un individu atteint par le syndrome de Down présente de **nombreuses modifications de ses caractères** (face, vision, cœur…). Or, il possède trois exemplaires de tous les gènes portés par les chromosomes 21 au lieu de deux. Donc, ce sont ces exemplaires de gènes **supplémentaires** qui expliquent le syndrome de Down.

3. Le schéma complété est le suivant :

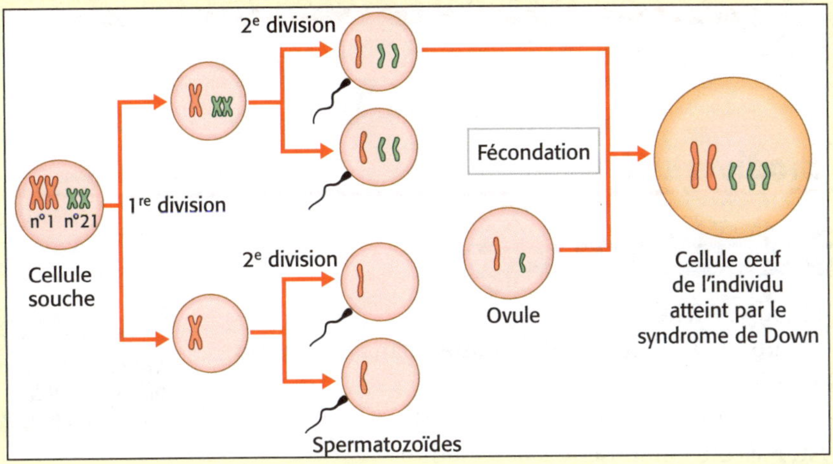

À savoir

Après une fécondation, il suffit d'additionner les chromosomes des deux cellules sexuelles pour obtenir les chromosomes de la cellule œuf.

CHAPITRE 10 [SVT]
Évolution du monde vivant

1 Biodiversité

1 Mesure de la biodiversité

La biodiversité dépend :

- du **nombre d'espèces différentes** dans un endroit donné ;
- de la **différence de diversité entre tous les écosystèmes** qui composent le lieu étudié ;
- de la **diversité à l'échelle de la région géographique** et de son évolution au cours du temps.

Vocabulaire
Écosystème : milieu de vie et êtres vivants qui le peuplent.

2 Diversité des espèces

- **La mesure de la biodiversité repose sur un inventaire des différentes espèces présentes dans un milieu de vie.**
- Les espèces sont identifiées à partir de **clés de détermination**.
- Un **comptage** ou une **estimation du nombre d'individus** de chaque espèce est réalisé.

Doc. Inventaire de la biodiversité de la parcelle A

	%
Ray-grass anglais	8,11
Graminées sélectionnées (fétuques)	13,62
Pâturin commun	4,57
Agrostides	7,4
Autres graminées (dactyles)	9,48
Total graminées	**43,18**
Trèfle blanc	6,81
Trèfle violet	0,86
Diverses vénéneuses (renoncules)	11,88
Diverses aromatiques (pissenlits)	16,6
Diverses indésirables (chardons, rumex)	8,47
Diverses autres	12,2
Total plantes autres que graminées	**56,82**

3 Biodiversité des écosystèmes

- **Les milieux de vie sont très variés :** milieux aquatiques ou terrestres, en climat tropical, tempéré ou polaire…
- **Le peuplement est lui aussi très varié et dépend du milieu.**

Exemple : les espèces animales et végétales spécifiques des zones humides sont très différentes de celles qui occupent la dune de bord de mer.

EXERCICE RÉSOLU

Comparer la biodiversité de deux milieux

ÉNONCÉ

Des inventaires de la diversité des espèces végétales ont été réalisés sur deux parcelles différentes.

1. En utilisant les tableaux des p. 174 et 175, déterminez le nombre de groupes ou d'espèces différents dans les parcelles A et B. Cette comparaison permet-elle de déterminer la parcelle qui a la plus forte biodiversité ? Justifiez votre réponse.

	%
Ray-grass anglais	16,67
Graminées sélectionnées (fétuques)	11,38
Pâturin commun	15,44
Agrostides	15,33
Autres graminées (dactyles)	20,32
Total graminées	**79,14**
Trèfle blanc	5,96
Trèfle violet	1,02
Diverses vénéneuses (renoncules)	5,28
Diverses aromatiques (pissenlits)	5,83
Diverses indésirables (chardons, rumex)	1,37
Diverses autres	1,4
Total plantes autres que graminées	**20,86**

Doc. Inventaire de la biodiversité sur la parcelle B

2. Comparez le pourcentage de l'ensemble des graminées et celui de toutes les autres plantes. Cette comparaison permet-elle de déterminer la parcelle qui a la plus forte biodiversité ? Justifiez votre réponse.

CORRIGÉ

1. Les parcelles A et B contiennent chacune **11** espèces ou groupes de plantes différentes. Cela ne permet pas de déterminer la parcelle qui a la plus forte biodiversité.

2. La parcelle A contient 43,18 % de graminées et 56,82 % d'autres plantes, alors que la parcelle B contient 79,14 % de graminées et seulement 20,86 % d'autres plantes. **La parcelle A a la plus forte biodiversité**, car les différents groupes et espèces sont mieux représentés.

Attention !
« Biodiversité » n'est pas uniquement synonyme de « grand nombre d'espèces ». La biodiversité dépend aussi du nombre d'individus par espèce.

2 Phénotype et génotype des individus

1 Des caractères et des gènes

- **Le phénotype est l'ensemble des caractères observables ou détectables d'un individu.** Tous les individus d'une même espèce partagent les mêmes caractères.
- **Le génotype est l'ensemble des gènes d'un individu.** Tous les individus d'une même espèce possèdent les mêmes gènes.

Vocabulaire
Gène : partie d'un chromosome située à un endroit précis qui intervient dans l'expression d'un caractère.

2 Le phénotype dépend du génotype

- **Un gène se présente souvent sous plusieurs versions différentes : les allèles.** Chaque gène est présent en deux exemplaires dans le noyau des cellules. Ces deux exemplaires peuvent être représentés par deux allèles identiques ou différents.
- La combinaison des allèles d'un individu (= **génotype**) explique les caractères qu'il manifeste (= **phénotype**).

Doc. Génotypes et phénotypes pour le groupe sanguin. Le garçon ci-dessus est de groupe O^+, car il possède deux allèles O et un allèle Rh^+ et un allèle Rh^- ou deux allèles Rh^+.

3 Le phénotype dépend aussi de l'environnement

Certains caractères ne dépendent que des gènes qui les contrôlent. D'autres caractères sont influencés par l'environnement.

Exemples : la couleur de la peau chez les humains (avec l'exposition au soleil) ou la longueur des racines chez les plantes (avec l'humidité du sol) dépendent de l'environnement, alors que le groupe sanguin ne dépend que des allèles A, B et O.

EXERCICE RÉSOLU

Expliquer un phénotype à partir du génotype

ÉNONCÉ

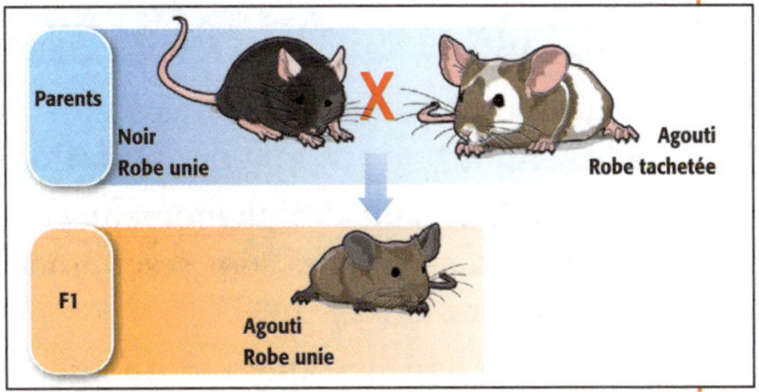

Le pelage de la souris est défini par sa couleur et par ses taches. On croise deux souris de lignées pures : la descendance (F1) est seulement composée de souris agouti à robe unie.

Le gène qui contrôle la couleur du pelage existe sous deux allèles, notés N (pour noir) et A (pour agouti). L'allèle A domine l'allèle N.

Le gène qui contrôle la présence des taches existe sous deux allèles, notés T (pour robe tachetée) et T^+ (pour robe unie). L'allèle T^+ domine l'allèle T.

1. Dessinez deux paires de chromosomes pour chacun des parents à la manière de ceux qui sont représentés p. 176. Représentez les allèles (N, A, T et T^+) sur ces chromosomes pour chaque parent.

2. Dessinez les deux paires de chromosomes d'une souris de la descendance F1 avec ses allèles.

CORRIGÉ

1. Les paires de chromosomes des parents sont les suivantes :

Parent noir à robe unie

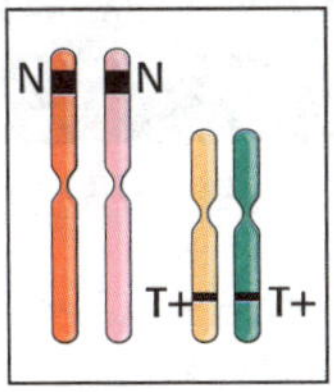

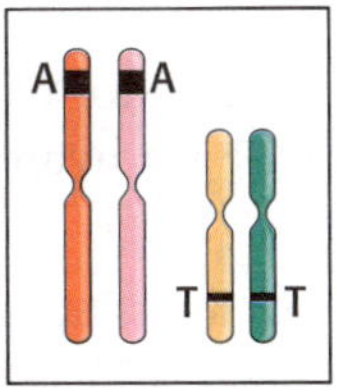

Parent agouti à robe tachetée

2. Les paires de chromosomes des souris de la descendance F1 sont les suivantes :

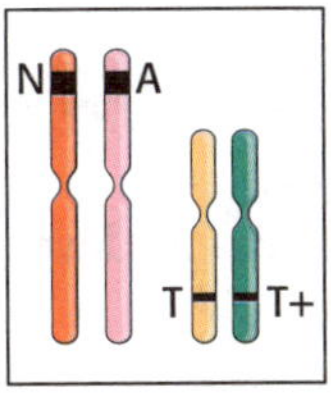

Un individu de la descendance F1 hérite d'un chromosome de chaque parent (au hasard).

3 Mécanismes de l'évolution biologique

1 Diversité des individus et hasard

- Les gènes subissent des changements qui peuvent modifier leur action : ce sont des **mutations**.
- Les mutations sont des phénomènes rares qui surviennent **au hasard**. Elles sont responsables de l'existence des allèles.

Piège à éviter
Ne croyez pas qu'un mutant est un monstre ! C'est juste un individu porteur d'un allèle différent pour un gène donné.

- **La transmission des allèles d'une génération à une autre dépend du hasard de la reproduction sexuée :**

– hasard dans la répartition des chromosomes à la méiose ;
– hasard dans la rencontre des gamètes.

2 Sélection naturelle

- Dans une population donnée, les individus présentent des **variations individuelles des caractères spécifiques**, car ils ont des allèles différents.

Exemple : dans un groupe de girafes adultes, les individus n'ont pas tous un cou de même longueur, car ils possèdent des allèles différents.

- Dans un environnement donné, certains allèles donnent un avantage, et d'autres non.

Doc. Girafes avantagées par leur long cou

Exemple : dans une population de girafes, posséder un allèle qui permet d'avoir un cou un peu plus long est un avantage si la végétation est rare et disponible en haut des arbres.

- **Les individus avantagés dans une population survivent mieux que les autres**, ils se reproduisent davantage et transmettent plus leurs allèles que le reste de la population : **c'est la sélection naturelle**.

Exemple : à chaque génération, ce sont les girafes qui ont le cou le plus long qui ont le plus de descendants.

- Si l'environnement change, un allèle avantageux peut devenir neutre ou défavorable.

Exemple : si la végétation changeait en Afrique, la possession d'un long cou pourrait ne plus être un avantage.

EXERCICE RÉSOLU

Interpréter des faits biologiques à l'aide de la sélection naturelle

ÉNONCÉ

La phalène du bouleau est un papillon de nuit qui passe ses journées posée sur le tronc des arbres. Pendant ce temps de repos, elle est exposée à ses prédateurs naturels : des oiseaux. Il existe deux variants chez les phalènes pour la couleur : un variant sombre appelé *carbonaria* et un variant clair appelé *typica*.

Doc. Phalènes *carbonaria* (à gauche) et *typica* (à droite, dans le cercle) sur un tronc couvert de lichens

1. En utilisant vos connaissances sur les gènes, expliquez l'existence de *carbonaria* et de *typica* au sein de la même espèce.

2. Expliquez pour quelle raison les variants *typica* sont beaucoup plus nombreux que les variants *carbonaria*.

3. En Angleterre, au XIXe siècle, le tronc des arbres est devenu sombre à cause de la pollution, et les variants *carbonaria* sont devenus majoritaires. Expliquez pourquoi.

CORRIGÉ

1. La couleur du papillon dépend d'un gène. Ce gène existe sous la forme de **deux allèles** : un allèle « *typica* » et un allèle « *carbonaria* ».

2. Les variants *typica* sont plus difficiles à repérer par les prédateurs que les *carbonaria* (**allèle avantageux**). Ils **survivent davantage, se reproduisent plus** que les variants *carbonaria*. Donc, ils sont plus nombreux.

> **Piège à éviter**
> C'est l'environnement qui sélectionne les individus les mieux adaptés. Les individus ne s'adaptent pas, ils ne changent pas.

3. Sur des troncs sombres, ce sont les variants *carbonaria* qui sont plus difficiles à repérer par les prédateurs (l'allèle *carbonaria* devient avantageux). **Les variants *carbonaria* survivent davantage, se reproduisent plus** que les variants *typica*. Donc, ils deviennent majoritaires.

4 Relations de parenté entre les êtres vivants

1 Tous différents, tous parents

- Même si les phénotypes des individus de deux espèces différentes sont bien distincts, ces derniers partagent quand même des **caractères**.

Exemple : un lion et un dauphin ont des apparences bien différentes, mais ils possèdent un squelette en os, des poumons alvéolés et des mamelles.

- La présence de caractères partagés entre des espèces différentes révèle leur **parenté**. Ce sont des **indices d'une histoire commune lors de l'évolution** ; ces indices montrent l'existence d'ancêtres communs aux différentes espèces qui peuplent la Terre aujourd'hui.

Vocabulaire

Ancêtre commun : organisme dont la descendance contient les êtres vivants étudiés.

Exemple : tous les êtres vivants actuels possèdent des cellules contenant de l'ADN, ce qui conduit à imaginer un ancêtre commun à tous les êtres vivants possédant déjà ce caractère.

2 Place de l'Homme dans l'évolution du vivant

- L'espèce humaine possède des caractères qui permettent de la classer dans le groupe des **vertébrés**, des **mammifères**, des **primates** et encore plus précisément des **hominidés**.
- Les **hominidés** actuels constituent un groupe d'espèces de primates qui pratiquent la **bipédie de manière occasionnelle ou permanente** : les gorilles, les chimpanzés et les humains.
- Les études génétiques de comparaison de l'ADN de différentes espèces confirment la parenté de l'Homme avec les espèces actuelles.

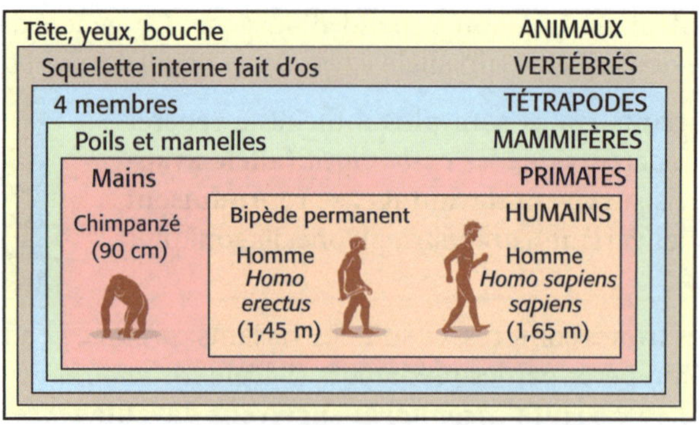

Doc. Classification emboîtée de l'espèce humaine

Exemple : l'Homme possède plus de 95 % de gènes en commun avec le Chimpanzé.

EXERCICE RÉSOLU

Construire un arbre de parenté des vertébrés

ÉNONCÉ

1. Construisez l'arbre de parenté le plus probable qui rattache les sept espèces de vertébrés proposés en utilisant le tableau de caractères ci-contre.

Organisme \ Caractères	Mâchoire	Poumons	Amnios	Poils	Queue régressée	Bipédie permanente
Lamproie	0	0	0	0	0	0
Requin	1	0	0	0	0	0
Salamandre	1	1	0	0	0	0
Lézard	1	1	1	0	0	0
Tigre	1	1	1	1	0	0
Gorille	1	1	1	1	1	0
Homme	1	1	1	1	1	1

1 : caractère présent / 0 : caractère absent.

2. Placez les caractères sur l'arbre en dessinant des rectangles que vous légenderez.

3. Dessinez un carré sur l'arbre qui représenterait l'ancêtre commun de tous ces vertébrés.

CORRIGÉ

1. L'arbre de parenté le plus probable est le suivant :

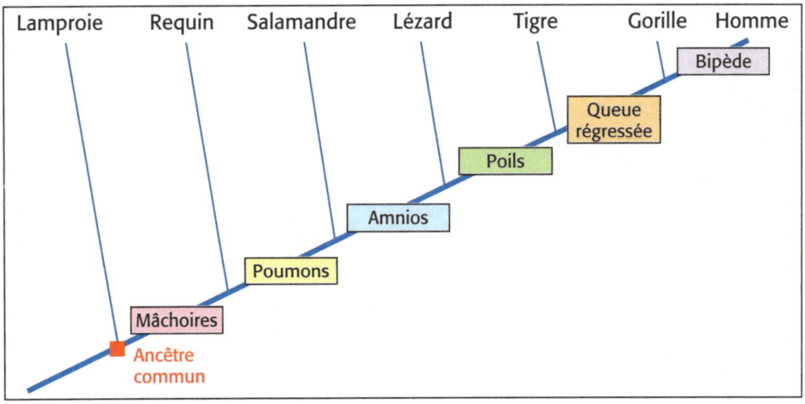

2. Les caractères doivent être placés avant les branches de l'arbre qui possèdent ce caractère. Par exemple, le caractère « Poils » est placé avant les branches qui portent le Tigre, le Gorille et l'Homme.

3. L'ancêtre commun à tous ces vertébrés a donné naissance à toutes les espèces présentes dans le tableau, donc il est placé à l'origine de la première branche, celle de la lamproie.

Interpréter des résultats d'expériences

ÉNONCÉ

On expose des levures (champignons unicellulaires) à des rayons ultraviolets. Ces rayons ont une action mutagène qui augmente le nombre de mutations des gènes. Les levures sont cultivées dans des boîtes de Pétri, et les colonies sont comptées. Avant l'exposition aux ultraviolets, toutes les colonies étaient rouges.

Interprétez les résultats de ces expériences.

Durée d'exposition aux UV (en s)	0	30	60
Nombre de colonies rouges	3 000	1 733	597
Nombre de colonies blanches	0	17	28

Doc. Résultats des expériences d'exposition aux rayons ultraviolets

MÉTHODE

1. Repérer le facteur de l'expérience que l'on a fait varier.
2. Identifier et quantifier les conséquences de cette action.
3. Proposer une explication des résultats en utilisant ses connaissances.

CORRIGÉ

Solution	Commentaires
Plus la durée d'exposition aux ultraviolets est importante, moins il y a de colonies rouges, et plus il y a de colonies blanches. Les colonies blanches n'apparaissent qu'avec une exposition aux ultraviolets. On peut penser que l'exposition aux rayons ultraviolets a provoqué des mutations chez les levures des colonies blanches et que ces mutations ont engendré la mort d'un grand nombre de levures, mais aussi l'apparition d'un nouvel allèle qui donne une couleur blanche aux colonies.	**1.** Dans cette expérience, on fait varier la durée d'exposition des levures aux ultraviolets. **2.** Les conséquences de l'exposition aux ultraviolets sont la diminution du nombre de colonies rouges (presque divisé par 6) et l'apparition de colonies blanches. **3.** Les ultraviolets provoquent des mutations. Les mutations sont des modifications des gènes qui produisent de nouveaux allèles. Le texte de présentation évoque les mutations, ce qui indique la connaissance à utiliser.

Traduire un texte en schéma

ÉNONCÉ

La biodiversité est directement liée au génotype de chaque individu. Ce dernier est unique et dépend de la combinaison des allèles qu'il a reçus de chacun de ses parents.
Au cours de la méiose (formation des gamètes mâles et femelles), des répartitions au hasard des chromosomes se produisent, ce qui conduit à une augmentation de la diversité génétique. De plus, à la fécondation, la rencontre au hasard des gamètes augmente la diversité génétique.
Enfin, l'existence d'allèles différents pour un même gène est le résultat de mutations successives.
À partir du texte précédent, réalisez un schéma expliquant la biodiversité des individus.

MÉTHODE

1. Identifier les mots clés.
2. Repérer les relations entre ces mots clés.
3. Construire un schéma avec les mots clés dans des rectangles reliés entre eux par des flèches légendées.

CORRIGÉ

<table>
<tr><th>Solution</th><th>Commentaires</th></tr>
<tr><td rowspan="3">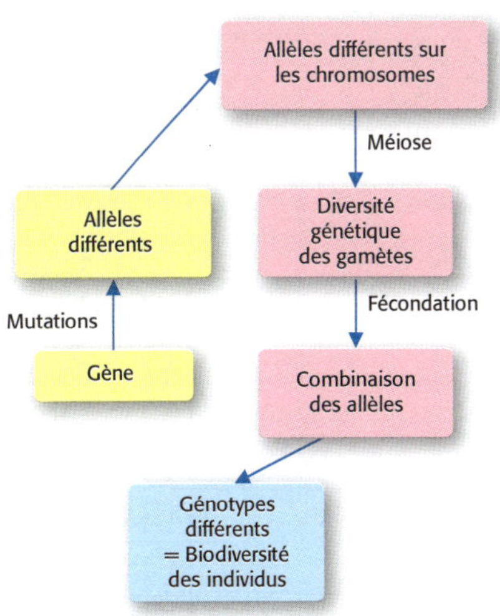
</td><td>1. Mots clés : génotype, gène, allèle, méiose, chromosome, gamète, fécondation, mutation</td></tr>
<tr><td>2. Les allèles des parents sont combinés lors de la fécondation.
Les mutations provoquent l'apparition de nouveaux allèles.</td></tr>
<tr><td>3. Les flèches doivent construire un chemin qui conduit à l'étiquette « Biodiversité des individus ».</td></tr>
</table>

QCM

1 Cochez la (ou les) réponse(s) correcte(s).

1. La biodiversité est mesurée à partir du comptage :
- **a.** ☐ des espèces
- **b.** ☐ des individus
- **c.** ☐ des populations

2. Chez un animal, un gène est présent :
- **a.** ☐ en un exemplaire
- **b.** ☐ en deux exemplaires
- **c.** ☐ en un grand nombre d'exemplaires

3. Le phénotype d'un individu dépend de :
- **a.** ☐ son génotype
- **b.** ☐ son environnement

4. Les mutations naturelles sont :
- **a.** ☐ dangereuses
- **b.** ☐ dues au hasard
- **c.** ☐ fréquentes

5. La sélection naturelle est un mécanisme qui modifie :
- **a.** ☐ les individus
- **b.** ☐ les gènes
- **c.** ☐ les espèces

6. L'espèce humaine et l'espèce chimpanzé partagent :
- **a.** ☐ les mêmes gènes
- **b.** ☐ la bipédie
- **c.** ☐ un squelette osseux

2 Répondez par vrai ou faux.

Affirmations	Réponses	
1. Tous les chats possèdent les mêmes gènes.	☐ V	☐ F
2. Le phénotype est l'ensemble des allèles possédés par un individu.	☐ V	☐ F
3. Un allèle est une variante d'un gène obtenu par mutation.	☐ V	☐ F
4. L'espèce *Homo sapiens* n'a pas subi la sélection naturelle.	☐ V	☐ F
5. Tous les êtres vivants possèdent des gènes.	☐ V	☐ F
6. Les études génétiques montrent que l'Homme descend du singe.	☐ V	☐ F

Exercices d'entraînement

3 Point chaud de biodiversité

Avec Madagascar et les autres îles du Sud-Ouest de l'océan Indien, La Réunion a été classée parmi les 34 « points chauds » de la biodiversité dans le monde. Les scientifiques ont ainsi dénombré 116 « habitats » différents, près de 1000 espèces de plantes, 30 espèces d'oiseaux, 5 espèces de chauves-souris, 6 espèces de reptiles – dont une tortue géante – et plus de 2000 espèces d'insectes, dont plusieurs sont uniques au monde.
En utilisant vos connaissances, relevez les informations du texte ci-dessus qui expliquent pour quelles raisons l'île de la Réunion est un « point chaud » de biodiversité.

4 La couleur des chats

La couleur des chats est commandée par une douzaine de gènes. Parmi eux, le gène B détermine la couleur générale de noir à beige clair en passant par chocolat. Ce gène présente trois allèles : B (noir), b (chocolat) et b1 (beige clair). L'allèle B domine l'allèle b qui domine l'allèle b1.

1. Dessinez la paire de chromosomes et les allèles du gène qui déterminent la couleur des chats proposés ci-contre.
2. Dessinez la paire de chromosomes et les allèles du gène qui déterminent la couleur chez les deux parents de ces chats.
3. Dessinez la paire de chromosomes et les allèles du gène qui déterminent la couleur chez un chat beige clair.
4. Expliquez pour quelle raison les chats noirs sont les plus fréquents et les chats beige clair les plus rares.

Doc. Chats à robe chocolat issus de parents à robe noire

5 Des mouches sélectionnées

La drosophile, ou mouche du vinaigre, présente un phénotype classique de mouche avec des ailes longues. Cependant, il existe une mutation du gène qui contrôle la longueur des ailes, et cette mutation conduit à la réalisation d'ailes très réduites qui ne permettent pas aux mouches mutantes de voler.

Doc. Drosophile à ailes réduites

Une population de drosophiles se retrouve isolée sur une île au milieu d'un lac. Sur cette île, la nourriture des drosophiles est présente sur les fruits attachés en haut des arbres. Parmi ces drosophiles, certaines ont les ailes longues et d'autres les ailes très réduites. Au départ, la population comporte autant de drosophiles de chaque sorte.
Utilisez vos connaissances sur la sélection naturelle pour expliquer qu'au cours des générations successives, la proportion de drosophiles à ailes longues va augmenter.

6 Une parenté insoupçonnée

L'arbre de parenté des vertébrés proposé en annexe p. 347 permet de déterminer les caractères partagés entre deux espèces ou deux groupes d'êtres vivants.

1. Utilisez cet arbre pour indiquer les caractères partagés par les lézards et les crocodiles.
2. En utilisant cet arbre, expliquez pour quelle raison les scientifiques affirment que les crocodiles sont plus proches parents des oiseaux que des lézards.
3. Le thon (poisson osseux) est-il plus proche parent du requin ou de l'humain (mammifère) ? Justifiez votre réponse avec des informations tirées de l'arbre de parenté.

7 Les lapins à couleur variable

Les lapins sauvages ont un pelage sombre ⓐ. Certains lapins (dits himalayens) ont une fourrure blanche, sauf sur les extrémités plus froides que le reste du corps (bout des pattes et du museau, queue, oreilles) ⓑ.

Doc. ⓐ Lapin sauvage ⓑ Lapin himalayen
ⓒ Lapin himalayen tondu et élevé à 15 °C

Ces lapins, tondus et placés à température fraîche (15 °C) pendant tout le temps de la repousse des poils, acquièrent la couleur des animaux sauvages ⓒ.

1. Montrez que la couleur du pelage des lapins dépend des gènes.
2. Montrez que la couleur du pelage des lapins dépend aussi de l'environnement.

8 Les végétaux ont aussi droit à leur arbre de parenté

Espèces \ Caractères	Couleur verte	Racines	Graines	Cônes	Fleurs	Nervures parallèles
Grimmia pulvinata	1	0	0	0	0	0
Polypode vulgaire	1	1	0	0	0	0
Pin Laricio	1	1	1	1	0	0
Cèdre du Liban	1	1	1	1	0	0
Robinier faux acacia	1	1	1	0	1	0
Bananier	1	1	1	0	1	1
Lys	1	1	1	0	1	1

Doc. Tableau de caractères de quelques végétaux (0 : absence du caractère/1 : présence du caractère)

1. Recherchez sur Internet des images de ces différents végétaux.
2. Construisez un arbre de parenté de ces végétaux en vous inspirant de l'exercice résolu p. 181.

9 Un fossile parmi les vivants

L'archéoptéryx a vécu il y a environ 150 millions d'années. De la taille d'un pigeon, il possédait des ailes lui permettant de se déplacer d'arbre en arbre. Ses mâchoires présentaient des dents pointues, et son crâne possédait une fenêtre en avant de l'orbite.

Placez l'archéoptéryx dans l'arbre de parenté des vertébrés de l'annexe SVT p. 347.

Justifiez votre choix.

Doc. Squelette osseux d'archéoptéryx

Vers le brevet

10 L'escargot des haies

L'escargot des haies, ou escargot des bois (nom scientifique : Cepaea nemoralis), est un escargot très courant, qui vit dans l'Ouest de l'Europe. Les individus de cette espèce d'escargot portent des coquilles très variées : avec ou sans bandes sombres, couleur de base jaune ou marron. On observe une population d'escargots des haies majoritairement jaunes dans une prairie et une autre population d'escargots des haies majoritairement marron dans une forêt voisine.

Doc. À gauche, escargot des haies à coquille jaune (surtout présent en prairie). À droite, escargot des haies à coquille marron (surtout présent en forêt)

1. Plusieurs gènes interviennent dans l'expression des caractéristiques de la coquille des escargots des haies. Un de ces gènes contrôle la couleur de base de la coquille, il se nomme C. Il existe deux versions du gène : Cb (*brown* = marron) et Cy (*yellow* = jaune). On sait que la version Cb domine la version Cy.
   Après avoir défini ce qu'est un allèle, écrivez tous les génotypes possibles des escargots jaunes et des escargots marron.
2. Dans la forêt, les escargots à coquille marron sont plus difficiles à repérer que les escargots jaunes. Le principal prédateur des escargots est un oiseau : la grive musicienne. Utilisez vos connaissances sur la sélection naturelle pour expliquer que les escargots à coquille marron sont plus nombreux que les escargots à coquille jaune en forêt.
3. Des expériences réalisées en laboratoire montrent que les escargots à coquille jaune préfèrent des températures plus élevées que ceux à coquille marron.
   À partir de toutes les informations précédentes, indiquez les facteurs qui expliquent qu'une couleur de coquille des escargots des haies soit dominante dans un environnement donné.

QCM

1 **1. Réponses : a, b et c.** La biodiversité se mesure à **différentes échelles**. La plus forte biodiversité est atteinte quand un écosystème contient de nombreuses espèces différentes, composées elles-mêmes de populations différentes, elles-mêmes constituées d'un grand nombre d'individus.

2. Réponse : b. La majorité des êtres vivants pluricellulaires (dont les animaux) ont des caryotypes contenant des paires de chromosomes. Ainsi, sur chaque chromosome de la paire, il y a un exemplaire du même gène à la même position.

3. Réponses : a et b. Les gènes interviennent dans l'expression de très nombreux caractères visibles (par exemple la couleur des fleurs, du pelage des animaux) ou détectables (par exemple le groupe sanguin). Cependant, l'environnement influe aussi largement sur l'expression d'un grand nombre de caractères (par exemple le changement de la couleur des feuilles en automne ou du pelage des animaux en hiver).

4. Réponse : c. Les mutations sont des phénomènes rares et totalement aléatoires. La plupart n'ont aucun effet sur le phénotype, quelques-unes ont des conséquences négatives (par exemple la mutation qui conduit à l'albinisme), et d'autres encore ont des conséquences positives ; c'est la création de nouveaux allèles, sources de diversité génétique.

> **À savoir**
> De nombreux agents physiques (par exemple les rayons UV du Soleil) ou chimiques (par exemple certains pesticides) provoquent une augmentation de la fréquence des mutations.

5. Réponse : c. La sélection naturelle s'exerce sur la capacité à survivre et à se reproduire des individus et elle n'a d'effet que sur plusieurs générations. **Or, les changements acquis par un individu au cours de sa vie ne se transmettent pas à la génération suivante.** Les gènes sont présents sous forme d'allèles différents dans une population ; ceux qui confèrent un avantage à leur porteur sont sélectionnés par l'environnement.

6. Réponses : b et c. Les deux espèces de chimpanzé et l'espèce humaine sont de proches parents, mais ils possèdent quand même quelques gènes différents. La bipédie, même si elle est partagée par ces espèces, n'est qu'occasionnelle chez les chimpanzés.

2 **1. Vrai.** Tous les chats sont de la même espèce. Or, **tous les individus appartenant à la même espèce partagent exactement les mêmes gènes**. Ce qui les différencie, ce sont les allèles de ces gènes : leurs variantes.

2. Faux. Le phénotype est l'ensemble des **caractères** observables ou détectables d'un individu.

3. Vrai. Certains gènes possèdent quelques variantes, comme celui qui contrôle le groupe sanguin (trois allèles chez l'être humain : A, B et O). D'autres gènes possèdent de très nombreux allèles.

> **À savoir**
> Sans allèles, pas de diversité ! Nous serions tous identiques : une population de clones.

4. Faux. L'espèce humaine, *Homo sapiens*, existe depuis 200 000 ans. Les premières populations d'*Homo sapiens*, toutes africaines, présentaient probablement une peau sombre. Certaines de ces populations ont migré vers l'Eurasie. Au cours de ces migrations, les gènes humains ont subi des mutations, en particulier ceux contrôlant la pigmentation de la peau, faisant apparaître de nouveaux allèles : la peau de certains individus était plus claire. Cette variation est désavantageuse entre les tropiques à cause des rayons UV agressifs du soleil, mais elle devient un avantage pour les individus exposés aux faibles rayonnements du Nord de l'Asie ou de l'Europe, car elle permet une meilleure utilisation du soleil pour produire la vitamine D. C'est un des exemples de la sélection naturelle qui explique la répartition des phénotypes clair et foncé de la peau sur Terre.

> **Remarque**
> L'*Homo sapiens* a été modifié par son environnement et maintenant, il modifie son environnement.

5. Vrai. Tous les êtres vivants possèdent de l'ADN contenu dans un ou plusieurs chromosomes. Les bactéries, par exemple, possèdent un seul chromosome circulaire contenant de nombreux gènes.

6. Faux. La parenté étroite entre les Singes et l'Homme montre qu'ils partagent un **ancêtre commun**, daté d'au moins 10 millions d'années (pour l'Homme et le Chimpanzé).

Exercices d'entraînement

3 L'île de la Réunion est un point chaud de biodiversité, car **elle comporte un grand nombre d'habitats différents** (116) **et de très nombreuses espèces de plantes et d'insectes**. En outre, **certaines espèces ne sont présentes que sur cette île**, ce qui en fait une réserve de biodiversité.

> **L'astuce du prof**
> Penser « biodiversité », c'est penser diversité de la vie à différentes échelles : individus, espèces, écosystèmes.

4 **1.** La paire de chromosomes d'un chat chocolat porte les allèles ci-contre.
En effet, l'allèle B domine l'allèle b, donc l'allèle b doit être présent en deux exemplaires pour pouvoir s'exprimer.
Autre possibilité : allèles b et b_1.

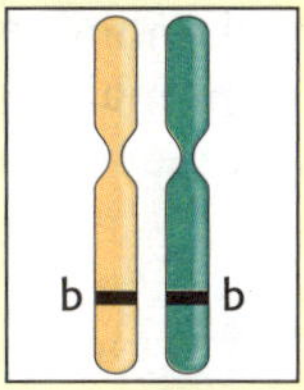

2. La paire de chromosomes des parents d'un chat chocolat porte les allèles ci-contre.
En effet, les deux parents sont **porteurs d'un allèle b** qu'ils ont transmis au chat chocolat, mais ils sont eux-mêmes noirs.
Autre possibilité : un des parents porte B et b_1.

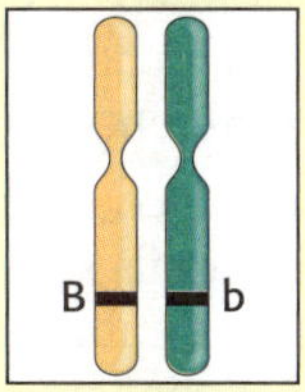

3. La paire de chromosomes d'un chat beige clair porte les allèles ci-contre.
En effet, **l'allèle b1 est dominé par les autres allèles**, donc il doit être présent en deux exemplaires pour pouvoir s'exprimer.

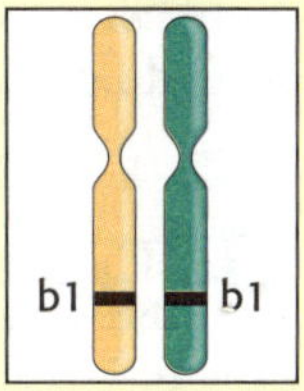

4. Les chats noirs sont plus fréquents que les chats beige clair, car la présence d'**un seul allèle B** suffit pour donner la couleur noire, alors qu'il faut qu'un chat hérite de **deux allèles b1** pour être beige clair.

5 La proportion de drosophiles à ailes longues va augmenter sur l'île, car ces mouches sont capables de voler jusqu'aux fruits, contrairement aux **mutantes**. Ainsi, elles sont **avantagées** pour leur accès à la nourriture. Puisqu'elles se nourrissent mieux, elles se **reproduisent** davantage que les mouches à ailes réduites et deviennent donc **plus nombreuses**.

6 **1.** Les lézards et les crocodiles partagent les caractères suivants : **crâne, vertèbres, mâchoires, squelette osseux, appendices pairs charnus, poumons alvéolés, membres pairs munis de doigts, embryon dans un amnios, quille ventrale sous les vertèbres cervicales et deux fosses temporales à l'arrière de l'orbite.**

> **À savoir**
> Dans la classification établie sur les parentés, il n'y a plus de groupe de reptiles, car les crocodiles, les serpents et les tortues forment des groupes séparés.

2. Les scientifiques affirment que les crocodiles sont plus proches parents des oiseaux que des lézards, car **ils partagent un caractère supplémentaire** : une fenêtre crânienne à l'avant de l'orbite.

3. Le thon est plus proche parent de l'humain que du requin, car **thons et humains partagent un caractère en commun** que le requin ne possède pas : le squelette osseux.

7 **1.** On constate l'existence d'un **phénotype sauvage** et d'un **phénotype himalayen** qui repose probablement sur l'existence de génotypes différents. Un ou plusieurs **gènes** contrôlent la couleur des lapins, et il existe des **allèles** différents.

2. La couleur des lapins himalayens **dépend de la température**. En effet, si les poils sont produits par le lapin à une température de 15 °C, son pelage est sombre, alors qu'il est blanc pour des températures supérieures. Cela est confirmé par les extrémités de ces lapins qui restent sombres même si le lapin est blanc, car les extrémités du corps sont toujours **plus froides** que le reste du corps.

8 **2.** L'arbre de parenté des végétaux proposés est le suivant :

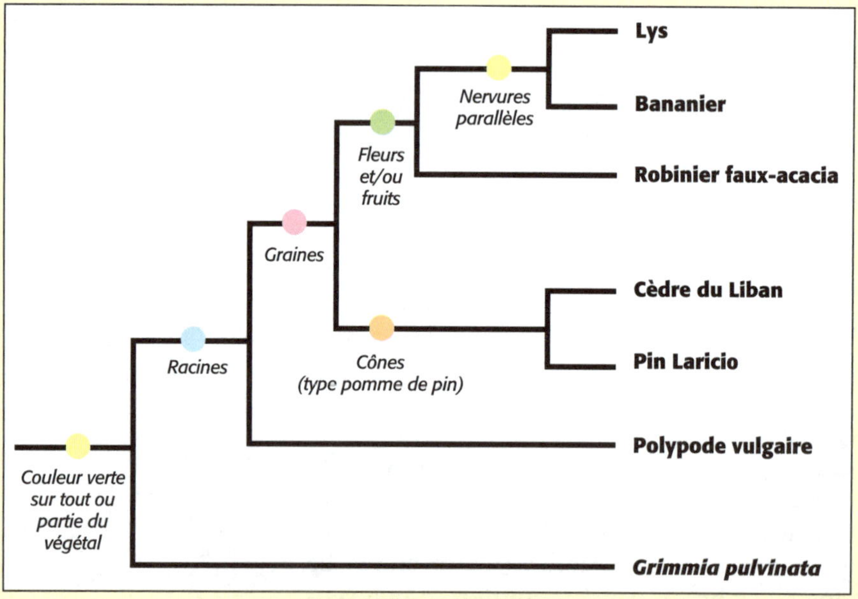

9 L'archéoptéryx devrait se situer dans le cadre bleu sous les crocodiles dans l'arbre de parenté des vertébrés proposé en annexe p. 347.

En effet, l'archéoptéryx possède une mâchoire, un squelette osseux et une fenêtre crânienne en avant de l'orbite **comme les crocodiles et les oiseaux**. Il est donc parent de ces deux groupes.

> **Gagnez des points !**
> Dans un arbre de parenté, il suffit de suivre le chemin de la racine de l'arbre jusqu'à l'organisme étudié pour connaître tous les caractères qu'il possède.

Vers le brevet

10 **1.** Un allèle est une **version possible d'un gène**. Deux allèles du même gène conduisent à **deux variations possibles d'un même caractère** héréditaire.
Génotype d'un escargot jaune : **Cy Cy** (deux allèles Cy, car deux exemplaires du même gène).
Génotype d'un escargot marron : **Cb Cb** ou **Cb Cy** puisque Cb domine Cy.

2. En forêt, les escargots marron **survivent davantage** à leur prédateur que les escargots jaunes, car ils sont plus difficiles à repérer. Donc, ils se **reproduisent davantage** et ont plus de descendants. Ainsi, génération après génération, ils **deviennent plus nombreux** que les escargots jaunes.

3. La couleur de la coquille des escargots des haies dépend donc :
- des **allèles du gène** qui commandent la couleur de la coquille ;
- de la **sélection naturelle** (ou de la survie des individus) ;
- des **conditions de l'environnement** (par exemple la température).

> **Remarque**
> La diversité des individus d'une espèce donnée dépend aussi du hasard : par exemple, lors de la formation des gamètes et de la fécondation.

CHAPITRE 11 [SVT] – Système nerveux, appareil digestif et activité physique

1 Rôle du système nerveux à l'effort

1 Perception et traitement des signaux

- **Le cerveau reçoit des informations en provenance des organes sensoriels** (yeux, peau, oreilles) **et de capteurs internes** sensibles à l'étirement des muscles.

Vocabulaire
Cortex cérébral : partie superficielle du cerveau constituée de plusieurs couches de neurones connectés entre eux.

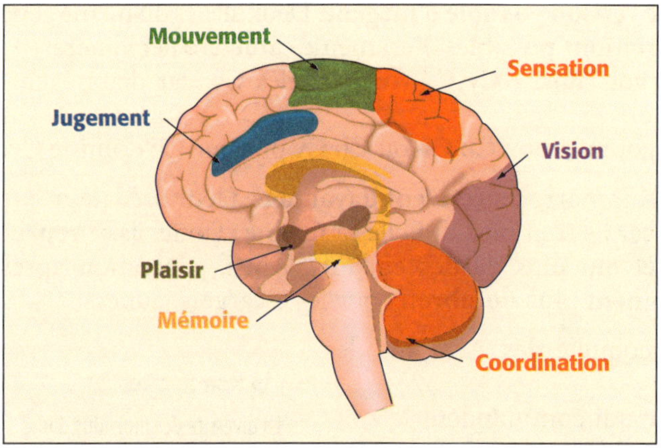

Doc. Quelques zones cérébrales spécialisées

- **Des zones cérébrales spécialisées** du cerveau traitent l'ensemble des informations reçues et communiquent entre elles : c'est l'**intégration des informations.**

Exemple : le cortex sensoriel qui reçoit les informations des organes des sens est associé au cortex moteur lors de la réalisation d'un mouvement.

2 Commande des mouvements

- La connexion **par les nerfs** entre les centres nerveux (cerveau et moelle épinière) et les muscles permet la réalisation des mouvements.
- **Les nerfs conduisent des messages nerveux de nature électrique entre les centres nerveux et les muscles.** La communication entre les cellules nerveuses et les cellules musculaires fait aussi intervenir des **messagers chimiques**.

3 Contrôle nerveux des activités cardiaque et respiratoire

• À l'effort, des centres nerveux localisés dans le bulbe rachidien (entre le cerveau et la moelle épinière) commandent l'augmentation de la fréquence cardiaque et de la fréquence respiratoire.

• Après un effort, ces centres nerveux assurent un retour progressif aux valeurs de repos des fréquences cardiaque et respiratoire : c'est la **récupération**.

EXERCICE RÉSOLU

Légender le système nerveux humain

ÉNONCÉ

1. Complétez les légendes numérotées du schéma ci-contre.

2. Précisez le rôle de chaque élément légendé.

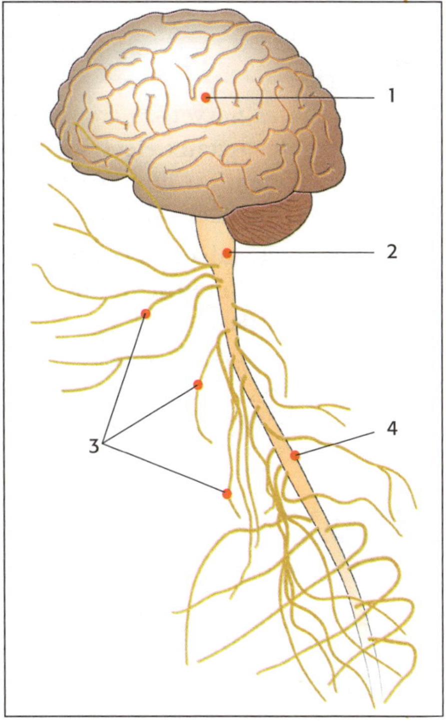

Doc. Le système nerveux humain

CORRIGÉ

1. Les légendes sont :
1 : le cerveau,
2 : le bulbe rachidien,
3 : les nerfs rachidiens,
4 : la moelle épinière.

2. Le cerveau est un **centre nerveux** qui traite les informations sensorielles et élabore des commandes nerveuses.
Le bulbe rachidien est un **centre nerveux** qui contrôle l'activité cardiaque et respiratoire.
La moelle épinière est un **centre nerveux** qui contrôle l'activité réflexe des muscles.
Les nerfs sont des **voies de communication** qui assurent la transmission des messages des organes sensoriels vers les centres nerveux, et des centres nerveux vers les organes effecteurs (par exemple les muscles).

> **Important**
> Le cerveau ne contrôle pas tout. La marche, par exemple, est contrôlée par la moelle épinière.

2 Activité cérébrale et hygiène de vie

1 Conditions d'un bon fonctionnement cérébral

• **Les cellules nerveuses nécessitent un approvisionnement constant en nutriments et en dioxygène assuré par la circulation sanguine.** Ainsi, une alimentation équilibrée et une activité physique régulière améliorent le fonctionnement cérébral.

• **Le cerveau nécessite des phases de repos** pendant lesquelles il réorganise les informations traitées pendant la journée. Ainsi, une nuit de sommeil améliore les performances de la mémoire.

2 Comportements perturbateurs de l'activité cérébrale

• **Les cellules nerveuses communiquent par l'intermédiaire de signaux électriques et chimiques.** Leur fonctionnement est donc particulièrement sensible à l'effet de substances chimiques psychotropes.

Vocabulaire

Psychotrope : substance chimique naturelle ou de synthèse qui modifie l'activité cérébrale.

• **L'alcool, le tabac, le cannabis et de nombreux médicaments modifient le fonctionnement des zones cérébrales.**

Exemple : la consommation d'alcool modifie l'activité des zones sensorielles, du plaisir, du jugement et de la motricité, et augmente les risques d'accident du travail ou de la circulation.

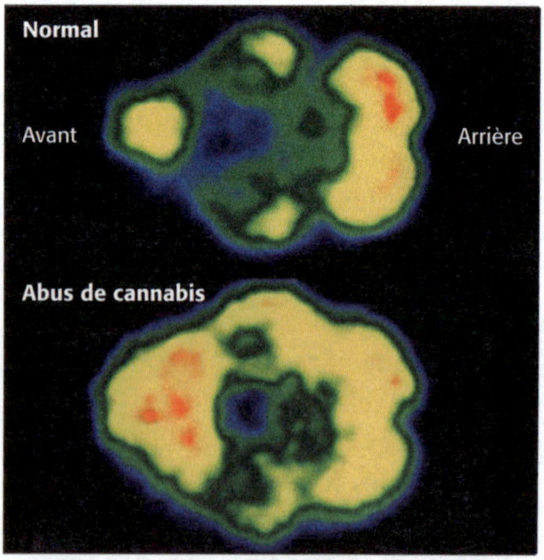

Doc. Activité cérébrale révélée par IRM.
Les zones activées sont en jaune et en rouge.

3 Dopage, activité cérébrale et sport

• **Les sportifs sont parfois tentés d'utiliser des produits dopants** qui modifient leur activité cérébrale pour supporter les tensions physiques et nerveuses.

Exemple : l'utilisation de stimulants (cocaïne, amphétamines…) améliore la concentration, la confiance en soi et diminue la sensation de fatigue.

• **Les dopants de l'activité cérébrale sont tous interdits dans la pratique du sport en compétition**, car ils ont des effets néfastes sur la santé, avec des risques cardiaques, respiratoires et/ou psychiques.

EXERCICE RÉSOLU

Expliquer les effets de l'alcool sur l'organisme

ÉNONCÉ

Après une consommation d'alcool, un individu présente des troubles de l'équilibre, son champ visuel rétrécit et sa vision se trouble.

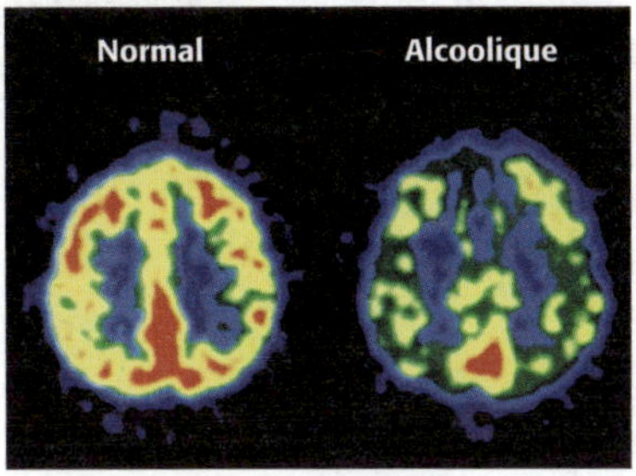

Doc. Activité cérébrale révélée par IRM. Les zones activées sont en jaune et en rouge.

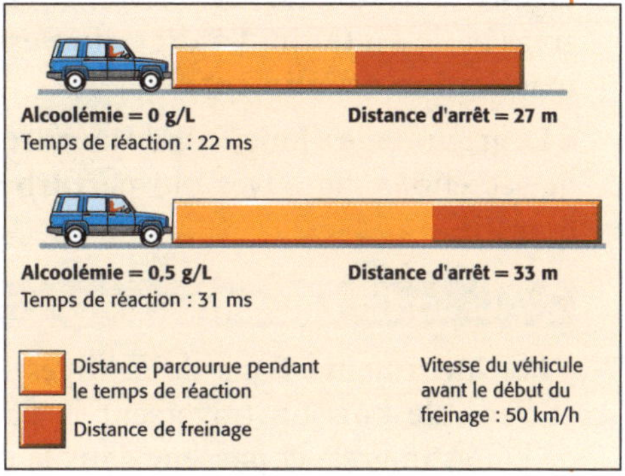

Doc. Effet de l'alcool sur la conduite

1. À partir des éléments ci-dessus, identifiez les effets de l'alcool.

2. Utilisez vos connaissances et l'IRM ci-dessus pour expliquer les effets de l'alcool sur l'organisme.

CORRIGÉ

1. L'alcool provoque des **troubles de l'équilibre**, **de la vision** et augmente **le temps de réaction**, qui passe de 22 à 31 millisecondes.

2. L'alcool **modifie l'activité cérébrale**. L'IRM montre que les zones activées chez un alcoolique ne sont pas les mêmes que chez l'individu normal. Or, on sait que le cerveau traite les informations en provenance des organes sensoriels. Cela explique les troubles de la vision et de l'équilibre.

On sait aussi que le cerveau envoie des commandes aux muscles. Cela explique l'augmentation du temps de réaction d'un individu sous l'effet de l'alcool.

> **Remarque**
> L'alcool agit sur les messages chimiques que les neurones échangent entre eux en empêchant leur action.

3 Nutrition et activité physique

1 Digestion des aliments

- Les molécules organiques contenues dans les aliments sont découpées par l'action des sécrétions digestives des glandes salivaires, de l'estomac, du pancréas et de l'intestin. **La digestion est facilitée par la mastication des aliments.**

Vocabulaire

Digestion : ensemble des transformations chimiques des aliments en nutriments absorbables par l'intestin.

- **Le grignotage** à longueur de journée provoque la libération trop fréquente de sécrétions digestives qui **perturbent le fonctionnement de l'appareil digestif.**

2 Absorption intestinale et assimilation

- **Les nutriments issus de la digestion et l'eau de boisson** traversent la paroi de l'intestin grêle et **passent dans la circulation sanguine** : c'est l'**absorption intestinale.**
- **L'absorption intestinale nécessite un afflux de sang** dans les vaisseaux sanguins qui irriguent l'intestin. Cet afflux sanguin ne peut pas se faire pendant une activité sportive. Ainsi, un repas doit être pris bien avant une activité physique.
- **Toutes les cellules de l'organisme** et les cellules musculaires en particulier **assimilent les nutriments du sang et les utilisent pour les convertir en énergie** (à partir des glucides et des lipides) **ou en éléments de structure** (à partir des protides).

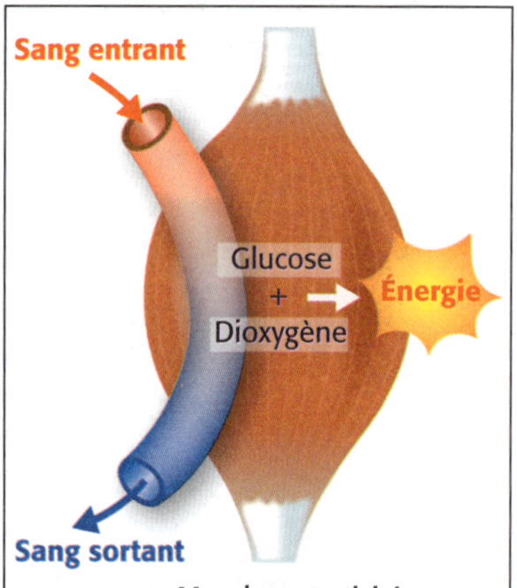

Doc. L'approvisionnement d'un muscle par le sang

3 Manger, bouger

- **Les apports alimentaires quotidiens couvrent les besoins en matière et en énergie de l'organisme.** Si les apports sont supérieurs aux besoins, l'organisme stocke les nutriments dans ses réserves de graisses.
- **Une pratique sportive régulière** améliore l'équilibre entre les apports et les besoins.

À savoir

Un corps d'homme adulte de 70 kg contient environ 45 L d'eau. Il perd 2,5 L par jour sans pratiquer d'activité physique.

EXERCICE RÉSOLU

Exploiter des résultats de dosages sanguins

ÉNONCÉ

Pour déterminer les échanges entre le sang et les muscles, des dosages sont réalisés dans le sang qui entre dans les muscles et dans le sang qui sort des muscles. Les résultats de ces dosages sont présentés dans les tableaux ci-contre.

Éléments mesurés dans 100 mL de sang	Sang entrant dans le muscle	Sang sortant du muscle
Dioxygène	20 mL	15 mL
Dioxyde de carbone	48 mL	52 mL
Glucose (nutriments)	90 mg	87 mg

Doc. Mesures réalisées sur un organisme au repos

Éléments mesurés dans 100 mL de sang	Sang entrant dans le muscle	Sang sortant du muscle
Dioxygène	20 mL	2 mL
Dioxyde de carbone	48 mL	70 mL
Glucose (nutriments)	90 mg	31 mg

Doc. Mesures réalisées sur un organisme en activité intense

1. Comparez les quantités de dioxygène, de dioxyde de carbone et de glucose dans le sang entrant et le sang sortant d'un muscle au repos.

2. Déduisez-en les échanges entre le sang et le muscle au repos, en termes de consommation et de production.

3. Décrivez et expliquez les échanges entre le muscle et le sang à l'effort.

CORRIGÉ

1. Les quantités de dioxygène et de glucose sont plus faibles dans le sang sortant d'un muscle au repos que dans le sang entrant. Pour le dioxyde de carbone, c'est le contraire.

2. Au repos, le muscle consomme du dioxygène et du glucose, et produit du dioxyde de carbone.

3. À l'effort, le muscle consomme **davantage de dioxygène** (20 – 2 = 18 mL) et **davantage de glucose** (90 – 31 = 59 mg) qu'au repos. Il produit également **plus de dioxyde de carbone**.
Ces différences s'expliquent par une **accélération des transformations chimiques** qui permettent de **convertir l'énergie** à partir du glucose et du dioxygène. Cet apport accru d'énergie permet le fonctionnement du muscle à l'effort.

Remarque
Les concentrations de dioxygène et de glucose sont toujours les mêmes quel que soit l'effort. En revanche, le débit sanguin à l'entrée des muscles augmente à l'effort.

Rédiger un texte à partir d'un schéma fonctionnel

ÉNONCÉ

Transformez ce schéma en texte.

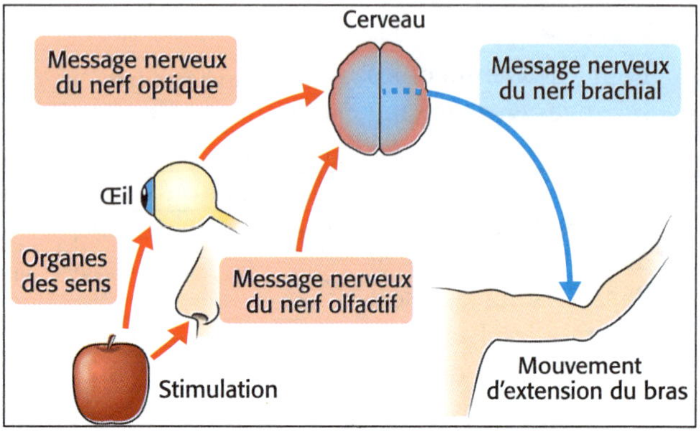

MÉTHODE

1. Repérer dans l'ordre les éléments du schéma qui seront les sujets des phrases.
2. Choisir des verbes d'action pour remplacer les flèches ou les symboles dessinés sur le schéma. Ces verbes indiquent le rôle des éléments choisis.
3. Rédiger et articuler les phrases du texte en introduisant des connecteurs logiques.

CORRIGÉ

Solution	Commentaires
Les organes des sens (le nez et l'œil) sont stimulés par la pomme. **Dès lors**, ils envoient des messages nerveux au cerveau transmis par les nerfs optiques et olfactifs. **Par la suite**, le cerveau traite ces messages sensoriels, **puis** il envoie des messages nerveux par le nerf brachial qui les conduit aux muscles. **Par conséquent**, cela provoque un mouvement d'extension du bras.	**1.** Dans un schéma, il y a souvent un ordre de lecture indiqué par des flèches ou des numéros. Les éléments qui pourraient servir de sujets sont : organes des sens, nerfs optiques et olfactifs, cerveau, nerf brachial, bras. **2.** Les organes sensoriels sont **stimulés**. Les nerfs **conduisent** les messages nerveux ou les **transmettent**. Le cerveau **traite** les informations. **3.** Les connecteurs sont **en gras** dans le texte.

Analyser des résultats graphiques

ÉNONCÉ

Des sportifs réalisent un test sur une bicyclette dont la roue est freinée, ce qui nécessite un effort important pour la faire tourner. Ils respirent soit l'air ambiant, soit du dioxygène pur.

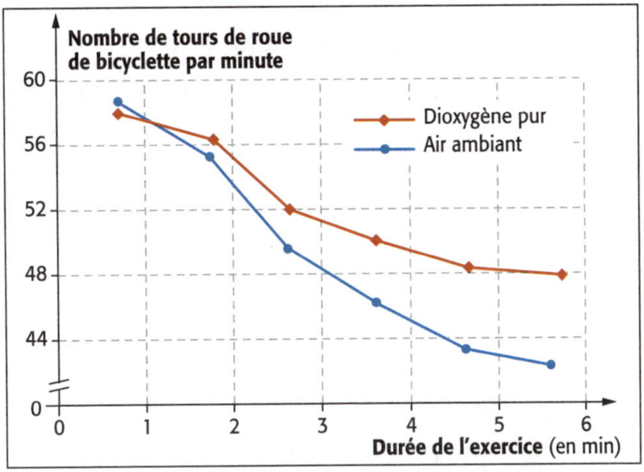

Doc. Résultat d'un test d'endurance réalisé pendant 6 minutes

MÉTHODE

1. Déterminer le paramètre mesuré.
2. Décrire l'évolution du paramètre en fonction de la première condition.
3. Décrire l'évolution du paramètre en fonction de la deuxième condition et la comparer à celle décrite précédemment.

CORRIGÉ

Solution	Commentaires
Ce graphique permet de connaître le nombre de tours de roue par minute réalisés en 6 min par des sportifs respirant l'air ambiant ou du dioxygène pur. On constate que le nombre de tours de roue diminue du début à la fin de l'exercice lorsque les sportifs respirent l'air ambiant : de 59 tours/min à 43 tours/min. On constate également que le nombre de tours de roue diminue du début à la fin de l'exercice lorsque les sportifs respirent du dioxygène pur, mais cette diminution est plus faible : de 58 tours/min à 48 tours/min.	**1.** Le paramètre mesuré est le nombre de tours de roue de bicyclette par minute. **2.** Le nombre de tours de roue par minute diminue : il passe de 59 tours/min à 43 tours/min. **3.** Le nombre de tours de roue par minute diminue : il passe de 58 tours/min à 48 tours/min. La diminution est plus faible que précédemment : 10 tours/min de moins en respirant le dioxygène pur, contre 16 tours/min de moins en respirant l'air ambiant.

QCM

1 Cochez la (ou les) réponse(s) correcte(s).

1. Pendant un effort, le cerveau reçoit des signaux :
a. ☐ des yeux **b.** ☐ des muscles **c.** ☐ du cœur

2. Les nerfs sont responsables de :
a. ☐ la réception des messages nerveux
b. ☐ l'intégration des messages nerveux
c. ☐ la transmission des messages nerveux

3. Une condition d'un bon fonctionnement cérébral est :
a. ☐ une alimentation sucrée **b.** ☐ un sommeil réparateur
c. ☐ la consommation régulière d'alcool

4. Une substance psychotrope :
a. ☐ n'a pas d'effet néfaste **b.** ☐ peut être un médicament
c. ☐ modifie l'activité cérébrale

5. La digestion est un processus qui correspond :
a. ☐ au passage des nutriments dans le sang
b. ☐ à la transformation des aliments en nutriments
c. ☐ à la transformation des nutriments par les cellules de l'organisme

6. Il faut éviter de manger juste avant un exercice physique, car :
a. ☐ la digestion sera difficile
b. ☐ il y a déjà assez de sucre dans le sang
c. ☐ le sang afflue vers les muscles pendant l'effort

2 Répondez par vrai ou faux.

Affirmations	Réponses
1. Le cerveau traite simultanément de nombreuses informations en provenance des organes des sens.	☐ V ☐ F
2. Tous les mouvements de nos muscles sont commandés par le cerveau.	☐ V ☐ F
3. Un sommeil régulier améliore les performances de la mémoire.	☐ V ☐ F
4. Les produits dopants n'ont que des effets positifs.	☐ V ☐ F
5. La mastication réalise l'essentiel de la digestion des aliments.	☐ V ☐ F
6. Il n'est pas nécessaire de boire pendant un effort prolongé, car le corps a de grandes réserves d'eau.	☐ V ☐ F

Exercices d'entraînement

3 Contrôle de l'activité cardiaque

Vers le milieu du XIXe siècle, des scientifiques soupçonnaient le rôle du bulbe rachidien dans le contrôle nerveux du cœur. Ils réalisèrent plusieurs expériences.

Expérience 1 : la stimulation électrique du nerf parasympathique entraîne une baisse de la fréquence cardiaque.

Expérience 2 : la stimulation électrique de la région A du bulbe rachidien a les mêmes effets.

Expérience 3 : la stimulation de la région B provoque une augmentation de la fréquence cardiaque.

Expérience 4 : si le nerf parasympathique est coupé, la stimulation électrique de la région A du bulbe rachidien n'a pas d'effet.

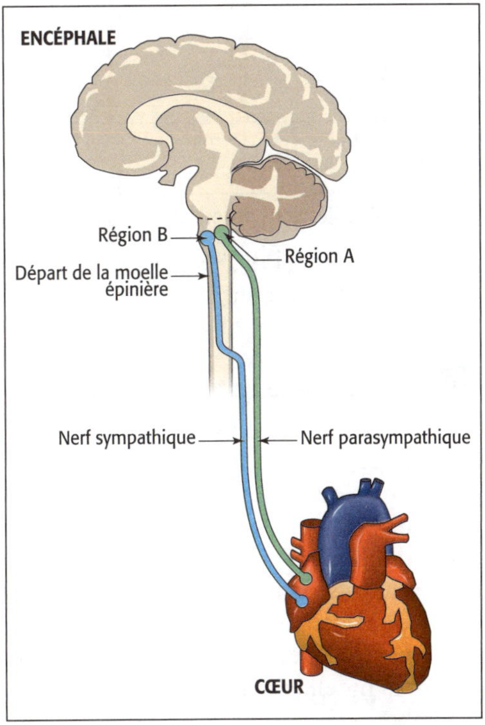

Doc. Connexions entre le bulbe rachidien et le cœur

1. Utilisez les résultats des expériences pour déterminer le rôle des régions A et B du bulbe rachidien.
2. Utilisez les résultats des expériences pour montrer le rôle du nerf parasympathique.
3. Quelle expérience complémentaire faudrait-il réaliser pour montrer le rôle du nerf sympathique ?

4 Un fonctionnement cérébral altéré

Des tests de conduite de voitures sur un circuit ont été réalisés sur deux groupes de personnes. Le premier groupe recevait du cannabis, et le second groupe un placebo, c'est-à-dire une substance sans effet. Aucune personne ne savait si elle prenait du cannabis ou le placebo.

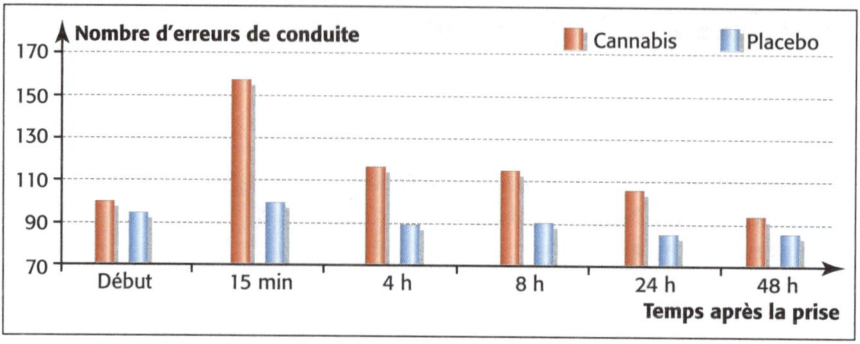

Doc. Résultats de tests de conduite sous l'effet du cannabis au cours du temps

1. À partir du graphique, indiquez les effets du cannabis au cours du temps.
2. À partir de vos connaissances, expliquez ces effets.

5 Perturbation du système nerveux

Lucas, 16 ans, roule en scooter pour venir au collège. À 60 km/h en ville, il percute une voiture qui roule en sens inverse. Les pompiers arrivent sur place, mais Lucas ne peut plus bouger les jambes et n'a plus de sensations dans tout le bas du corps. À l'hôpital, les médecins pensent à une compression des nerfs sciatiques qui relient la moelle épinière aux muscles de la jambe.

1. À partir de vos connaissances et du texte, expliquez comment un message nerveux élaboré dans le cortex cérébral moteur peut atteindre les muscles des jambes.
2. Pour quelle raison Lucas ne peut-il plus bouger ses jambes ?
3. Expliquez l'absence de sensations dans tout le bas de son corps.

Doc. Conséquences d'un grave accident

6 Décrypter l'activité cérébrale

Des enregistrements de l'activité cérébrale ont été réalisés alors qu'un individu écoutait une question ①, puis lorsqu'il lisait le document ② pour trouver la réponse et enfin, lorsqu'il répondait à la question posée ③.

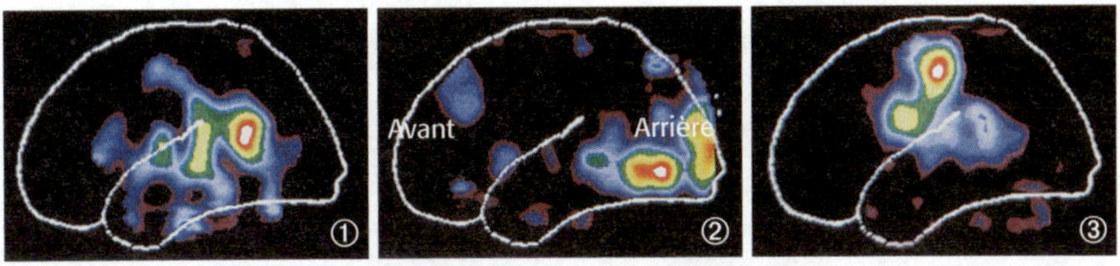

Doc. Images de l'activité cérébrale.
Les zones jaunes, rouges et blanches représentent les endroits où les neurones sont activés.

1. En utilisant le document sur les zones cérébrales de la p. 194, identifiez la zone activée dans l'enregistrement ②.
2. En quoi les enregistrements précédents illustrent-ils le mécanisme d'intégration des informations par le cerveau ?
3. Comment les groupes de neurones de ces différentes zones du cerveau communiquent-ils entre eux ?

7 Digérer des glucides

Deux tubes à essai sont placés au bain-marie à 37 °C, l'un contenant de l'amidon ① (glucide principal des céréales) et l'autre contenant de l'amidon et de la salive ②.
On utilise le test à l'eau iodée, liquide de couleur jaune qui devient violet en présence d'amidon.

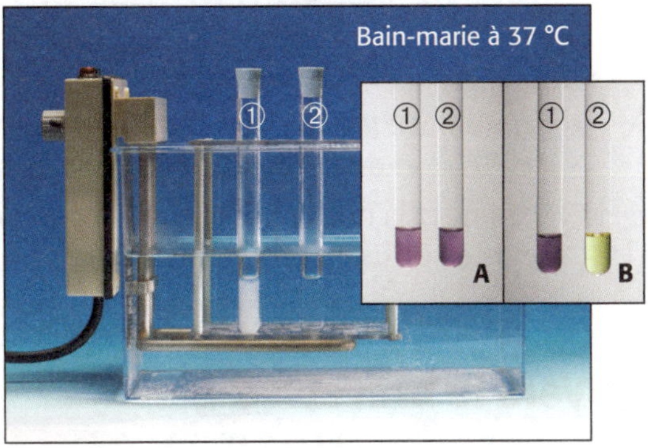

Doc. Expériences de digestion *in vitro* d'amidon et tests à l'eau iodée au début de l'expérience (A) et au bout de 30 minutes (B).

1. Interprétez les résultats des tests à l'eau iodée réalisés au début et à la fin de l'expérience.
2. Qu'est devenu l'amidon du tube ② ?
3. À quoi sert la transformation de l'amidon dans notre tube digestif ?

8 Besoins énergétiques et activité physique

Les besoins énergétiques varient selon l'activité réalisée. Ils peuvent être mesurés en kilojoules par heure (kJ/h). Sur une journée :
– Pierre joue au foot pendant deux heures, il marche une heure pour aller et revenir du collège. Il reste assis douze heures et il dort neuf heures ;
– Rémy marche une demi-heure pour aller et revenir à son collège, il reste assis quatorze heures et dort neuf heures et demie.

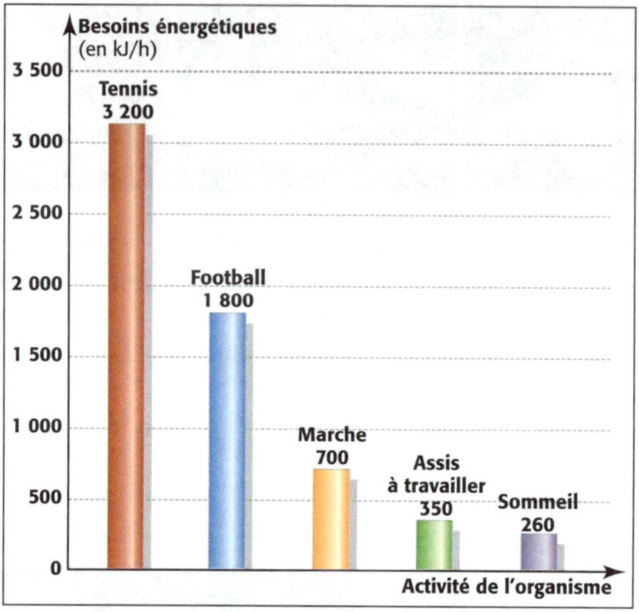

Doc. Besoins énergétiques d'un adolescent selon son activité

1. En utilisant les données du graphique, calculez les besoins énergétiques de Pierre et de Rémy sur leur journée de 24 heures.

2. Expliquez la différence entre les besoins énergétiques de ces deux adolescents en utilisant vos connaissances sur le corps humain.

Vers le brevet

9 Une prothèse commandée par la pensée

Depuis les années 2000, les **prothèses de bras bioniques ne cessent de s'améliorer**.

Grâce à ce type de prothèse, une personne amputée est ainsi capable de penser au mouvement nécessaire pour saisir une bouteille d'eau, mouvement exécuté par son bras bionique.

Pour arriver à cette performance, des électrodes sont positionnées au niveau du moignon et intercep-

Doc. Bras bionique en action

tent les instructions émises par le cerveau humain au niveau du nerf présent dans ce moignon : le nerf brachial. Les instructions sont alors communiquées à un micro-ordinateur situé dans l'**avant-bras bionique**. Enfin, le micro-ordinateur commande des moteurs électriques permettant d'actionner le coude, la main et les doigts bioniques.

1. La prothèse bionique est commandée par le cerveau. Complétez le schéma suivant pour montrer la commande nerveuse de cette prothèse.

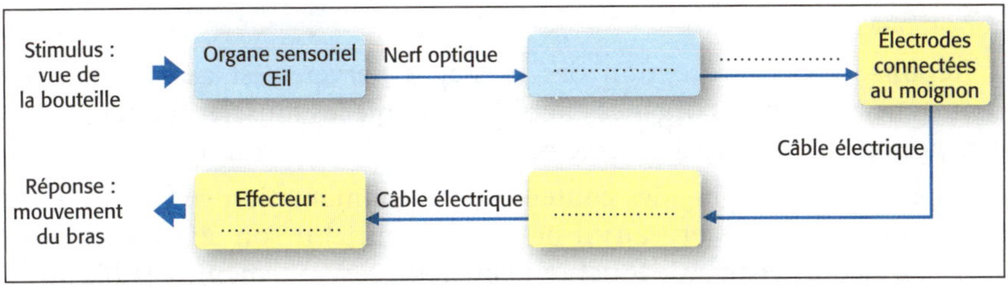

2. En vous appuyant sur le modèle précédent, réalisez le schéma de la commande nerveuse du bras chez une personne non amputée.
3. En utilisant vos connaissances et les informations précédentes, comparez les informations transmises et la manière dont elles sont traitées dans le cas d'un bras bionique et d'un bras biologique.

QCM

1 **1. Réponses : a et b.** Le cerveau reçoit en permanence des signaux des organes sensoriels, mais la fréquence de ces signaux augmente pendant un effort. Le cœur a une activité autonome, et son contrôle est exercé par le bulbe rachidien, et non par le cerveau.

> **L'astuce du prof**
> Pendant une activité physique, le débit sanguin dans le cerveau augmente. Cela favorise l'activité cérébrale.

2. Réponse : c. La réception des messages nerveux est assurée par les centres nerveux ou les organes effecteurs comme les muscles. L'intégration des messages nerveux est assurée par les centres nerveux uniquement.

3. Réponse : b. Les glucides contenus dans l'alimentation suffisent à l'approvisionnement du cerveau ; il ne faut pas enrichir son alimentation en sucres. L'alcool perturbe le fonctionnement du cerveau, même à faible dose.

4. Réponses : b et c. Le terme psychotrope désigne une substance ayant un effet sur l'activité cérébrale. Certains psychotropes sont des médicaments (par exemple, les somnifères).

5. Réponse : b. Le passage des nutriments dans le sang s'appelle l'**absorption intestinale**, et la transformation des nutriments par les cellules s'appelle l'**assimilation**.

> **Remarque**
> Certaines substances ne nécessitent pas de digestion et sont rapidement absorbées par l'intestin, et parfois même dès l'estomac. C'est le cas de l'alcool, des sucres, de l'eau.

6. Réponses : a et c. Au cours d'un effort, la majeure partie du débit sanguin est orientée vers les muscles, et certains organes voient leur débit diminuer fortement ; c'est le cas des reins et de l'appareil digestif. Or, les glandes de l'appareil digestif ont besoin d'un approvisionnement en dioxygène et en nutriments pour fonctionner correctement. Si cet approvisionnement fait défaut, il y a moins de sécrétions digestives produites, et la digestion ne se réalise pas ou très peu. Cela provoque des maux de ventre, des vomissements ou des diarrhées.

2 **1. Vrai.** Il suffit de songer à la marche d'une personne dans une rue commerçante. Elle percevra simultanément les conversations, les bruits de la circulation, les déplacements des personnes, la température de l'air sur sa peau, les odeurs qui flottent dans l'air, etc.

2. Faux. Tous nos mouvements volontaires sont effectivement commandés par le cerveau, mais de nombreux mouvements dépendent d'un autre centre nerveux : la moelle épinière. Ce sont les mouvements qualifiés de « **réflexes** ». La marche fait partie de ces mouvements (vous pouvez marcher sans avoir besoin d'y penser).

3. Vrai. De nombreuses études ont confirmé l'importance du sommeil dans le fonctionnement cérébral, en particulier dans la mémorisation.

4. Faux. Les produits dopants ont tous des effets négatifs. Les stimulants du cerveau, par exemple, conduisent les individus à dépasser leurs limites et à prendre des risques.

> **Gagnez des points !**
> Laissez passer au moins une nuit entre deux séances de révision de vos leçons de SVT. Votre cerveau fera le tri pendant la nuit.

5. Faux. La mastication facilite l'action des sécrétions digestives en augmentant la surface de contact avec les aliments. C'est la raison pour laquelle on recommande de mâcher longuement les aliments avant de les avaler.

6. Faux. L'organisme contient une grande quantité d'eau, mais il en perd aussi beaucoup : 2 à 3 litres par jour, auxquels s'ajoutent les pertes dues à une activité physique. La diminution de la quantité d'eau dans l'organisme provoque une augmentation de la température de l'organisme (hyperthermie) qui perturbe le fonctionnement des organes. Le cerveau, en particulier, est très sensible à l'hyperthermie.

> **Remarque**
> Les pertes d'eau permettent le refroidissement du corps. Ces pertes sont souvent invisibles, car elles s'effectuent par transpiration, c'est-à-dire par évaporation de l'eau au travers de la peau.

Exercices d'entraînement

3 **1.** La **région A** du bulbe rachidien a pour rôle de **diminuer la fréquence cardiaque** (expérience 1). La **région B** a pour rôle d'**augmenter la fréquence cardiaque** (expérience 3).

2. La section du nerf parasympathique empêche l'action de la région A sur le cœur (expérience 4), alors que la stimulation électrique de ce nerf entraîne un changement d'activité cardiaque (expérience 1). Donc, le nerf parasympathique **conduit les messages nerveux de la région A du bulbe rachidien vers le cœur**.

3. Il faudrait **sectionner** le nerf sympathique et **stimuler électriquement** la région B. On devrait constater une absence de réponse du cœur.

4 **1. Au début** du test de conduite, le groupe de personnes sous cannabis fait à peu près **autant d'erreurs** de conduite que le groupe de personnes sous placebo. **Quinze minutes après**, les effets du cannabis sont maximaux, avec **plus de 150 erreurs de conduite** pour le groupe « cannabis », contre une centaine pour le groupe « placebo ». **Puis, le nombre d'erreurs** réalisées sous l'emprise du cannabis diminue au cours du temps, tout en restant supérieur à celui réalisé par l'autre groupe. Par exemple, au bout de 24 heures, ce nombre d'erreurs est deux fois plus important.

2. Le cannabis est une **substance psychotrope** qui perturbe l'activité du cerveau en **modifiant les messages nerveux** échangés par les neurones. On peut imaginer des **actions sur la vision**, une **augmentation du temps de réaction, une modification du jugement**.

5 **1.** Le message nerveux élaboré par le cortex moteur passe par la **moelle épinière**, puis sort de la moelle épinière en empruntant les **nerfs sciatiques** qui le conduisent jusqu'aux muscles des jambes.

2. Les nerfs sciatiques sont probablement compressés, ce qui **empêche la transmission des messages** nerveux en provenance de la moelle épinière.

3. On peut penser que les nerfs sciatiques conduisent aussi les **messages nerveux sensoriels** depuis les jambes jusqu'à la moelle épinière et que leur **compression** les empêche de jouer ce rôle.

À savoir

Les nerfs sont des ensembles de fibres nerveuses. Certains nerfs contiennent des fibres sensorielles et des fibres motrices.

6 **1.** La zone activée lors de la lecture est à l'arrière du cerveau. Or, le document des zones cérébrales indique qu'il s'agit de la **zone de la vision**.

2. Pour répondre à une question posée, l'individu a activé plusieurs zones différentes de son cerveau, séparées les unes des autres. Donc, **ces zones ont communiqué entre elles pour traiter les informations** (audition, lecture) **et produire une réponse**. C'est la définition même de l'intégration.

3. Les groupes de neurones communiquent entre eux par des signaux **électriques et chimiques**.

7 **1.** L'eau iodée prend une coloration violette dans les deux tubes au début de l'expérience, ce qui confirme la **présence d'amidon dans ces deux tubes**. En fin d'expérience, l'eau iodée devient violette dans le **tube 1**, ce qui indique qu'il **contient toujours de l'amidon**, alors qu'elle reste jaune dans le **tube 2**, ce qui indique la **disparition de l'amidon**.

2. L'amidon de ce tube a été transformé par la salive. La salive est une sécrétion digestive qui a **transformé l'amidon en glucose** (nutriment).

3. La transformation de l'amidon dans notre tube digestif permet le **passage du glucose dans le sang**; c'est l'**absorption intestinale**.

8 **1.** Sur 24 heures, Pierre a besoin de 2 × 1 800 kJ (foot) + 700 kJ (marche) + 12 × 350 kJ (assis) + 9 × 260 kJ (sommeil) = **10 840 kJ**.

Sur 24 heures, Rémy a besoin de 0,5 × 700 kJ (marche) + 14 × 350 kJ (assis) + 9,5 × 260 kJ (sommeil) = **7 720 kJ**.

> **Remarque**
> L'équilibre énergétique entre les dépenses et les apports est à atteindre sur plusieurs jours consécutifs, puisque nos dépenses varient chaque jour.

2. L'activité musculaire liée à la marche ou au foot nécessite plus d'énergie que la position assise ou le sommeil.

Vers le brevet

9 **1.** Commande nerveuse de la prothèse :

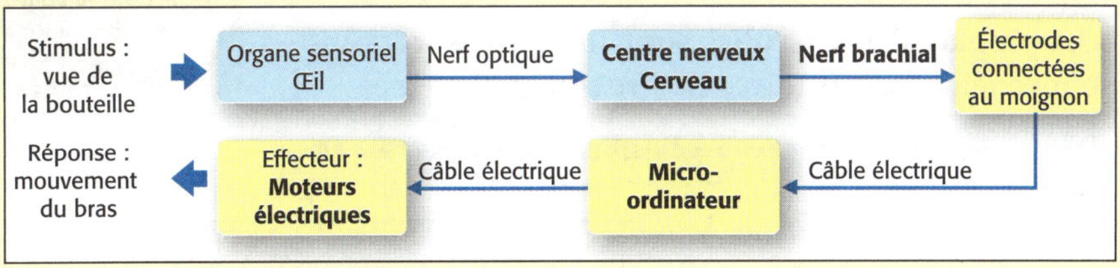

2. Commande nerveuse d'un bras biologique :

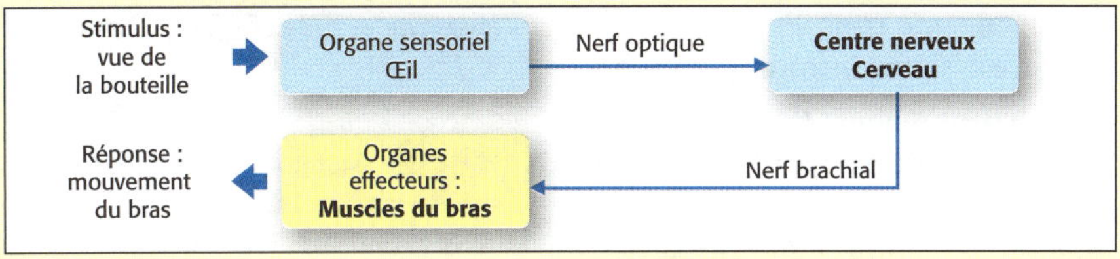

3. Dans les commandes d'un bras bionique et d'un bras biologique, les **parties sensorielles sont identiques** : les informations circulent sous forme de messages nerveux jusqu'au **cerveau** qui les analyse, les traite et élabore ensuite des **messages nerveux transmis par le nerf brachial**. Ces messages nerveux sont de **nature bio-électrique**, car les nerfs sont vivants et ils sont également de **nature chimique** entre les neurones du cerveau.

Dans le cas d'un **bras biologique**, la partie motrice de la commande repose aussi sur des **messages nerveux électriques** transmis par des nerfs et des **messages chimiques** délivrés dans les muscles.

Dans le **bras bionique**, les **informations transmises ne sont que de nature électrique** et se propagent dans des câbles. De plus, les informations provenant du nerf brachial sont traitées par une sorte de deuxième cerveau (le micro-ordinateur). Enfin, les informations issues de ce micro-ordinateur sont des commandes électriques pour les moteurs ; il n'y a **pas de message chimique**.

CHAPITRE 12 [SVT]
Immunité et procréation

1 Vivre avec les microbes

1 Diversité des microbes

• **Les microbes sont présents partout** dans notre environnement : dans l'air, dans le sol, dans nos aliments, sur notre peau, dans notre tube digestif… Il existe environ 100 000 espèces de microbes.

• **La plupart des microbes sont inoffensifs**, certains sont bénéfiques et d'autres encore sont pathogènes.

Vocabulaire

Pathogène : qui provoque une maladie.
Immunité : ensemble des mécanismes qui protègent l'organisme des infections.

2 Défenses de l'organisme contre les microbes

Les globules blancs (ou **leucocytes**) reconnaissent et éliminent les microbes de notre organisme. Ce sont les acteurs de notre système immunitaire :

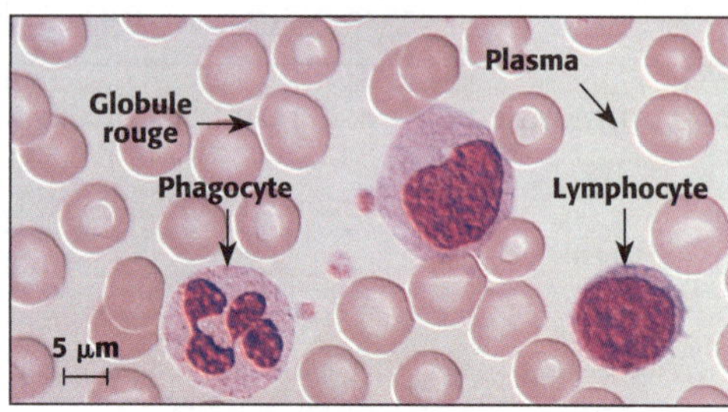

Doc. Leucocytes dans un frottis sanguin observés au microscope photonique

• **les lymphocytes B** produisent des anticorps qui adhèrent aux microbes et les neutralisent en les empêchant de se reproduire ;

• **les macrophages ou phagocytes** ingèrent les microbes reconnus par les anticorps lors de la phagocytose et les détruisent ;

• **les lymphocytes T** s'accrochent aux cellules infectées de l'organisme et les détruisent.

3 Intérêts de la vaccination

• Lors de la vaccination, **les défenses immunitaires apprennent à reconnaître des microbes pathogènes.** Ainsi, en cas d'infection réelle, l'organisme réagit plus vite et plus efficacement. **Se vacciner, c'est se protéger soi-même.**

• **Un individu non vacciné peut** être infecté par des microbes pathogènes sans déclarer la maladie et **transmettre ses microbes. Se vacciner, c'est aussi protéger les autres.**

EXERCICE RÉSOLU

Ordonner et légender des images de phagocytose

ÉNONCÉ

Les macrophages sont des leucocytes capables d'adhérer à la surface des microbes, puis de déformer leur membrane pour les ingérer.
Les microbes sont ensuite digérés et fragmentés en de nombreuses parties.
Enfin, le macrophage expulse les débris de microbes.

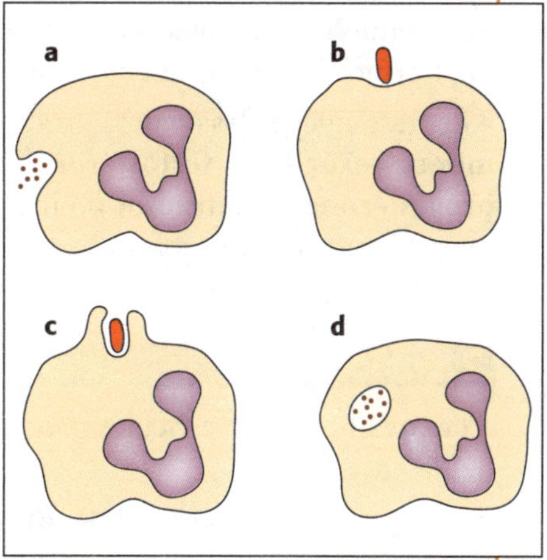

1. Reconstituez les étapes de la phagocytose en remettant les images ci-contre en ordre et donnez un titre à chaque étape.

2. Quel élément de défense immunitaire n'est pas représenté sur ces dessins ?

CORRIGÉ

1. Les quatre étapes légendées de la phagocytose sont les suivantes :

> **Attention !**
> La phagocytose n'est pas spécifique d'un microbe. Elle est efficace contre tous les microbes.

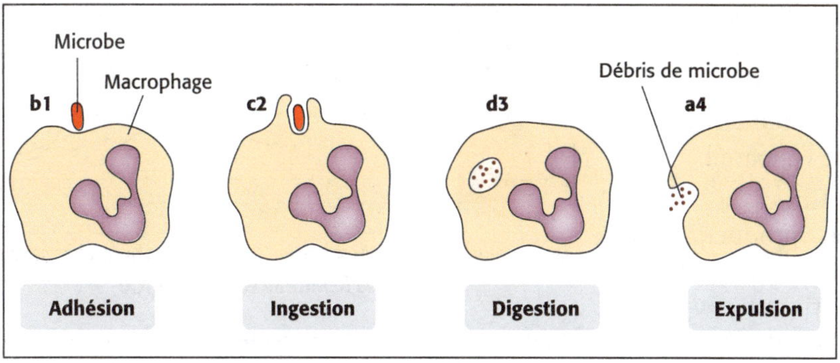

2. Il n'y a **pas d'anticorps représentés** sur les dessins, alors qu'ils participent à la neutralisation des microbes.

2 Fonctionnement des appareils reproducteurs

1 Changements hormonaux à la puberté

• **Lorsque la croissance est suffisante**, des glandes du cerveau produisent des hormones qui stimulent le fonctionnement des ovaires et des testicules.

• Les testicules et les ovaires produisent alors des **hormones sexuelles : testostérone** pour les testicules, **progestérone** et **œstradiol** pour les ovaires. Ces hormones sont responsables de tous les changements physiques et psychiques de la puberté.

Vocabulaire
Hormone : molécule produite par des cellules spécialisées, libérée dans le sang en concentration très faible et qui agit sur des organes cibles.

2 Production des cellules sexuelles

• Les ovaires et les testicules produisent des **cellules sexuelles** ou **gamètes** dès la puberté.

• **Les spermatozoïdes sont produits en continu** jusqu'à la mort.

• **Les ovules sont déjà présents dans les ovaires**, mais ils ne sont libérés qu'une fois par cycle, c'est-à-dire en moyenne un ovule par mois jusqu'à la ménopause (vers 50 ans).

3 Contrôle hormonal du fonctionnement des appareils reproducteurs

• Chez l'homme, la production continue de testostérone de la puberté à la mort engendre le **fonctionnement continu** de l'appareil.

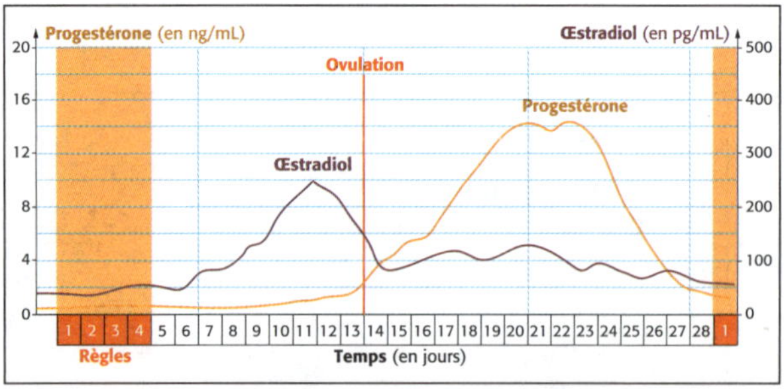

Doc. Évolution de la concentration sanguine des hormones sexuelles chez la femme au cours d'un cycle

• Chez la femme, la production des hormones sexuelles varie au **cours d'un cycle de 28 jours** en moyenne. Cette variation cyclique engendre :
– un cycle dans les ovaires, avec **une ovulation par mois** en milieu de cycle ;
– un cycle dans l'utérus, avec le développement de la muqueuse de l'utérus en préparation à l'implantation d'un embryon, puis la **destruction de cette muqueuse** s'il n'y a pas eu d'implantation, qui se manifeste par les **règles**.

EXERCICE RÉSOLU

Interpréter des expériences historiques sur les hormones

ÉNONCÉ

Au milieu du XIXe siècle, des scientifiques réalisent une série d'expériences pour déterminer ce qui contrôle la transformation d'un jeune poulet en coq. Ils font les constats suivants :

– L'ablation des testicules (d) ou la suppression des vaisseaux sanguins rattachés aux testicules (e) empêche l'apparition des caractères sexuels du coq (chapon).

Doc. Résultats d'expériences sur de jeunes poulets

– La présence des testicules (b), la suppression des nerfs rattachés aux testicules (a) ou l'injection de liquide extrait de testicules broyés après ablation (c) permet la transformation du poulet en coq.

1. Utilisez les résultats de certaines expériences pour montrer que les testicules sont responsables de l'apparition des caractères sexuels chez le coq.

2. Utilisez les résultats d'autres expériences pour montrer que l'action des testicules se fait par voie hormonale.

Remarque
Les hormones doivent être libérées dans le sang pour pouvoir agir.

CORRIGÉ

1. La comparaison des résultats des **expériences (b) et (d)** montre que la présence des testicules est nécessaire pour l'apparition des caractères sexuels chez le coq.

2. Les résultats de l'**expérience (a)** montrent que l'action des testicules ne se fait **pas par voie nerveuse**. Les résultats de l'**expérience (e)** montrent que l'action des testicules se fait **par voie sanguine**. Enfin, les résultats de l'**expérience (c)** montrent que les testicules contiennent une substance responsable de l'apparition des caractères sexuels du coq. Or, **une substance produite par un organe spécialisé, libérée dans le sang et qui agit sur des organes cibles est une hormone.**

3 Sexualité et responsabilité individuelle

1 Déroulement de la grossesse

> **Vocabulaire**
> **Embryon :** étape du développement du stade deux cellules jusqu'à la fin de la formation des organes (en deux mois environ).

• Pendant le développement de l'embryon puis du fœtus, **la mère et le futur bébé sont liés par voie sanguine par l'intermédiaire du placenta et du cordon ombilical.** Cela permet l'approvisionnement du fœtus en nutriments et en dioxygène notamment.

• **Même si le sang de la mère et celui du futur bébé ne se mélangent pas pendant la grossesse**, le placenta laisse passer de nombreux éléments qui peuvent être présents dans le sang de la mère : médicaments, drogues, virus…

2 Contraception

• La contraception recouvre tous les **moyens qui visent à empêcher la fécondation et/ou l'implantation de l'embryon** dans la muqueuse utérine.

• **Les méthodes de contraception** les plus courantes sont :
– des dispositifs chimiques à base d'hormones de synthèse qui empêchent l'ovulation et l'implantation d'un embryon ;
– des dispositifs mécaniques qui empêchent les spermatozoïdes d'atteindre l'ovule ;
– des dispositifs mécaniques et chimiques.

Exemples : la pilule, l'implant et le patch sont des dispositifs chimiques. Le préservatif et la cape sont des dispositifs mécaniques. Le dispositif intra-utérin (stérilet) est à la fois mécanique et chimique.

• Les différents moyens de contraception permettent à un couple de choisir d'avoir **ou** de ne pas avoir d'enfant.

3 Infections sexuellement transmissibles

• **Parmi l'ensemble des moyens de contraception, seul le préservatif protège des infections sexuellement transmissibles (IST).** La plupart des IST provoquent des symptômes très discrets au début de l'infection, elles passent souvent inaperçues, et des individus en sont porteurs sans le savoir.

• Même si leurs symptômes sont discrets, certaines IST ont des conséquences graves sur la santé. En outre, un porteur d'IST peut la transmettre sans le savoir. C'est pourquoi **il est recommandé de procéder à un dépistage d'IST en cas de rapport sexuel non protégé.**

EXERCICE RÉSOLU

Comprendre les effets de la pilule contraceptive

ÉNONCÉ

Des mesures de concentrations des hormones sexuelles (œstradiol et progestérone) sont réalisées chez une femme avant qu'elle prenne une pilule contraceptive (cycle 1), puis pendant qu'elle prend quotidiennement cette pilule (cycles 2 et 3).

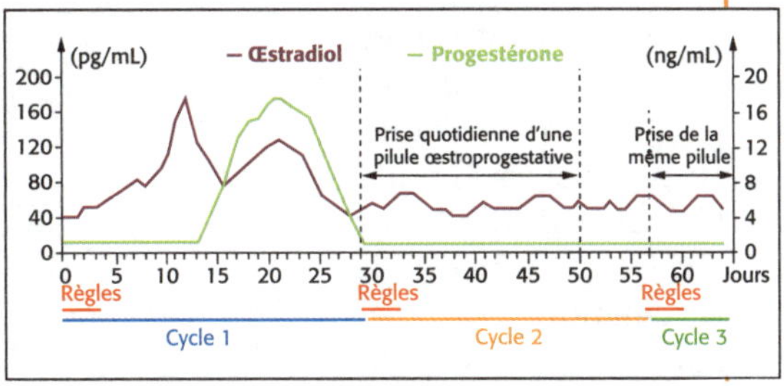

Doc. Évolution de la concentration sanguine des hormones sexuelles chez la femme au cours d'un cycle

1. Décrivez l'évolution des concentrations d'œstradiol et de progestérone au cours du cycle 1.

2. Décrivez l'évolution des concentrations d'œstradiol et de progestérone au cours du cycle 2. Déduisez-en le mode d'action de la pilule.

3. À partir de vos connaissances sur le rôle des hormones sexuelles, expliquez en quoi la pilule est contraceptive.

CORRIGÉ

1. La concentration d'**œstradiol** est à **40 pg/mL** en début de cycle. Elle augmente jusqu'à un **pic de 160 pg/mL au 12e jour**, puis cette concentration diminue et augmente de nouveau vers le 22e jour du cycle, avant de retourner à sa valeur initiale.

> **À savoir**
> L'unité pg (picogramme) désigne une masse 1 000 fois plus petite que le ng (nanogramme).

La concentration de **progestérone** est **proche de zéro** en début de cycle et connaît un **pic vers le 22e jour à presque 20 ng/mL.**

2. Sous pilule, la concentration d'**œstradiol reste à 40 pg/mL** et celle de **progestérone reste proche de zéro**. Ainsi, la **pilule empêche les variations cycliques des concentrations des hormones sexuelles.**

3. Sans variations des concentrations d'hormones sexuelles, il n'y a **ni ovulation, ni préparation de la muqueuse utérine.** Donc, la pilule empêche la fécondation et l'implantation d'un embryon.

Donner du sens à des résultats par rapport à un seuil

ÉNONCÉ

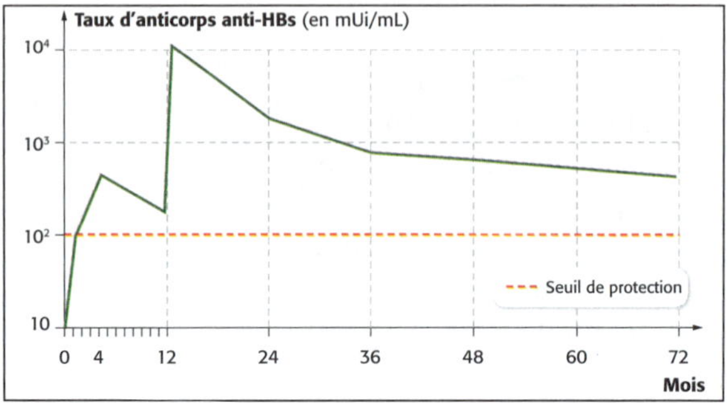

Doc. Taux d'anticorps anti-hépatite B chez un individu vacciné

Le vaccin contre l'hépatite B provoque la production d'anticorps dirigés contre l'hépatite B. Il y a une dizaine d'années, la vaccination nécessitait trois injections espacées d'un mois, puis un rappel 12 mois après, et enfin un dernier rappel 5 ans après. En 2015, pour être vacciné, il suffit de deux injections espacées d'un mois et d'un rappel 12 mois après. Justifiez le maintien du rappel à 12 mois et la suppression du rappel à 5 ans lors du changement de stratégie de vaccination contre l'hépatite B en utilisant le seuil de protection.

MÉTHODE

1. Relever sur le graphique la valeur du seuil donné.

2. Observer les variations des résultats autour de ce seuil.

CORRIGÉ

Solution	Commentaires
Le rappel de vaccination à 12 mois a été maintenu pour que le taux d'anticorps présents dans l'organisme soit suffisant pour le protéger d'une infection par le virus de l'hépatite B (seuil de protection). En revanche, le rappel 5 ans après a été supprimé, car le taux d'anticorps reste très supérieur au seuil de protection bien après le premier rappel.	**1.** La valeur du seuil de protection est de 10^2 mUI/mL. Les premières injections et le rappel à 12 mois entraînent une augmentation du taux d'anticorps anti-hépatite. L'injection à 5 ans provoque une très forte augmentation du taux d'anticorps. **2.** Après les premières injections, le taux d'anticorps passerait sous le seuil de protection au bout de 18 mois s'il n'y avait pas de rappel. En revanche, au bout de 5 ans, le taux d'anticorps reste très supérieur au seuil de protection avant le rappel.

Proposer un protocole expérimental

ÉNONCÉ

Les bactéries peuvent être cultivées sur de la gélose dans des boîtes de Petri. Elles forment alors des colonies blanches telles qu'on les voit sur la photographie ci-contre.
Des chercheurs ont isolé une souche de bactéries et cherchent l'antibiotique le plus efficace contre cette souche.
Proposez un protocole expérimental permettant de déterminer l'efficacité de trois antibiotiques notés A, B et C.

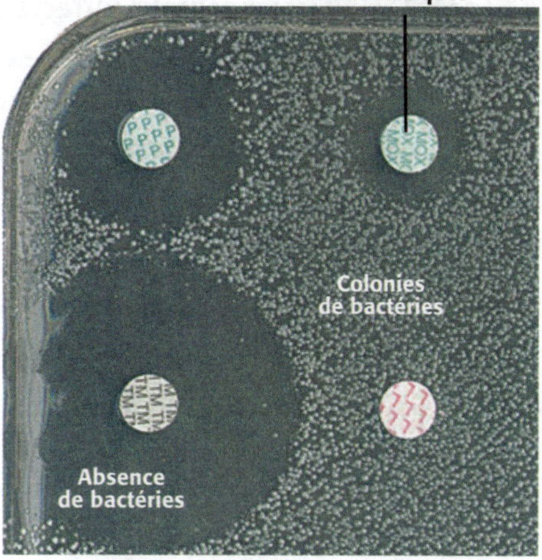

Doc. Effet des antibiotiques sur une culture de bactéries

MÉTHODE

1. Exploiter les informations du document comme piste de protocole.
2. Proposer une expérience témoin.
3. Envisager les résultats attendus.

CORRIGÉ

Solution	Commentaires
Les bactéries sont mises en culture sur de la gélose dans une boîte de Petri. Des pastilles repérées A, B, C et D (eau) sont déposées sur la gélose. Au bout de quelques jours, on mesure le diamètre des auréoles sans bactérie autour de chaque pastille. L'absence d'auréole autour de la pastille imbibée d'eau sert de témoin. La pastille qui présente l'auréole la plus grande contient l'antibiotique le plus efficace.	**1.** Trois pastilles imbibées des différents antibiotiques sont déposées sur une boîte de culture tapissée par les bactéries étudiées. **2.** Une quatrième pastille imbibée d'eau stérilisée et déminéralisée est déposée dans la boîte de culture comme témoin. **3.** Des auréoles sans bactérie vont se développer autour des pastilles contenant des antibiotiques efficaces.

QCM

1 Cochez la (ou les) réponse(s) correcte(s).

1. Les globules blancs sont aussi appelés :
a. ☐ macrophages **b.** ☐ lymphocytes **c.** ☐ leucocytes

2. Les anticorps neutralisent les microbes en :
a. ☐ y adhérant **b.** ☐ empêchant leur reproduction
c. ☐ les détruisant

3. Les ovaires libèrent des cellules sexuelles :
a. ☐ dès la puberté **b.** ☐ en continu **c.** ☐ pendant les règles

4. Les règles correspondent à l'élimination :
a. ☐ de la muqueuse utérine
b. ☐ des ovules non fécondés
c. ☐ des embryons non implantés

5. L'abréviation « IST » signifie :
a. ☐ insémination sexuellement transgénique
b. ☐ infection sexuellement transmissible
c. ☐ immunisation sexuellement totale

6. Les moyens de contraception efficaces contre les IST sont :
a. ☐ les pilules **b.** ☐ les préservatifs
c. ☐ les dispositifs intra-utérins

2 Répondez par vrai ou faux.

Affirmations	Réponses
1. Tous les microbes sont potentiellement pathogènes.	☐ V ☐ F
2. Les lymphocytes T produisent les anticorps.	☐ V ☐ F
3. Les ovaires et les testicules se mettent à fonctionner tous seuls à la puberté.	☐ V ☐ F
4. Les hommes et les femmes produisent des quantités constantes d'hormones sexuelles à partir de la puberté.	☐ V ☐ F
5. L'alcool contenu dans le sang de la mère passe dans le sang du bébé pendant la grossesse.	☐ V ☐ F
6. La pilule contraceptive contient des hormones de synthèse qui empêchent l'ovulation.	☐ V ☐ F

Exercices d'entraînement

3 Des parasites microscopiques

Les virus ne sont pas des êtres vivants, ils sont incapables de se reproduire par eux-mêmes et doivent impérativement pénétrer dans une cellule pour se multiplier.

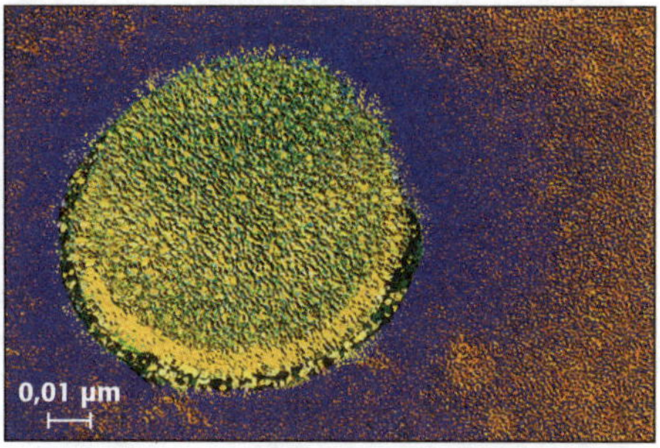

Doc. Virus de la grippe observé au microscope électronique

1. Estimez la taille du virus de la grippe en utilisant l'échelle de la photographie ci-contre. Justifiez votre réponse.

2. Utilisez l'annexe de SVT p. 346 pour montrer que les virus peuvent entrer dans une cellule.

4 Une analyse de sang

M. Martin souffre d'une angine sévère depuis deux semaines. Son médecin lui prescrit une analyse de sang.

Laboratoire d'analyses médicales Potier
Examen sanguin du 21/02/2016
Monsieur Robert

Numération globulaire
Leucocytes : 6 935/mm³ de sang
Hématies : 5 000 000/mm³ de sang

Formule leucocytaire
Lymphocytes : 1 895/mm³ de sang 27 %
Autres leucocytes dont les phagocytes : 5 040/mm³ de sang 73 %

Laboratoire d'analyses médicales Potier
Examen sanguin du 21/02/2016
Monsieur Martin

Numération globulaire
Leucocytes : 13 541/mm³ de sang
Hématies : 5 000 000/mm³ de sang

Formule leucocytaire
Lymphocytes : 8 945/mm³ de sang 66 %
Autres leucocytes dont les phagocytes : 4 596/mm³ de sang 34 %

Doc. Deux analyses de sang bien différentes

1. Comparez l'analyse de sang de M. Martin à celle de M. Robert qui est en bonne santé.

2. Utilisez vos connaissances pour expliquer les différences entre les deux analyses de sang.

5 Transférer l'immunité

Des séries d'injections sont réalisées sur des cobayes, les résultats sont regroupés dans le schéma ci-dessous.

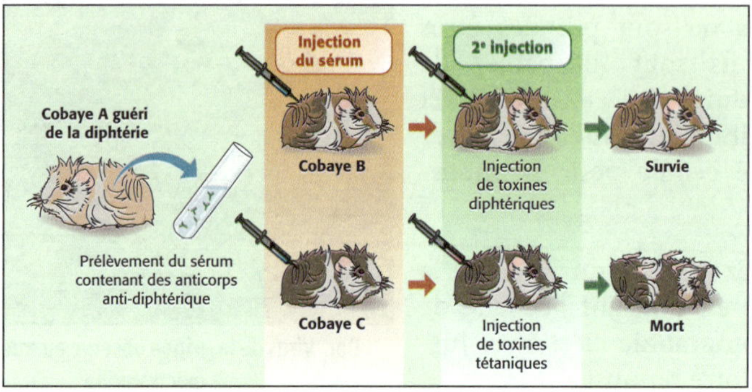

Doc. Résultats d'expériences d'immunisation

Utilisez vos connaissances pour expliquer les résultats de ces expériences.

6 Les échanges entre la mère et son fœtus

Le placenta représente une grande surface d'échanges entre la mère et le fœtus. On estime que cette surface est de 10 à 15 m^2.

Le placenta arrête les éléments les plus volumineux, comme les cellules sanguines et les bactéries, mais il laisse passer les virus et les molécules.

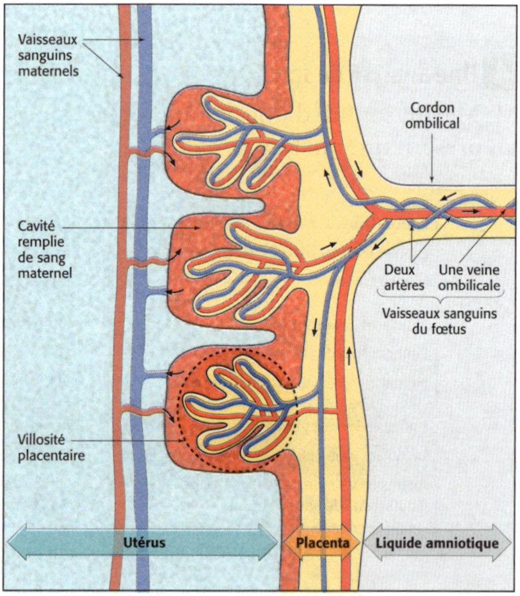

Doc. Connexions entre le placenta et l'utérus maternel

1. À partir des informations tirées du texte ci-dessus et du schéma ci-contre, justifiez l'idée selon laquelle il n'y a pas de mélange de sang entre la mère et le fœtus.

2. Sur le schéma, représentez par des flèches différentes et légendées le passage des nutriments, du dioxygène, du dioxyde de carbone, des médicaments et des virus entre la mère et le fœtus.

7 Une contraception d'urgence

La pilule du lendemain doit être prise en une dose dans les 24 heures qui suivent un rapport sexuel non protégé. Elle agit en :
- bloquant l'ovulation ①;
- empêchant la remontée des spermatozoïdes vers l'utérus ②;
- modifiant la muqueuse utérine, ce qui évite l'implantation de l'embryon ③.

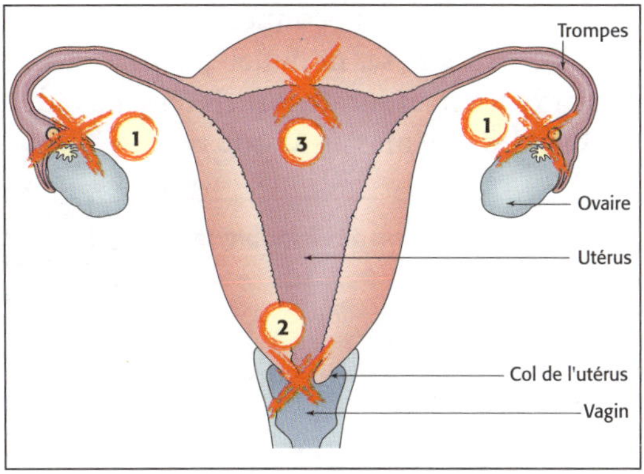

Doc. Lieux d'action de la pilule du lendemain

1. Proposez une hypothèse sur ce que contient la pilule du lendemain qui expliquerait ses effets.

2. La pilule du lendemain est parfois confondue à tort avec une interruption chimique de grossesse. Montrez qu'il s'agit bien d'une pilule contraceptive.

8 L'importance du dépistage

Les infections sexuellement transmissibles ne sont pas toutes connues du grand public. L'infection à VIH qui peut conduire au Sida est la plus connue et pourtant, on a constaté une légère augmentation du nombre de séropositifs au VIH en France en 2014 et 2015. Ce constat a conduit les autorités à lancer des campagnes en faveur du dépistage.

1. Expliquez les phrases de l'affiche : « Marie ne le sait pas » et « Rémi non plus d'ailleurs… ».

2. À partir de vos connaissances, expliquez pourquoi se dépister, c'est se protéger soi et protéger les autres.

Doc. Campagne de sensibilisation au dépistage du SIDA

9 Le rôle du cerveau

Des scientifiques soupçonnent une petite glande située à la base du cerveau, appelée hypophyse, de jouer un rôle dans les cycles sexuels. Ils réalisent deux expériences sur des souris femelles adultes, dont les résultats apparaissent sur les schémas ci-dessous.

Ablation de l'hypophyse

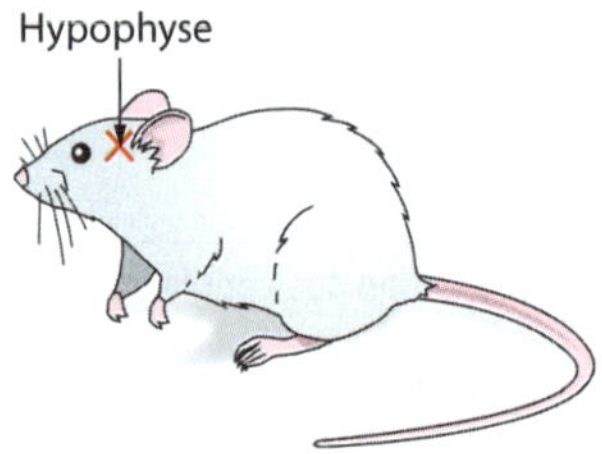

1. Réduction de la taille des ovaires
2. Chute du taux des hormones ovariennes (œstradiol et progestérone)

Ablation de l'hypophyse puis injections régulières de broyat d'hypophyse

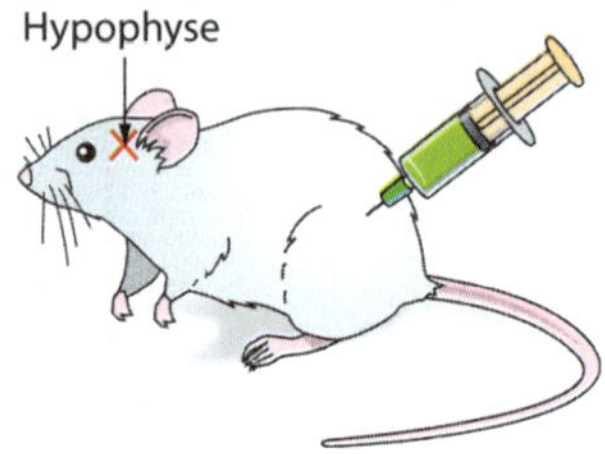

1. Ovulation
2. Présence d'œstradiol et de progestérone dans le sang

Doc. Résultats des expériences sur l'hypophyse

1. Les résultats de ces expériences confirment-ils le rôle de l'hypophyse ? Justifiez votre réponse.

2. À partir de vos connaissances, montrez que l'hypophyse exerce son action par l'intermédiaire d'une hormone (utilisez l'exercice résolu de la p. 215 pour vous aider).

Vers le brevet

10 Immunisation naturelle et immunisation artificielle

La rougeole est une maladie infectieuse due à un virus qui peut avoir de graves complications. Une personne qui a eu la rougeole ne pourra plus être malade si elle est de nouveau contaminée par ce virus.

1. Des dosages d'anticorps anti-rougeole sont réalisés sur un individu pendant 100 jours. Décrivez l'évolution du taux d'anticorps et expliquez pour quelle raison on ne peut avoir la rougeole qu'une seule fois dans sa vie.

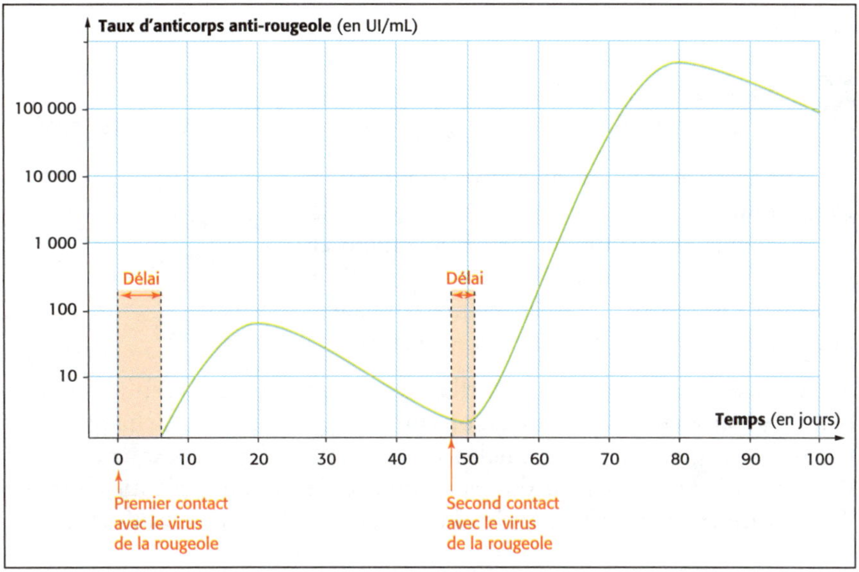

Doc. Taux d'anticorps après deux contacts avec le virus de la rougeole

2. Le vaccin ROR (rubéole-oreillons-rougeole) est administré en une seule injection et protège contre ces trois maladies.
Expliquez comment agit ce vaccin et pour quelle raison il ne protège que contre ces trois maladies.

3. Les cellules immunitaires sont toutes des leucocytes, mais elles ont des rôles différents. Complétez le tableau suivant et donnez-lui un titre.

Nom des leucocytes	Macrophage		Lymphocyte B
Rôles		Adhère aux cellules infectées et les détruit	

QCM

1 **1. Réponse : c.** Les macrophages et les lymphocytes sont des **catégories de leucocytes.**

> **L'astuce du prof**
> *Leuco* est un préfixe qui signifie « clair » et *cyte* est un suffixe qui signifie « cellule ».

2. Réponses : a et b. Les anticorps **se fixent** en **grand nombre** sur la paroi des bactéries ou des virus, ce qui **rend difficile leur déplacement** et impossible leur multiplication. La **destruction des microbes** est réalisée par les macrophages, qui sont attirés par la fixation des anticorps.

3. Réponse : a. Les cellules sexuelles de la femme sont présentes dans les ovaires **avant sa naissance**, mais sous une forme immature. À chaque début de cycle, quelques cellules sexuelles **sont sélectionnées** et commencent leur maturation. Vers le milieu du cycle, **une seule est expulsée au cours de l'ovulation (rarement plus)**. Ce phénomène cyclique se reproduit jusqu'à la ménopause.

4. Réponse : a. La muqueuse utérine **s'épaissit fortement** pendant les deux premiers tiers du cycle. Des **vaisseaux sanguins** s'y développent en préparation à l'implantation d'un embryon. En fin de cycle, s'il n'y a pas eu d'implantation, cette **muqueuse est éliminée.**

5. Réponse : b. Les infections sexuellement transmissibles regroupent **toutes les infections à bactéries et à virus transmises par voie sexuelle,** mais il s'agit aussi d'infections qui se transmettent par voie sanguine, ce qui explique la **contamination** de la mère au bébé **en cas de grossesse.**

6. Réponse : b. Les pilules contraceptives ou les dispositifs intra-utérin **n'empêchent pas le contact entre les sécrétions** des appareils reproducteurs lors d'un rapport sexuel. Or, les microbes sont présents dans ces sécrétions.

> **Remarque**
> Les dispositifs intra-utérin (DIU) sont parfois appelés stérilets. Ils ne rendent pas du tout stériles. Une femme redevient capable d'avoir des enfants dès le retrait du DIU.

2 **1. Faux.** La plupart des microbes sont sans danger pour l'Homme. Certains microbes sont **pathogènes**, car ils produisent et libèrent des **substances toxiques** pour nos organes vitaux (foie, reins, cerveau…).

2. Faux. Les lymphocytes T sont responsables de la **destruction des cellules infectées.** Ce sont les lymphocytes B qui produisent les anticorps.

> **L'astuce du prof**
> Les lymphocytes **T** sont pour les cellules infec**tées**.

3. Faux. Les ovaires et les testicules sont soumis au contrôle d'une glande située à la base du cerveau, **l'hypophyse**. Pendant la puberté, cette glande libère des hormones qui provoquent la mise en route des ovaires et des testicules.

4. Faux. C'est le cas **pour les hommes**, mais **pas pour les femmes** chez lesquelles les taux d'hormones sexuelles varient selon un cycle de 28 jours environ.

5. Vrai. L'alcool ingéré par la mère se retrouve rapidement dans le sang du fœtus, car il **traverse le placenta sans difficulté**. Lors de la formation du système nerveux du futur bébé, l'alcool peut avoir de **graves conséquences**, même à faibles doses.

6. Vrai. Ces hormones de synthèse sont des molécules **qui ressemblent beaucoup aux hormones naturellement produites** par la femme. Leur présence dans le sang empêche la production des hormones naturelles, mais elles n'ont pas les effets de ces hormones naturelles et donc, il n'y a **ni ovulation, ni développement de la muqueuse utérine**.

Remarque
Des recherches cliniques se poursuivent pour trouver une pilule contraceptive pour les hommes qui bloquerait la production des spermatozoïdes.

Exercices d'entraînement

3 **1.** Le segment situé en bas à gauche de l'image représente **0,01 µm**. Or, le diamètre du virus de la grippe sur l'image est 8 fois plus grand. Donc, le virus de la grippe mesure environ **0,08 µm de diamètre**.

2. Le document situé en annexe indique que les cellules ont une taille comprise entre **10 et 100 µm**. Donc, un virus est au moins 10 ÷ 0,06 = **166 fois plus petit qu'une cellule**. Cela lui permet de pénétrer dans les cellules.

4 **1.** M. Martin et M. Robert ont **autant d'hématies** par mm^3 de sang, mais M. Martin possède beaucoup plus de leucocytes (presque deux fois plus). Parmi les leucocytes, ce sont surtout les **lymphocytes qui sont beaucoup plus nombreux**.

Remarque
L'analyse de M. Robert sert de témoin de la situation normale, c'est-à-dire sans maladie infectieuse.

2. Les lymphocytes sont des **cellules immunitaires**, c'est-à-dire des cellules impliquées dans l'élimination des microbes. Or, M. Martin souffre d'une angine. On peut donc dire qu'**il est infecté par des microbes** et que les lymphocytes se sont multipliés en réponse à cette infection.

5 Le cobaye qui reçoit une **injection de sérum** provenant d'un cobaye guéri de la diphtérie **survit** à une injection de toxine diphtérique : il est immunisé contre cette toxine.

Le cobaye qui reçoit **une injection de toxine diphtérique meurt**.

Donc, le sérum du cobaye guéri de diphtérie contient quelque chose qui protège contre la diphtérie. Il s'agit des **anticorps** produits par le cobaye qui a guéri de cette maladie.

À savoir

L'immunisation contre un microbe donné est spécifique : elle n'est efficace que contre ce microbe, et pas un autre !

6 **1.** Les cellules sanguines sont arrêtées par le placenta, et on constate sur le dessin que les cavités remplies de sang maternel **ne touchent pas** les vaisseaux du cordon ombilical. Ces deux informations montrent que le sang du fœtus et celui de la mère ne se mélangent pas.

2. Les échanges entre le sang maternel et le sang du fœtus sont les suivants :

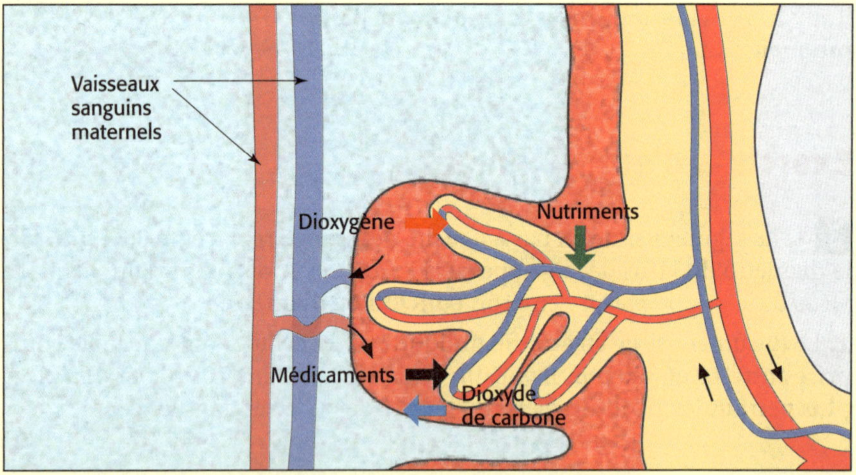

7 **1.** Le blocage de l'ovulation et la modification de la muqueuse utérine empêchant l'implantation d'un embryon sont les **effets de la pilule contraceptive classique**. Donc, on peut penser que la pilule du lendemain contient des hormones sexuelles de synthèse : **œstradiol et progestérone**.

2. La pilule du lendemain intervient avant la grossesse, soit en **empêchant la fécondation** (① et ②), soit en **empêchant l'implantation** d'un embryon (③). Il s'agit donc bien d'une méthode contraceptive et non d'une méthode d'interruption de grossesse.

8 **1.** Rémi ne sait pas qu'il est séropositif, et Marie ne sait pas si elle l'est, c'est-à-dire qu'ils ne savent pas s'ils sont **porteurs du VIH**.

2. En se dépistant, Rémi saura qu'il est porteur du VIH et pourra entamer des soins pour éviter de déclarer la maladie : **il se protège lui-même**. De plus, il pourra prévenir les autres et utiliser systématiquement des préservatifs : **il protège les autres**.

9 **1. Sans hypophyse, les taux des hormones sexuelles chutent, donc il n'y aura plus de cycle de la muqueuse utérine.** Ainsi, cette expérience montre bien que l'hypophyse a un rôle dans les cycles sexuels.

2. Le broyat d'hypophyse contient une **substance libérée normalement dans le sang** et qui agit sur un **organe cible**, l'ovaire. L'hypophyse exerce donc son action par l'intermédiaire d'une hormone.

Gagnez des points !

La démonstration d'une action hormonale est toujours la même : ablation de l'organe producteur suivie d'injection de broyat de l'organe dans le sang ou d'une greffe de l'organe à un autre endroit du corps.

Vers le brevet

10 **1.** Le taux d'anticorps **augmente après le premier contact** ; la production met 5 à 6 jours à se mettre en place, et le taux atteint un peu moins de 100 UI/mL en 20 jours, puis diminue. Lors du second contact, le taux d'anticorps anti-rougeole augmente en 2 ou 3 jours et dépasse 100 000 UI/mL. Ainsi, il **augmente plus vite et plus fortement**. On ne peut pas avoir deux fois la rougeole dans sa vie, car après un premier contact, il reste **assez d'anticorps** dans le sang pour protéger contre ce virus pendant des mois. De plus, le système immunitaire a la mémoire des microbes rencontrés et réagira plus rapidement et plus fortement lors d'un nouveau contact.

2. Le vaccin ROR agit **comme un premier contact** avec les microbes qui provoquent ces maladies. Il provoque une **réaction des cellules immunitaires (lymphocytes)**, qui seront désormais capables de reconnaître ces microbes, mais uniquement ceux-là, car les anticorps produits sont **spécifiques** de chaque microbe.

L'astuce du prof

Dans un tableau à compléter, les cases déjà remplies donnent le modèle à suivre. Ici, par exemple, il faut utiliser des verbes d'action pour le rôle des cellules.

3. Les cellules immunitaires et leur rôle

Nom des leucocytes	Macrophage	*Lymphocyte T*	Lymphocyte B
Rôles	*Phagocyte les microbes*	Adhère aux cellules infectées et les détruit	*Produit les anticorps*

1 De la naissance du besoin à la rédaction du cahier des charges

1 Définir le besoin

• **Les objets techniques et les services sont créés pour répondre à un besoin.** Lorsqu'une entreprise ou une personne souhaite créer un nouveau produit, elle doit définir précisément les attentes des futurs utilisateurs.

• **L'entreprise doit se poser plusieurs questions :**
– À quoi ou à qui le produit va-t-il servir ?
– Que va-t-il modifier ou apporter à son utilisateur ?
– Dans quel but sera-t-il utilisé ?

L'ensemble des réponses à ces questions permet de définir le besoin.

2 Distinguer les biens matériels et les services

La réponse au besoin formulé peut être un bien matériel ou immatériel :

• un **bien matériel** est un objet que l'on peut toucher, voir (une lampe de bureau par exemple) ;

• un **bien immatériel** est un service (un abonnement de transport en commun est par exemple un service fourni par une société de transports).

3 Rédiger le cahier des charges

• **Le cahier des charges peut être rédigé lorsque le besoin est défini.** C'est un document qui regroupe de façon détaillée l'ensemble des fonctions que l'objet devra satisfaire et les contraintes qu'il devra respecter.

• **Le cahier des charges prend souvent la forme d'un tableau** avec quatre colonnes :
– les repères associés à chaque fonction (FP : fonction principale ; FC : fonction contrainte) ;
– la fonction définie sous forme de phrase ;
– les critères associés à chacune des fonctions ;
– les niveaux permettant de préciser les critères.

EXERCICE RÉSOLU

Identifier un besoin et compléter un cahier des charges

ÉNONCÉ

Doc. Le clavier laser

Le clavier laser est une innovation récente que l'on pourrait bientôt retrouver sur nos bureaux. C'est un boîtier équipé d'une batterie que l'on connecte à un ordinateur, une tablette ou un *smartphone*. Un laser projette un clavier sur la surface du bureau afin de pouvoir saisir du texte.

1. Définissez par une phrase le besoin auquel répond le clavier laser.

2. S'agit-il d'un bien matériel ou d'un service ?

3. Complétez l'extrait de cahier des charges ci-dessous à l'aide des éléments suivants : *Sobre*; *Autonomie* (t_a); *Permettre de saisir du texte*; *Sans fil*; *Afficher un prix abordable*.

Rep	Fonction	Critère	Niveau
FP	......................(1)	– Disposition du clavier par pays – Temps de reconnaissance de la frappe (t)	– Tout langage disponible – $t < 0{,}01$ s
FC1	Se connecter à l'ordinateur, à la tablette ou au *smartphone*	– Type de connectivité – Distance maximale (d)	– ....(2) – $d < 3$ m
FC2	......................(3)	Prix moyen de la concurrence (p)	$p < 20$ €
FC3	Être alimenté en énergie	– ....(4) – Temps de charge (t_c)	– $t_a > 5$ h – $t_c < 2$ h
FC4	Être esthétique et plaire à la majorité	– Forme – Couleur	– Simple et épurée – ....(5)

CORRIGÉ

1. Le clavier laser rend service aux utilisateurs d'ordinateurs, de *smartphones* ou de tablettes en agissant sur le bureau dans le but qu'ils puissent saisir du texte.

2. Il s'agit d'un bien **matériel**, on peut manipuler le boîtier, le voir.

3. 1 : Permettre de saisir du texte; 2 : Sans fil; 3 : Afficher un prix abordable; 4 : Autonomie (t_a); 5 : Sobre.

2 Organiser un projet

1 Étapes d'un projet

- **Un projet peut être de nature très variée :** construction d'un bâtiment, développement d'une application logicielle, élaboration d'un service…
- Un projet comporte plusieurs étapes. **Les étapes guident la création et optimisent le temps** passé sur le projet.
- Chaque étape est généralement associée à une production (document, maquette, prototype, fichier).

ÉTAPES	Définition du besoin et rédaction du cahier des charges	Répartition des tâches, planification	Recherche des solutions techniques	Choix et validation des solutions techniques (tests)	Réalisation du prototype et finalisation du projet
Temps →					
PRODUCTIONS	Document écrit sous forme de texte et de tableau à conserver dans la revue de projet	Document de répartition et planning prévisionnel	Recherche documentaire sur les solutions existantes, modélisation numérique	Tableau de validation avec avantages et inconvénients des solutions en fonction des résultats des tests	Fabrication et évaluation du prototype avant lancement de la production

Doc. De la définition du besoin à la finalisation du projet

2 Planning prévisionnel

- **Le planning prévisionnel permet d'organiser le projet et d'identifier les tâches pouvant être réalisées simultanément** afin de les répartir de façon optimale sur toute la durée du projet.
- Ce planning permet de **suivre l'avancement** d'un projet et d'**anticiper d'éventuels retards.**
- Pour être efficace, le planning prévisionnel doit être régulièrement mis à jour durant le projet.

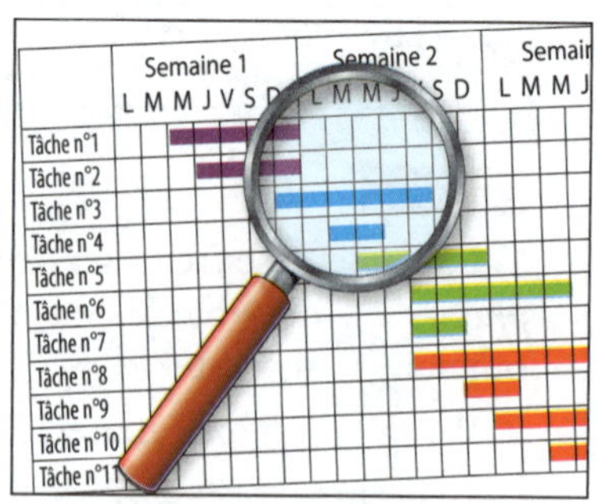

Doc. Planning prévisionnel

EXERCICE RÉSOLU

Comprendre un planning prévisionnel

ÉNONCÉ

Voici un extrait du planning prévisionnel de la construction d'une maison. Chaque couleur correspond à une personne différente.

mois	Février				Mars				Avril				Mai				Juin			
semaines	S1	S2	S3	S4	S1	S2	S3	S4	S1	S2	S3	S4	S1	S2	S3	S4	S1	S2	S3	S4
Fondations et murs	rouge	rouge	rouge	rouge	rouge															
Toiture et couverture						vert	vert	vert	vert	vert										
Raccord réseau électrique											orange									
Cloisons et plâtres																				
Plomberie													violet	violet	violet	violet	violet	violet		
Électricité												orange	orange	orange	orange	orange	orange			
Peintures																				

Fin du gros œuvre (flèche : fin de la S2 d'avril)

1. Complétez le planning de Jean, l'ouvrier chargé de réaliser les cloisons, plâtres et peintures, en respectant les contraintes suivantes : la pose des cloisons et les plâtres peuvent débuter une fois le gros œuvre terminé (durée : 6 semaines); les peintures peuvent commencer 1 semaine avant la fin des travaux d'électricité (durée : 4 semaines).

2. Pourquoi peut-on superposer l'électricité et la plomberie dans le planning ? Qu'est-ce que cela apporte au chantier ?

CORRIGÉ

1. Le plus judicieux est de faire commencer Jean en S3 d'avril. Il peut intervenir lorsque le gros œuvre est terminé et ne sera pas dérangé par l'électricien, car leurs tâches peuvent être réalisées simultanément (fin en S4 de mai). Le travail de peinture commence lorsque Jean a fini les cloisons et les plâtres, donc à partir de la S1 de juin (fin en S4 de juin).

> **Attention !**
> Une personne ne peut réaliser qu'une tâche à la fois.

mois	Février				Mars				Avril				Mai				Juin			
semaines	S1	S2	S3	S4	S1	S2	S3	S4	S1	S2	S3	S4	S1	S2	S3	S4	S1	S2	S3	S4
Fondations et murs	rouge	rouge	rouge	rouge	rouge															
Toiture et couverture						vert	vert	vert	vert	vert										
Raccord réseau électrique											orange									
Cloisons et plâtres											bleu	bleu	bleu	bleu	bleu	bleu				
Plomberie													violet	violet	violet	violet	violet	violet		
Électricité												orange	orange	orange	orange	orange	orange			
Peintures																	bleu	bleu	bleu	bleu

2. Lorsque des tâches sont réalisées par deux personnes différentes et qu'elles ne sont pas dépendantes l'une de l'autre, elles peuvent être exécutées simultanément. Cela permet de raccourcir la durée du projet.

3 De la conception à la réalisation d'un projet

1 Rechercher une solution pour répondre au besoin

Le processus de création de l'objet technique consiste à **rechercher des solutions répondant à chaque fonction technique**. Il existe pour cela plusieurs méthodes :

- **effectuer une veille technologique :** lister et comparer sur Internet les solutions déjà existantes et commercialisées, utiliser un logiciel de base de connaissances, rassembler des articles sur le sujet (catalogues, contenus Web, revues spécialisées...) ;
- **proposer des innovations** pour améliorer le fonctionnement de l'objet, proposer un design plus adapté et actuel, simplifier les procédés de fabrication, réduire l'impact environnemental ou baisser le coût de réalisation ;
- **réaliser des croquis et schémas** pour présenter de façon détaillée les solutions imaginées.

2 Concevoir et modéliser avec un logiciel de CAO

- Pour valider les solutions, le **dessin en 3D sur un logiciel de CAO** (conception assistée par ordinateur) permet de représenter et de réaliser des simulations sur un modèle numérique du futur objet.
- **Le design de l'objet est proposé.** Plusieurs versions de l'objet peuvent être imaginées, le choix se fera par exemple à la suite d'une enquête d'opinion.

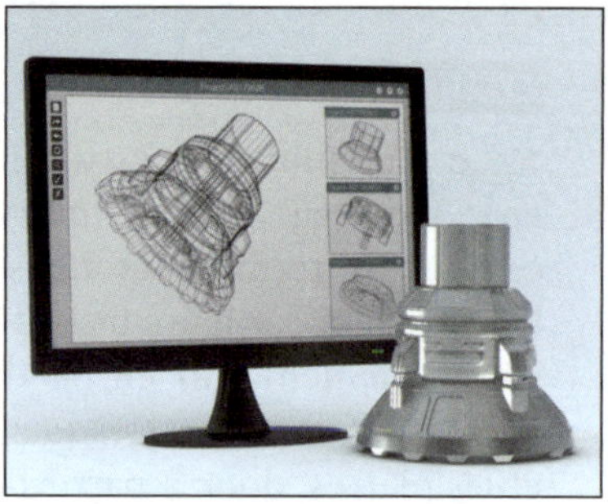

Doc. Logiciel de CAO

- **De nombreux paramètres (solidité, fonctionnement de l'objet...) peuvent être simulés.** Le concepteur peut ainsi identifier les points faibles de l'objet (où il pourrait casser par exemple) et imaginer des solutions pour les consolider.

3 Réaliser un prototype

Un prototype est fabriqué une fois le fichier 3D terminé et validé, il ressemble beaucoup au produit final. **Ce prototype subira un ensemble de tests** afin de vérifier qu'il répond entièrement au cahier des charges et d'éviter les défauts qui pourraient nuire à son utilisation.

EXERCICE RÉSOLU

Identifier l'innovation

ÉNONCÉ

Dans la maison, les appareils en veille représentent en moyenne 11 % de la consommation d'électricité. Le dispositif RWU (*Remote Wake Up*) est composé d'un émetteur sous forme de télécommande et d'un récepteur relié à une prise électrique.

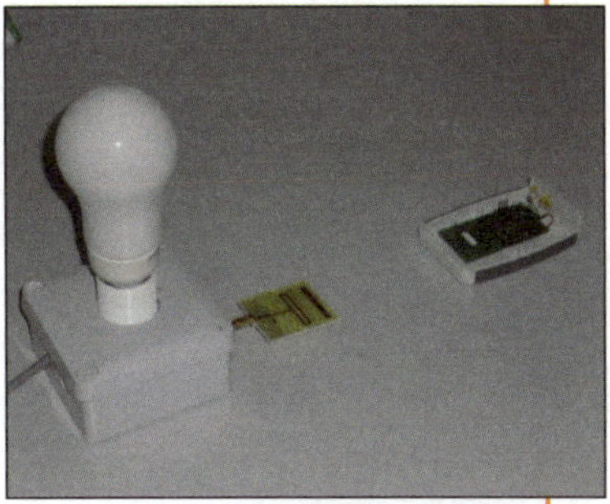

Doc. Le dispositif RWU

Cette technologie innovante permet de réveiller à distance un équipement complètement éteint à l'aide d'une impulsion électromagnétique. De cette manière, au lieu d'être maintenu en veille et de consommer de l'électricité, l'appareil électrique est à l'arrêt jusqu'à ce qu'il reçoive un ordre de réveil par l'utilisateur. Le mode veille n'étant pas utilisé, la consommation d'électricité est divisée par mille pour une même opération d'allumage ou d'extinction de l'appareil.

1. À quel besoin répond ce dispositif ?

2. Quelle est l'innovation proposée par les concepteurs du RWU ?

3. Quels sont les apports de cette innovation ?

> **L'astuce du prof**
> Soulignez les points importants dans le texte.

CORRIGÉ

1. Ce dispositif permet de **diminuer la consommation de veille** des équipements électroniques.

2. Un émetteur (télécommande) envoie une impulsion électromagnétique à un récepteur permettant de commander l'allumage et l'extinction de l'appareil **même complètement éteint**.

3. Cette innovation permet de réduire la consommation électrique des équipements électroniques, et par conséquent, la facture d'électricité des utilisateurs, ainsi que l'impact environnemental des équipements.

> **Remarque**
> Les appareils en veille coûtent 86 € par foyer et par an (AFP, 2013).

Étudier le besoin d'un objet technique

ÉNONCÉ

L'entreprise AutoWash installe des stations de lavage automatique de voiture dans les villes.
Définissez par une phrase le besoin auquel répond ce système.

Doc. Station de lavage automatique

MÉTHODE

1. Dessiner un diagramme d'expression du besoin vide (appelé aussi « bête à cornes »).

2. Compléter le diagramme en répondant aux questions suivantes :
- Quel est le nom du produit ? (au centre, le nez de la bête)
- À qui, à quoi le produit rend-il service ? (corne de gauche)
- Sur qui, sur quoi agit-il ? (corne de droite)
- Dans quel but ? (en bas, bouche de la bête)

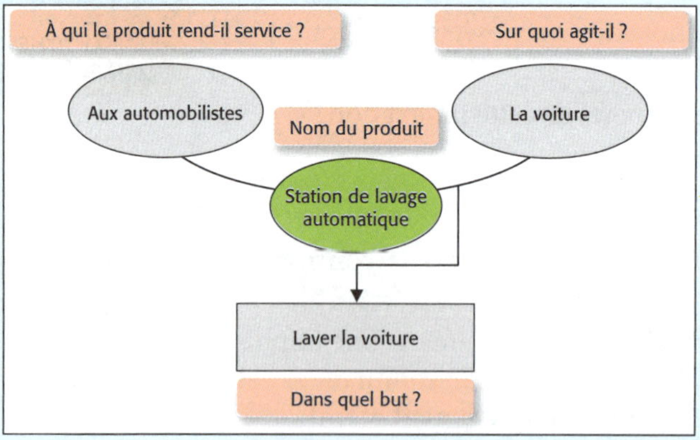

Conseil
Soyez le plus précis possible quand vous décrivez l'utilisateur potentiel.

3. Rédiger la réponse selon le modèle suivant :
Le produit nommé …… rend service à …… en agissant sur …… dans le but de ……

CORRIGÉ

La station de lavage automatique rend service aux automobilistes en agissant sur les voitures dans le but de les laver.

Présenter une revue de projet à l'aide d'un diaporama

ÉNONCÉ

Présentez une revue de projet à la classe et au professeur à l'aide d'un progiciel de présentation (diaporama).

Doc. La bonne attitude d'un orateur face à son public

MÉTHODE

1. Pour être sûr de ne rien oublier, rédiger au brouillon la liste de tout ce qu'il faut présenter.
2. Mettre au point un plan cohérent : dans un projet, les étapes s'enchaînent dans un ordre logique, il faut s'efforcer de suivre cette progression lors de l'exposé.
3. Ne pas écrire de grandes quantités de texte sur les diapositives : le public sera absorbé par la lecture du texte et n'écoutera plus.
4. Ne pas lire son texte sans regarder le public. Il est toutefois possible de rédiger des notes avec les mots clés importants.
5. Le diaporama doit être un outil qui apporte des informations et un intérêt supplémentaire à la présentation. Plus il contiendra de schémas, de photographies, de graphiques, plus il sera utile et apprécié du public.
6. Préparer sa présentation et s'entraîner : une présentation orale ne s'improvise pas. Mieux vaut s'exercer devant un public en se chronométrant. Le mode « présentateur » permet d'afficher un chronomètre, des notes et la diapositive suivante.

CORRIGÉ

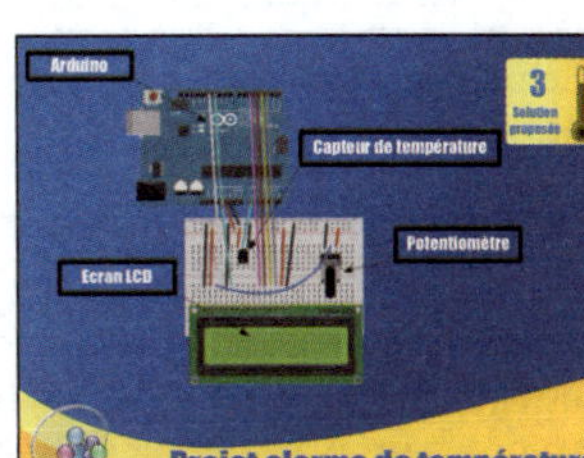

Doc. Exemples de diapositives

QCM

1 Cochez la (ou les) réponse(s) correcte(s).

1. Les objets techniques et services sont créés pour répondre à :
a. ☐ une question **b.** ☒ un besoin **c.** ☐ un utilisateur

2. Le garagiste produit :
a. ☐ un bien **b.** ☒ une action **c.** ☒ un service

3. Quand le besoin est défini, il faut rédiger :
a. ☒ un cahier des charges **b.** ☐ un schéma **c.** ☐ une fonction

4. La dernière étape du projet est :
a. ☐ la répartition des tâches **b.** ☒ la réalisation du prototype
c. ☐ la conception par ordinateur

5. Un planning prévisionnel permet :
a. ☒ d'organiser le projet
b. ☐ d'identifier le besoin
c. ☐ d'établir une facture

6. Pour rechercher des solutions techniques, il faut :
a. ☐ réaliser un objet avec un logiciel de CAO
b. ☒ effectuer une veille technologique
c. ☐ utiliser l'imprimante 3D

2 Répondez par vrai ou faux.

Affirmations	Réponses
1. Lorsqu'une entreprise ou une personne souhaite créer un nouveau produit, elle doit définir précisément les attentes des futurs utilisateurs.	☒ V ☐ F
2. Le cahier des charges est réalisé après la conception du produit.	☐ V ☐ F
3. Le planning prévisionnel permet d'empêcher les retards dans un projet.	☐ V ☐ F
4. Innover peut réduire l'impact environnemental d'un objet.	☐ V ☐ F
5. Un prototype est une version définitive d'un produit fini.	☐ V ☐ F
6. Lors de la préparation d'une revue de projet, je dois mettre au point un plan de ma présentation.	☐ V ☐ F

Exercices d'entraînement

3 Les biens et les services

1. Donnez un exemple de bien et justifiez votre choix.
2. Donnez un exemple de service et justifiez votre choix.

4 La définition du besoin

1. Présentez le besoin auquel répond un aspirateur.
2. Présentez le besoin auquel répond un casque de vélo.

5 Le cahier des charges

Une marque de stylo veut créer un nouveau stylo quatre couleurs pour les adolescents. Elle souhaite un design moderne, innovant, et des couleurs attrayantes.

Recopiez et complétez le cahier des charges.

Rep	Fonction	Critères	Niveaux
FP	....	– Épaisseur du trait (e) – Nombre de couleurs (n_c)	– e = 0,7 mm – ....
FC1	Afficher un prix abordable	–	$p < 5$ €
FC2	Être d'une esthétique plaisante pour les jeunes	– .... –	Innovant Attrayantes

6 Le planning prévisionnel

Yanis décide de développer une application pour *smartphone*, voici son planning prévisionnel.

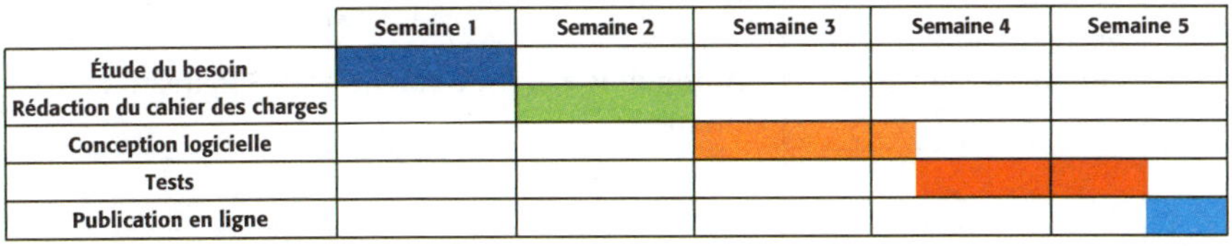

1. Dans ce tableau, que représentent les lignes et les colonnes ?
2. À votre avis, pourquoi aucune tâche ne se superpose à une autre ?
3. Combien de temps Yanis a-t-il prévu de consacrer à la rédaction du cahier des charges ?

7 La conception d'un produit

1. Dans l'expression « logiciel de CAO », que signifient les lettres CAO ?
2. À quoi peuvent servir les logiciels de CAO ?
3. Dans quels domaines professionnels ces logiciels sont-ils utilisés ?

Vers le brevet

8 La naissance du bracelet intelligent pour les sportifs

Une entreprise souhaite commercialiser une montre appelée Runamax. C'est une montre-bracelet d'activité pour les amateurs de course à pied. Le bureau d'étude et de conception a débuté le projet, et le service commercial souhaite lancer la commercialisation avant Noël.

Présentation du produit

Ce bracelet d'activité est un concentré de technologie. Avec son design innovant et son imposante liste de fonctionnalités, il bouleverse le monde du sport, et particulièrement celui de la course à pied.

Liste des fonctionnalités : comptage des pas, mesure de la fréquence cardiaque, position GPS, communication avec le *smartphone*…

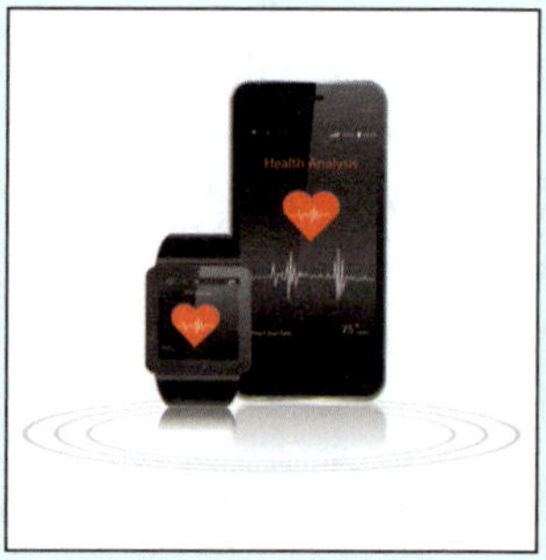

Doc. Bracelet d'activité

Rep	Fonction	Critère	Niveau
Fp	Mesurer et enregistrer l'activité du coureur à pied	– Rythme cardiaque – Vitesse de course – Comptage des pas – Position géographique	– ± 2 battements/min – ± 2 km/h – ± 1 pas/min – ± 3 m
Fc1	Permettre une autonomie suffisante	– Autonomie en mode « course » – Autonomie en mode « montre »	– > 4 heures – > 5 jours
Fc2	Communiquer avec un *smartphone*	– Type de connexion – Distance bracelet/*smartphone* – Débit de la communication	– Sans fil – Jusqu'à 3 m – Mini 512 Kb/s
Fc3	Être esthétique et plaire au plus grand nombre	Design	Moderne et adapté à la pratique sportive

Doc. Extrait du cahier des charges

Semaines	…	S34	S35	S36	S37	S38	S39	S40	S41	S42	S43	S44	S45	…
…	…													
Recherche de solutions	…													
Fabrication du prototype														
Tests et validation														
Fabrication														…
Commercialisation														…

Doc. Extrait du planning prévisionnel du projet

	Wi-Fi	Bluetooth
Débit	> 1 Mb/s	> 720 Kb/s
Portée maximale	100 m	10 m
Consommation électrique	Élevée	Faible

Doc. Comparaison des solutions de communication sans fil

1. Réalisez le diagramme d'expression du besoin, puis énoncez le besoin auquel répond la montre de l'entreprise Runamax.
2. En vous aidant de l'extrait du cahier des charges, indiquez la fonction principale de l'objet.
3. En vous aidant de l'extrait du cahier des charges, donnez la précision souhaitée pour la mesure de la vitesse de course.
4. Dans un projet, indiquez les étapes qui précèdent la recherche de solutions.
5. D'après l'extrait du cahier des charges, quelles sont les étapes du projet qui peuvent être réalisées simultanément ?
6. Indiquez le numéro de la semaine à laquelle débute la commercialisation du produit.
7. En vous aidant du tableau de comparaison des solutions de communication sans fil, choisissez entre Bluetooth et Wi-Fi pour répondre à la fonction Fc3 du cahier des charges. Justifiez votre réponse.

QCM

1 **1. Réponse : b.** Les objets techniques et services sont créés pour répondre à un **besoin**.

2. Réponse : c. Le garagiste produit un **service**, il répare les voitures en panne.

3. Réponse : a. Quand le besoin est clairement défini, il faut rédiger un **cahier des charges**.

4. Réponse : b. La dernière étape du projet est la **réalisation du prototype**. Un ensemble de tests sera alors effectué pour apporter si nécessaire des modifications à l'objet.

5. Réponse : a. Un planning prévisionnel permet d'**organiser le projet** dans le temps, c'est-à-dire de vérifier l'avancement des travaux et d'anticiper d'éventuels retards.

Remarque

Ce type de planning s'appelle Gant, du nom de l'ingénieur américain H. L. Gant.

6. Réponse : b. Pour rechercher des solutions techniques, il est nécessaire d'**effectuer une veille technologique**. Elle consiste à utiliser l'informatique pour lister et comparer les solutions déjà existantes et commercialisées.

2 **1. Vrai.** Bien étudier les attentes des utilisateurs conduit à proposer un produit bien adapté.

2. Faux. Le cahier des charges est rédigé au début du projet, la phase de conception vient par la suite.

3. Faux. Le planning prévisionnel n'empêche pas les retards, mais permet de les anticiper et d'essayer de les éviter.

4. Vrai. Lorsque l'on cherche à innover, on essaie notamment de faire en sorte que l'objet inventé consomme moins d'énergie ou utilise des matériaux moins polluants.

5. Faux. Un prototype est la première version d'un objet. On effectue dessus des tests et on l'améliore.

Remarque

En 2011, la R & D (recherche et développement) représentait plus de 400 000 emplois en France.

6. Vrai. Suivre un plan est très important lors d'une présentation afin de clarifier ses propos.

Exercices d'entraînement

3 **1.** Un **classeur** est un bien, nous pouvons utiliser nos sens (vue, toucher) pour l'identifier.

2. Un **coiffeur** propose un service. Une coupe de cheveux n'est pas quelque chose de matériel.

4 **1.** Un aspirateur sert à la personne chargée du ménage en agissant sur le sol dans le but de le nettoyer.

2. Un casque de vélo sert au cycliste en agissant sur son crâne dans le but de le protéger.

Remarque

« Fonction contrainte (FC) » s'appelle parfois « Fonction secondaire (FS) ».

5 Voici le cahier des charges du nouveau stylo quatre couleurs complété :

Rep	Fonction	Critères	Niveaux
FP	**Laisser une trace sur un support papier**	– Épaisseur du trait (e) – Nombre de couleurs (n_c)	– e = 0,7 mm – 4 couleurs
FC1	Afficher un prix abordable	**Prix de vente (p)**	$p < 5$ €
FC2	Être d'une esthétique plaisante pour les jeunes	– **Design** – **Couleurs**	– Innovant – Attrayantes

6 **1.** Dans ce planning, les lignes représentent les **tâches à effectuer** et les colonnes le **découpage temporel** du projet en semaines.

2. Aucune tâche ne se superpose à une autre, car **Yanis est seul à mener son projet**. Il réalise donc les tâches les unes après les autres.

3. Yanis a prévu de consacrer **une semaine** à la rédaction du cahier des charges.

7 **1.** Le sigle CAO signifie « **conception assistée par ordinateur** ».

2. Les logiciels de CAO peuvent servir à **représenter un objet en 3D**, pour par exemple l'intégrer dans un assemblage, mais ils peuvent aussi être utilisés pour **simuler de nombreux paramètres** (coût de la matière, masse de l'objet, résistance, étanchéité…).

Remarque

Sketchup et Solidworks sont des logiciels de CAO.

3. Les logiciels de CAO sont utilisés dans de nombreux domaines : **architecture, conception d'objets, jeux vidéo**…

Vers le brevet

8 **1.** Voici le diagramme d'expression du besoin :

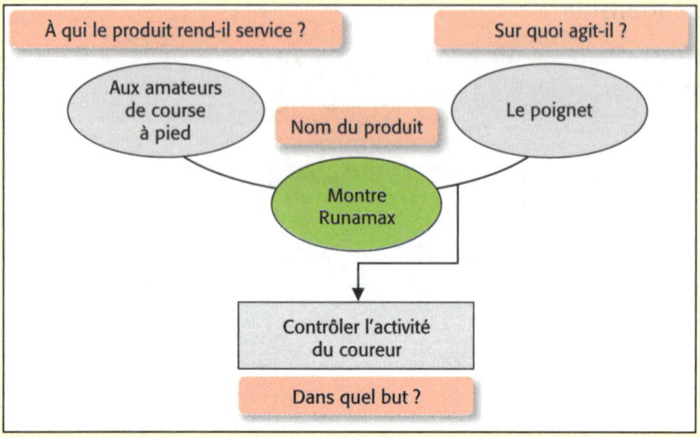

La montre Runamax rend service **aux amateurs de course** à pied en agissant sur **leur poignet** dans le but de **contrôler leur activité** lorsqu'ils courent.

> **Conseil**
> Utilisez le diagramme pour rédiger une phrase qui énonce précisément le besoin.

2. La fonction principale de cet objet est : « **Mesurer et enregistrer l'activité du coureur à pied** ». Elle est identifiable grâce au **repère Fp** dans le cahier des charges.

3. La montre doit être capable de mesurer la vitesse de déplacement du coureur avec une précision de **2 km/h** par rapport à la valeur de sa vitesse réelle.
La **colonne « Niveau »** du cahier des charges permet d'indiquer des valeurs chiffrées de la performance attendue. Il s'agit souvent de valeurs minimales, maximales, moyennes…

> **Remarque**
> Pour évaluer la vitesse du coureur, la montre utilise son système de géolocalisation GPS.

4. L'énoncé du besoin et la rédaction du cahier des charges sont les étapes qui précèdent généralement la recherche de solutions.
L'énoncé du besoin permet de définir avec précision les attentes des futurs utilisateurs afin de fabriquer un produit adapté.
Le cahier des charges est souvent présenté sous forme de tableau. Il permet de lister chaque fonction et d'y associer critères et niveaux.

> **Remarque**
> Ces étapes sont très importantes, elles précisent le projet et orientent la réussite commerciale du produit.

5. La fin de l'étape de **recherche des solutions** et le début de l'étape de **fabrication du prototype** peuvent être réalisés simultanément.
Le prototype permet de mettre en évidence des problèmes de conception de l'objet. Il est souvent nécessaire de réaliser des modifications pour contourner ces nouvelles contraintes.

> **Conseil**
> Si plusieurs cases colorées sont dans la même colonne, les tâches sont simultanées.

6. La commercialisation du produit débute à la **semaine 45** (S45).
La phase de commercialisation correspond à la **mise en vente** du produit dans le réseau de distribution (magasins, sites Internet, revendeurs).

7. Le protocole **Bluetooth** semble le plus adapté pour la connexion entre le *smartphone* et la montre.
Bien qu'il offre un débit plus important, le Wi-Fi consomme beaucoup d'énergie. L'autonomie de la montre serait alors fortement diminuée, il faudrait installer des batteries avec des capacités plus importantes, donc plus coûteuses et plus lourdes.
Le débit et la portée du Bluetooth sont suffisants pour l'application, la performance n'est pas toujours le critère de choix privilégié, la consommation et le coût de fabrication sont aussi à considérer.

> **Remarque**
> Les protocoles de communication sans fil permettent de relier par ondes radio plusieurs appareils informatiques.

CHAPITRE
14 [Techno] – Objets techniques, services et changements induits dans la société

1 Histoire des solutions techniques

1 Des objets et services qui évoluent

Les connaissances scientifiques et technologiques progressent tous les jours. **L'évolution des techniques permet de faire évoluer les objets dans de nombreux domaines :**

- **matériaux :** les objets tendent à devenir plus légers, plus résistants et à utiliser des matériaux moins coûteux et moins polluants ;
- **énergie :** les objets consomment moins d'énergie ou consomment une énergie plus propre et gagnent en autonomie ;
- **ergonomie :** les objets sont plus simples à utiliser, plus intuitifs, plus rapides ;
- **esthétique :** le design des objets (forme, couleur) évolue pour s'adapter aux usages, à la mode.

2 Familles d'objets techniques

Les objets qui répondent au même besoin (usage) sont regroupés en familles. Cela permet de faciliter leur classement.

Exemples :
La famille des véhicules aériens regroupe les objets qui servent à se déplacer dans les airs.
La famille des éclairages regroupe les objets qui servent à produire une lumière artificielle.

3 Lignées d'objets techniques

Une lignée regroupe les objets d'une même famille qui utilisent le même principe technique pour répondre au besoin.

Exemples :
Les avions à réaction, les hélicoptères et les montgolfières sont trois lignées de la famille des véhicules aériens.
Les objets utilisant les combustions dans l'air (bougie, lampe à huile), les objets utilisant des gaz (néon, xénon) et les LED sont trois lignées de la famille des éclairages.

EXERCICE RÉSOLU

Identifier les évolutions des objets

Doc. Radio TSF (transmission sans fil) en bois, volumineuse et très chère à l'époque, qui se branchait sur le réseau électrique (fin XIXe siècle)

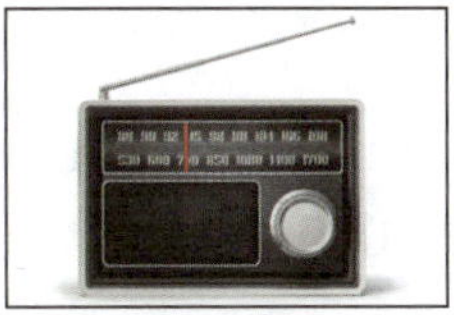

Doc. Transistor en métal alimenté par des piles (1948)

Doc. Radio Tykho en gomme de silicone, alimentée par une batterie rechargeable avec un câble USB, facilement transportable (années 2000)

ÉNONCÉ

1. De quelle famille ces objets font-ils partie ?

2. Décrivez l'évolution des matériaux et de l'esthétique de ces objets.

3. Décrivez l'évolution de l'alimentation électrique de ces objets.

CORRIGÉ

1. Ces objets font partie de la famille des **récepteurs radio sans fil**.

2. Le **plastique** a remplacé le **bois** et le **métal**, car il est plus facile à mettre en forme et moins coûteux. La radio Tykho propose un revêtement en silicone plus agréable au toucher. Ces objets sont de plus en plus petits, avec des formes plus simples et des couleurs plus vives.

3. Les premières radios étaient alimentées par le **réseau électrique**. Le développement **des piles** puis **des batteries** a permis ensuite d'utiliser ces objets n'importe où.
Aujourd'hui, les radios sont plus autonomes et consomment moins d'énergie.

Conseil

Pour présenter l'évolution d'un objet, pensez à justifier vos réponses en donnant les raisons qui ont provoqué ces changements.

Remarque

On retrouve cette évolution des solutions d'alimentation électrique sur de nombreux objets.

2 Étude de l'évolution d'un objet technique

1 Rupture technologique

- La rupture technologique est une **nouvelle technologie qui apporte une solution très différente et plus performante** à un problème technique déjà existant.
- **Cette rupture provient généralement de la recherche, de l'innovation ou de l'invention.** On parle de rupture, car elle entraîne souvent de grands changements pour nos objets, voire notre quotidien.

Exemple : l'écran plat (LCD) est une rupture technologique qui succède au très volumineux écran cathodique. Cette rupture provient en partie de l'invention de l'écran couleur à cristaux liquides par les ingénieurs de la société Thomson en 1984.

2 Exemples de ruptures technologiques qui ont changé le monde

- **La roue est un exemple d'invention révolutionnaire.** Les scientifiques s'accordent à dire que la roue est apparue vers 3 000 ans av. J.-C. en Mésopotamie. Les premières roues étaient fabriquées en pierre, en bois ou en terre cuite. Elles ont permis un développement important et rapide des constructions, du commerce, et des déplacements.

Doc. Mosaïque qui représente un chariot (2800-2300 av. J.-C., Mésopotamie)

- **Au XVIIIe siècle, l'invention de la machine à vapeur par James Watt** a également entraîné des avancées gigantesques pour l'époque :
  - dans le transport : train, bateau, voiture ;
  - dans l'industrie : pompage de l'eau dans les mines, grue à vapeur ;
  - dans l'agriculture : batteuse pour les céréales, tracteur…

Doc. Mécanisation du battage du blé (fin du XIXe siècle)

- **Ces exemples ne sont qu'une infime partie des changements apportés par la technologie dans nos sociétés.** On peut aussi citer l'électricité qui a illuminé nos villes, ou les réseaux informatiques (Internet) qui ont totalement modifié notre façon de communiquer.

EXERCICE RÉSOLU

Étudier l'impact des réseaux sociaux sur notre vie

ÉNONCÉ

Depuis la fin des années 1990, les réseaux sociaux comme Facebook, Twitter, Google+ ou Linkedin se sont fortement développés. Ces services, associés à la démocratisation d'Internet, à l'explosion des débits des réseaux mobiles (GPRS, 3G, 4G) et à la multiplication des objets connectés (ordinateurs, smartphones, tablettes) ont bouleversé nos usages.
En 2015, plus de 83 % des foyers français disposaient d'une connexion Internet fixe. Aujourd'hui, nous pouvons être connectés en permanence à nos amis et nos proches, à n'importe quel endroit de la planète. Mais ces nouveaux usages, dont nous sommes devenus très dépendants, entraînent également des dérives : harcèlement en ligne, vente de nos données personnelles, usurpation d'identité, addictions…
Pour que ces outils restent un progrès et ne deviennent pas nuisibles, il est nécessaire de se former à leur utilisation et de connaître les dérives qu'ils peuvent engendrer.

1. Quelles innovations ont permis le développement des réseaux sociaux ?

2. Comment les réseaux sociaux ont-ils modifié notre quotidien ?

3. Comment se protéger des risques liés à l'utilisation de ces outils ?

CORRIGÉ

1. La **démocratisation d'Internet**, l'**augmentation du débit des réseaux mobiles**, la **multiplication des appareils connectés** ont permis le développement rapide des réseaux sociaux.

> **Remarque**
> Débits Internet mobiles :
> – 1991 (2G) : 64 Kb/s ;
> – 2010 (4G) :
> + de 300 000 Kb/s.

2. Où que nous soyons, nous avons la possibilité d'être **connectés** à nos proches pour **discuter**, **organiser** des événements, **partager** de l'information, des photos. Cela était totalement impossible il y a vingt ans !

3. Il faut **se former** à l'utilisation de ces outils, afin de connaître leur mode de fonctionnement (confidentialité, revente de ses données par le site) et **les dérives qu'ils peuvent engendrer** (temps quotidien passé sur les réseaux sociaux, partage de la **vie privée**, **éthique**, **droit à l'image**…).

3 Cycle de vie et impact environnemental

1 Cycle de vie des objets

• **Les objets ont un cycle de vie**, ils sont créés à partir de matières premières et sont détruits ou recyclés lorsqu'ils ne sont plus utiles ou lorsqu'ils ne fonctionnent plus.

• Le cycle de vie peut être différent suivant le produit, mais on retrouve souvent le même schéma.

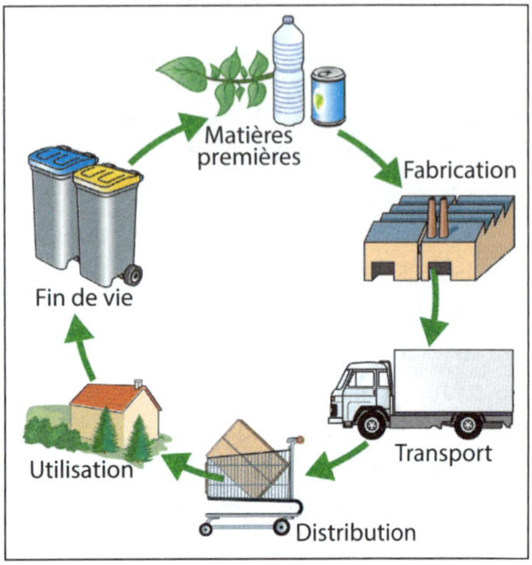

Doc. Les principales étapes du cycle de vie d'un produit

2 Solutions pour réduire l'impact environnemental

• **Nos besoins en énergie et en matières premières augmentent fortement** avec l'accroissement de la population et la hausse du niveau de vie moyen sur Terre.

• **Pour limiter l'impact environnemental de nos objets, de nombreuses solutions existent** tout au long de leur cycle de vie :
- diminuer la consommation d'énergie lors de l'extraction et du transport des matières premières ;
- réduire la quantité de matériaux utilisés pour fabriquer l'objet ;
- utiliser des procédés de fabrication plus économes en énergie ;
- prendre en compte la fin de vie de l'objet et son recyclage ;
- supprimer les emballages inutiles.

• **Les normes sont des règles fixées par les États ou les organisations (ONU, UE) pour limiter l'impact environnemental des objets, garantir leur qualité, leur provenance ou leur sécurité.** Les entreprises doivent respecter ces règles quand elles conçoivent et fabriquent de nouveaux objets.

Exemples :
Norme NF HQE : norme française de haute qualité environnementale pour les bâtiments.
ISO 14 001 : norme internationale qui a pour fonction d'aider les entreprises à mesurer l'impact environnemental de leur activité.

EXERCICE RÉSOLU

Identifier les étapes du cycle de vie et les solutions pour réduire l'impact environnemental

ÉNONCÉ

L'entreprise Pocheco fabrique des enveloppes en papier et s'efforce de réduire au maximum l'impact environnemental de ses produits.
Les déchets papiers issus de la découpe des enveloppes ont pu être valorisés : ils sont revendus à un recycleur. Sur la chaîne de production, des radiateurs à infrarouges ont remplacé l'air pulsé pour sécher les produits, diminuant ainsi de 16 % la facture d'électricité de l'entreprise. Les encres utilisées ne contiennent plus de solvants.

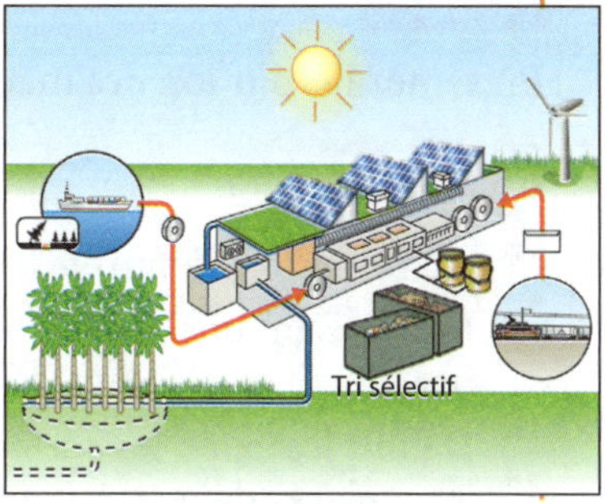

Doc. La première usine « écolonomique » (mot-valise provenant de la contraction des mots « écologie » et « économie »)

Enfin, l'entreprise a aussi repensé le conditionnement de ses enveloppes. Elle a conçu un rouleau sur lequel peuvent être enroulées jusqu'à 70 000 enveloppes. Il peut être récupéré chez les clients et réutilisé, ce qui réduit l'encombrement lors du transport et les déchets de cartons et de films plastiques de l'emballage classique.

1. À quelles étapes du cycle de vie de ces enveloppes l'entreprise Pocheco agit-elle pour diminuer son impact environnemental ?

2. Relevez une solution trouvée par l'entreprise pour réduire sa consommation énergétique.

3. Que pourrait faire l'entreprise pour diminuer encore sa consommation de matière première ?

CORRIGÉ

1. Pocheco agit au niveau des étapes suivantes du cycle de vie des enveloppes :
- la **fabrication** : utilisation d'encres sans solvant ;
- la **distribution** : conditionnement en rouleaux pour limiter l'encombrement dans les camions ;
- le **recyclage** : suppression des films plastiques et des cartons d'emballage.

> **Remarque**
> Pour certains objets, l'éco-participation est ajoutée au prix de vente. Elle doit compenser le coût de la collecte et du traitement des déchets.

2. Sur la chaîne de production, **des radiateurs à infrarouges** ont remplacé l'air pulsé pour sécher les produits.

3. L'entreprise pourrait utiliser **du papier recyclé** pour fabriquer les enveloppes.

Utiliser une frise chronologique pour comparer et analyser les objets et systèmes techniques

ÉNONCÉ

Présentez l'évolution des machines à laver le linge.

MÉTHODE

1. Au brouillon, définir le besoin auquel répond l'objet étudié.
2. En réalisant une recherche documentaire (à la bibliothèque, sur Internet), identifier les lignées d'objets répondant à ce besoin.
3. Définir les dates, les périodes et les lieux d'utilisation de ces objets pour les replacer dans leur contexte historique et géographique.
4. Si possible, associer des personnes reconnues pour avoir participé aux grands changements. Chercher des lieux et des faits historiques marquants qui ont contribué à l'évolution de l'objet.
5. Reporter ces informations sur une frise chronologique.

CORRIGÉ

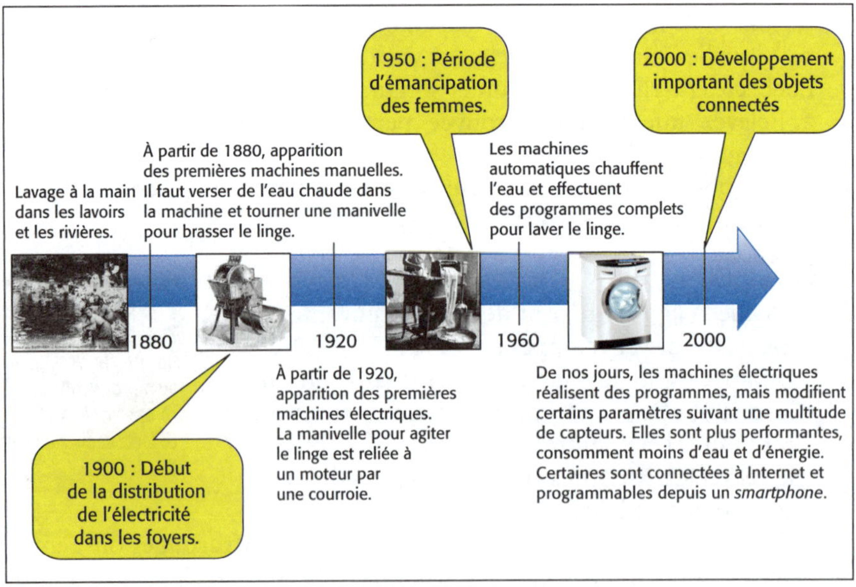

Présenter l'évolution d'un objet avec une carte heuristique

ÉNONCÉ

Présentez l'évolution des machines à laver le linge.

MÉTHODE

1. Utiliser un logiciel de création de carte heuristique (carte mentale).
2. Définir le sujet central.
3. Créer un sujet par lignée de machines (avec des dates ou des périodes indiquées).
4. Ajouter des « sous-sujets » pour donner des détails sur le fonctionnement des objets.
5. Illustrer les propos en insérant des images ou des schémas.
6. Si nécessaire, ajouter des sujets flottants (ici en rose) pour indiquer des faits importants et/ou des personnages qui ont contribué à l'évolution de l'objet.

CORRIGÉ

Machine à laver le linge

- Lavage à la main jusqu'en 1880
  - Dans les lavoirs.
  - Dans les rivières.
- À partir de 1880 : machines manuelles
  - Il faut ajouter de l'eau chaude et du savon dans une cuve et tourner une manivelle pour agiter le linge.

1900 : Début de la distribution de l'électricité dans les foyers

- À partir de 1920 : premières machines électriques
  - La manivelle pour agiter le linge est reliée à un moteur par une courroie.

1950 : Période d'émancipation des femmes

- À partir de 1960 : machines automatiques
  - Elles chauffent l'eau et effectuent des programmes complets pour laver le linge.

2000 : Développement important des objets connectés

- De nos jours : machines électroniques
  - Elles réalisent des programmes mais modifient certains paramètres suivant une multitude de capteurs. Elles sont plus performantes, consomment moins d'eau et d'énergie. Certaines sont connectées à Internet et programmables depuis un *smartphone*.

QCM

1 Cochez la (ou les) réponse(s) correcte(s).

1. L'évolution des techniques permet de faire évoluer les objets dans les domaines :
a. ☐ des matériaux. **b.** ☐ du design. **c.** ☐ des énergies.

2. Des objets sont de la même famille s'ils :
a. ☐ répondent au même besoin
b. ☐ ont une fonction d'usage différente
c. ☐ n'ont pas le même matériau

3. Des objets appartiennent à la même lignée s'ils :
a. ☐ répondent au même besoin **b.** ☐ ont une forme identique
c. ☐ utilisent le même principe technique pour répondre au besoin

4. Une rupture technologique est :
a. ☐ une petite évolution d'un objet
b. ☐ un grand changement qui rend l'objet plus performant
c. ☐ la fin du cycle de vie de l'objet

5. La roue est apparue :
a. ☐ vers 3 000 av. J.-C.
b. ☐ dans les années 1200
c. ☐ à la fin du XXe siècle

6. Pour évaluer l'impact écologique d'un produit, il faut prendre en compte :
a. ☐ sa fabrication **b.** ☐ son utilisation **c.** ☐ son recyclage

2 Répondez par vrai ou faux.

Affirmations	Réponses
1. Les objets techniques évoluent pour consommer plus d'énergie.	☐ V ☐ F
2. Une voiture et un autobus sont des objets de la même famille.	☐ V ☐ F
3. Un vélo et une trottinette sont des objets de la même lignée.	☐ V ☐ F
4. La machine à vapeur a remplacé le moteur à essence.	☐ V ☐ F
5. Le cycle de vie d'un objet comprend toutes les étapes de sa création à sa destruction, son recyclage.	☐ V ☐ F
6. Il est possible de présenter l'évolution d'un objet ou d'une famille d'objets avec une frise chronologique.	☐ V ☐ F

Exercices d'entraînement

3 Famille, lignée et principe technique

1. Regroupez ces objets par famille en indiquant pour chacune des familles le besoin auquel elle répond : mètre laser; chignole; corde à nœuds; perceuse électrique; mètre ruban; grue à cage d'écureuil; grue à tour; perceuse portative; bâton + caillou (levier).
Pour vous aider, vous pouvez faire des recherches sur Internet.
2. Retrouvez trois lignées de la famille des transports maritimes.

4 Objets, innovation et changements

Reliez les cases entre elles en sélectionnant un élément de chaque colonne (exemple : a4f8).

Ancien objet	Innovations	Nouvel objet induit	Changement induit
a) Baladeur CD	**1)** Miniaturisation de l'électronique; capacité des batteries	**e)** Ordinateur portable	**5)** Modularité et flexibilité dans le transport maritime, automatisation des ports
b) Bateau cargo	**2)** Structures métalliques résistantes au feu; ascenseurs	**f)** Lecteur MP3	**6)** Usage mobile de l'informatique, changement dans nos méthodes de travail
c) Bâtiment à quelques étages	**3)** Normalisation des dimensions des conteneurs	**g)** Gratte-ciel	**7)** Impact visuel sur les villes, modification de nos modes d'habitation
d) Ordinateur fixe	**4)** Standard de compression MP3	**h)** Porte-conteneurs	**8)** Numérisation de la musique, capacité de stockage et de partage multipliée

5 Cycle de vie des produits

Reliez les étapes du cycle de vie aux étapes de la vie d'une pile.

Extraction des matières premières •	• La pile est placée dans un appareil électronique et l'alimente en énergie.
Recyclage •	• Le zinc, le manganèse et le carbone qui serviront à fabriquer la pile sont extraits dans des mines.
Utilisation •	• La pile usagée est rapportée dans un lieu de collecte afin que ses matériaux soient réutilisés.

Vers le brevet

6 Évolution de la mesure du temps

La mesure du temps est un des premiers problèmes technologiques auxquels l'homme a été confronté.

Mesurer le temps pour se repérer en mer

En 1714, face aux nombreux naufrages dus aux erreurs de navigation, le gouvernement britannique décida d'offrir une grosse somme d'argent à la personne capable de trouver une méthode précise de détermination de la position géographique des bateaux.

La méthode la plus simple consistait à déterminer la position du bateau grâce au décalage horaire (en heure solaire) entre le lieu de départ et la position du bateau. Pour exécuter ce calcul, il fallait garder sur le bateau une horloge réglée précisément sur l'heure de la position de départ.

Celle-ci fut réalisée par l'horloger John Harrison, qui remporta le prix après de nombreuses tentatives. Afin d'améliorer la précision de son horloge, il construisit un mécanisme utilisant de nouveaux alliages de laiton et d'acier, et des ressorts d'un nouveau type.

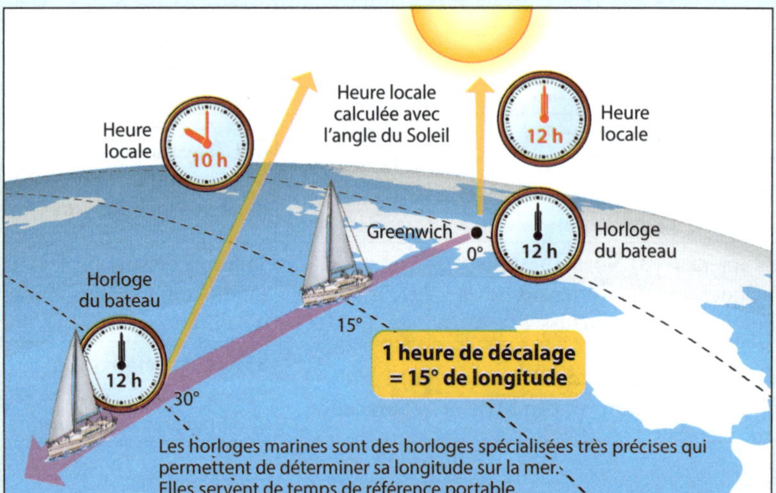

Doc. Schéma de principe du calcul de la longitude

1. En 1715, pour quelle raison le gouvernement britannique proposa-t-il une grosse somme d'argent ?
2. À quel besoin les scientifiques devaient-ils répondre ?
3. Quelle solution technique a été trouvée ?
4. Quelles innovations ont permis cette invention ?
5. Quel appareil de mesure du temps venait d'être inventé à cette époque ?

6. Quelle caractéristique des appareils de mesure du temps a considérablement évolué au fil des siècles ?

7. Pourquoi est-il difficile de recycler les montres connectées ?

8. Comment les entreprises pourraient-elles agir pour réduire l'impact écologique d'une montre connectée durant son utilisation ?

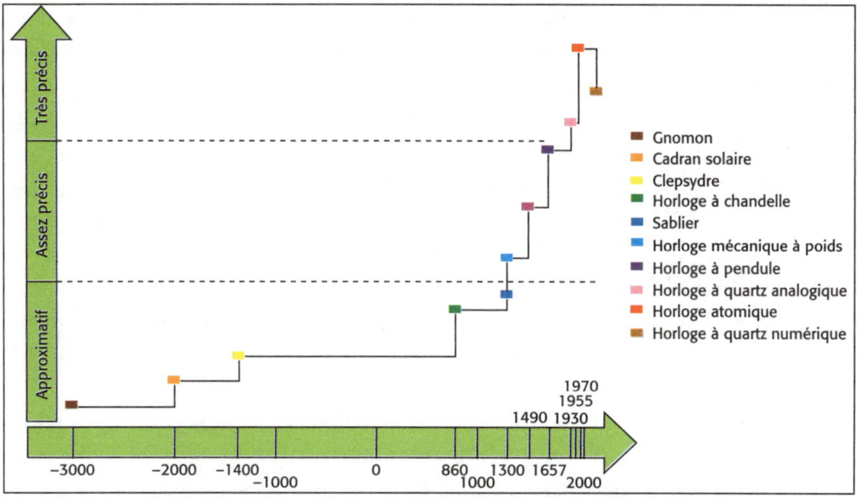

Doc. Chronologie des appareils de mesure du temps et de leur niveau de précision

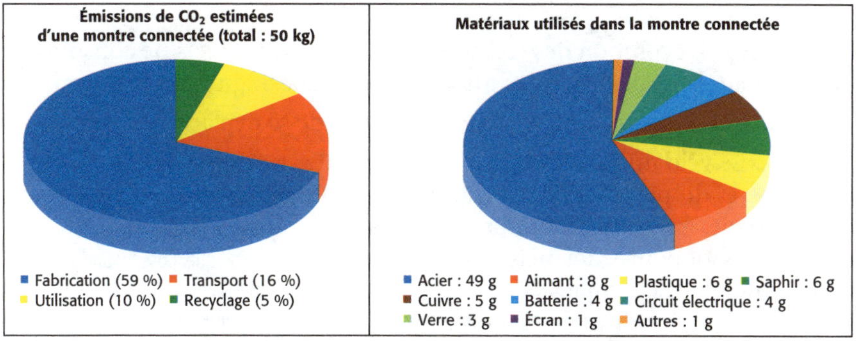

Doc. Impact environnemental d'une montre connectée

QCM

1 **1. Réponses : a, b et c.** L'évolution des techniques permet de faire évoluer les objets dans de nombreux domaines : **matériaux**, **énergie**, **ergonomie**, **esthétique**.

2. Réponse : a. Deux objets sont de la **même famille** s'ils répondent au **même besoin** (par exemple, le vélo et la trottinette sont deux objets de la même famille).

3. Réponse : c. Deux objets sont de la **même lignée** s'ils utilisent le **même principe technique** pour répondre au besoin (par exemple, les voitures à moteur essence et les voitures à moteur Diesel font partie de la lignée des véhicules à moteur à explosion).

> **Remarque**
> En 1897, l'ingénieur Rudolf Diesel invente le moteur qui porte toujours son nom.

4. Réponse : b. La **rupture technologique** est une **nouvelle technologie** qui apporte des solutions **très différentes** et **plus performantes** à un problème technique déjà existant.

5. Réponse : a. La roue est apparue vers 3 000 av. J.-C. Les premières roues étaient fabriquées en pierre, en bois ou en terre cuite.

6. Réponses : a, b et c. Il faut considérer toutes les étapes du cycle de vie dans l'analyse de l'impact environnemental d'un produit.

2 **1. Faux.** L'évolution des techniques permet à nos objets de consommer **moins d'énergie**, des **énergies plus propres**, et de **gagner en autonomie**.

2. Vrai. Ils répondent tous les deux au besoin de se déplacer.

3. Faux. Le vélo utilise le principe technique de la chaîne et du pignon pour la transmission du mouvement. La trottinette utilise la poussée du pied sur le sol pour transmettre le mouvement. Les principes techniques sont différents, les objets ne sont donc **pas de la même lignée**.

> **Conseil**
> Pour identifier le principe technique, posez-vous la question : « Comment ce système fonctionne-t-il ? »

4. Faux. Le moteur à essence apparaît bien après la machine à vapeur, à la fin du XIXe siècle, soit **près de 100 ans plus tard**.

5. Vrai. Le cycle de vie du produit comprend en général l'extraction des matières premières, la fabrication, le transport, la commercialisation, l'utilisation, le recyclage.

6. Vrai. La frise est une méthode qui s'adapte bien à la présentation de l'évolution d'un objet ou d'une famille d'objets. Il existe aussi d'autres outils comme la carte heuristique, appelée également carte mentale.

Exercices d'entraînement

3 **1.** Ces objets sont classés ici par ordre chronologique :
- famille des objets servant à **mesurer des distances** : corde à nœuds, ruban, mètre laser ;
- famille des objets servant à **soulever de lourdes charges** : bâton + caillou (levier), grue à cage d'écureuil, grue à tour ;
- famille des objets servant à **percer** : chignole, perceuse électrique, perceuse portative.

> **Remarque**
> La grue à cage d'écureuil est un engin de levage, dans lequel un ou plusieurs hommes marchent pour le faire tourner.

2. Dans la famille des transports maritimes se trouvent la **lignée des bateaux à voile**, la **lignée des bateaux à moteur à hélice**, la **lignée des bateaux à rames**.
Ces lignées d'objets répondent à la même fonction d'usage, mais se différencient par leurs principes techniques.

4 Les cases à relier sont les suivantes :
- **a4f8 : le baladeur CD a été remplacé par le lecteur MP3** grâce à l'invention des standards de compression MP3. Cela a décuplé les capacités de stockage et de partage de la musique ;
- **b3h5 : le bateau cargo a été remplacé par le porte-conteneur** grâce à la normalisation des dimensions des conteneurs, ce qui a permis plus de flexibilité et d'automatisation dans les ports ;
- **c2g7 : les bâtiments à quelques étages ont été remplacés par les gratte-ciel** grâce au développement des structures métalliques et des ascenseurs, ce qui a impacté nos modes d'habitation et les paysages urbains ;
- **d1e6 : l'ordinateur fixe a remplacé l'ordinateur portable** grâce à la miniaturisation de l'électronique et à l'augmentation de la capacité des batteries. Cela a modifié nos méthodes de travail et d'utilisation de l'informatique.

> **Remarque**
> Bill Moggridge est l'inventeur du premier ordinateur portable tel qu'on le connaît aujourd'hui.

5 Toutes les étapes ne sont pas représentées.

Extraction des matières premières

Recyclage

Utilisation

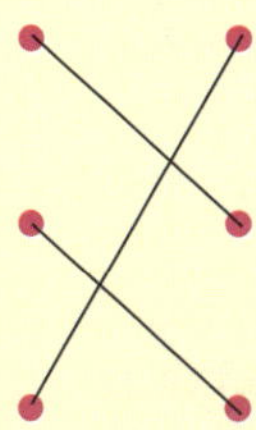

La pile est placée dans un appareil électronique et l'alimente en énergie.

Le zinc, le manganèse et le carbone qui serviront à fabriquer la pile sont extraits dans des mines.

La pile usagée est rapportée dans un lieu de collecte afin que ses matériaux soient réutilisés.

Vers le brevet

6 **1.** **Les naufrages de bateaux** dus aux erreurs de navigation étaient très courants au XVIIIe siècle et entraînaient d'importantes pertes humaines et matérielles. Souvent, il s'agissait d'**erreurs de jugement sur la position géographique** des bateaux. En effet, les marins ne disposaient pas d'une technologie suffisamment précise pour se repérer efficacement.
Le gouvernement britannique offrit une grosse somme d'argent à celui qui trouverait un moyen de résoudre ce problème.

> **Remarque**
> Le concours mentionné dans l'énoncé portait le nom de « *longitude act* ». De nombreux documents sont disponibles sur ce sujet passionnant.

2. Les scientifiques devaient répondre au besoin de **connaître avec précision sa position géographique sur l'eau**. Sur la mer, pour éviter les récifs, pour trouver sa route, pour suivre les courants et les vents, connaître précisément sa position était et demeure encore aujourd'hui primordial. De nos jours, les bateaux utilisent la technologie de géolocalisation par satellite (GPS).

3. La solution trouvée est **l'utilisation d'une horloge** pour mesurer précisément le décalage horaire en heure solaire avec le lieu de départ. En effet, en connaissant le décalage horaire avec un lieu, on connaît également la distance longitudinale de ce lieu (1 h de décalage horaire = 15° de longitude sur le globe terrestre).

> **Remarque**
> L'horloge de John Harisson s'appelle H5 et fonctionne toujours.

4. Les innovations qui ont permis cette invention sont **les nouveaux alliages de laiton et d'acier, et les nouveaux ressorts en spirale**. En effet, les conditions en mer étant difficiles (forts mouvements et variations de températures), les mécanismes des horloges précédentes se déformaient et se déréglaient, ce qui entraînait des erreurs dans la mesure du temps.

5. Selon le graphique donnant la chronologie des appareils de mesure du temps et de leur niveau de précision, et la date fournie dans le texte (1715), c'est le mécanisme d'**horloge à pendule** qui venait d'être inventé à cette époque. Ce mécanisme consiste à utiliser les mouvements réguliers d'une masse suspendue à un fil pour mesurer le temps. Malheureusement, ce mécanisme n'était pas utilisable en mer en raison des forts mouvements du bateau qui le perturbaient.

> **Conseil**
> Placez une règle sur le graphique à la date recherchée pour faciliter votre lecture.

6. Comme on peut le lire sur le graphique, c'est la **précision des appareils de mesure** qui a fortement évolué au fil des siècles. À titre d'exemple, le cadran solaire permettait d'estimer le temps avec une précision de l'ordre de quelques minutes. De nos jours, on estime que les horloges atomiques les plus précises se trompent de moins d'une seconde en 15 milliards d'années !

Conseil

Ce graphique comporte deux axes : le temps sur l'axe des abscisses et la précision sur l'axe des ordonnées.

Bien que très précise, l'horloge atomique n'est cependant pas une solution du quotidien. C'est l'horloge numérique à quartz qui a révolutionné l'horlogerie : remplaçant les mécanismes complexes et coûteux, elle a permis une démocratisation des montres et horloges. C'est également le quartz qui équipe de nombreux systèmes électroniques pour assurer la fonction de mesure du temps (ordinateurs, téléphones, microcontrôleurs).

7. Il est difficile de recycler les montres connectées, car **elles comportent de nombreux matériaux très différents** qu'il faut parvenir à séparer pour pouvoir les recycler indépendamment. Les déchets issus de l'électroménager et de l'électronique (téléphones, ordinateurs, tablettes, micro-ondes, lave-linge…), appelés aussi DEEE, sont un réel problème pour l'environnement. En effet, l'utilisation de ces produits est en très forte hausse depuis plusieurs décennies. Or ils consomment beaucoup de ressources, et nous maîtrisons mal leur recyclage.

Remarque

L'éco-participation est une taxe payée notamment à l'achat des objets électroniques, afin de financer leur recyclage.

8. Pour réduire la consommation énergétique d'une montre connectée durant son utilisation, il existe plusieurs solutions envisageables.

On peut tout d'abord trouver une solution pour que **la montre produise sa propre énergie** : panneau solaire, mécanisme qui récupère l'énergie des mouvements du bras, etc.

Il est également possible de chercher à **réduire la consommation énergétique** de la montre : mode veille, composants qui consomment moins d'énergie, écran moins lumineux ou moins grand…

Remarque

L'« éco-conception » est une démarche de création ayant pour but de réduire l'impact écologique des objets.

CHAPITRE 15

[Techno] – Structure et fonctionnement des objets et systèmes techniques

1 Analyse fonctionnelle d'un système

1 Différencier objet et système

• **On appelle système un objet complexe qui possède plusieurs fonctions, alors qu'un objet simple dispose d'une seule fonction.** Comme un objet, un système est créé par l'être humain pour répondre à un besoin.

• **Un système utilise de l'énergie.** Cette énergie est transformée dans le but de satisfaire la fonction d'usage.

Exemples : une tasse est un objet simple, qui dispose d'une seule fonction : contenir un liquide. Une barrière de parking automatique est un système complexe, qui utilise de l'énergie et dispose de plusieurs fonctions (*cf.* exemple ci-dessous).

2 Représenter le fonctionnement d'un système

Il est courant d'utiliser un schéma ou un diagramme pour représenter le fonctionnement global du système. Ce diagramme peut être plus ou moins détaillé.

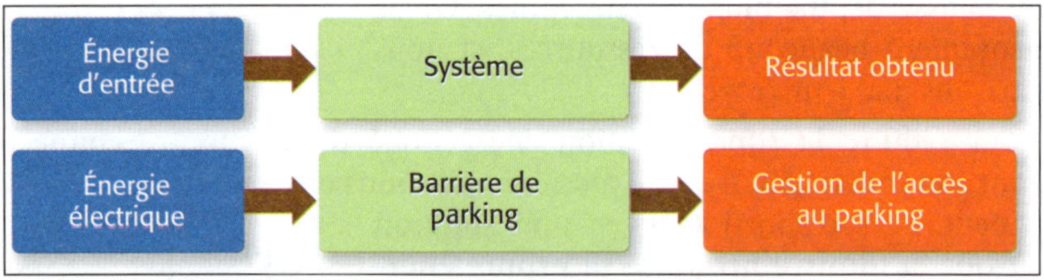

Doc. Diagramme de fonctionnement d'un système

3 Décomposer le système en fonctions techniques

• **Un système peut être décomposé en fonctions techniques.** Une fonction technique est un sous-ensemble qui a un rôle précis dans le fonctionnement de l'objet.

Exemple : les fonctions techniques du système de barrière de parking automatique sont : détecter l'utilisateur, actionner la barrière, signaler la mise en mouvement.

• **Chaque fonction technique est réalisée à l'aide de composants dédiés** à cette fonction. Ces composants peuvent être des pièces mécaniques, des composants électroniques ou encore des programmes informatiques.

EXERCICE RÉSOLU

Analyser et représenter le fonctionnement d'un drone de sauvetage en montagne

ÉNONCÉ

Ce drone de type quadricoptère est un outil précieux pour les secouristes en montagne. Il est appelé à intervenir en cas d'avalanche ou de personnes perdues en montagne. Alimenté à l'aide d'une batterie, il est commandé par un sauveteur avec une télécommande. Il dispose d'une caméra thermique pour détecter la chaleur humaine et d'un GPS pour suivre la cartographie des chemins de randonnée.

Doc. Drone Multicopter

1. Ce drone est-il un objet technique ou un système ?

2. Complétez ce diagramme :

Énergie d'entrée → Système → Résultat obtenu

.... → .... → ....

3. Listez les fonctions techniques du drone.

CORRIGÉ

Conseil
Repérez la source d'énergie utilisée par le drone.

1. Ce drone est un **système**, car il utilise l'énergie électrique pour effectuer une tâche et possède plusieurs fonctions.

2. Voici le diagramme complété :

Énergie électrique → Drone quadricoptère → Assistance de sauvetage en montagne

3. Les fonctions techniques de ce drone sont : **voler, détecter la chaleur humaine, être commandé à distance par un sauveteur, suivre les chemins de randonnée.**

2 Choix des solutions techniques

1 Des solutions par fonction technique

- **Une solution technique est un ensemble de composants qui permet de réaliser une fonction technique.**
- **Il faut choisir la solution technique la plus adaptée au cahier des charges** lors de la conception d'un système.
- Pour respecter les contraintes, le choix de la solution peut être réalisé suivant plusieurs critères : le fonctionnement, le coût, la durée de vie, l'impact écologique…

Exemple : le frein à mâchoires (levier de frein, câble, mâchoires, patins) et le frein à disque (levier de frein, durite, piston, plaquette, disque) sont deux solutions techniques à la fonction « freiner » du vélo.

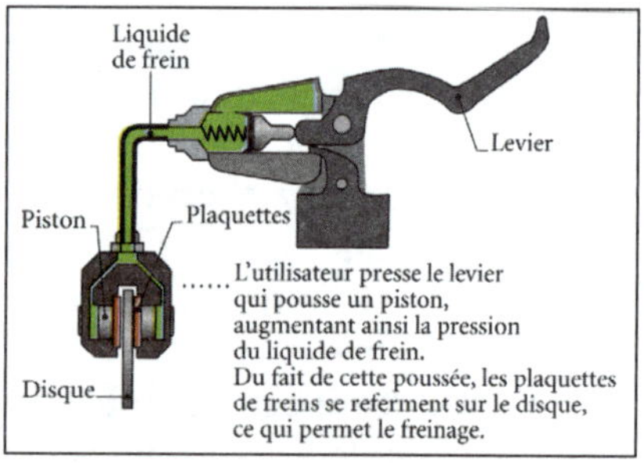

Doc. Frein à disque

2 Choix d'une énergie

Le choix d'une énergie s'effectue en fonction des contraintes définies dans le cahier des charges :

- **le coût de l'énergie :** le choix de l'énergie utilisée peut avoir un impact très important sur le coût de fonctionnement de l'objet;
- **l'impact environnemental :** quand cela est possible, il est préférable de choisir parmi les sources d'énergie renouvelables (voir chapitre 5);
- **la quantité d'énergie nécessaire :** les systèmes très énergivores (avions, camions…) utilisent le pétrole, car c'est une énergie très dense et efficace.

3 Choix des matériaux

- **Le choix des matériaux s'effectue en fonction des contraintes définies dans le cahier des charges :** la conductivité électrique, la dureté, le prix, mais aussi la façon dont le matériau peut être mis en forme.
- Parmi les matériaux, le choix peut se faire entre trois familles :
  - les **céramiques** (verre, faïence, porcelaine, béton…), d'origine minérale;
  - les **métaux** (acier, aluminium, cuivre…), d'origine minérale;
  - les **matières organiques** (végétaux et animaux), d'origine organique.
- Un **matériau composite** est un assemblage de matériaux provenant de familles différentes (le béton armé est un assemblage de béton et d'acier).

EXERCICE RÉSOLU

Identifier les choix de solutions dans un système

ÉNONCÉ

Le sèche-mains Dyson Airblade utilise une solution technique nouvelle pour sécher les mains. Cette solution est composée d'un moteur très puissant qui propulse de l'air filtré dans des fentes à très haute vitesse.

Pour fonctionner, ce système est relié au réseau électrique du bâtiment dans lequel il est installé.

La coque du sèche-mains est fabriquée en matière plastique grise moulée avec des formes arrondies.

1. Identifiez les pièces faisant partie de la solution technique « sécher les mains » et précisez leur fonction.

2. Justifiez le choix de l'énergie électrique pour le fonctionnement de cet objet.

3. Justifiez le choix du plastique pour la coque de ce système.

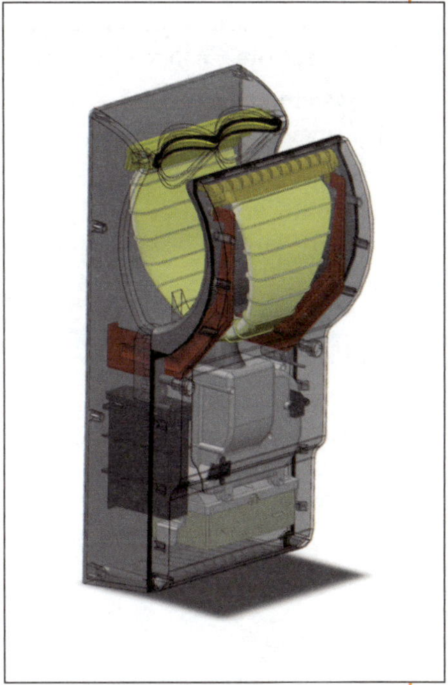

Doc. Sèche-mains Dyson Airblade

CORRIGÉ

1. Le moteur permet d'aspirer l'air des toilettes. **Le filtre** permet de retirer les bactéries de l'air. **Les conduits** distribuent l'air jusqu'aux fentes. **Les fentes** créent deux rideaux d'air qui balaient les mains.

2. Le système est appelé à rester fixe dans le bâtiment et consomme une quantité importante d'énergie. L'énergie électrique est dans ce cas la solution la plus appropriée.

3. Le plastique est un matériau **facile à mettre en forme**, existant en plusieurs coloris, **peu coûteux** et **résistant à l'eau**.

Conseil
Utilisez le schéma pour comprendre le fonctionnement de l'objet.

Remarque
L'utilisation de batteries se justifie quand l'appareil doit être mobile.

3 Chaîne d'énergie et chaîne d'information

1 Flux d'énergie et flux d'information

- **Dans un système, un flux est un déplacement d'énergie, de matière ou d'information.** Ce flux a une origine, une destination et suit un trajet.
- Le système effectue des opérations élémentaires sur les flux d'énergie et d'information qu'il utilise :

– stockage,
– transmission,
– transformation.

2 Chaîne d'information

La chaîne d'information décrit les **flux** et les **opérations sur les flux d'information à l'intérieur du système.** Les composants de la chaîne d'information sont détaillés dans le chapitre 18.

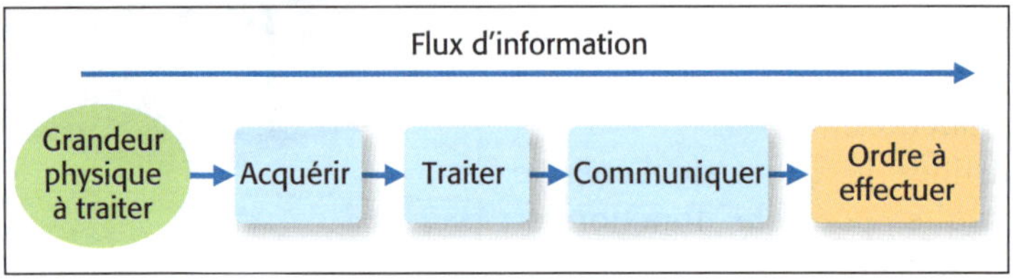

3 Chaîne d'énergie

- La chaîne d'énergie décrit les **flux d'énergie** et les **opérations sur les flux d'énergie à l'intérieur du système.**

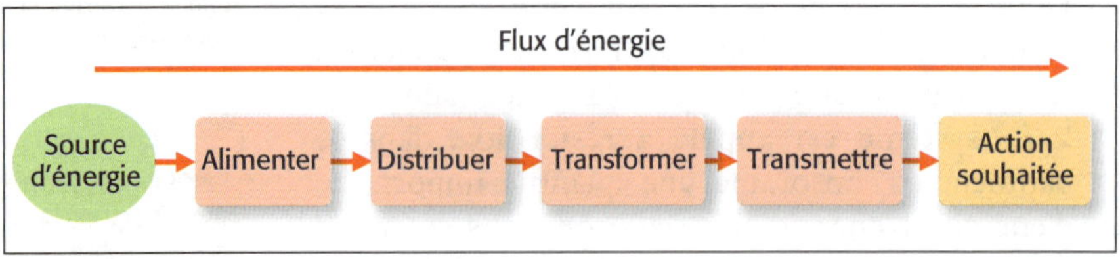

- Dans une chaîne d'énergie, l'énergie peut être transférée ou convertie sous plusieurs formes : cinétique, potentielle (dépendant de la position), électrique, thermique…

EXERCICE RÉSOLU

Compléter une chaîne d'énergie ou d'information

ÉNONCÉ

Les essuie-glaces automatiques équipent depuis quelques années la plupart des véhicules neufs. Ce système permet d'adapter automatiquement la cadence des essuie-glaces en fonction de la quantité de pluie sur le pare-brise. Il est constitué d'un capteur de pluie fonctionnant à l'aide de rayons lumineux invisibles qui se reflètent à l'intérieur du pare-brise.

Lorsque le conducteur règle le levier de commande en mode automatique, le calculateur traite l'information en provenance du capteur de pluie et transmet un ordre (sous forme de signal électrique) au relais qui commande le moteur d'essuie-glaces.

Enfin, le mouvement est transmis aux balais d'essuie-glace à l'aide d'un système mécanique bielle-manivelle.

Doc. Essuie-glaces automatiques d'une voiture

1. Quel élément de la chaîne d'information permet d'acquérir la grandeur à traiter ?

2. Quel élément de la chaîne d'énergie permet de transformer l'énergie électrique en énergie mécanique ?

3. Quelle opération de la chaîne d'énergie reçoit les ordres en provenance de la chaîne d'information ?

CORRIGÉ

1. L'opération « Acquérir » de la chaîne d'information du système est réalisée par deux éléments : **le levier de commande** qui permet à l'utilisateur de sélectionner le mode automatique, et **le capteur de pluie** qui communique la quantité de pluie au calculateur.

> **Remarque**
> L'opération « Acquérir » est généralement effectuée par des capteurs, mais aussi par des interfaces de commande utilisateur (clavier, boutons).

2. L'opération « Transformer » de la chaîne d'énergie est réalisée par **le moteur**, qui transforme l'énergie électrique de la batterie en mouvement de rotation.

3. Le relais est commandé par un signal électrique en provenance de la chaîne d'information, c'est donc l'opération « **Distribuer** » qui reçoit l'ordre dans la chaîne d'énergie.

Identifier les fonctions et y associer les solutions techniques

ÉNONCÉ

Associez les solutions techniques à des fonctions pour le quad ci-contre et présentez le résultat sous forme de diagramme.

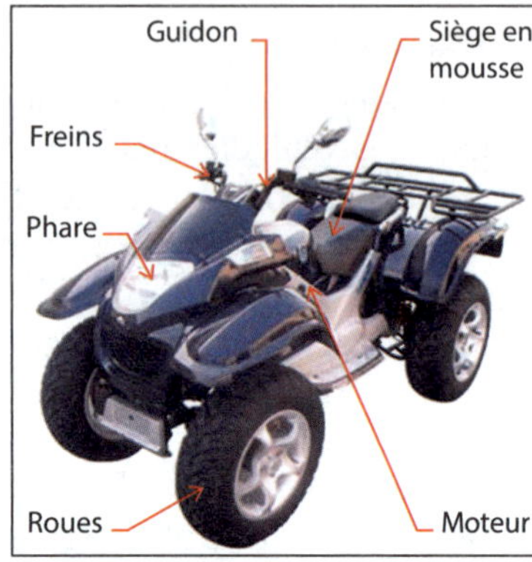

Doc. Les composants d'un quad

MÉTHODE

1. Identifier la fonction d'usage de l'objet ou du système.
2. Lister l'ensemble des fonctions techniques nécessaires à l'accomplissement de la fonction d'usage en s'aidant des légendes des photos ou du schéma fourni.
3. Regrouper les pièces du système par fonctions techniques.
4. Réaliser le diagramme sous forme d'arborescence (fonction d'usage, fonctions techniques, solutions techniques).

CORRIGÉ

1. La fonction d'usage du quad est de se déplacer sur des routes ou des chemins difficiles.
2. Les principales fonctions techniques du quad sont : **a.** mettre en mouvement ; **b.** guider ; **c.** freiner ; **d.** permettre au conducteur d'avoir une position assise confortable ; **e.** permettre au conducteur de voir la nuit.
3. Les solutions techniques associées aux fonctions techniques sont : **a.** moteur ; **b.** guidon ; **c.** frein ; **d.** siège en mousse ; **e.** phare.
4. 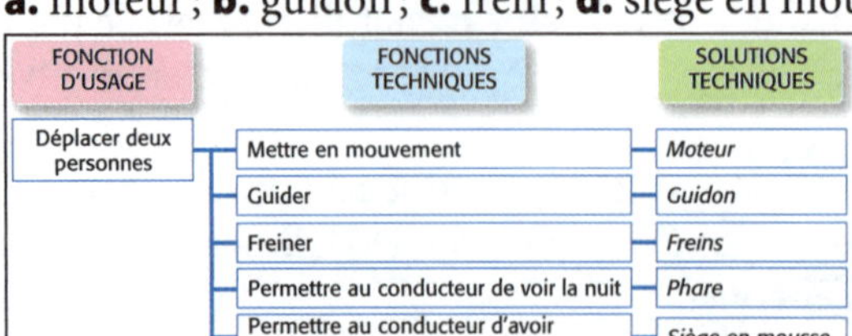

Doc. Diagramme fonctionnel d'un quad

Construire une chaîne d'énergie en technologie

ÉNONCÉ

À l'aide du schéma fourni, construisez la chaîne d'énergie de l'éolienne ci-contre.

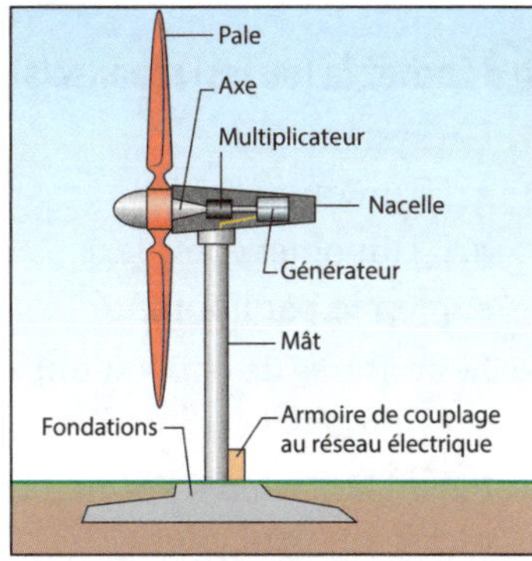

Doc. Schéma fonctionnel d'une éolienne

MÉTHODE

1. Identifier : fonction d'usage du système, énergies entrante et sortante.
2. Éliminer les éléments sans lien avec l'énergie dans le système.
3. Attribuer une opération de la chaîne d'énergie aux éléments du schéma.
4. Recopier le diagramme de la chaîne d'énergie en y ajoutant les noms des éléments sous les boîtes des opérations.
5. Ajouter la source d'énergie et l'action souhaitée.

CORRIGÉ

1. La fonction d'usage de l'éolienne est de **produire de l'énergie électrique à partir de l'énergie du vent.** Énergie entrante : **vent**; énergie sortante : **énergie électrique**.
2. Le mât, les fondations et la nacelle n'ont pas de rapport direct avec les flux d'énergie dans l'objet.
3. Les fonctions des éléments légendés sont : alimenter pour les pales; distribuer pour l'axe; transformer pour le multiplicateur et le moteur; transmettre pour l'armoire de couplage au réseau électrique.
4.

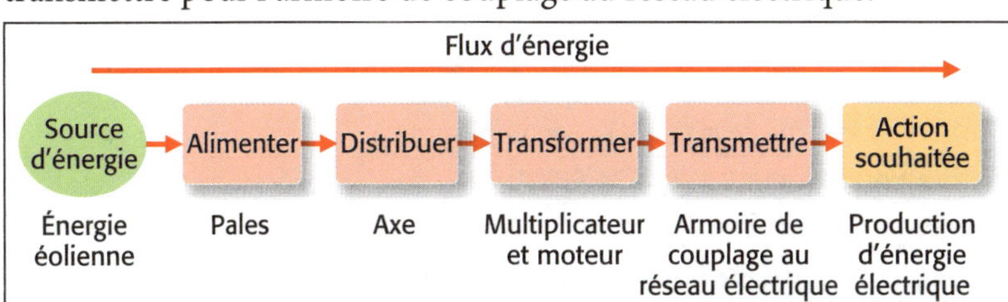

Doc. Diagramme de la chaîne d'énergie d'une éolienne

QCM

1 Cochez la (ou les) réponse(s) correcte(s).

1. Un système est :
- **a.** ☐ un objet simple
- **b.** ☐ un objet complexe
- **c.** ☐ créé par l'homme

2. Les critères de choix d'une énergie pour un système peuvent être :
a. ☐ l'impact écologique **b.** ☐ la couleur **c.** ☐ le coût

3. Parmi les critères permettant de choisir un matériau pour un objet technique, on peut citer :
a. ☐ la formabilité du matériau **b.** ☐ le coût **c.** ☐ l'esthétique

4. Dans la famille des matériaux métalliques, on peut citer :
a. ☐ l'acier **b.** ☐ le zinc **c.** ☐ le carbone **d.** ☐ le chêne

5. Dans un système, un flux est :
- **a.** ☐ un témoin lumineux indiquant la présence de tension
- **b.** ☐ un déplacement de matière, d'énergie ou d'informations
- **c.** ☐ un appareil de mesure

6. Dans une chaîne d'information, on retrouve les opérations :
a. ☐ Communiquer **b.** ☐ Acquérir **c.** ☐ Traiter **d.** ☐ Transformer

7. Une fonction technique est :
- **a.** ☐ une fonction supplémentaire que l'on peut rajouter à un système
- **b.** ☐ une opération d'usinage réalisée par une machine
- **c.** ☐ un sous-ensemble qui a un rôle précis dans le fonctionnement de l'objet

2 Répondez par vrai ou faux.

Affirmations	Réponses
1. Un système consomme de l'énergie pour fonctionner.	☐ V ☐ F
2. Se diriger est une fonction technique d'un quad.	☐ V ☐ F
3. Le verre fait partie de la famille des composites.	☐ V ☐ F
4. Une solution technique est un ensemble de pièces réalisant une fonction technique.	☐ V ☐ F
5. La fonction d'un moteur est de transmettre une énergie.	☐ V ☐ F
6. L'opération « Distribuer » fait partie de la chaîne d'information.	☐ V ☐ F

Exercices d'entraînement

3 Le fonctionnement d'un système

1. Complétez le diagramme ci-dessous pour les systèmes suivants :
le bateau à voile; *le chauffage électrique*; *l'aspirateur*; *la bouilloire électrique.*

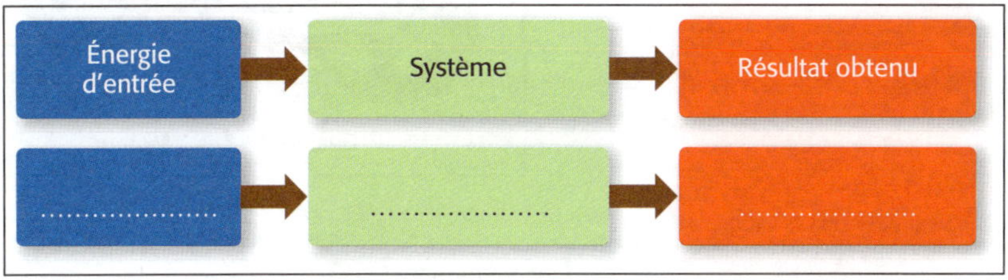

2. a. Quel système utilise une énergie fossile en entrée et permet de se déplacer sur terre ?

b. Quel système permet de transformer l'énergie éolienne en énergie électrique ?

4 Les choix des solutions techniques

1. Le choix des énergies

Classez les sources d'énergie ci-dessous dans un tableau à deux colonnes (sources d'énergie renouvelables et sources d'énergie non renouvelables) :
solaire; *éolienne*; *pétrole*; *hydraulique*; *gaz naturel*; *charbon*; *musculaire.*

2. Le choix des matériaux

Reliez les pièces de la voiture aux matériaux, familles de matériaux et critères de choix suivants.

Pièce	Matériaux	Famille	Critères de choix principaux
Pare-brise •	• PVC •	• Matériaux métalliques •	• Résistance aux chocs
Pare-chocs •	• Verre •	• Matériaux composites •	• Transparence
Carrosserie •	• Caoutchouc + Métaux •	• Matériaux organiques •	• Adhérence/ Résistance aux crevaisons
Pneu •	• Acier •	• Matériaux céramiques •	• Formabilité/ Esthétique

5 La chaîne d'énergie

Complétez la chaîne d'énergie de la moto ci-dessous en vous aidant du schéma ci-contre.

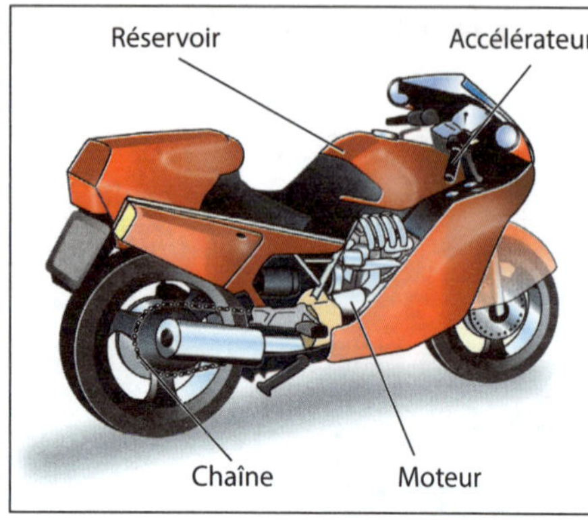

Doc. Moto

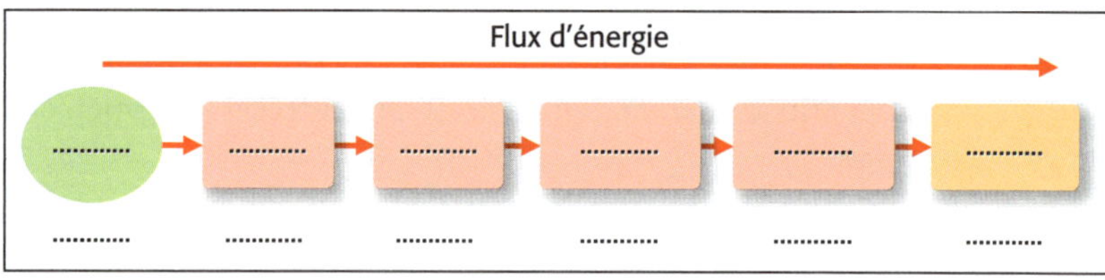

Vers le brevet

6 Un véhicule hybride

Un véhicule hybride combine une source d'énergie thermique avec une source d'énergie électrique. Le véhicule contient deux moteurs : un moteur thermique et un moteur électrique. Suivant la situation, le système électronique sélectionne la source d'énergie appropriée pour propulser le véhicule.

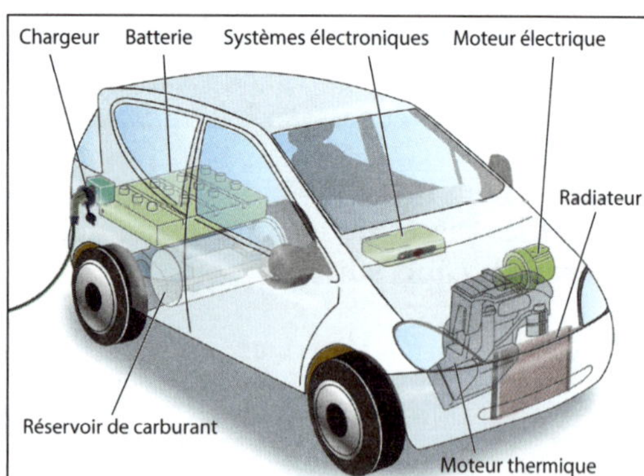

Doc. Un véhicule hybride

Le système électronique

Le système électronique commande le système de couplage des moteurs en fonction des informations transmises par les différents capteurs du véhicule : la charge de la batterie, la position des pédales de frein et d'accélérateur, la vitesse du véhicule.

Situation n° 1 – Propulsion thermique avec assistance électrique

Les énergies sont combinées, le véhicule est propulsé par le moteur thermique et le moteur électrique :

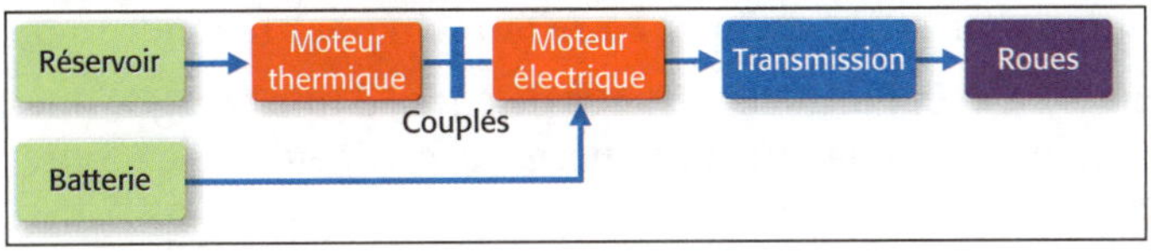

Situation n° 2 – Propulsion électrique seule

Lors des démarrages et des trajets courts (en ville par exemple), le véhicule est propulsé uniquement par le moteur électrique :

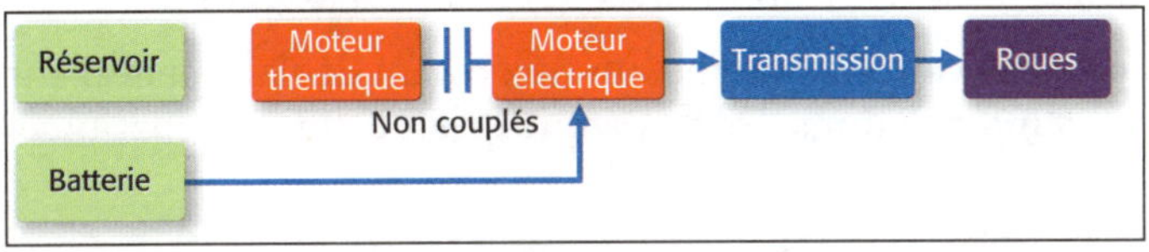

Situation n° 3 – Propulsion thermique avec charge des batteries

Lorsque la batterie est déchargée, le moteur thermique charge la batterie, le moteur électrique est donc utilisé en générateur :

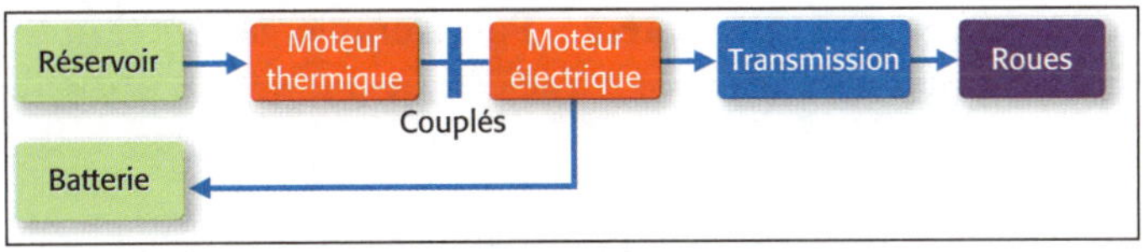

Situation n° 4 – Recharge des batteries lors du freinage

L'énergie récupérée lors du freinage ou des phases de décélération permet de recharger la batterie :

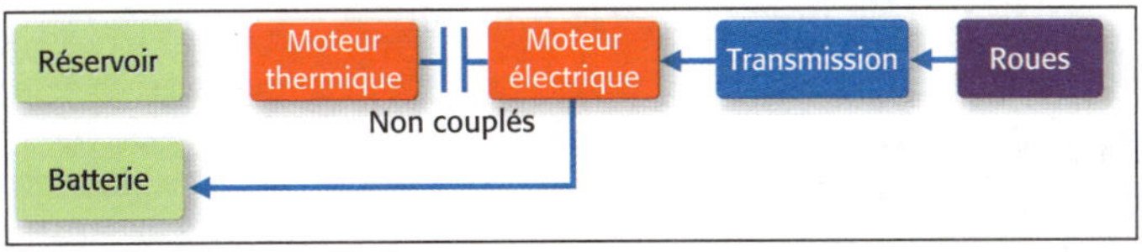

1. Réalisez un diagramme de fonctionnement simple du véhicule hybride sur lequel figurent les énergies utilisées et le résultat obtenu.

2. Dans quelles situations le véhicule ne consomme-t-il pas de carburant ?

3. Dans les situations n° 3 et 4, le moteur électrique fonctionne en générateur. Que cela signifie-t-il ?

4. Réalisez un diagramme de la chaîne d'information en identifiant les éléments réalisant chacune des trois fonctions (Acquérir, Traiter, Communiquer).

5. Quel est l'intérêt d'utiliser un véhicule hybride ?

QCM

1 **1. Réponses : b et c.** On appelle système un objet complexe qui possède plusieurs fonctions. Il est créé par l'être humain pour répondre à un besoin.

2. Réponses : a et c. Parmi les critères de choix d'une énergie, on retrouve l'autonomie de l'objet, la puissance nécessaire, le coût de l'énergie, l'impact environnemental, la mobilité…

3. Réponses : a, b et c. La formabilité, le coût et l'esthétique peuvent faire partie des critères de choix d'un matériau pour un objet.

4. Réponses : a et b. La famille des matériaux métalliques est issue de minerais (par exemple le fer, l'aluminium, le cuivre ou le zinc).

5. Réponse : b. Dans un système, un flux est un déplacement d'énergie, de matière ou d'informations. Ce flux a une origine, une destination et suit un trajet.

6. Réponses : b, c et d. Dans la chaîne d'information, on retrouve dans l'ordre les opérations : « Acquérir », « Traiter » et « Communiquer ». L'opération « Transformer » fait partie de la chaîne d'énergie.

7. Réponse : c. Une fonction technique est un sous-ensemble qui réalise une fonction précise dans un système. Par exemple, la fonction technique « stocker des données » est assurée par le disque dur sur un ordinateur.

2 **1. Vrai.** Un système a toujours besoin d'énergie pour fonctionner. Cette énergie sera souvent transformée pour permettre au système d'accomplir sa fonction.

2. Vrai. Une fonction technique est un sous-ensemble qui a un rôle précis dans le fonctionnement de l'objet.

3. Faux. Le verre fait partie de la famille des céramiques. Les composites sont formés de matériaux de familles différentes.

4. Vrai. Une solution technique regroupe toutes les pièces et composants d'un système réalisant une fonction technique.

5. Faux. Un moteur électrique transforme toujours une énergie d'entrée (électrique, thermique…) en énergie cinétique de rotation.

6. Faux. L'opération « Distribuer » fait partie de la chaîne d'énergie.

Remarques

- Tous les métaux ne sont pas ferreux (par exemple, l'aluminium), ils ne sont pas forcement attirés par les aimants.
- Un moteur électrique peut être inversé et fonctionner en générateur. Dans ce cas, l'énergie associée au mouvement de rotation est convertie en énergie électrique.

Exercices d'entraînement

3 **1.** Voici les diagrammes complétés pour les quatre systèmes :

Électricité → Chauffage électrique → Production de chaleur	Énergie éolienne → Bateau à voile → Déplacement sur l'eau
Électricité → Aspirateur → Aspiration des poussières	Électricité → Bouilloire électrique → Chauffage de l'eau

2. a. La voiture à moteur thermique est un système qui utilise l'énergie fossile pour se déplacer sur terre.
b. L'éolienne est un système qui transforme l'énergie éolienne en énergie électrique.

4 **1.**

Énergies renouvelables	Énergies non renouvelables
Solaire, éolienne, hydraulique, musculaire	Pétrole, gaz, charbon

Remarque
Le pétrole, le gaz et le charbon sont des énergies fossiles.

2. Le **pare-brise** est en **verre**, c'est un matériau de la famille des céramiques. Il est choisi pour sa transparence.
Le **pare-chocs** est en **PVC**, c'est un matériau plastique de la famille des organiques, il est choisi pour sa résistance aux chocs.
La **carrosserie** est en **acier**, c'est un matériau de la famille des métaux. Il est choisi, car il est facilement déformable pour obtenir les formes complexes et esthétiques de la carrosserie.
Le **pneu** est fabriqué avec un **assemblage de caoutchouc et d'acier**, c'est un matériau composite. Il est choisi pour son adhérence (caoutchouc) et sa résistance aux crevaisons (acier).

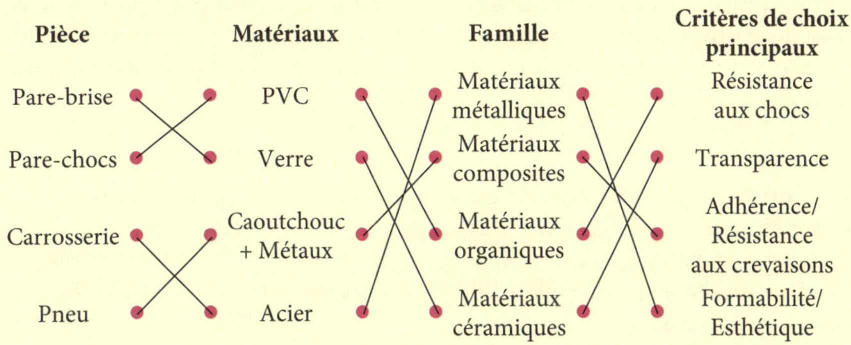

> **Remarque**
> L'opération « Alimenter » peut aussi s'appeler « Stocker ».

5 Voici la chaîne d'énergie de la moto :

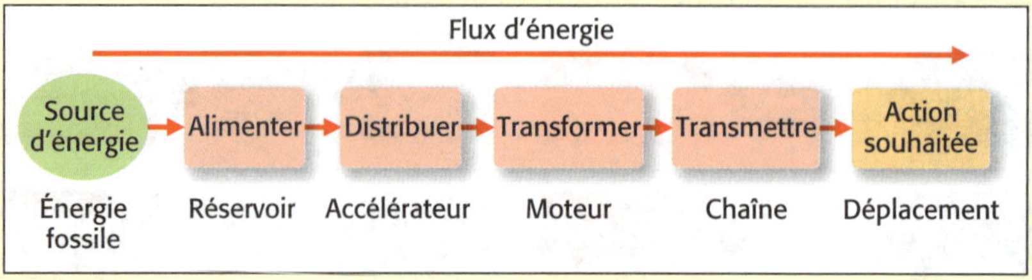

Vers le brevet

6 **1.** Voici le diagramme de fonctionnement d'un véhicule hybride.

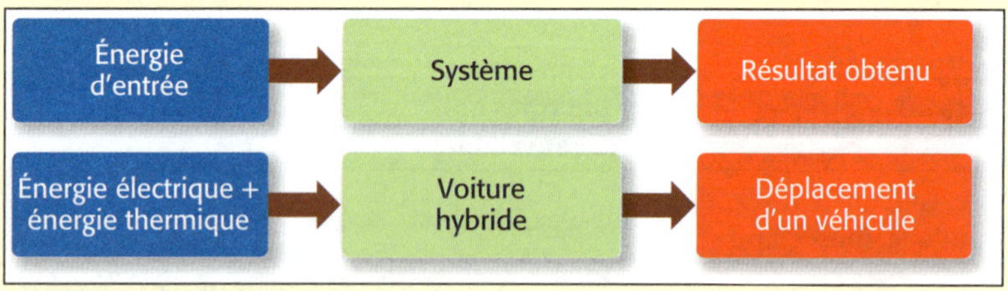

Il faut noter qu'il y a deux énergies d'entrée :
– **l'énergie électrique** qui est stockée dans la batterie ;
– **l'énergie thermique** développée par le moteur thermique qui utilise l'essence stockée dans le réservoir de la voiture pour fonctionner.
Un système électronique sélectionne l'énergie électrique ou thermique en fonction des besoins du véhicule commandé par l'utilisateur.

2. Le véhicule ne consomme pas de carburant dans deux situations :
– **lors des démarrages et des trajets courts** (en ville par exemple), le véhicule est propulsé uniquement par le moteur électrique. Les performances des batteries sont aujourd'hui encore très limitées, c'est pourquoi l'utilisation de la propulsion électrique ne se fait que sur des courts trajets et à faible vitesse. L'autonomie électrique varie de 25 km à une centaine de kilomètres selon les modèles de véhicule ;
– **lors du freinage**. En roulant, le véhicule a de l'énergie cinétique (énergie du mouvement). Lors du freinage, cette énergie est convertie par le générateur en énergie électrique et permet de recharger la batterie. Le véhicule devient alors producteur d'énergie électrique, il ne consomme pas de carburant.

> **Remarque**
> Les SREC (systèmes de récupération de l'énergie cinétique) sont même utilisés en Formule 1 depuis 2009.

3. Dans les situations n° 3 et n° 4, le moteur électrique fonctionne en générateur.
En effet, dans la situation n° 3, **c'est le moteur thermique qui entraîne le moteur électrique.** Ce dernier convertit alors le mouvement d'entrée en énergie électrique, ce qui permet de recharger la batterie du véhicule.
Dans la situation n° 4, c'est **l'énergie cinétique du véhicule lors du freinage qui entraîne le moteur électrique.** Là encore, ce dernier transforme le mouvement d'entrée en énergie électrique, ce qui permet de recharger la batterie du véhicule.

> **Conseil**
> Pour comprendre les diagrammes, il faut bien regarder le sens des flèches.

4. Voici un diagramme de la chaîne d'information du véhicule hybride :

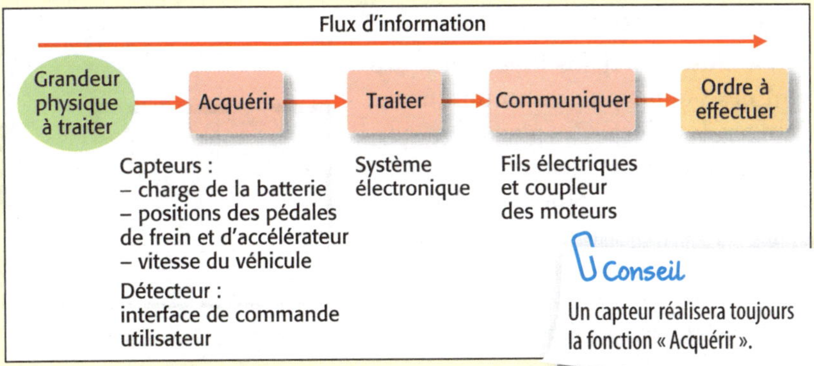

> **Conseil**
> Un capteur réalisera toujours la fonction « Acquérir ».

Les différents capteurs du véhicule acquièrent des informations qui sont traitées par le système électronique. Le programme informatique analyse les données et intervient sur **le coupleur qui est commandé par signal électrique** (couplé ou non couplé).

5. L'utilisation d'un véhicule hybride permet de **réduire notamment l'émission de dioxyde de carbone CO_2, qui est un gaz à effet de serre.** Elle permet aussi de **réduire la consommation de carburant** et de diminuer ainsi l'exploitation de sources d'énergie non renouvelables comme le pétrole. À noter cependant que les batteries s'usent et restent difficiles à fabriquer et à recycler, ces dépenses énergétiques doivent donc être inclues dans le calcul de l'impact environnemental de ce véhicule.

> **Remarque**
> L'électricité qui sera stockée dans les batteries n'est pas forcement issue d'une source propre (charbon, uranium). On parle alors de « pollution déportée ».

CHAPITRE 16

[Techno] – De la modélisation à la validation du prototype

1 Modélisation d'un système ou d'un objet technique

1 Modéliser en deux dimensions (2D)

• **La modélisation 2D correspond à la représentation d'un objet technique en 2 dimensions**, c'est-à-dire « à plat ». Cette représentation se dessine généralement sur un plan.

• **Les architectes et les ingénieurs utilisent des plans pour communiquer et échanger des idées.** Ces plans sont normalisés, ils utilisent un langage codifié pour être compris par tout le monde.

Exemple : le plan d'un appartement permet au client et au vendeur d'échanger sur la disposition et la surface des pièces. Il peut aussi préciser l'emplacement des prises et des convecteurs électriques.

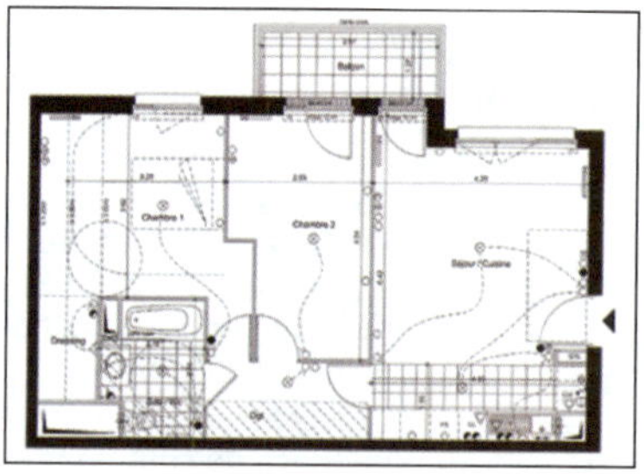

Doc. Plan d'un appartement

2 Modéliser en trois dimensions (3D)

• **La modélisation 3D, appelée aussi tridimensionnelle, est la représentation d'un objet technique en 3 dimensions :** sa longueur, sa hauteur et sa profondeur, que l'on peut définir selon 3 axes X, Y et Z.

• **La représentation 3D permet de visualiser l'apparence de l'objet ou du système.** Elle comprend moins d'informations techniques que le plan.

Doc. Modélisation 3D d'une maison pour intégration dans son environnement

Exemple : la vue en 3D d'une maison permet d'imaginer la future construction dans son environnement et de valider la cohérence de l'ensemble.

3 Fabriquer un prototype après la modélisation

Lorsque le modèle numérique est réalisé, il est possible de fabriquer un prototype avec une imprimante 3D ou une fraiseuse à commande numérique.

EXERCICE RÉSOLU

Décrire en utilisant les outils et les langages adaptés

ÉNONCÉ

Un couple désire acheter un appartement. Il s'adresse à un promoteur immobilier. Cet agent immobilier présente à ses futurs clients deux représentations.

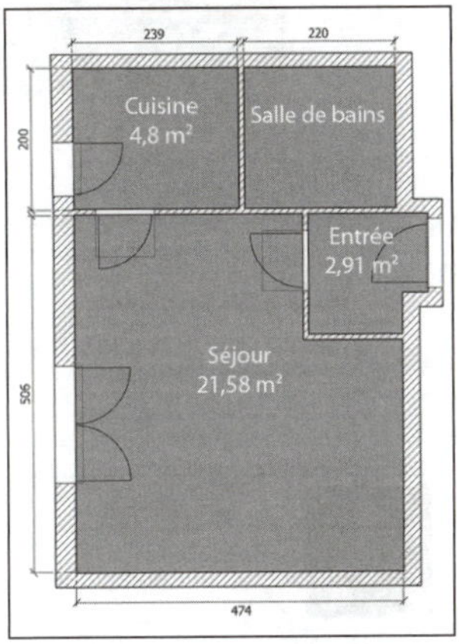

Doc. Représentation A

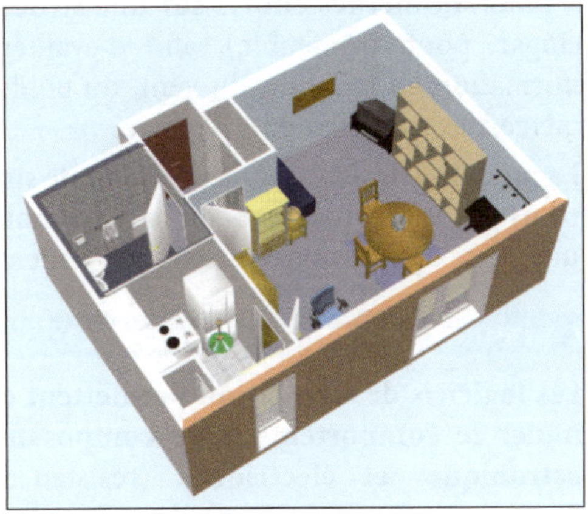

Doc. Représentation B

1. Nommez et comparez ces deux représentations.

2. Quelle est la surface de la salle de bains ? Quelle est la surface totale de l'appartement ?

CORRIGÉ

1. La représentation A est un plan (en 2 dimensions), elle présente la surface des pièces, les dimensions des murs. Elle montre bien la répartition des différentes pièces, ainsi que la disposition des portes et des fenêtres.

> **Remarque**
> Chaque représentation apporte des informations différentes.

La représentation B est une vue en 3D (3 dimensions), elle présente le volume des pièces. Elle est pratique pour imaginer l'aménagement intérieur des pièces, la disposition des meubles, ou encore la couleur des sols et des murs.

2. La surface de la salle de bains est :
(longueur × largeur) = 2 × 2,2 = **4,4 m²**.
La surface totale de l'appartement est de
4,8 + 21,58 + 2,91 + 4,4 = **33,69 m²**.

> **Remarque**
> Il s'agit ici d'un studio (il n'y a qu'une pièce de vie).

2 Simulation du comportement d'un système ou d'un objet technique

1 Simuler le comportement mécanique

• **Les outils de simulation peuvent être utilisés pour simuler les efforts sur une structure** (hangar, pont, immeuble), afin d'évaluer sa déformation en fonction du vent, du poids de la neige, des tremblements de terre…

• **La modélisation permet également de simuler l'usure, les frottements ou la déformation** d'une pièce dans un système en mouvement.

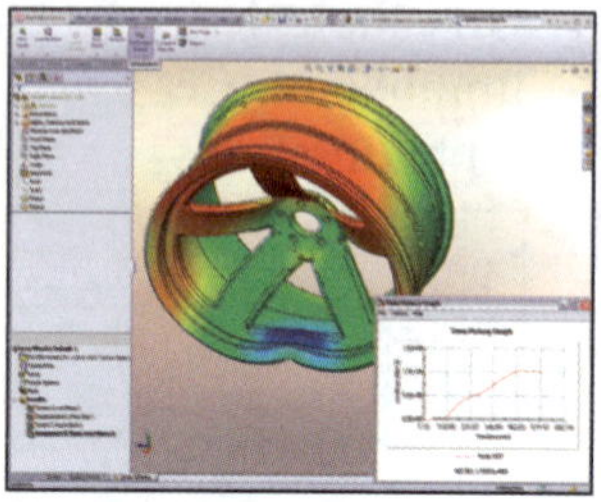

Doc. Simulation de la déformation de la structure d'une jante de voiture lors d'un choc

2 Simuler le comportement électrique et électronique

• **Les logiciels de simulation permettent de simuler le comportement de composants électroniques et électriques** (résistances, leds, moteurs, écrans LCD…), **de vérifier leur bon dimensionnement** (choix des valeurs) ou de valider un montage électronique.

• Une fois le montage validé, il est également possible d'utiliser des logiciels de routage électrique pour réaliser les cartes électroniques.

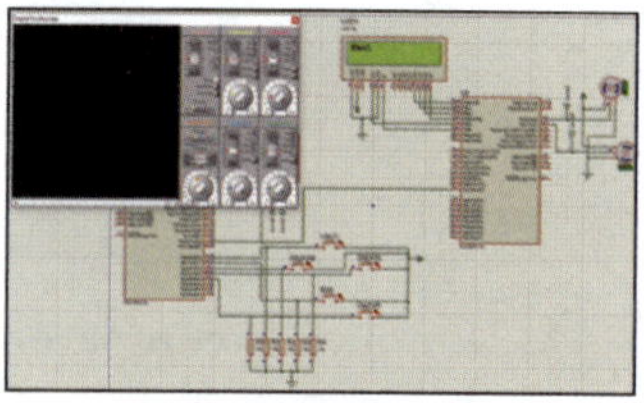

Doc. Simulation électronique avec le logiciel ISIS Proteus

3 Simuler le comportement logiciel

• **Il existe de nombreux outils pour simuler les programmes créés.** Cela permet de détecter les erreurs (bugs) et d'optimiser les programmes.

• **La simulation logicielle permet de corriger les erreurs** dans le programme. On peut visionner l'état des variables, le résultat des tests, les blocages dans les boucles…

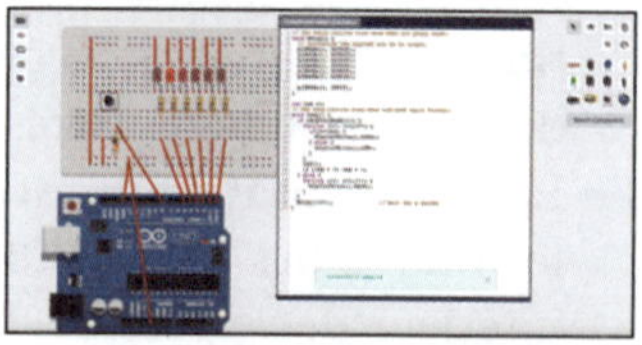

Doc. Simulation Arduino avec le logiciel en ligne 123DCircuit

• La simulation logicielle s'exécute à très grande vitesse (plusieurs milliers d'opérations par seconde), il est difficile de comprendre ce qui se passe. **Le mode pas à pas proposé par le programme ralentit son déroulement.**

EXERCICE RÉSOLU

Analyser les résultats d'une simulation logicielle

ÉNONCÉ

Une entreprise conçoit un nouvel abribus. Elle a soumis un de ses modèles à une simulation de déformation dont voici le résultat.

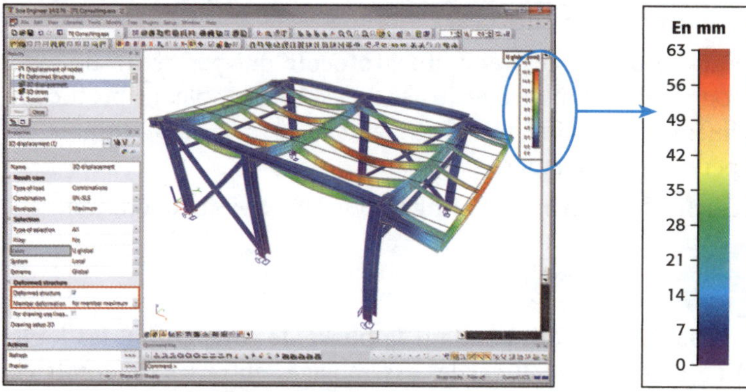

Doc. Simulation de déformation du toit d'un abribus

1. Indiquez la zone de l'abribus la plus touchée par les déformations

2. Dans la réalité, indiquez ce qui pourrait engendrer de telles déformations de l'abribus.

3. Proposez une solution pour renforcer l'abribus et réduire ces déformations.

> **Vocabulaire**
> **Traverse :** dans une charpente métallique, élément horizontal faisant partie de la structure.

CORRIGÉ

1. La zone la plus touchée est le toit de l'abribus. On le voit grâce à l'échelle de déformation, car les traverses du toit sont toutes rouges/orange.

2. Une lourde charge uniforme sur le toit (poids de la neige, objet de grande taille) pourrait engendrer ces déformations dans la réalité.

3. Il est par exemple possible de mettre **plus de traverses** ou des **traverses plus résistantes**, ou d'**incliner davantage le toit** si l'abribus est destiné à être posé dans une région neigeuse.

> **Remarque**
> Les échelles de déformation vont souvent des couleurs froides (peu de déformation) vers les couleurs chaudes (forte déformation).

3 Contrôle et validation du prototype

1 Contrôler la fabrication d'une pièce, d'un assemblage

- **Il convient d'effectuer des contrôles** tout au long de la fabrication des éléments pour vérifier qu'ils sont conformes à ce qui est attendu (mesurer les pièces, vérifier les surfaces).
- **Il faut définir un procédé, un protocole** qui permettra de savoir si la pièce est validée, doit être réajustée ou est inutilisable. Le protocole définit les éléments à contrôler, les instruments et les méthodes à utiliser, et l'ordre des opérations à effectuer.
- **Une fiche de contrôle est rédigée**, pour le suivi des opérations.

2 Outils à utiliser

- **Avant la fabrication, pendant la phase de conception, les logiciels de CAO** permettent de valider les assemblages entre les différents éléments (pièces).
- **Au cours de la fabrication**, on utilise **des instruments de mesure ou des gabarits** pour contrôler les dimensions de l'objet.
- **La tolérance d'une mesure est la marge d'erreur autorisée** par le cahier des charges ou inscrite sur un dessin technique.

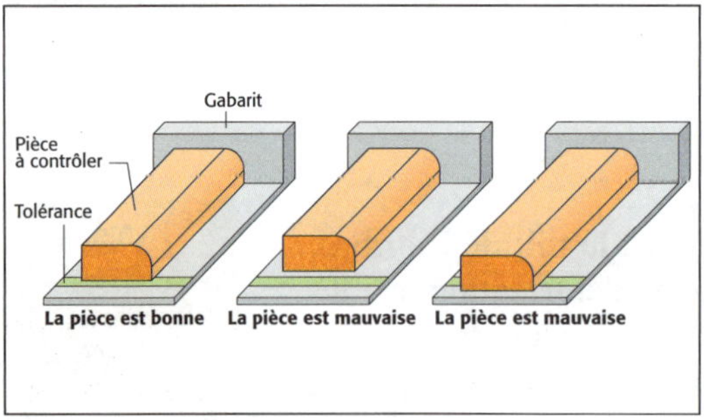

Doc. Gabarit de contrôle

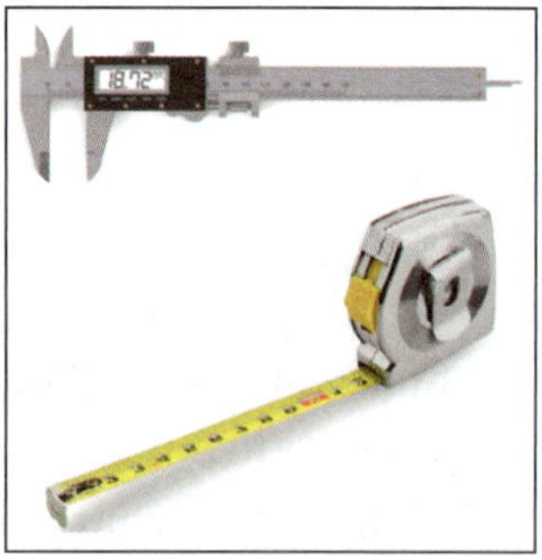

Doc. Instruments de mesure

3 Valider le prototype

- **Le prototype est l'objet qui va subir des tests.** À l'aide du cahier des charges, un technicien vérifie que les contraintes imposées sont respectées.
- **Si les contraintes sont respectées, le prototype est validé**, et la fabrication en série peut commencer.

EXERCICE RÉSOLU

Suivre un protocole de contrôle de fabrication

ÉNONCÉ

L'entreprise de M. Durand fabrique des pots de fleurs en terre cuite. La fabrication est réalisée à la main par des artisans potiers. Afin de faciliter la vérification de la conformité des pots fabriqués, M. Durand applique la procédure de contrôle des pièces du diagramme ci-dessous.

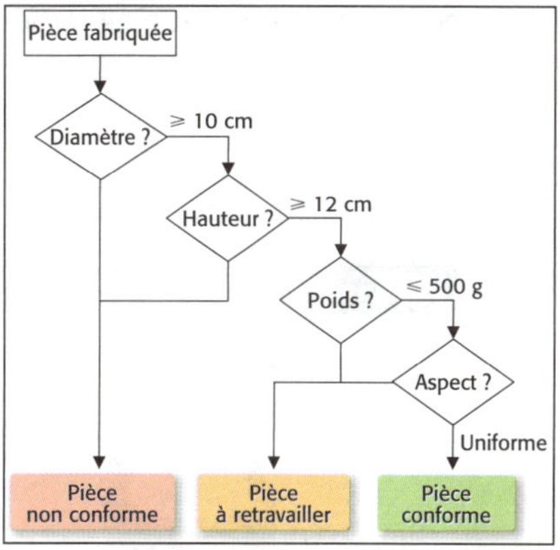

N° de la pièce	Diamètre (en cm)	Hauteur (en cm)	Poids	Aspect
843	11	12	450	Uniforme
844	9	13	410	Tachetée
845	10	15	500	Uniforme
846	12	13	589	Fissurée
847	10,5	9	402	Uniforme

Doc. Procédure de contrôle et résultats

1. Combien y a-t-il d'opérations de contrôle ?

2. Avec quels outils ces opérations peuvent-elles être effectuées ?

3. En vous aidant de la procédure de contrôle et du tableau des résultats, indiquez le nombre de pièces conformes et le nombre de pièces qui peuvent être retravaillées.

CORRIGÉ

1. Il y a **quatre opérations de contrôle** : deux mesures, une pesée et un contrôle visuel.

2. Les mesures peuvent être effectuées avec **un calibre à coulisse, un réglet, voire un mètre à ruban. La pesée peut être réalisée avec une balance** électronique. **Le contrôle visuel est réalisé directement par le technicien** (il regarde attentivement la pièce).

3. Il y a **2 pièces conformes :** les pièces **n° 843 et 845**. Il y a **1 pièce à retravailler :** la pièce **n° 846**. Il y a **2 pièces non conformes :** les pièces **n° 844 et 847.**

Remarque
Le choix de l'instrument de mesure se fera en fonction de la précision exigée (voir fiche méthode).

Remarque
Pour éviter le gaspillage, certaines pièces qui ont des petits défauts seront retravaillées.

Choisir un instrument de mesure adapté à la grandeur à mesurer

ÉNONCÉ

Une pizzeria souhaite se lancer dans la livraison à domicile et possède déjà les scooters, mais elle a besoin de faire fabriquer des coffres de livraison. Le responsable de l'entreprise qui fabrique les coffres demande les dimensions des boîtes en carton pour pizza (avec une précision de 2 mm).
Quel instrument le gérant de la pizzeria peut-il utiliser pour effectuer la mesure de ses boîtes ?

MÉTHODE

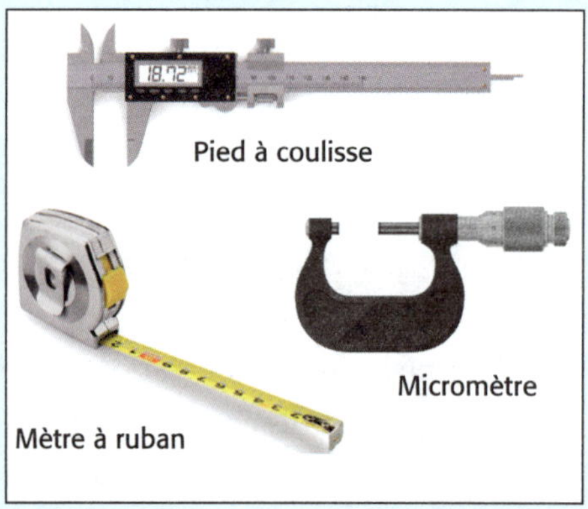

1. Identifier la précision de la mesure à effectuer.
2. Choisir un instrument dans la liste des instruments courants ci-dessous. (Les outils à main sont couramment utilisés pour mesurer et contrôler les dimensions des pièces.)
   Règle graduée : précision de 1 à 2 mm.
   Mètre à ruban : précision de 1 à 2 mm.
   Pied à coulisse : précision de 0,01 à 0,02 mm.
   Micromètre : précision de 0,001 à 0,002 mm.
3. Effectuer la mesure.
4. Donner les résultats en indiquant la précision de la mesure.

CORRIGÉ

1. La précision de la mesure doit être de 2 mm.
2. Pour cette précision, il est possible d'utiliser un mètre à ruban ou une règle graduée.
3. La mesure se fera sur les différentes arêtes de la boîte et aura la forme suivante : largeur × longueur × hauteur (par exemple : 20 cm × 20 cm × 3 cm avec une précision de 2 mm).

Conseil
Choisissez un instrument avec une précision supérieure ou égale à celle demandée.

Gagnez des points !
N'oubliez pas d'indiquer systématiquement les unités de vos grandeurs.

Construire un protocole de test

ÉNONCÉ

Un magazine de randonnée souhaite comparer les performances de quatre modèles de gourdes isothermes (qui permettent de garder une température constante). Proposez un protocole pour comparer et présenter les résultats des tests sur ces gourdes.

MÉTHODE

1. Identifier la caractéristique à tester.
2. Définir les instruments de mesure à utiliser.
3. Définir le protocole de mesure, c'est-à-dire les conditions initiales, la durée du test et l'intervalle de mesure. Tous ces paramètres doivent être identiques pour tous les modèles testés.
4. Réaliser les mesures et noter les résultats.
5. Choisir l'outil adapté à la présentation des résultats (graphique, tableau, texte, photos…).

CORRIGÉ

1. On teste ici la capacité de la gourde à garder la chaleur.
2. On pourra utiliser un chronomètre et un thermomètre.

Conseil
Attention à ne pas fausser le résultat en ouvrant la gourde entre les mesures !

3. Il est important de tester la gourde sur une longue durée, soit une journée entière (24 h) avec une mesure toutes les heures. La condition initiale sera 1 litre d'eau à 97 °C versé dans la gourde.
4. Les mesures doivent être réalisées avec attention et saisies dans un tableur.

	A	B	C	D	E
1	Temps en heures	Gourde n° 1	Gourde n° 2	Gourde n° 3	Gourde n° 4
2	0	97	97	97	97
3	1	92	93	94	95
4	2	88,8	90,9	91,4	90,2
5	3	84,6	88	89,7	86,8

Doc. Extrait du tableau de mesures saisi dans un tableur/grapheur

Remarque
Le test permet de voir que le modèle n° 3 est le plus performant.

5. Le graphique peut être une bonne solution pour présenter les résultats, car il permet de comparer visuellement les performances des quatre modèles.

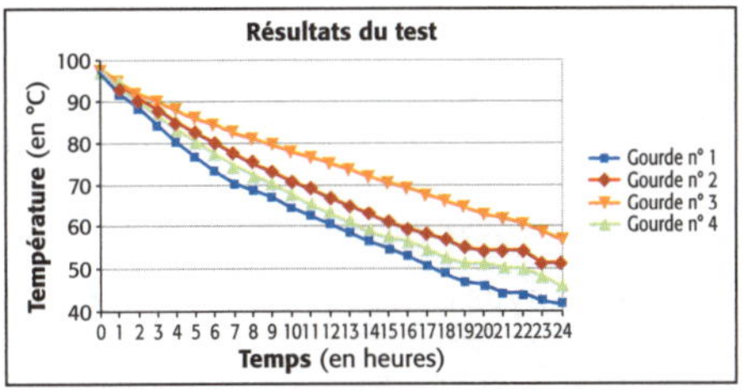

QCM

1 Cochez la (ou les) réponse(s) correcte(s).

1. Un plan est :
- **a.** ☐ une représentation en 2 dimensions
- **b.** ☐ une représentation en 3 dimensions
- **c.** ☐ une représentation en 4 dimensions

2. La surface d'une pièce s'exprime généralement en :
a. ☐ centilitres (cL) **b.** ☐ mètres cubes (m^3) **c.** ☐ mètres carrés (m^2)

3. La simulation mécanique sur une structure permet de simuler :
a. ☐ sa déformation **b.** ☐ son usure
c. ☐ sa résistance aux chocs

4. La simulation électronique permet de simuler :
- **a.** ☐ le comportement des composants
- **b.** ☐ l'usure des composants
- **c.** ☐ l'implantation des composants sur la carte électronique

5. Un gabarit de contrôle permet de :
- **a.** ☐ vérifier rapidement la conformité d'une pièce
- **b.** ☐ corriger une pièce défectueuse
- **c.** ☐ fabriquer une pièce

6. La précision d'un pied à coulisse est de :
a. ☐ 1 à 2 mm **b.** ☐ 0,001 à 0,002 mm **c.** ☐ 0,01 à 0,02 mm

2 Répondez par vrai ou faux.

Affirmations	Réponses
1. Une vue en 3D permet de visualiser l'apparence de l'objet ou du système.	☐ V ☐ F
2. Le prototype est une version définitive de l'objet ou du système.	☐ V ☐ F
3. La simulation mécanique est réalisée sur l'objet ou sur le système réel.	☐ V ☐ F
4. Lorsqu'une pièce est non conforme, elle est forcément jetée.	☐ V ☐ F
5. Un instrument de mesure permet de définir les contraintes du cahier des charges.	☐ V ☐ F
6. Le prototype est validé si les contraintes du cahier des charges sont respectées.	☐ V ☐ F

Exercices d'entraînement

3 La modélisation d'un système

Voici deux représentations du moteur de bateau de la marque Torqeedo :

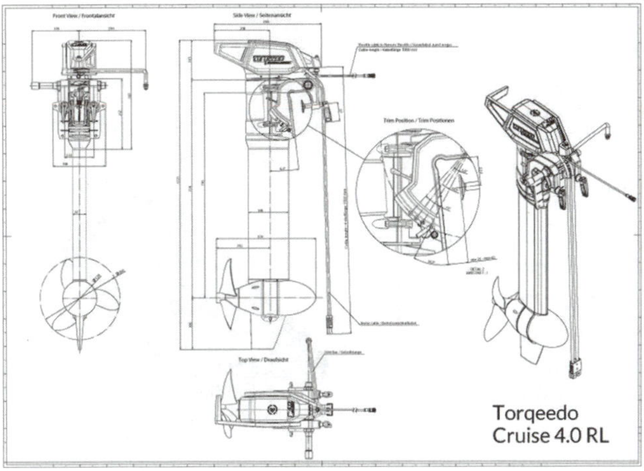

Doc. Première représentation du moteur

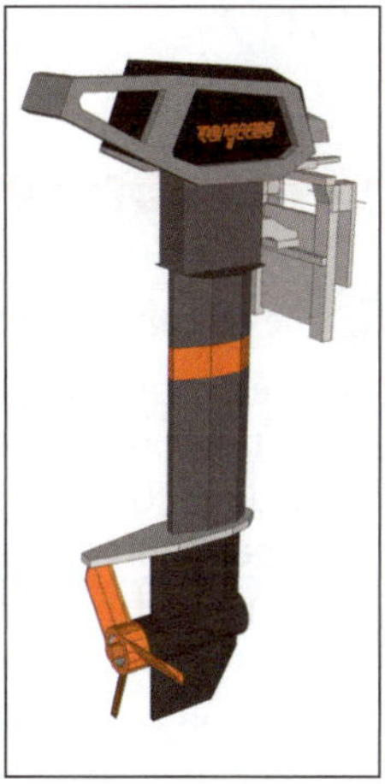

Doc. Seconde représentation du moteur

1. Nommez ces deux représentations.
2. À quoi peuvent-elles servir ?

4 La simulation d'une structure

Voici trois simulations de tremblements de terre d'amplitudes différentes sur un bâtiment :

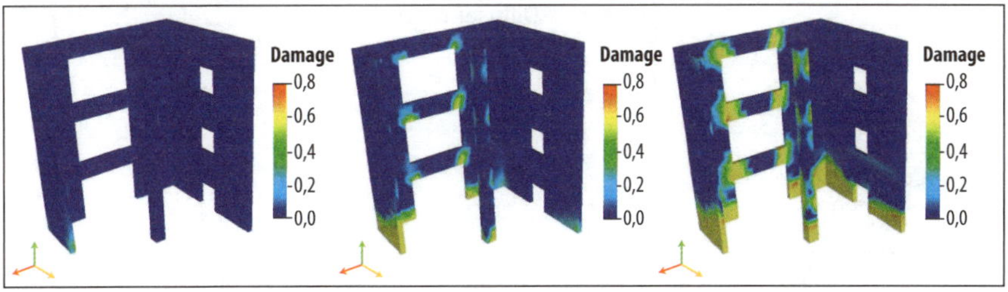

Simulation 1 **Simulation 2** **Simulation 3**

1. Sur l'échelle d'endommagement, quelle couleur correspond à un plus grand endommagement ?
2. Quelle simulation montre les plus grands endommagements de la structure ?

5 Le contrôle et la validation du prototype

Vous devez organiser le contrôle de la production d'un système comportant deux éléments. Indiquez les étapes que vous allez suivre.

Vers le brevet

6 Le téléphone portable

Le téléphone portable est un concentré de technologie, il permet de communiquer de façon nomade par voix, SMS, Internet. On peut le considérer comme un mini-ordinateur, car il dépasse largement les fonctions de téléphone pour devenir également agenda personnel, console de jeux, appareil photo…

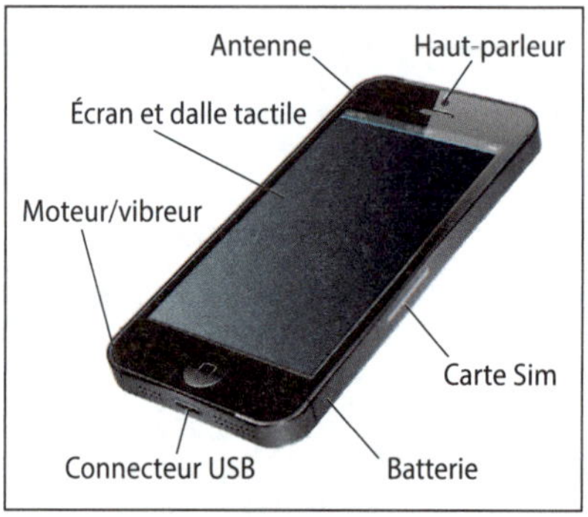

Doc. Téléphone portable

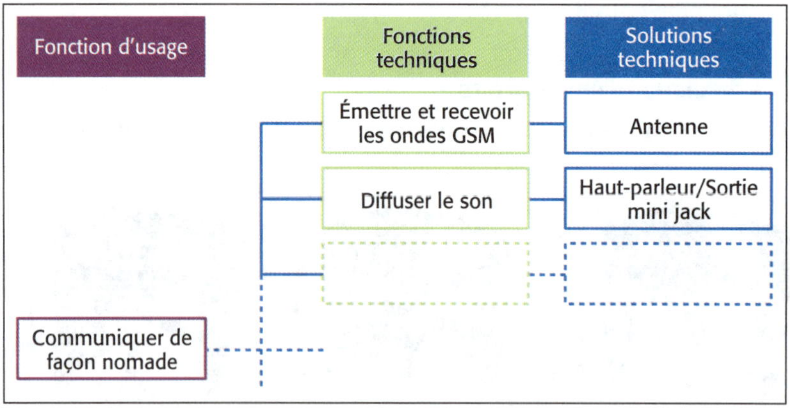

Doc. Extrait de l'analyse fonctionnelle d'un téléphone portable

Cependant, un téléphone portable est fragile. Le document ci-après présente ainsi les résultats d'une simulation d'efforts et de déformations suite à la chute d'un téléphone. Deux simulations ont été réalisées, les formes des deux téléphones sont identiques, mais le matériau de la coque change.

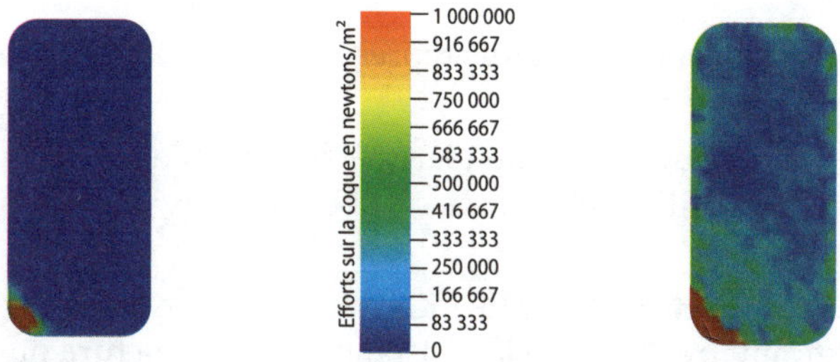

Simulation de chute n° 1	Simulation de chute n° 2
Alliage aluminium type A Coût de la coque : 5,80 €	Alliage aluminium type B Coût de la coque : 5,60 €
Hauteur de chute : 5 m – Point d'impact : coin inférieur gauche	

Doc. Protéger son téléphone portable avec une coque

1. Quelle est la fonction d'usage du téléphone portable ?

2. En vous aidant du texte de présentation et du schéma technique, complétez le diagramme d'analyse fonctionnelle du téléphone portable fourni ci-avant.

3. Quelles sont les données qu'il est possible de stocker dans un téléphone portable ? Indiquez une solution technique envisageable pour répondre à cette fonction.

4. À partir du document ci-dessus, complétez le tableau suivant :

Condition de simulation qui varie	Conditions de simulation qui ne varient pas
–	– .... – .... – ....

5. Selon vous, pourquoi les ingénieurs ont-ils choisi de ne faire varier qu'un seul paramètre entre les deux simulations ?

6. Quel intérêt présente la simulation numérique pour réaliser le choix des solutions ?

7. En vous aidant du document ci-dessus, aidez les ingénieurs à effectuer le choix entre les coques 1 et 2. Justifiez votre choix.

QCM

1 **1. Réponse : a.** Un plan est une représentation en 2 dimensions, c'est-à-dire à plat, sans perspective.

2. Réponse : c. La surface d'une pièce s'exprime généralement en mètres carrés (m^2). Le centilitre et le mètre cube sont des unités de mesure de volume.

3. Réponses : a, b et c. La simulation mécanique permet de simuler de nombreux paramètres tels que la résistance d'une structure ou d'une pièce à un choc, ou sa déformation lorsqu'elle subit un effort. Il est même possible de simuler l'usure liée aux frottements (par exemple pour les engrenages ou les pneus de voiture).

4. Réponses : a et c. La simulation électronique permet de simuler le comportement des composants électroniques, mais aussi leur implantation (position) sur une carte électronique. En revanche, elle ne permet pas de simuler l'usure des composants.

5. Réponse : a. Un gabarit de contrôle permet de vérifier rapidement la conformité d'une pièce. Il comprend souvent deux marques de « tolérance ». Une fois en position sur le gabarit, la pièce fabriquée doit se trouver entre ces deux marques.

6. Réponse : c. La précision d'un pied à coulisse est de 0,01 à 0,02 mm. Cet outil est très utilisé en mécanique pour mesurer les dimensions des pièces et les diamètres de perçage.

Remarque

Le pied à coulisse a été inventé en 1631 par le mathématicien Pierre Vernier.

2 **1. Vrai.** Une vue 3D comprend moins d'informations techniques qu'un plan, mais permet de mieux visualiser un objet ou un système dans son ensemble.

2. Faux. Un prototype est un exemplaire non définitif de ce que pourra être l'objet final.

3. Faux. La simulation mécanique est réalisée sur un modèle de l'objet ou du système. Ce modèle est créé sur ordinateur à l'aide d'un logiciel spécialisé.

4. Faux. Pour éviter le gaspillage, on essaie, quand c'est possible, de reprendre la pièce pour la corriger.

5. Faux. Un instrument de mesure permet de vérifier le respect des contraintes fixées dans le cahier des charges.

Remarque

On appelle « mise au rebut » le fait de se débarrasser d'une pièce non conforme.

6. Vrai. Une fois toutes les contraintes vérifiées et validées, on valide le prototype afin de lancer la production réelle de l'objet.

Exercices d'entraînement

3 **1.** La première représentation est **un plan** du moteur.
La deuxième représentation est une **modélisation en 3D.**

> **Remarque**
> Une représentation en 3D est parfois appelée « vue en perspective ».

2. Le plan peut servir aux ingénieurs ou aux techniciens chargés d'assembler le moteur, **il contient des « cotes » et des informations précises sur le moteur.**
La modélisation 3D peut servir à représenter le moteur dans une documentation ou une brochure publicitaire. Elle est moins précise que le plan, mais permet de se faire une idée de l'**apparence du système.**

4 **1. La couleur rouge correspond à l'endommagement le plus important** sur l'échelle d'endommagement. C'est souvent le cas dans ce genre d'échelle.

2. C'est la simulation 3 qui représente les plus grands endommagements de la structure, **on le voit au nombre et à la taille des taches colorées** sur le bâtiment.

> **Remarque**
> On voit sur ces simulations que les ouvertures des fenêtres sont les zones les plus fragiles du bâtiment.

5 Pour contrôler la fabrication d'un système, il faut :
- **créer une procédure de contrôle** qui définit les points importants à contrôler ;
- **rédiger une fiche de contrôle** qui permet de noter les résultats obtenus ;
- **mesurer et valider les différents éléments** du système ;
- **vérifier que le prototype** respecte les contraintes du cahier des charges.

Vers le brevet

6 **1.** La fonction d'usage du téléphone portable est de **communiquer de façon nomade**, c'est-à-dire qu'il peut être utilisé partout où le réseau le permet. Il permet des échanges vocaux, par texte, ou par Internet.

2. Le diagramme complété de l'analyse fonctionnelle du téléphone portable est le suivant :

> **Remarque**
> Cette représentation est courante et rappelle les cartes heuristiques, elle se lit de droite à gauche.

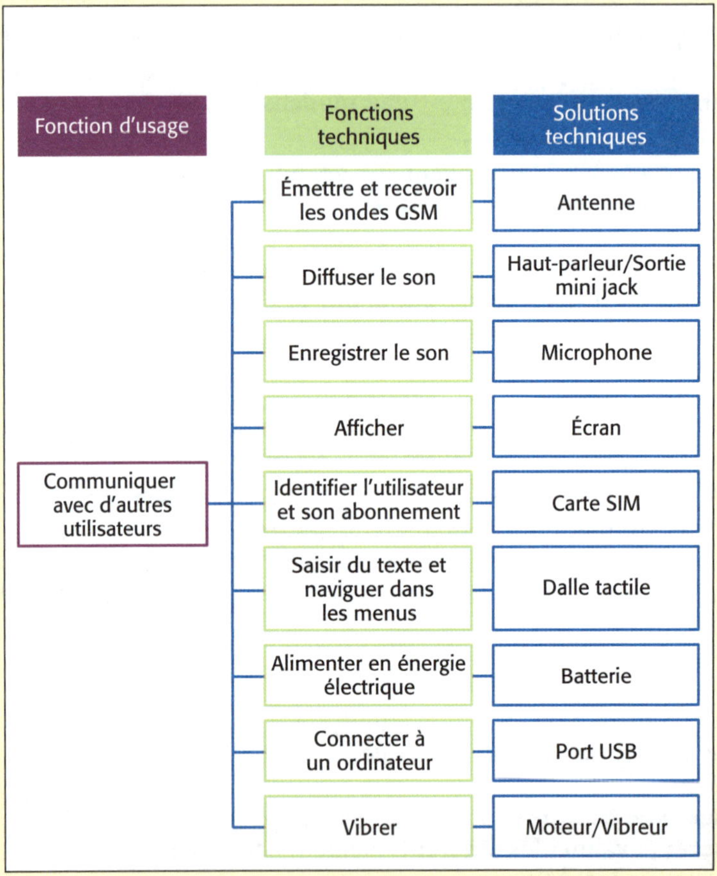

3. La fonction « Stocker » du téléphone portable permet à l'utilisateur d'enregistrer ses contacts, ses morceaux de musique, ses photos et ses vidéos.
Les téléphones contiennent de plus en plus de données personnelles, comme nos données bancaires qui permettent par exemple le paiement sans contact. Ils peuvent même contenir notre abonnement de transport.
Pour stocker des données dans le téléphone, plusieurs solutions techniques sont envisageables :
– le stockage peut être effectué dans la **mémoire interne du téléphone**. En effet, les téléphones possèdent leur propre mémoire ;

– si le téléphone possède un lecteur de carte mémoire, il est possible d'utiliser une **carte mémoire de type SD** ;
– **la carte SIM** stocke également des informations. Elle contient les informations d'identification de l'utilisateur auprès de son opérateur et permet également de stocker quelques contacts et quelques SMS.

4. À partir du document fourni, on peut remplir le tableau de la façon suivante :

Condition de simulation qui varie	Conditions de simulation qui ne varient pas
– Matériau de la coque	– Hauteur de chute – Forme du téléphone – Point d'impact

5. Dans une simulation, **si l'on veut pouvoir comparer l'impact d'un paramètre** (ici le matériau de la coque), **il est important de ne faire varier que ce paramètre**. Si plusieurs paramètres varient (par exemple le matériau et la hauteur de chute), il n'est plus possible d'identifier le rôle d'un paramètre par rapport à un autre, et par conséquent de comparer.

Remarque

Le coût de la coque n'est pas un paramètre à prendre en compte dans la simulation.

6. La simulation numérique permet de **gagner du temps**, d'**éviter de fabriquer les coques pour avoir à les tester**, donc également une **économie d'argent**. Elle permet de visionner les points faibles de l'objet et de les consolider.

7. Le choix de **l'alliage de type A semble plus judicieux**. En effet, même si la coque revient un peu plus cher à fabriquer, le surcoût est faible par rapport au prix d'un téléphone. Le matériau est clairement plus résistant, **il y a moins de déformations visibles et moins d'efforts sur la coque après la chute**.

Remarque

On peut lire deux informations sur le résultat : la déformation de l'objet et l'effort sur la coque (échelle de couleur).

CHAPITRE

17 [Techno] – Fonctionnement d'un réseau informatique

1 Matériel d'un réseau informatique

1 Différents réseaux informatiques

- **Un réseau informatique est un ensemble d'ordinateurs ou de terminaux** (imprimantes, téléphones, objets connectés…) reliés entre eux et capables de communiquer ensemble.
- **Internet est le plus grand réseau informatique du monde**, il connecte des milliards d'ordinateurs, de terminaux et de serveurs.
- **Un LAN** (*Local Area Network*) **est un réseau privé** (entreprise, collège, domicile…), qui peut cependant être relié à Internet par l'intermédiaire d'une passerelle.

2 Moyens de connexion dans les réseaux

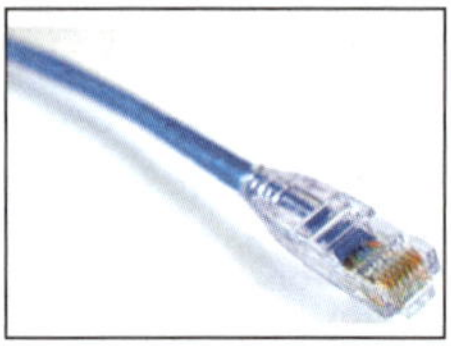
Doc. Câble RJ45

- Pour connecter les ordinateurs d'un réseau, on peut utiliser des **moyens câblés ou filaires.**

Exemples : les moyens les plus utilisés sont le câble Ethernet RJ 45, la fibre optique ou le réseau téléphonique fixe (le câble téléphonique qui arrive jusqu'aux maisons).

- Il existe également des **moyens de connexion sans fil.**

Exemples : les moyens les plus utilisés sont le Wi-Fi, le réseau téléphonique mobile (GSM, 3G, 4G…) ou encore la liaison satellite.

3 Matériel d'interconnexion

Doc. Commutateur réseau

- **Un commutateur réseau** (*switch*) est un boîtier qui permet de connecter plusieurs ordinateurs entre eux dans un LAN.
- **Une passerelle (ou modem/routeur)** est un boîtier qui permet de connecter deux réseaux ensemble, le plus souvent un LAN à Internet.
- **Un point d'accès sans fil** est un boîtier qui permet de connecter plusieurs périphériques Wi-Fi entre eux. Il peut comporter une prise Ethernet afin de le connecter à un commutateur réseau ou à un routeur.

EXERCICE RÉSOLU

Observer et décrire un réseau informatique

ÉNONCÉ

Voici le schéma simplifié du réseau informatique d'une entreprise.

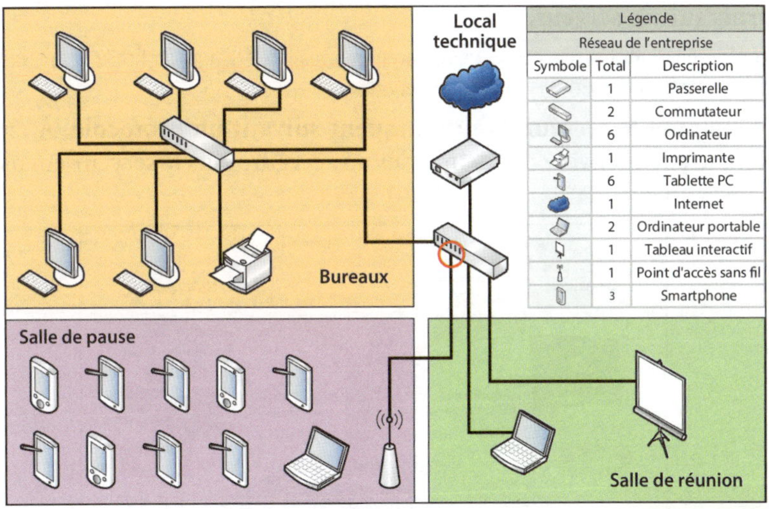

1. Identifiez trois matériels d'interconnexion dans ce réseau et indiquez leur fonction.
2. Identifiez trois types de terminaux différents dans ce réseau.
3. Que se passera-t-il si l'on débranche le câble entouré en rouge sur le schéma ?

Remarques
Le réseau Internet est souvent représenté par un nuage sur les schémas (le fameux « *cloud* »). Les lignes noires représentent des câbles réseaux (Ethernet).

CORRIGÉ

1. La passerelle permet de connecter le réseau de l'entreprise au réseau Internet. **Les commutateurs réseaux** (ou *switchs*) permettent de connecter les ordinateurs de l'entreprise ensemble. **Le point d'accès sans fil** permet de connecter les équipements mobiles de la salle de pause au réseau de l'entreprise et à Internet.
2. Les **ordinateurs**, les **tablettes**, l'**imprimante** et le **tableau interactif** sont des terminaux connectés au réseau de l'entreprise.
3. Les **équipements mobiles seront toujours connectés entre eux** grâce au point d'accès, mais **ils ne seront plus connectés au réseau de l'entreprise et par conséquent au réseau Internet**, car ils n'auront pas accès à la passerelle.

2 Réseau Internet et routage

1 Notions de client-serveur

• **Un ordinateur appelé client utilise le réseau pour accéder à des services fournis sur un serveur.**

Exemple : pour afficher une page Web, envoyer un e-mail, télécharger un fichier, il faut utiliser le réseau et s'adresser aux serveurs dédiés à ces services.

• **Le client et le serveur communiquent suivant un protocole.** À chaque action, le client envoie des demandes au serveur. Puis le serveur envoie des réponses au client.

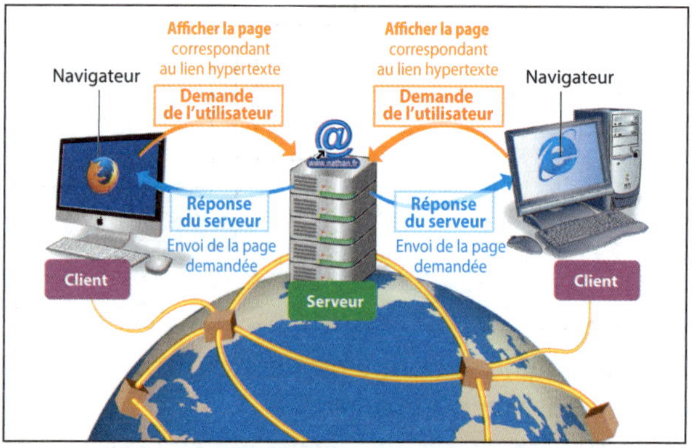

Doc. Deux clients et un serveur

2 Concept de réseau maillé

• **Internet est un réseau maillé** : il n'y a pas un équipement central d'interconnexion. Chaque équipement peut avoir un ou plusieurs liens avec les autres équipements du réseau. Cela forme ainsi une sorte de « toile ».

• **Ce réseau continue de fonctionner** même si l'un des équipements ou des liens est hors service. **Sur un réseau maillé, l'information dispose de plusieurs routes** (chemins) pour arriver jusqu'à son destinataire.

3 Routage

• **Le routage est le mécanisme par lequel des chemins sont sélectionnés** dans un réseau pour acheminer, le plus rapidement possible, les données d'un expéditeur jusqu'à un ou plusieurs destinataires.

• **Le routage est une tâche exécutée dans de nombreux réseaux** : réseau téléphonique, réseaux de données comme Internet et réseaux locaux.

EXERCICE RÉSOLU

Retracer le parcours de l'information dans un réseau

ÉNONCÉ

Voici la représentation simplifiée d'un réseau maillé. Elle schématise la connexion du réseau du collège au réseau Internet. Le client « Mon PC » effectue des demandes à différents serveurs.

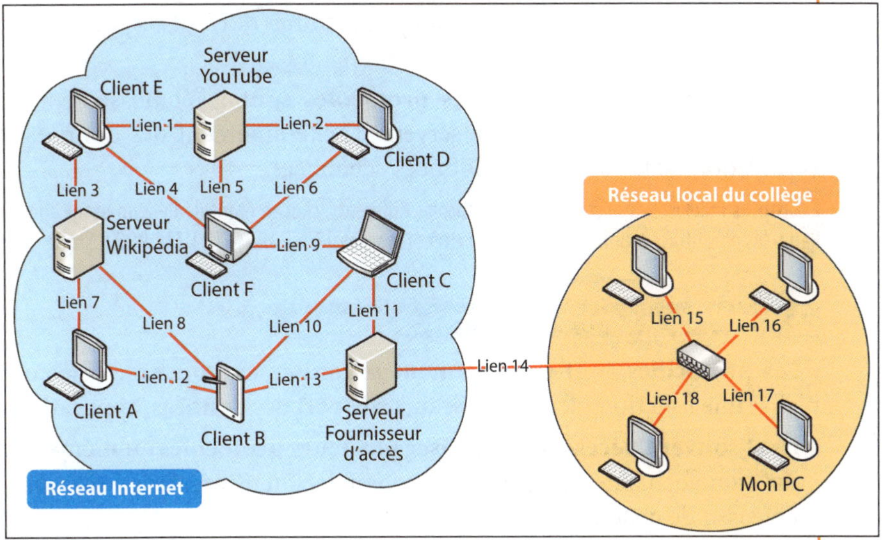

1. Sur ce schéma, identifiez le réseau dans lequel se trouve le client « Mon PC ». Par quel lien est-il obligé de passer pour se connecter à Internet ?

2. « Mon PC » souhaite se connecter au serveur de Wikipédia. Retrouvez en indiquant le numéro des liens la route la plus courte pour y arriver.

3. Que se passera-il si le lien n° 8 est défaillant ?

CORRIGÉ

1. Mon PC se trouve dans le réseau **local du collège**, il doit passer par le **lien 14** pour accéder à son fournisseur d'accès et se connecter à Internet.

2. Le chemin le plus court passe par les liens **n° 17, 14, 13 et 8.**

3. Si le lien n° 8 est défaillant, **le serveur est toujours accessible par les liens n° 12 et 7.**

Remarque

Un fournisseur d'accès (Free, Orange, Numéricable…) vend un abonnement d'accès à Internet.

3 Protocoles de communication

1 Notions de protocoles

• **En informatique, un protocole de communication est un ensemble de règles fixées** afin que plusieurs machines puissent communiquer ensemble (échanger des données). Les développeurs souhaitant écrire un programme capable de communiquer avec d'autres machines doivent respecter ces protocoles.

• **Les principales fonctions des protocoles sont :** l'établissement de la connexion entre le client et le serveur, l'acheminement des données et la vérification de la validité des données échangées.

Exemples : il existe des centaines de protocoles différents, chacun étant dédié à un usage spécifique. Parmi les plus utilisés sur Internet, on peut citer : Ethernet, IP, TCP, UDP, FTP, HTTP, POP3, SMTP.

2 Modèles en couches dans les réseaux

• **Les protocoles sont généralement organisés en couches.** Une couche réalise une fonction (accès au réseau, transport des données, application...).

• **Il est souvent nécessaire d'utiliser plusieurs protocoles en même temps** pour qu'un échange de données soit possible. On utilise dans ce cas un protocole issu de chaque couche.

Exemple : couches et protocoles utilisés lorsqu'un serveur Web fournit une page Internet demandée.

Couche application
Protocole utilisé : HTTP.
Fonction : le serveur Web fournit les données de la page Internet à destination du navigateur (Chrome, Firefox).

Couche transport
Protocole utilisé : TCP.
Fonction : segmente les données en petits paquets, gère les échanges de bout en bout et contrôle la validité des données.

Couche Internet
Protocole utilisé : IP.
Fonction : assure le routage des paquets TCP à travers le réseau grâce aux adresses IP et aux protocoles de routage.

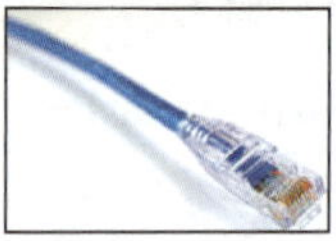

Couche accès réseau
Protocole utilisé : Ethernet.
Formate les données en bits afin qu'ils puissent être transportés sur le support de communication (câble Ethernet RJ45).

EXERCICE RÉSOLU

Comprendre les notions de protocoles et de couches

ÉNONCÉ

La communication téléphonique est un bon exemple pour expliquer la notion de protocole. Voici l'exemple d'un appel de Guillaume qui souhaite prendre rendez-vous avec Bruno (diagramme de séquence).

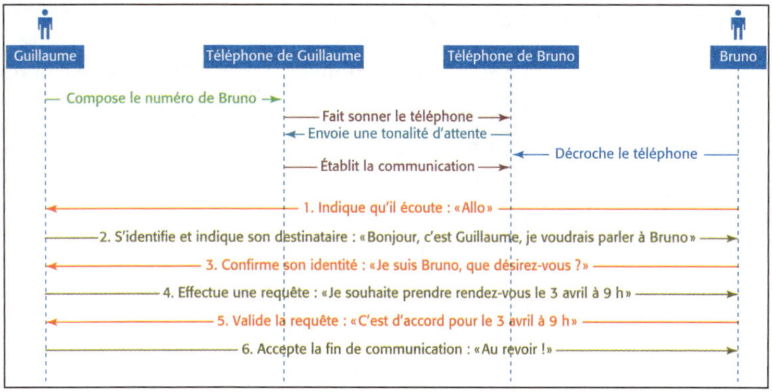

1. Que doit-il se passer avant que Guillaume et Bruno puissent communiquer ensemble ?

2. Comment peut-on appeler le protocole mis en œuvre par Bruno et Guillaume pour communiquer ?

3. Relevez dans les échanges entre Guillaume et Bruno les messages relevant de l'établissement et de la rupture de la communication, de l'échange d'informations (requête et réponse) et de la validation des échanges.

CORRIGÉ

1. Les deux téléphones doivent établir une communication. Il y a donc un premier protocole qui est mis en œuvre entre les deux téléphones. La communication entre Guillaume et Bruno utilisera ensuite cette connexion tout au long de l'échange.

2. Il s'agit du langage humain. Comme les protocoles de communication, il comprend des règles : on peut poser des questions, on peut indiquer que l'on a bien compris un message, une seule personne doit parler à la fois, etc.

3. Les messages 1 et 2 relèvent de l'établissement de la communication et **le 6** de sa rupture. **Les 4 et 5** relèvent de l'échange d'informations. **Le 3** relève de la validation de l'échange.

Conseil

On retrouve très souvent ces trois types de messages dans les protocoles de communication.

Représenter un réseau informatique local

ÉNONCÉ

Le technicien du réseau informatique du collège Oneclic prend bientôt sa retraite. Pour présenter à son remplaçant le matériel informatique disponible et son organisation dans l'établissement, il doit réaliser un schéma, un plan du réseau. Comment représenter le réseau informatique du collège ?

Inventaire des équipements informatiques :

Espaces	Périphériques	Moyens de connexion
Salle informatique	1 commutateur 6 ordinateurs 1 imprimante	Filaire
Salle A001	1 tableau interactif 1 ordinateur	Filaire
Salle A002	1 tableau interactif 1 ordinateur	Filaire
Classe mobile	10 tablettes 1 borne Wi-Fi	Sans fil
Administration	1 serveur 3 ordinateurs 1 photocopieur	Filaire
Local technique	1 commutateur 1 routeur	Filaire

MÉTHODE

1. Identifier les espaces (les salles) dans lesquels des équipements informatiques sont disponibles.
2. Recenser les types de terminaux et périphériques.
3. Compter par espace le nombre de terminaux et périphériques connectés.
4. Identifier les moyens de connexion (filaires, sans fil).
5. Observer les locaux techniques en identifiant les serveurs et matériels d'interconnexion.
6. Dessiner des rectangles pour identifier les espaces.
7. Dessiner les matériels d'interconnexion.
8. Ajouter les terminaux et périphériques.
9. Ajouter les liaisons et une légende (inventaire).

CORRIGÉ

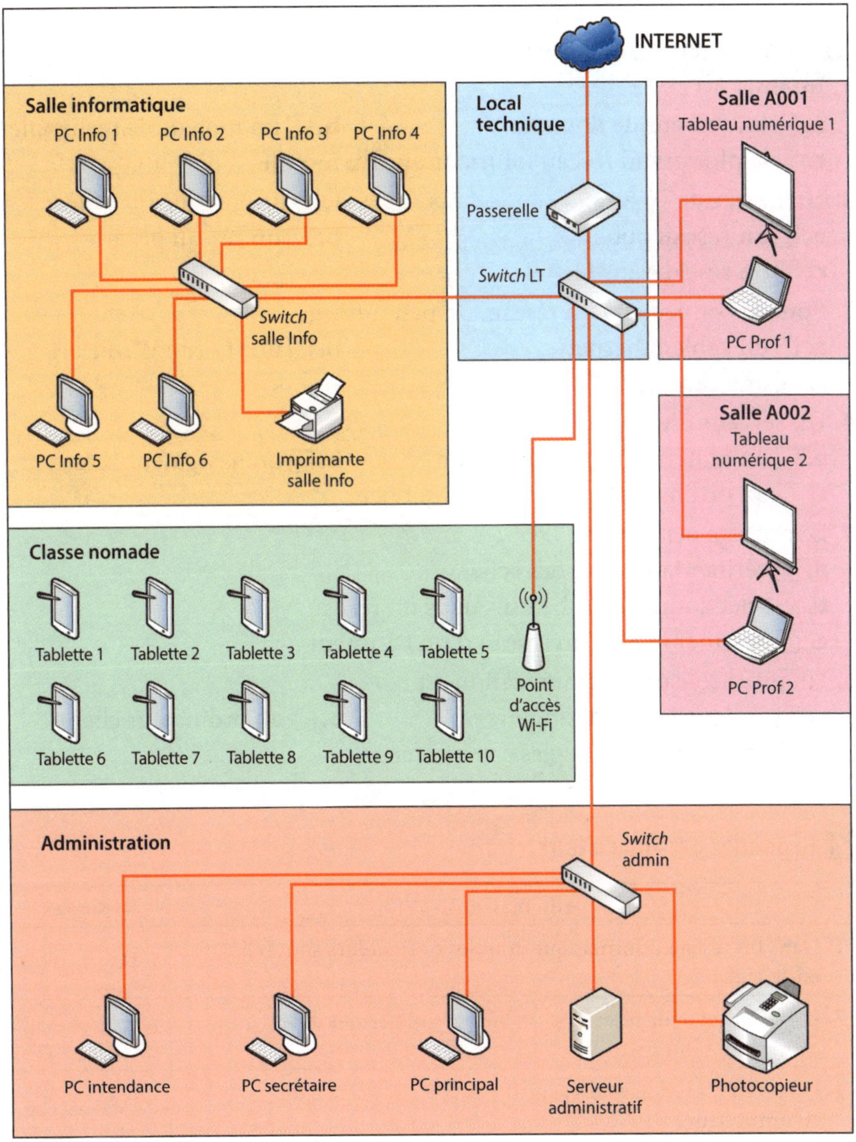
INTERNET
Salle informatique
PC Info 1
PC Info 2
PC Info 3
PC Info 4
Switch
salle Info
PC Info 5
PC Info 6
Imprimante
salle Info
Local
technique
Passerelle
Switch LT
Salle A001
Tableau numérique 1
PC Prof 1
Salle A002
Tableau
numérique 2
PC Prof 2
Classe nomade
Tablette 1
Tablette 2
Tablette 3
Tablette 4
Tablette 5
Tablette 6
Tablette 7
Tablette 8
Tablette 9
Tablette 10
Point
d'accès
Wi-Fi
Administration
Switch
admin
PC intendance
PC secrétaire
PC principal
Serveur
administratif
Photocopieur

QCM

1 Cochez la (ou les) réponse(s) correcte(s).

1. Internet est :

a. ☐ un serveur de données **b.** ☐ un moteur de recherche

c. ☐ le plus grand réseau informatique du monde

2. Un LAN est :

a. ☐ un réseau public **b.** ☐ un réseau privé

c. ☐ un réseau sans fil

3. Pour se connecter à un réseau, on peut utiliser :

a. ☐ un câble Ethernet **b.** ☐ une borne Wi-Fi

c. ☐ une carte SD

4. Un serveur est :

a. ☐ un matériel d'interconnexion **b.** ☐ un navigateur Internet

c. ☐ un ordinateur qui fournit un service

5. Le routage permet de :

a. ☐ vérifier la validité des échanges

b. ☐ sélectionner des chemins dans un réseau

c. ☐ dessiner le plan du réseau d'un bâtiment

6. Un protocole de communication est :

a. ☐ un logiciel de messagerie **b.** ☐ un ordinateur client

c. ☐ un ensemble de règles à respecter

2 Répondez par vrai ou faux.

Affirmations	Réponses
1. Dans un réseau informatique, tous les ordinateurs sont reliés entre eux.	☐ V ☐ F
2. Un commutateur réseau est un boîtier qui permet de se connecter à Internet.	☐ V ☐ F
3. Un point d'accès sans fil ne peut pas être connecté à un commutateur.	☐ V ☐ F
4. Dans un réseau maillé, il existe plusieurs chemins pour parvenir à une même destination.	☐ V ☐ F
5. L'établissement de la connexion fait partie des fonctions réalisées par les protocoles.	☐ V ☐ F
6. Il n'est pas possible d'utiliser deux protocoles en même temps.	☐ V ☐ F

Exercices d'entraînement

3 Les équipements du réseau informatique

Reliez les équipements du réseau à leurs fonctions.

Équipements		Fonctions
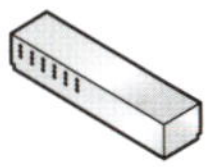 Commutateur (*switch*)	• •	Permet de connecter un réseau à un autre réseau, notamment au réseau Internet
 Point d'accès sans fil	• •	Permet de connecter plusieurs ordinateurs entre eux sur un réseau local
 Serveur	• •	Ordinateur qui se connecte à un serveur pour obtenir des services (messagerie, Web, fichiers…)
 Client	• •	Permet de connecter des périphériques sans fil à un réseau
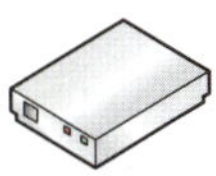 Passerelle	• •	Ordinateur qui fournit un service (messagerie, Web, fichiers…) à des clients

4 Les protocoles de communication

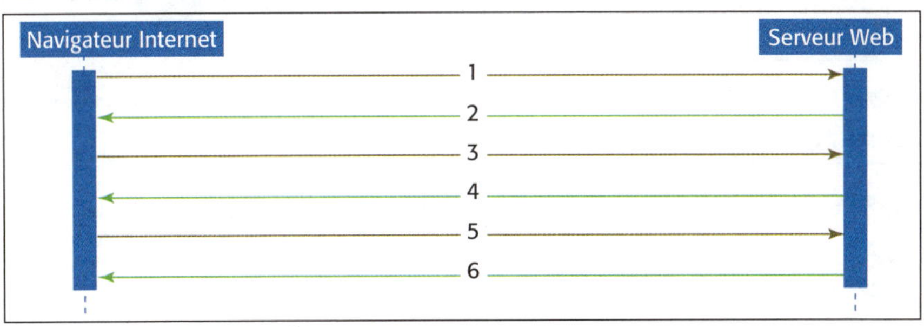

Doc. Échanges entre un client et un serveur Web

Reconstituez l'échange en remettant dans l'ordre les messages suivants :

Demande une page Web ; Ferme la connexion ; Envoie la page Web ; Accepte la demande de connexion ; Effectue une demande de connexion ; Valide la réception.

Vers le brevet

5 Réseau de véhicules électriques en libre-service

Comme les vélos en libre-service, les services de partage de voitures électriques en libre-service se développent dans de nombreuses villes de France (Autolib à Paris, Lilas à Lille, Citigo en Bourgogne, Citiz à Lyon Marseille, Bordeaux ou Besançon...).

Les personnes abonnées à ces services peuvent retirer un véhicule dans une station de recharge, l'utiliser durant le temps souhaité et le restituer dans n'importe quelle station de recharge.

L'utilisateur est ensuite facturé en fonction du temps de location.

Ces services impliquent un système informatique de gestion et une interconnexion des stations de recharge (les stations sont connectées au serveur à l'aide de câbles en fibre optique). Ce système informatique permet notamment :

- la gestion des places disponibles (consultation, réservation) ;
- la gestion de la facturation ;
- la consultation des statistiques de location (kilomètres parcourus, heures de pointe...) ;
- la gestion de la charge des véhicules.

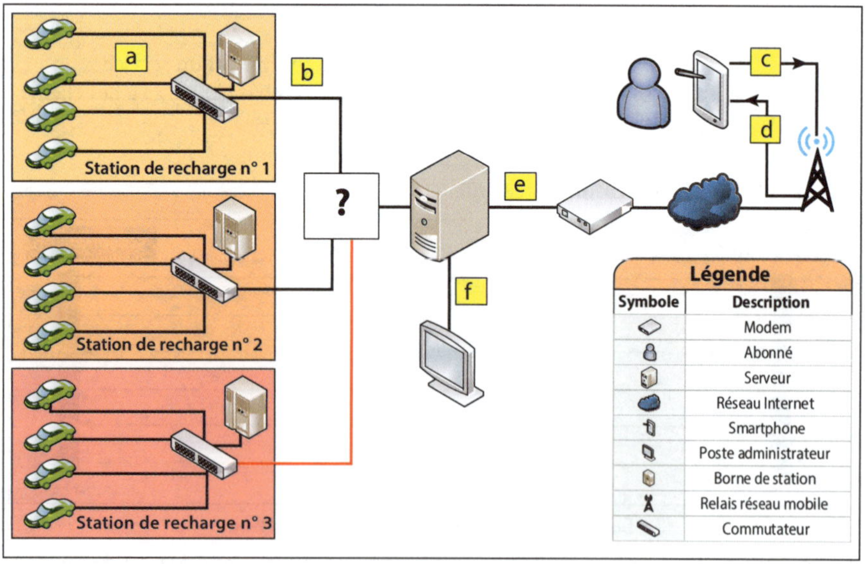

Doc. Schéma simplifié du réseau

Commutateur	Serveur	Modem
Permet de connecter plusieurs machines entre elles. Il est également possible de relier plusieurs commutateurs entre eux.	Héberge le programme informatique et la base de données qui gère le système. Il dispose de deux types d'accès : administrateur et abonnés.	Permet à une machine de se connecter à un autre réseau. Le plus souvent, le modem permet de se connecter au réseau Internet.
Borne de station	**Relais réseau mobile**	**Poste administrateur**
Gère la station de recharge et communique avec le serveur et les véhicules en station	Permet à l'utilisateur de se connecter au réseau Internet via le réseau mobile (GSM/3G/4G)	Permet à l'administrateur de gérer les comptes, de consulter les statistiques de location…

Doc. Les équipements du réseau

1. En vous aidant de l'énoncé, associez les lettres du schéma simplifié du réseau au contenu des messages circulant entre les équipements dans le tableau ci-dessous.

Contenu du message	Lettre
Informations sur l'état de la station (nombre de places disponibles, état de charge des différents véhicules à destination du serveur)	
Informations sur les places disponibles, l'historique des trajets, etc.	
Statistiques du système, informations de paramétrage	
Données cryptées en provenance et à destination de l'abonné	e
Identifiants de connexion cryptés de façon sécurisée	
Informations sur l'état du véhicule (niveau de charge de la batterie, kilomètres parcourus…)	

2. Dans le schéma simplifié du réseau, quel est le moyen de connexion utilisé par l'abonné pour se connecter au service ? Indiquez un autre moyen utilisé dans ce réseau.

3. À l'aide du tableau des équipements du réseau, proposez un équipement pouvant remplacer le « ? » dans le schéma simplifié du réseau. Justifiez votre réponse.

4. Selon vous, pourquoi est-il nécessaire de crypter les informations à destination de l'abonné ?

5. Que se passerait-il pour le système si le câble en rouge dans le schéma simplifié du réseau venait à se rompre ? Selon vous, serait-il toujours possible de louer des véhicules ?

QCM

1 1. **Réponse : c. Internet est le plus grand réseau informatique du monde.** On estime qu'il est composé aujourd'hui de plus de 10 milliards d'appareils connectés (plus de 50 milliards d'ici 2020).

2. **Réponse : b. Un LAN (*Local Area Network*) est un réseau privé**. Les PC du collège sont connectés par un LAN.

3. **Réponses : a et b.** Il existe plusieurs moyens de connexion à un réseau. **Le câble Ethernet et la borne Wi-Fi réalisent cette fonction.** On peut aussi citer d'autres normes de communication sans fil comme la 3G ou le Bluetooth.

> **Remarque**
> Le débit est supérieur en connexion filaire.

4. **Réponse : c. Un serveur fournit un service à un client.** Le client effectue une demande à travers le réseau. Le serveur envoie en réponse des informations au client en suivant un protocole de communication.

5. **Réponse : b. Le routage permet de sélectionner le chemin** le plus adapté à l'établissement d'une communication entre deux périphériques. Dans un réseau maillé comme Internet, lorsqu'un lien est défectueux, le protocole de routage cherche automatiquement un autre chemin disponible.

6. **Réponse : c. Un protocole de communication est un ensemble de règles** fixées pour communiquer. On peut le comparer au langage qui est le protocole de communication entre les hommes.

2 1. **Vrai. Dans un réseau informatique, tous les ordinateurs sont reliés entre eux.** Ainsi, ils peuvent tous communiquer les uns avec les autres et s'échanger des données.

2. **Faux.** C'est le **routeur** (ou passerelle) qui permet de se connecter à Internet.

3. **Faux.** Pour que les périphériques mobiles se connectent à Internet, il faut **relier la borne Wi-Fi au commutateur** pour qu'elle puisse communiquer avec le reste du réseau filaire.

4. **Vrai.** Dans un réseau maillé, il existe plusieurs chemins pour accéder à une même destination. Cette possibilité est d'ailleurs un avantage considérable, car si un chemin est hors service, le protocole de routage propose un lien de remplacement.

> **Remarque**
> On appelle « encapsulation » l'utilisation simultanée de plusieurs protocoles.

5. Vrai. Les protocoles sont les règles de communication fixées par l'échange d'informations entre périphériques. Les protocoles sont généralement organisés en couches. Une couche réalise une fonction (accès au réseau, transport des données, application…).

6. Faux. L'organisation en couches des protocoles permet **l'utilisation simultanée** des protocoles.

Exercices d'entraînement

3

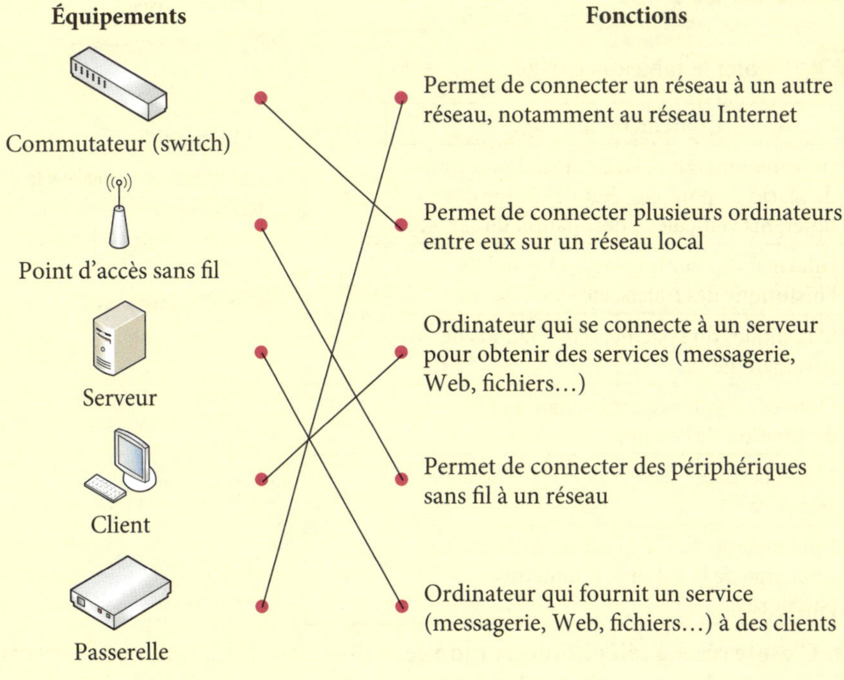

4 Voici le **diagramme de séquence** des échanges entre un client et un serveur Web. Cela commence par **l'établissement de la connexion**, puis un **échange de données** avec validation. Enfin, la **connexion est rompue**.

> **Remarque**
> Les « box » des fournisseurs d'accès regroupent un commutateur, un point d'accès sans fil, une passerelle…

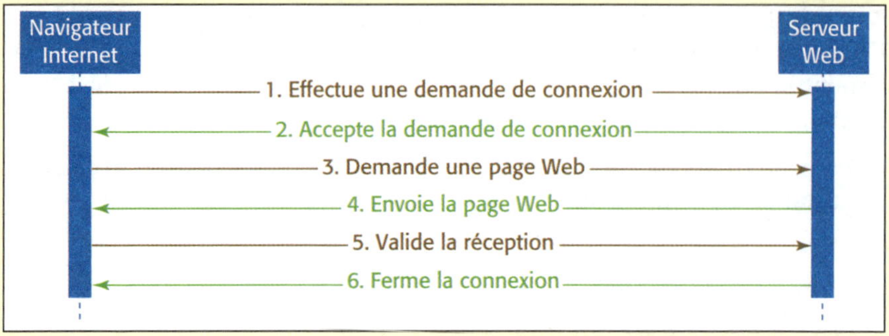

Remarque

L'ordre des échanges est souvent identique à celui-ci.

Vers le brevet

5 **1.** Voici le tableau corrigé :

Contenu du message	Lettre
Informations sur l'état de la station (nombre de places disponibles, état de charge des différents véhicules à destination du serveur)	**b**
Informations sur les places disponibles, l'historique des trajets, etc.	**d**
Statistiques du système, informations de paramétrage	**f**
Données cryptées en provenance et à destination de l'abonné	e
Identifiants de connexion cryptés de façon sécurisée	**c**
Informations sur l'état du véhicule (niveau de charge de la batterie, kilomètres parcourus…)	**a**

Conseil

Pour vous aider à compléter le tableau, identifiez l'émetteur et le destinataire de chacun des messages.

2. **C'est le réseau téléphonique mobile et donc les ondes radio qui servent de moyen de connexion** à l'abonné dans le schéma simplifié du réseau. Dans ce schéma, il y a également la fibre optique qui est utilisée.
Attention, « Ondes radio » ne signifie pas forcément « radio FM », les ondes radio sont utilisées par de nombreuses technologies sans fil (Wi-Fi, GSM, 3G/4G, talkie-walkie…).
La fibre optique transporte un signal lumineux à très grande vitesse à l'intérieur d'un fil en silicium. Ce moyen de communication est un des plus rapides existant à ce jour. Il a également l'avantage de fonctionner sur de très grandes distances.

3. Pour remplacer le « ? » dans le schéma, il faut mettre un **commutateur**. C'est le seul équipement capable de **connecter plusieurs machines entre elles**. Il est courant de voir plusieurs commutateurs reliés directement entre eux pour connecter les machines d'un réseau. Cela permet par exemple de relier les machines de deux bâtiments (chaque bâtiment disposant de son commutateur) avec un seul câble reliant les deux commutateurs.

> **Remarque**
>
> Le commutateur est aussi souvent appelé par son nom anglais *switch*.

Les commutateurs que l'on rencontre le plus souvent servent à relier des machines à l'aide de câbles Ethernet, mais il en existe aussi pour les câbles de fibre optique.

4. Il est nécessaire de crypter les informations en provenance et à destination de l'abonné, car celles-ci **circuleront sur le réseau Internet**. Les données en provenance de l'utilisateur peuvent contenir des informations sensibles (données bancaires, adresse, numéro de téléphone…), il ne faudrait pas qu'une personne malveillante puisse s'en saisir.

5. Si le câble rouge est coupé, **la station de recharge n° 3 se retrouvera isolée et ne pourra plus communiquer avec le reste du système**, notamment avec le serveur. **Il ne sera plus possible de louer des véhicules dans cette station**, mais cela n'empêchera pas les autres stations de fonctionner.

> **Conseil**
>
> Essayez d'imaginer un échange entre les différents équipements du réseau sans ce câble.

De nombreux réseaux informatiques sont conçus pour fonctionner de cette manière. Dans la mesure du possible, il faut éviter qu'une seule panne empêche le système entier de fonctionner.

Dans ce réseau, il y a toutefois des équipements « sensibles » qui mettraient tout le système hors service s'ils venaient à tomber en panne. C'est notamment le cas du serveur, du commutateur central et du modem.

CHAPITRE

18 [Techno] – Écriture, mise au point et exécution d'un programme

1 Capteurs, actionneurs et interfaces

1 Capteurs

• **Un capteur acquiert une grandeur physique** (température, vitesse, présence d'une personne…) et la transforme en une information compréhensible par un ordinateur.

• **L'information de sortie est souvent une intensité de courant ou une tension électrique.** Cette information peut être de forme :
- **analogique :** le signal de sortie peut prendre une multitude de valeurs dans une plage définie ;
- **logique :** le signal de sortie peut prendre deux valeurs (0 ou 1), on parle alors de détecteur « tout ou rien » ;
- **numérique :** l'information est codée de manière plus complexe en un message binaire (succession de 0 et de 1).

2 Actionneurs

Un actionneur transforme l'énergie qui lui est transmise en une action. Cette action peut être un signal lumineux, un mouvement, une production d'énergie thermique, un son…

Exemples : un moteur électrique et une lampe sont des actionneurs que l'on retrouve très souvent dans les systèmes.

3 Interfaces utilisateurs

• **Les interfaces utilisateurs permettent à l'homme et à la machine de communiquer.** Ce sont des capteurs et actionneurs particuliers.

• **Quand l'utilisateur veut communiquer des ordres à la machine**, il peut par exemple utiliser un clavier, un bouton-poussoir ou un bouton rotatif, une souris, une commande vocale…

• **La machine communique** via des écrans de toutes sortes, des voyants lumineux, des haut-parleurs…

EXERCICE RÉSOLU

Identifier capteurs, actionneurs et interfaces utilisateur dans un système

ÉNONCÉ

Les systèmes d'alarme incendie permettent de détecter les départs d'incendie et d'avertir les personnes dans les bâtiments.

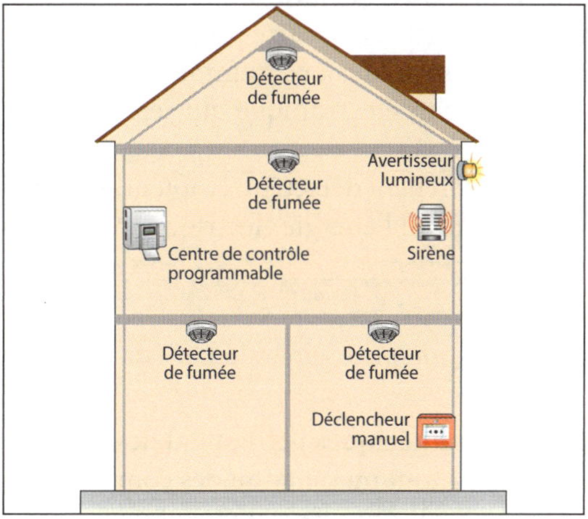

Doc. Système d'alarme incendie

1. Identifiez sur ce schéma deux types de capteurs présents dans le système. Précisez pour chacun d'entre eux la grandeur physique acquise.
2. Identifiez sur ce schéma deux types d'actionneurs présents dans le système. Précisez pour chacun d'entre eux l'action produite.
3. Identifiez le type d'interface permettant à l'utilisateur de communiquer avec le système.

CORRIGÉ

1. Les capteurs de ce système sont **le détecteur de fumée** qui **acquiert** la **présence de fumée** et le **déclencheur manuel** qui **acquiert** la **pression d'un utilisateur sur le bouton**.
2. Les actionneurs de ce système sont **la sirène** qui produit **un signal sonore** et **l'avertisseur lumineux** qui produit **un signal lumineux**.
3. Le centre de contrôle programmable permet à l'utilisateur de communiquer avec le système.

Remarques

- Un détecteur de fumée fonctionne grâce à un émetteur et un capteur de lumière qui change d'état en présence de fumée.
- Aujourd'hui, les écrans tactiles remplacent souvent les claviers et autres boutons de commandes.

2 Cartes programmables et objets connectés

1 Composants d'une carte programmable

• **Une carte programmable est un système électronique qui exécute un programme enregistré dans sa mémoire.**

• **Les composants d'une carte programmable** sont généralement :
- **le processeur**, soit la partie de la carte programmable qui exécute les instructions et traite les données des programmes ;
- **la mémoire**, un dispositif électronique qui sert à stocker des données et des variables ;
- **les entrées/sorties**, qui relient détecteurs, capteurs et actionneurs à la carte ;
- **l'alimentation**, qui fournit l'énergie électrique aux différents composants.

2 Câblage des entrées et des sorties

Une carte programmable dispose généralement de plusieurs types d'entrées et de sorties :

• **les entrées et sorties numériques** permettent de connecter des détecteurs, des actionneurs de type « tout ou rien » ou des composants numériques. Les signaux électriques peuvent prendre seulement deux valeurs : 1 ou 0 ;

• **les entrées ou sorties analogiques** permettent de connecter des capteurs ou actionneurs. Les signaux électriques peuvent prendre toutes les valeurs comprises dans une plage, par exemple entre 0 et 5 V.

3 Objets connectés

• **Un objet connecté est composé d'une carte programmable** avec une fonction supplémentaire qui lui permet de communiquer avec un réseau (Internet, GSM, GPS…). **Il est connecté, car il peut échanger des informations avec d'autres systèmes.**

Exemples :
La montre connectée reçoit des SMS, la météo… Elle se connecte par liaison sans fil à un smartphone.
Une balance intelligente est connectée à un ordinateur et lui envoie à chaque utilisation la masse et le calcul de l'indice de masse corporelle de la personne qui se pèse.

• Les objets connectés sont de plus en plus présents. Ils permettent d'effectuer des actions à distance et offrent de nouvelles fonctionnalités qui visent à améliorer le quotidien des utilisateurs.

Exemple : certains logements sont connectés. L'occupant des lieux peut ainsi modifier la lumière, gérer son alarme et ses volets, lancer une musique depuis son *smartphone*.

EXERCICE RÉSOLU

Câbler et utiliser une carte programmable

ÉNONCÉ

Nous souhaitons réaliser un système simple qui adapte l'éclairage d'une pièce en fonction de la luminosité extérieure. La carte programmable peut exécuter un programme et utiliser ses entrées/sorties pour lire les informations d'un capteur de luminosité qui sera relié aux broches de la carte. Avant cette modification, le système contient un interrupteur et une lampe de type DEL.

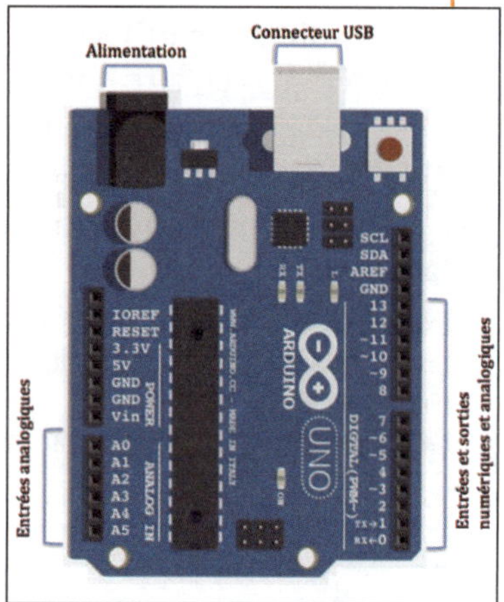

Doc. Carte programmable

1. Sur quel groupe de broches est connecté initialement l'interrupteur ?
2. Sur quel groupe de broches est connectée initialement la lampe de type DEL ?
3. Sur quelles broches peut-on brancher les deux fils du capteur de luminosité ?
4. Sur quel groupe de broches faut-il câbler la lampe de type DEL après la modification du système ?

CORRIGÉ

1. L'interrupteur est un détecteur « tout ou rien » à deux positions, il doit donc être connecté au groupe des **entrées numériques**.
2. Dans un premier temps, la lampe de type DEL a deux états possibles (allumée ou éteinte), elle est donc connectée aux **sorties numériques**.
3. Nous devons brancher le capteur de luminosité sur deux entrées **analogiques, A0 et A1** par exemple. Le capteur transmet une tension comprise entre 0 et 5 V qui varie en fonction de la luminosité.
4. Après modification du système, nous devons câbler **la lampe** sur des **sorties analogiques**. La tension d'alimentation de la lampe variera en fonction du traitement des informations provenant du capteur de luminosité.

Remarque
Le programme est réalisé puis testé sur un logiciel de l'ordinateur. Il est ensuite téléchargé sur la carte via le connecteur USB.

3 Programmes et algorithmes

1 Langage informatique

• **Un ordinateur utilise différents langages** pour communiquer avec les périphériques et faire fonctionner les logiciels.

• **Les langages sont choisis pour des usages spécifiques.** Il existe des langages plus adaptés pour la création de sites Internet, d'autres pour les logiciels professionnels, d'autres encore pour les applications sur téléphones ou tablettes.

Exemples :
L'*Hypertext Markup Language*, généralement abrégé en HTML, est le format de données conçu pour représenter les pages Web.
C++ est un langage de programmation souvent utilisé pour la conception de logiciels.

2 Programmes et données

• **Un programme informatique est un ensemble d'opérations destinées à être exécutées par un ordinateur.**

• **Un programme fait généralement partie d'un logiciel**, c'est-à-dire d'un ensemble de composants numériques destiné à fournir un service informatique. En effet, un logiciel peut comporter plusieurs programmes.

• **Les données et les variables sont les informations stockées et traitées** par le programme.

3 Algorithmes

• **Un algorithme est une succession d'opérations et d'instructions** permettant la réalisation d'une tâche ou la résolution d'un problème.

• **L'algorigramme permet de représenter les algorithmes** pour comprendre rapidement le fonctionnement du programme.

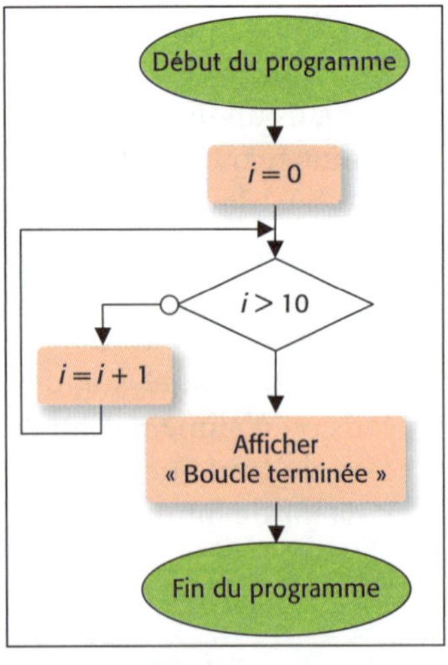

Doc. Algorigramme d'un programme qui effectue un comptage jusqu'à 10

EXERCICE RÉSOLU

Représenter un algorithme simple

ÉNONCÉ

Le store automatique soulage l'utilisateur de la tâche d'ouvrir et de fermer le store en fonction de la météo.
Ce store automatique s'ouvre et se ferme grâce à un capteur de luminosité. L'utilisateur souhaite améliorer la sécurité du système en ajoutant un anémomètre (capteur qui mesure la vitesse du vent) pour agir en complément du capteur de luminosité sur le store. Le store devra alors se fermer si le vent devient trop fort.

1. Quelles sont les variables du programme informatique qui font fonctionner ce système ?

2. Dessinez l'algorigramme de la nouvelle fonctionnalité pour fermer et ouvrir le store en fonction de la vitesse du vent.

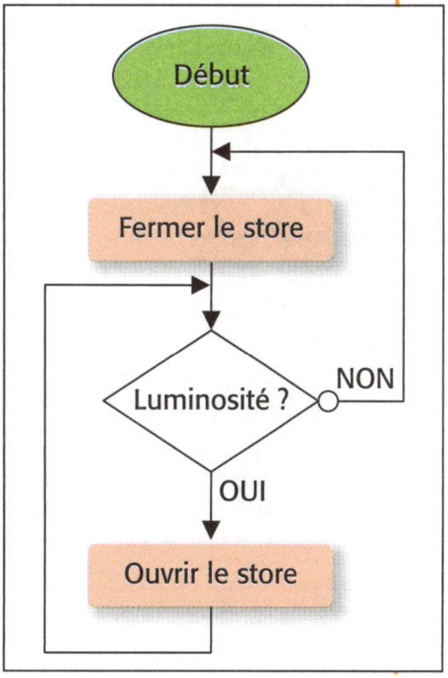

Doc. Représentation de l'algorithme du store automatique

CORRIGÉ

1. Les variables de ce programme informatique sont la luminosité et la vitesse du vent. Elles sont stockées dans une mémoire et modifiées pour être analysées par le programme.

> **Conseil**
> Identifiez les variables d'un programme en vous demandant quelles données peuvent varier lorsque le système fonctionne.

2. L'algorigramme de la nouvelle fonctionnalité pour fermer et ouvrir le store en fonction de la vitesse du vent est représenté ci-contre.

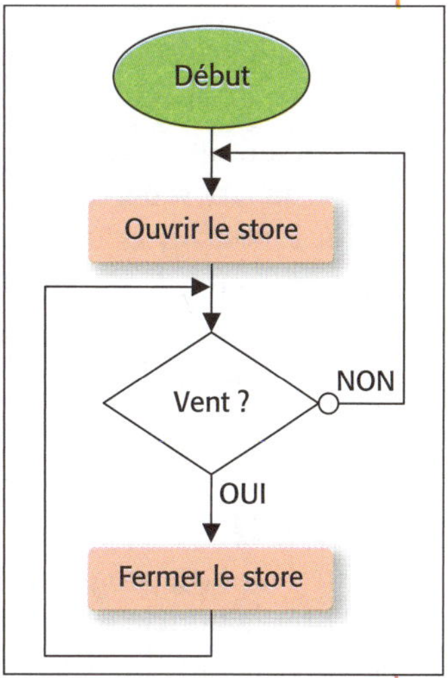

Comprendre un programme en langage de type bloc

ÉNONCÉ

Voici le programme d'un robot (représenté par la croix). Indiquez les coordonnées $(x ; y)$ du robot à la fin de l'exécution du programme.

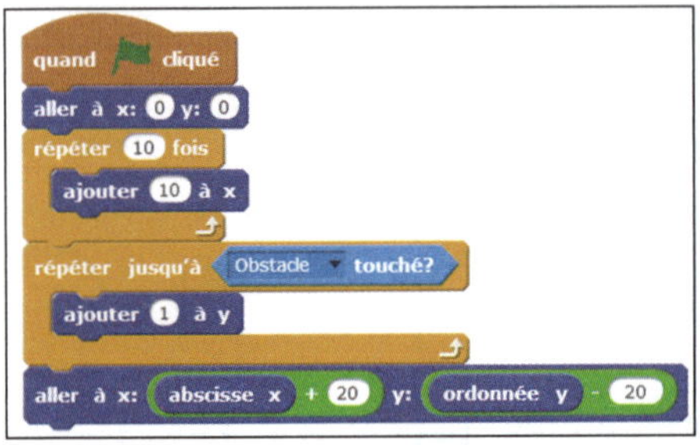

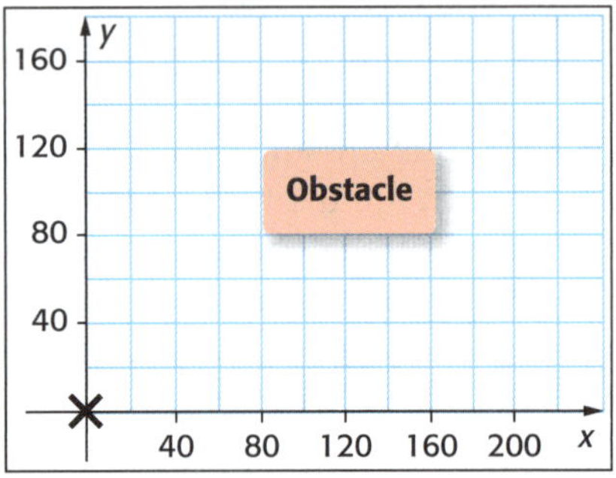

MÉTHODE

1. Repérer les conditions initiales du programme : la position du robot au début du programme.
2. Décrypter le programme bloc par bloc, de haut en bas, en indiquant sur la grille la position du robot après chaque instruction.
3. Lorsqu'on rencontre une boucle « répéter », exécuter autant de fois qu'indiqué la (ou les) instruction(s) à l'intérieur de la boucle.
4. Lorsqu'on rencontre une boucle « répéter jusqu'à », répéter les instructions à l'intérieur de la boucle jusqu'à ce que la condition soit vraie.
5. Lorsqu'il y a une boîte « calcul », effectuer les calculs puis l'opération dans laquelle se trouve la boîte « calcul ».
6. Reproduire le programme pour vérifier que l'on trouve le même résultat.

Remarques

- Dans un programme, une « instruction » est une opération élémentaire à effectuer (ici les blocs bleus).
- Dans un programme « bloc », les boucles sont représentées par des blocs en forme d'accolades (ici en orange).

CORRIGÉ

1. Au début du programme, le robot se trouve en (0 ; 0).
2. Après la boucle « Répéter 10 fois », le robot se trouve en (100 ; 0).
3. Après la boucle « Répéter tant que », le robot se trouve en (100 ; 80).
4. Après les opérations, le robot se trouve en (120 ; 60).

Modifier un programme pour l'améliorer

ÉNONCÉ

L'entreprise Progstock propose des systèmes informatiques de gestion de stocks pour les magasins et les entreprises. Avec un scanner à code-barres, le produit est scanné, puis ajouté dans une base de données.
Il s'agit ici de compter et de stocker deux produits différents : les produits A et les produits B. L'entreprise souhaite étendre sa gamme de produits A en y ajoutant des produits A1 et A2.
Modifiez le programme pour compter les produits A1 et A2.

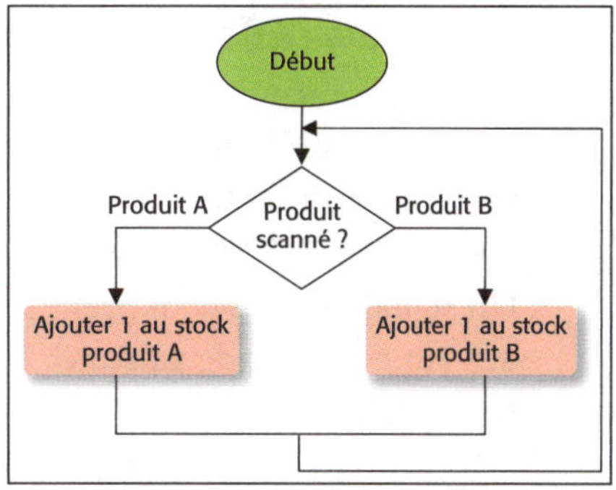

Doc. Algorigramme de gestion de stock deux produits

MÉTHODE

1. Identifier les variables.
2. Définir le nombre de tests à effectuer (nombre de losanges).
3. Définir les actions à réaliser (nombre de rectangles).
4. Compléter l'algorigramme de l'énoncé pour représenter le nouveau programme.
5. Suivre avec son doigt pour vérifier le fonctionnement pour tous les cas de figure.

CORRIGÉ

1. Les variables sont : produit B, produit A, produit A1 et produit A2.
2. Deux tests sont à effectuer.
3. Il y a quatre actions à effectuer qui modifient les variables.

Conseil

N'oubliez pas de mettre à jour le stock A (somme des produits A1 et A2).

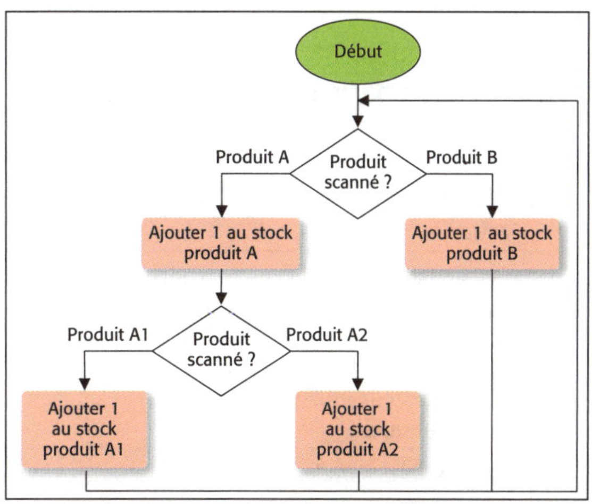

Doc. Algorigramme de gestion de stock trois produits

QCM

1 Cochez la (ou les) réponse(s) correcte(s).

1. Un capteur acquiert :

a. ☐ une représentation numérique
b. ☐ des composants électroniques
c. ☐ une grandeur physique

2. Un signal logique peut prendre :

a. ☐ une dizaine de valeurs **b.** ☐ deux valeurs
c. ☐ toutes les valeurs

3. Le processeur est la partie d'une carte programmable qui :

a. ☐ exécute des instructions
b. ☐ stocke les informations
c. ☐ alimente en énergie électrique les composants

4. Une mémoire informatique :

a. ☐ permet de stocker des données **b.** ☐ exécute des instructions
c. ☐ alimente en énergie électrique les composants

5. Un objet connecté :

a. ☐ communique avec un réseau
b. ☐ est une représentation d'un algorithme
c. ☐ fabrique une pièce avec un logiciel

6. L'algorigramme permet :

a. ☐ de soustraire des informations **b.** ☐ de représenter un algorithme
c. ☐ d'afficher des variables

2 Répondez par vrai ou faux.

Affirmations	Réponses
1. Un actionneur transforme l'énergie qui lui est transmise en une action.	☐ V ☐ F
2. Un signal analogique peut prendre deux valeurs (0 ou 1).	☐ V ☐ F
3. L'alimentation fournit l'énergie électrique aux différents composants.	☐ V ☐ F
4. Un ordinateur utilise toujours un seul langage pour communiquer.	☐ V ☐ F
5. Les variables sont les informations stockées et traitées par un programme.	☐ V ☐ F

Exercices d'entraînement

3 Les capteurs, actionneurs et interfaces

1. Identifiez ci-dessous les capteurs, actionneurs et interfaces.

2. Pour les capteurs, donnez la grandeur physique mesurée.

(a) Voyant lumineux

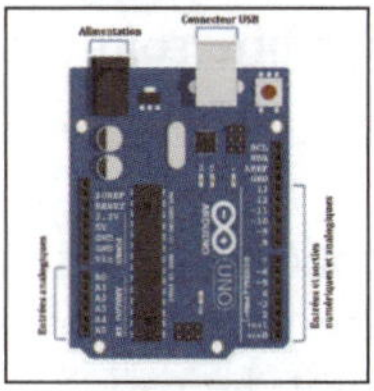
(b) Carte programmable

(c) Cellule photoélectrique

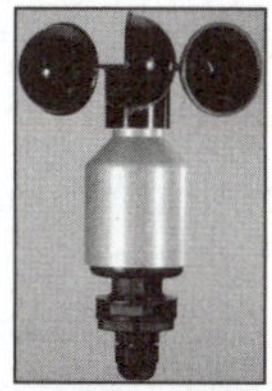
(d) Anémomètre

(e) Sirène

(f) Moteur

(g) Sonde de température

(h) Écran tactile

4 Les composants d'une carte programmable

Associez les entrées/sorties aux composants qui peuvent y être connectés.

Entrée analogique •	Sortie analogique •	Entrée numérique •	Sortie numérique •
• Sonde de température	• Voyant lumineux	• Moteur à vitesse variable	• Bouton-poussoir

5 La programmation informatique

Voici un programme réalisé en langage Scratch.

Indiquez la valeur des variables « compteur » et « maVariable » après exécution de ce programme.

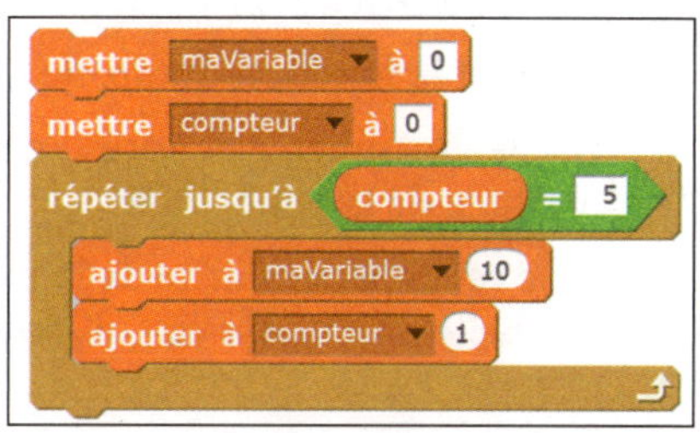

6 ROAR, un projet de robot éboueur

ROAR est un projet de recherche mené par trois universités. Il vise à robotiser le ramassage des ordures. Contrairement aux solutions déjà utilisées par quelques villes dans lesquelles un bras robot est monté sur un camion classique, les chercheurs ont mis au point une solution plus souple, qui combine un drone et un robot autonome.

Fonctionnement du système

Lorsque le camion s'arrête, un drone décolle de sa base qui se situe sur le toit du camion. À l'aide d'une caméra, le drone communique la position des poubelles et des éventuels obstacles au robot. Le robot calcule alors sa trajectoire. Il utilise ses pinces pour porter la poubelle jusqu'au camion, puis la vide avant de la remettre en place.

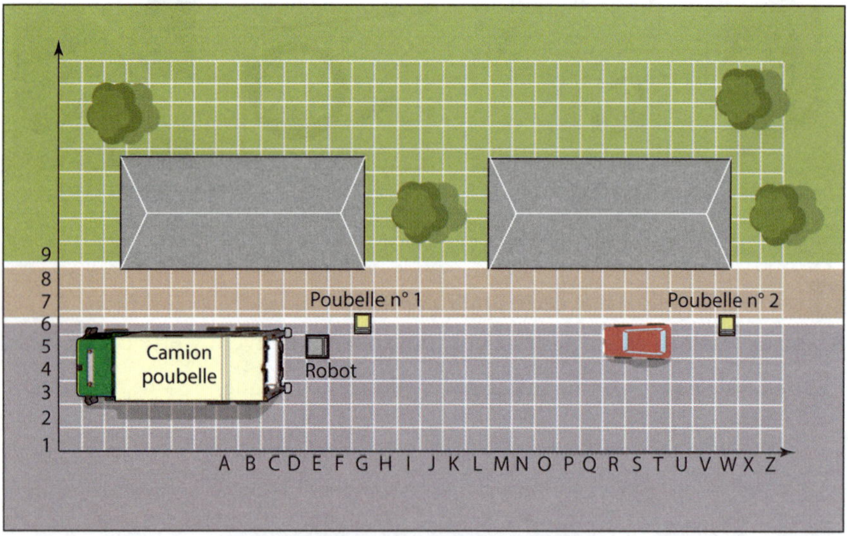

Doc. Trajectoire du robot, vue du drone

1. Quelle solution technique peut être considérée comme une alternative au système ROAR ?
2. Quelle est la fonction du drone dans le système ROAR ?
3. Dans le document ci-après, déterminez quel programme permet le ramassage de la poubelle n° 1.
4. Quelle est la particularité de la trajectoire du robot pour le ramassage de la poubelle n° 2 ? Cela va-t-il influencer le programme ?

5. Dessinez l'algorithme du sous-programme « Se déplacer en W6 » à partir de la case de départ E5 en utilisant les instructions suivantes : avancer tout droit jusqu'en (*nom de case*) ; s'orienter vers (*le haut, le bas, la droite, la gauche*).

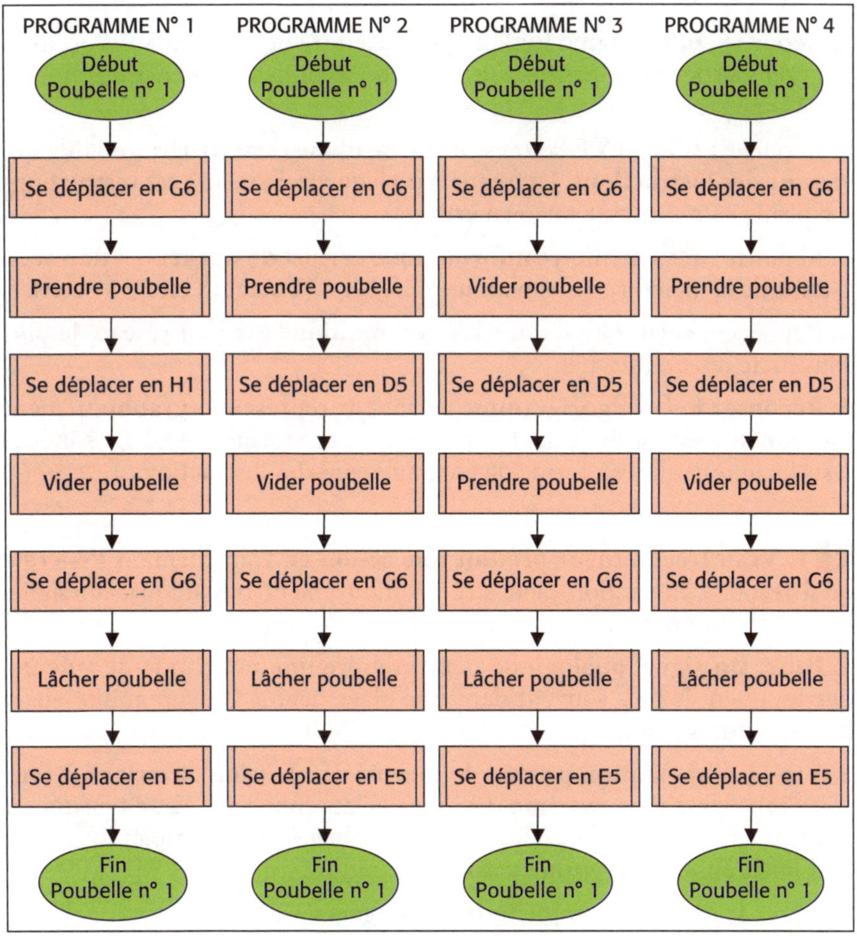

Doc. Proposition de programmes de ramassage de la poubelle n° 1 (au départ, le robot est dans la case E5)

QCM

Vocabulaire

On dit : « Un capteur acquiert. » Beaucoup d'élèves font des erreurs sur ce mot.

1 1. Réponse : c. **Un capteur acquiert une grandeur physique** et la transforme en une information compréhensible par un ordinateur.

2. **Réponse : b. Un signal logique peut prendre deux valeurs différentes.** Par exemple pour un détecteur de fumée, 0 V signifiera « absence de fumée », et 5 V « présence de fumée ».

3. **Réponse : a. Le processeur est la partie d'une carte programmable qui exécute des instructions**. La fréquence à laquelle il exécute ces instructions s'exprime en mégahertz ou gigahertz.

4. **Réponse : a. La mémoire informatique permet de stocker des données.** L'unité de la mémoire informatique est le **bit** ou **l'octet** (8 bits = 1 octet).

5. **Réponse : a. Un objet connecté communique avec un réseau**, le plus souvent le réseau Internet.

6. **Réponse : b. Un algorigramme permet de représenter graphiquement un algorithme.** Il se lit de haut en bas, les cases en forme de losange sont des tests logiques, celles en forme de rectangle sont des instructions.

2 1. **Vrai. L'actionneur produit une action en transformant l'énergie** qu'il reçoit. Cette action peut être un mouvement mécanique, un signal sonore ou lumineux…

2. **Faux. Un signal analogique peut prendre une multitude de valeurs**, qui se situent le plus souvent dans une plage définie (valeurs minimale et maximale du signal).

3. **Vrai. L'alimentation permet de fournir une tension électrique à tous les composants d'un système.** Dans les objets connectés, cette tension est souvent une tension continue de faible voltage (par exemple, une carte Arduino s'alimente avec une tension continue entre 5 V et 9 V).

4. **Faux. Il existe une multitude de langages informatiques**, chacun étant dédié à un usage spécifique (par exemple, HTML pour les pages Internet, C pour les cartes à microcontrôleurs, C++ ou Java pour les applications sur ordinateur…).

Vocabulaire

Un programmeur ou codeur est une personne qui écrit des programmes informatiques.

5. **Vrai. Les variables sont des emplacements de mémoire réservés pour y stocker une donnée** particulière (par exemple, la valeur d'une température acquise par un capteur). **Elles sont utilisées par le programme** et mises à jour en temps réel lors de son exécution.

Exercices d'entraînement

3 **1.** (a) Voyant lumineux : **actionneur.**
(b) Carte programmable : **interface.**
(c) Cellule photoélectrique : **capteur.**
(d) Anémomètre : **capteur.**
(e) Sirène : **actionneur.**
(f) Moteur : **actionneur.**
(g) Sonde de température : **capteur.**
(h) Écran tactile : **interface.**

2. La cellule photoélectrique mesure la **luminosité.**
L'anémomètre mesure la **vitesse du vent.**
La sonde de température mesure la **température.**

4

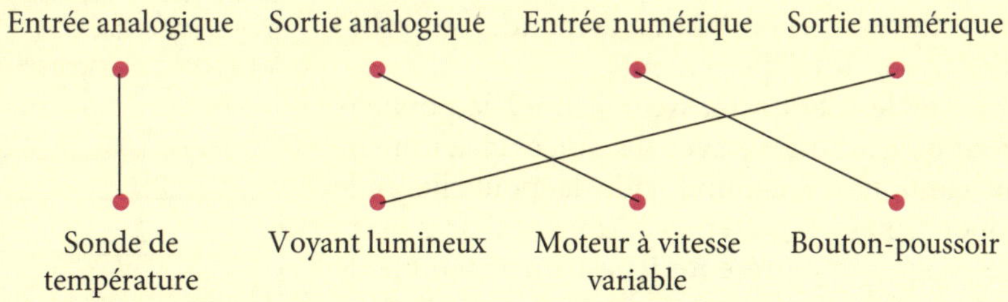

5 Après exécution de ce programme, **la variable compteur aura la valeur 5**, car la boucle se sera répétée 5 fois et, à chaque exécution, le compteur aura augmenté de 1.
La variable **maVariable aura la valeur 50**, car l'instruction « ajouter 10 à maVariable » sera également exécutée 5 fois.

> **Remarque**
> On peut faire varier la vitesse d'un moteur électrique en faisant varier la tension à ses bornes.

Vers le brevet

6 **1.** Plusieurs solutions de ramassage automatisé des ordures ménagères existent. La solution du **bras robot monté sur un camion poubelle** est une alternative au système ROAR.
Ces systèmes permettent de réduire le nombre d'agents nécessaires à la collecte.

> **Remarque**
> La robotisation des tâches permet aussi de réduire les coûts de fonctionnement d'un système.

2. Lorsque le camion s'arrête, le drone décolle. Avec sa caméra, **il cartographie le sol** pour indiquer au système le nombre et la position des poubelles à collecter.

Le drone détecte également les obstacles qui pourraient modifier la trajectoire du robot ramasseur. La position de l'obstacle est transmise, et le système adapte la trajectoire du robot pour contourner l'obstacle.

Pour que le système fonctionne, le drone doit connaître sa position précise (hauteur et position de vol, position par rapport au camion). Nous pouvons donc facilement imaginer qu'il communique par ondes radio avec le système électronique sur le camion et qu'il utilise plusieurs capteurs pour effectuer ces tâches.

> **Remarque**
> Le drone utilise le système de géolocalisation par satellite (GPS).

3. Le **programme n° 4** permet le ramassage de la poubelle n° 1.

Le programme utilise la grille du drone (voir trajectoire du robot) pour demander au robot d'effectuer des déplacements.

Il dirige le robot ramasseur jusqu'à la poubelle pour qu'il la soulève avec ses pinces et la ramène au camion. Le camion vide la poubelle et le robot ramasseur la remet à sa place d'origine.

Le programme présenté ici est un ensemble de successions de sous-programmes, reconnaissables par leur double bordure, comme sur le schéma ci-contre.

> **Conseil**
> Lisez de haut en bas chaque programme et tracez la trajectoire au crayon sur la grille.

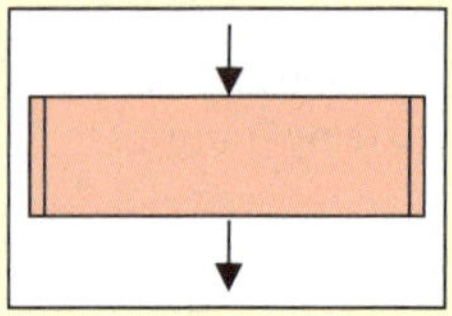

4. Pour ramasser la poubelle n° 2, le robot **rencontre sur sa trajectoire normale une voiture garée** (un obstacle), le programme doit alors être **modifié pour contourner cet obstacle**.

Pour des questions de sécurité, la trajectoire du robot doit être corrigée en permanence. En effet, il est facile d'imaginer qu'une personne puisse surgir : un cycliste, un enfant, un ballon…

> **Remarque**
> Les contraintes de sécurité sont primordiales pour ce type de système. En cas de dysfonctionnement, le robot doit s'arrêter.

Pour garantir une sécurité optimale, il sera donc important de calculer le temps de réaction du système et la taille minimale des obstacles qu'il est capable de détecter.

5. Voici ci-contre le sous-programme « Se déplacer en W6 ».

Dans la grille ci-dessous, la ligne rouge représente la trajectoire du robot et le contournement de l'obstacle.

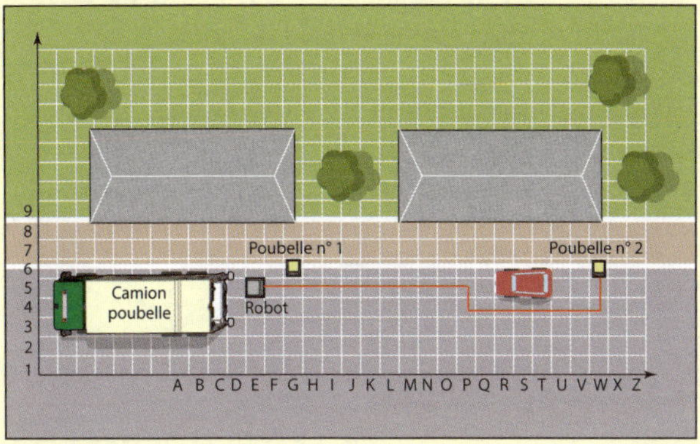

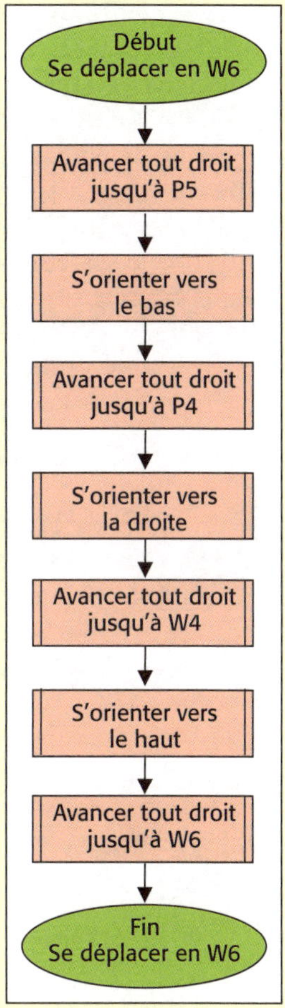

Conseil

Aidez-vous de la grille pour définir une trajectoire de contournement de l'obstacle. Plusieurs réponses sont envisageables.

Cahier spécial brevet

Sujet de brevet 1

Physique-Chimie et Technologie

La sécurité routière

Sujet type d'après sujet zéro publié dans le *BO* du 8 avril 2016

La sécurité sur les routes dépend notamment du respect des distances de sécurité, de la capacité des conducteurs à réagir rapidement lorsqu'ils aperçoivent un obstacle sur la route et de la performance du système de freinage du véhicule. On étudie dans les deux exercices qui suivent : les distances d'arrêt et de sécurité d'un véhicule et le dispositif de freinage sans blocage des roues.

PARTIE 1 Épreuve de Physique-Chimie (30 min) : Distance d'arrêt et distance de sécurité d'un véhicule

La connaissance de la distance d'arrêt d'un véhicule est importante pour la sécurité routière. Le document 1 ci-dessous fait apparaître trois distances caractéristiques.

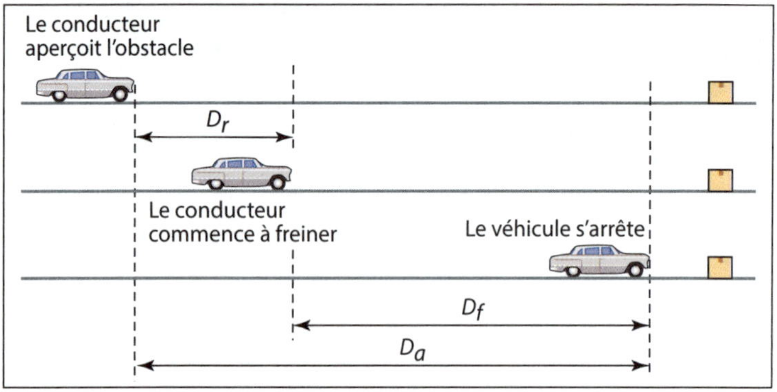

Doc. 1 Distances de réaction, de freinage et d'arrêt

• D_r est la distance de réaction. C'est la distance parcourue par le véhicule entre le moment où le conducteur aperçoit l'obstacle et le moment où il commence à freiner. Elle dépend de la durée de réaction du conducteur.

• D_f est la distance de freinage. C'est la distance parcourue par le véhicule entre le moment où le conducteur commence à freiner et le moment où le véhicule s'arrête.

• D_a est la distance d'arrêt. C'est la distance parcourue par le véhicule entre le moment où le conducteur aperçoit un obstacle et l'arrêt du véhicule.

Le tableau suivant présente, pour différentes vitesses, la distance de réaction et la distance de freinage sur route sèche d'un véhicule correctement entretenu.

Vitesse (km/h)	0	30	50	90	100	110	130
Vitesse (m/s)	0	8	14	25	28	31	36
D_r (m)	0	8	14	25	28	31	36
D_f (m)	0	6	16	50	62	75	104

Doc. 2 Distances de réaction et de freinage selon la vitesse

1. Distance d'arrêt

Au voisinage d'un collège, un véhicule roule à 30 km/h, vitesse maximale autorisée ; donner la valeur de la distance de réaction D_r, de la distance de freinage D_f et calculer la valeur de la distance d'arrêt D_a.

Commenter la valeur de la distance d'arrêt obtenue en la comparant à celle d'une autre longueur ou distance que l'on choisira.

2. Énergie cinétique

Rappeler l'expression de l'énergie cinétique d'un objet en fonction de sa masse *m* et de sa vitesse *V*. Calculer l'énergie cinétique d'un véhicule de masse $m = 1\,000$ kg roulant à 50 km/h. Lors du freinage, l'énergie cinétique du véhicule diminue jusqu'à s'annuler. Décrire ce que devient cette énergie.

3. Code de la route et distance de sécurité

Le Code de la route définit la distance de sécurité entre deux véhicules :

> « Lorsque deux véhicules se suivent, le conducteur du second véhicule doit maintenir une distance de sécurité suffisante pour pouvoir éviter une collision en cas de ralentissement brusque ou d'arrêt subit du véhicule qui le précède. Cette distance est d'autant plus grande que la vitesse est plus élevée. »

Doc. 3 Article R412-12 du Code de la route

Sur autoroute, les panneaux ci-contre expliquent aux conducteurs comment respecter la distance de sécurité. L'automobiliste doit veiller à ce que le véhicule qui le précède soit séparé de lui d'au moins deux traits blancs sur le côté droit de la route. Le schéma ci-dessous représente les traits blancs et donne leur longueur exprimée en mètres.

Doc. 4 Distance de sécurité

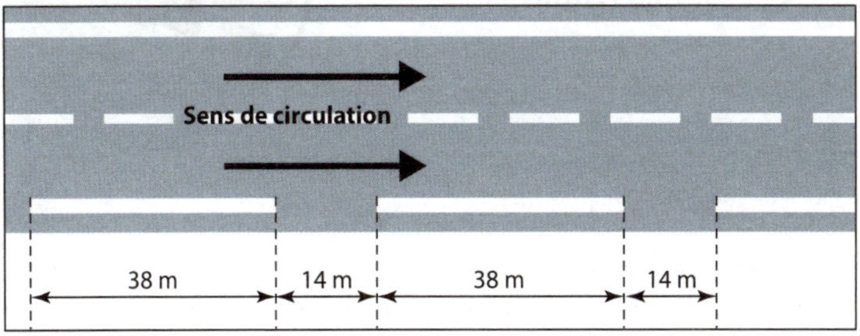

Doc. 5

Sur autoroute et par temps sec, la vitesse des véhicules est limitée à 130 km/h.

À l'aide de calculs simples, expliquer pourquoi, sur autoroute, la règle « un automobiliste doit veiller à ce que le véhicule qui le précède soit séparé de lui d'au moins deux traits blancs » permet d'avoir une distance de sécurité suffisante.

PARTIE 2 Épreuve de Technologie (30 min) : Le dispositif de freinage sans blocage des roues (*Anti Blocage System, ABS*)

Lors d'un freinage, il est important pour la sécurité de ne pas bloquer les roues, car cela permet de conserver de bonnes conditions d'adhérence avec la route et d'éviter la perte du contrôle du véhicule en cas de changement de trajectoire ou de conditions différentes de contact des roues avec le sol (une roue sur une flaque d'eau et les autres sur le bitume sec).

La structure matérielle de l'équipement ABS est représentée sur le document suivant :

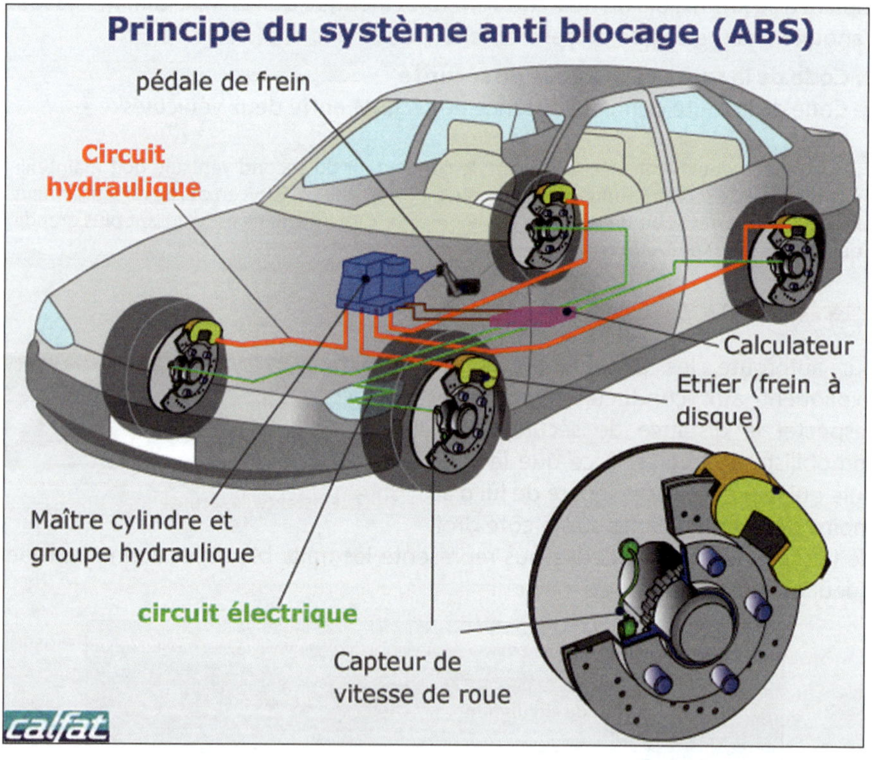

Doc. 6 Principe d'un système antiblocage ABS

Le principe du freinage ABS est le suivant. Lorsque le chauffeur appuie sur la pédale de frein, le maître-cylindre alimente en huile le groupe hydraulique qui régule la pression d'huile dans le circuit hydraulique. Les pistons portés par les étriers et disposés de part et d'autre du disque sont poussés par l'huile sous pression, ils pincent fortement le disque solidaire de la roue qui ralentit. Si le pincement est trop fort, la roue peut se bloquer. Pour éviter cela, un capteur détecte la vitesse de la roue et délivre cette information au calculateur. Si la vitesse devient trop faible et proche du blocage, le calculateur donne l'ordre au groupe hydraulique de diminuer la pression. Ainsi, grâce à l'ensemble capteur de vitesse-calculateur-groupe hydraulique, la pression est régulée lors d'un appui sur la pédale de frein pour obtenir la meilleure efficacité du freinage sans blocage.

1. Expliquer pourquoi il est indispensable de doter les quatre roues d'un capteur de vitesse.

2. À partir de l'analyse du document 6, compléter le document 7 en associant un composant matériel à chaque fonctionnalité.

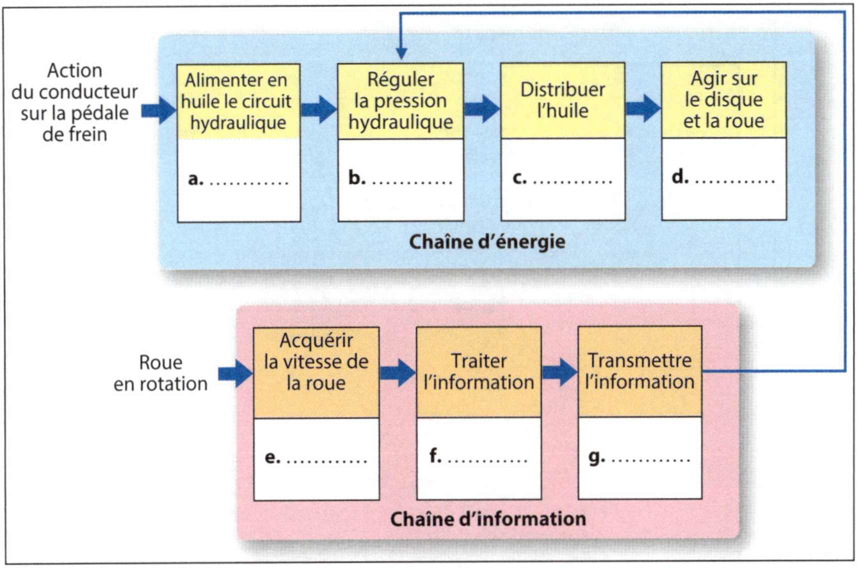

Doc. 7 **Chaînes d'énergie et d'information d'un ABS**

3. Le document 8, ci-après, présente l'algorithme du freinage ABS pour une roue. Compléter les parties manquantes.

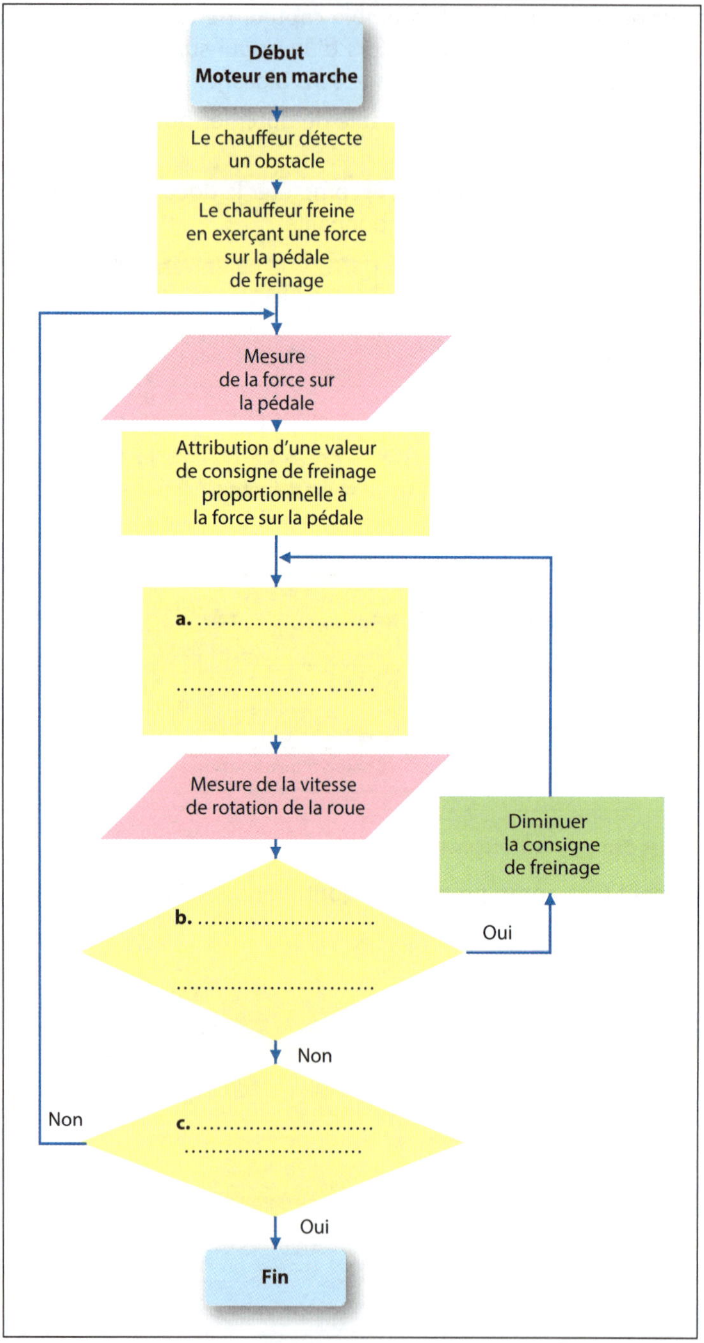

Doc. 8 Algorithme d'un ABS

CORRIGÉ

PARTIE 1 : Physique-Chimie

1. Au voisinage d'un collège, un véhicule roule à 30 km/h, vitesse maximale autorisée. D'après le tableau du document 2, sur route sèche, si le véhicule est correctement entretenu, la valeur de sa distance de réaction D_r est égale à **8 m** et la valeur de sa distance de freinage D_f est égale à **6 m**.
La distance d'arrêt D_a est la distance parcourue par le véhicule entre le moment où le conducteur aperçoit un obstacle et l'arrêt du véhicule, c'est-à-dire que $\mathbf{D_a = D_r + D_f}$.
À 30 km/h, $D_a = 8 + 6 =$ **14 m**.
D'après le tableau du document 2, à 50 km/h, la distance d'arrêt est égale à :
$D_a = 14 + 16 =$ **30 m**.
Ainsi, **en augmentant sa vitesse de 20 km/h uniquement, la distance d'arrêt a plus que doublé**. Il est donc **essentiel de ne pas dépasser les limitations de vitesse** pour ne pas mettre en danger la vie d'autrui et la sienne !

2. L'énergie cinétique E_c d'un objet de masse m se déplaçant à une vitesse V est égale à :
$\mathbf{E_c = \frac{1}{2} mV^2}$ avec E_c en joules (J), m en kilogrammes (kg) et V en mètres par seconde (m/s).
D'après le tableau du document 2, un véhicule roulant à 50 km/h a une vitesse égale à 14 m/s.
Ainsi, l'énergie cinétique E_c d'un véhicule de masse m = 1 000 kg roulant à V = 50 km/h = 14 m/s est égale à :
$E_c = \frac{1}{2} \times 1\,000 \times 14^2 =$ **$9{,}8 \times 10^4$ J = 98 kJ**.
Lors du freinage, l'énergie cinétique du véhicule diminue jusqu'à s'annuler. Cette énergie cinétique est **convertie en énergie thermique**.

L'astuce du prof
On peut aussi retrouver la vitesse en m/s grâce à la formule :
$1 \text{ km/h} = \frac{1}{3{,}6} \text{ m/s}$.

Remarque
L'énergie se conserve, mais une forme d'énergie peut être convertie en une autre forme d'énergie.

3. D'après le tableau du document 2, si un véhicule correctement entretenu roule à 130 km/h sur autoroute et par temps sec, la valeur de sa distance de réaction D_r est égale à **36 m**, et la valeur de sa distance de freinage D_f est égale à **104 m**.
La distance d'arrêt D_a de ce véhicule est donc égale à :
$D_a = D_r + D_f = 36 + 104 =$ **140 m**.
D'après le document 5, la règle « un automobiliste doit veiller à ce que le véhicule qui le précède soit séparé de lui d'au moins deux traits blancs » signifie que deux automobilistes doivent être séparés d'au moins : 38 + 14 + 38 = **90 m**.

Cette distance est suffisante, même si elle est inférieure à la distance d'arrêt calculée précédemment (140 m). En effet, aucun des deux véhicules n'est à l'arrêt : **le premier véhicule continuera à avancer d'au moins 50 m avant de s'arrêter, ce qui sera suffisant pour éviter la collision entre les deux véhicules.**

Remarque

Plus le véhicule est lourd, plus la distance de freinage est grande, c'est pourquoi la vitesse des camions est limitée à 90 km/h.

PARTIE 2 : Technologie

1. Il est indispensable de doter les quatre roues d'un capteur de vitesse. En effet, le rôle du capteur de vitesse pour chaque roue dans le système ABS est de **vérifier si la roue est en train de se bloquer ou pas**, et il est essentiel pour la sécurité du véhicule qu'**aucune roue ne soit bloquée**.

2. Les éléments manquants dans la chaîne d'énergie et la chaîne d'information d'un ABS sont les suivants :

   a. Maître cylindre

   b. Groupe hydraulique

   c. Circuit hydraulique

   d. Pistons portés par les étriers

   e. Capteur

   f. Calculateur

   g. Groupe hydraulique

3. Les trois parties manquantes dans l'algorithme du freinage ABS pour une roue sont :

   a. Pincement du disque par les pistons proportionnel à la valeur de consigne de freinage

   b. La vitesse mesurée est-elle proche de zéro ?

   c. La force exercée sur la pédale est-elle nulle ?

Gagnez des points !

Les deux dernières parties manquantes de l'algorithme sont forcément des questions.

Sujet de brevet 2

Physique-Chimie et Sciences de la Vie et de la Terre

Quelques caractéristiques de la planète Mars

Sujet inédit

Le 6 août 2012, le robot Curiosity se posait sur Mars. Faire atterrir une telle masse (900 kg) sur Mars n'a pas été une mince affaire. En effet, sur les 14 missions précédentes visant à poser un engin sur Mars, la moitié avait échoué. Les scientifiques qui ont tenté de poser des engins sur Mars devaient posséder des connaissances précises sur les caractéristiques physiques et géologiques de cette planète avant de tenter d'y poser un engin d'exploration.

Ce sujet permettra de préciser quelques-unes de ces connaissances.

PARTIE 1 Épreuve de Physique-Chimie (30 min) : Pesanteur sur Mars

– Des canaux de 100 km de largeur [sur Mars] ! Il a fallu de rudes ouvriers pour les creuser.

– Oh, Monsieur, que dites-vous là ? Vous ignorez donc que ce travail est infiniment plus aisé sur Mars que sur la Terre, puisque […] l'intensité de la pesanteur y atteint à peine le 37e de la nôtre. Un kilogramme d'eau n'y pèse que 370 g !

Il me jetait ces chiffres avec une telle assurance, avec une telle confiance de commerçant qui sait la valeur d'un nombre, que je ne pus m'empêcher de rire tout à fait et j'avais envie de lui demander ce que pèsent sur Mars le sucre et le beurre.

– Vous riez, Monsieur, vous me prenez pour un imbécile après m'avoir pris pour un fou. Mais les chiffres que je vous cite sont ceux que vous trouverez dans tous les ouvrages spéciaux d'astronomie.

Doc. 1 Extrait de *L'homme de Mars*, Guy de Maupassant, 1887

Données :

– valeur de l'intensité de la pesanteur à la surface de la Terre : $g_T = 9{,}8$ N/kg ;

– valeur de la constante de la gravitation universelle : $G = 6{,}67 \times 10^{-11}$ N·m²/kg².

	Masse ($\times 10^{24}$ kg)	Rayon ($\times 10^{6}$ m)
Terre	5,97	6,38
Mars	0,642	3,40

Doc. 2 Mars et ses satellites naturels Phobos et Deimos (vue d'artiste)

1. À l'aide du document 1, donner la relation entre la valeur de l'intensité de la pesanteur à la surface de Mars, g_M, et la valeur de l'intensité de la pesanteur à la surface de la Terre, g_T.
En déduire la valeur de g_M.
Pourquoi serait-il plus aisé de creuser sur Mars que sur la Terre ?

2. La valeur de l'intensité de la pesanteur g à la surface d'un astre de masse M et de rayon R est donnée par la relation : $g = G \times \frac{M}{R^2}$.

En utilisant la relation précédente, exprimer puis calculer la valeur de l'intensité de la pesanteur à la surface de Mars.

La valeur de g_M déterminée dans la question **1.** est-elle cohérente avec celle trouvée dans la question **2.** ?

3. Le texte de Guy de Maupassant doit être réédité aujourd'hui. Quelle note de bas de page faut-il ajouter à cet extrait pour préciser ou rectifier les données scientifiques concernant les notions de poids et de masse présentes dans le document 1 ?

PARTIE 2 Épreuve de Sciences de la Vie et de la Terre (30 min) : Tectonique des plaques sur Mars

Doc. 3 La faille de San Andreas dans le Carrizo Plain National Monument, vue aérienne (Californie, USA). La faille traverse la photo de gauche à droite. Au premier plan, la plaque nord-américaine ; au deuxième plan, la plaque pacifique.

1. Sur la photographie du document 3, tracer en rouge la limite entre la plaque nord-américaine et la plaque pacifique. Écrire les légendes suivantes sur la photographie : plaque nord-américaine, plaque pacifique et faille de San Andreas. Dessiner également sur la photographie des flèches noires pour représenter le déplacement des plaques nord-américaine et de la plaque pacifique l'une par rapport à l'autre, sachant que les flèches rouges sur la photographie désignent le lit d'un ruisseau décalé vers la droite.

Le décalage entre les ruisseaux, mesuré avec Google Earth, est de 1 000 m. Or, on sait que la plaque nord-américaine et la plaque pacifique se déplacent l'une

par rapport à l'autre à la vitesse de 4 cm/an. La durée écoulée depuis le début du décalage entre les deux parties du ruisseau est donc de :
(cochez la bonne réponse)

☐ 250 ans ☐ 2 500 ans ☐ 25 000 ans ☐ 250 000 ans

2. La plaque nord-américaine et la plaque pacifique glissent l'une contre l'autre en provoquant des séismes et des décalages. Dans un tableau, indiquer :
– les deux autres sortes de mouvements possibles entre deux plaques lithosphériques ;
– les conséquences de ces mouvements ;
– des exemples de plaques concernées ou de lieux.

3. Le planétologue An Yin de l'université de Los Angeles en Californie avance l'idée que la tectonique des plaques a fonctionné sur la planète Mars. Exploiter l'image du document 4 pour justifier cette idée.

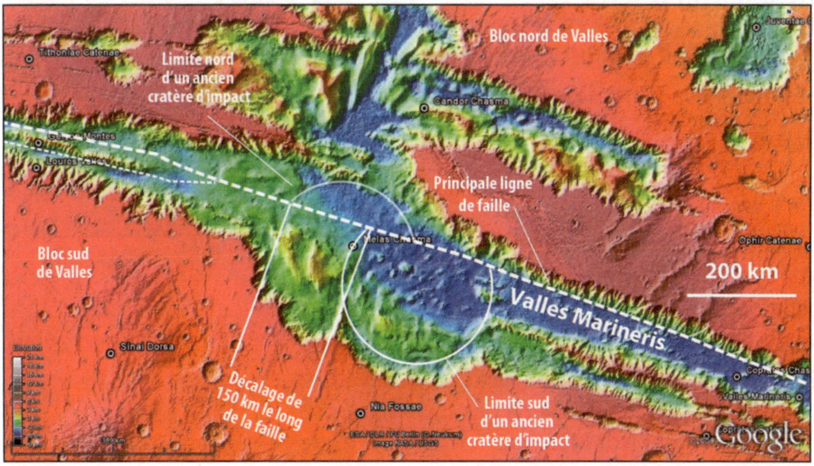

Doc. 4 **Décalage de blocs dans la Valles Marineris. Image en fausses couleurs issue du projet Google Mars. Valles Marineris est un grand canyon, long de 3 800 km et situé à l'équateur de Mars.**

CORRIGÉ

PARTIE 1 : Physique-Chimie

1. D'après le document 1, sur Mars « l'intensité de la pesanteur y atteint à peine le 37e de la nôtre » donc $\boldsymbol{g_M = 0{,}37 \times g_T}$.
Ainsi, $g_M = 0{,}37 \times g_T = 0{,}37 \times 9{,}8 =$ **3,6 N/kg**.
D'après le document 1, l'intensité de la pesanteur g est plus faible sur Mars que sur la Terre. La valeur du poids P d'une même masse m de roche est donc plus faible sur Mars que sur Terre (car $P = m \times g$). Un homme **fournirait donc moins d'efforts pour soulever une même masse sur Mars que sur la Terre**.

L'astuce du prof
Vérifiez que $g_M < g_T$.

Piège à éviter
Ne confondez pas masse et poids.

2. $g = G \times \frac{M}{R^2}$, soit pour la valeur de l'intensité de la pesanteur à la surface de Mars :

$$\boldsymbol{g_M = G \times \frac{M_M}{R_M^2}}$$

$$g_M = 6{,}67 \times 10^{-11} \times \frac{0{,}642 \times 10^{24}}{(3{,}40 \times 10^6)^2} = \mathbf{3{,}70\ N/kg}$$

La valeur de g_M déterminée dans la question **1.** était de 3,6 N/kg. Cette valeur est très proche de celle déterminée dans la question **2.** : les deux valeurs sont **cohérentes**.

Piège à éviter
Utilisez les parenthèses sur la calculatrice pour le dénominateur et n'oubliez pas le carré.

3. La note de bas de page pourrait être la suivante : « La masse d'un objet ne varie pas suivant la position de cet objet (sur Mars, sur Terre ou sur toute autre planète). Un kilogramme d'eau sur Terre a donc également une masse d'un kilogramme sur Mars. Contrairement à la masse, le poids d'un objet varie suivant la planète sur laquelle il se trouve. Il conviendrait donc d'écrire, en utilisant un vocabulaire scientifique rigoureux : "Le poids d'une masse d'eau de 1,0 kg n'est que de 3,7 N à la surface de Mars (au lieu de 9,8 N à la surface de la Terre)." »

Remarque
L'écart relatif entre ces deux valeurs est de 3 % environ.

PARTIE 2 : Sciences de la Vie et de la Terre

1. Localisation des plaques, de leurs limites et de leur mouvement relatif :

La durée écoulée depuis le début du décalage est de **25 000 ans**.
En effet, 1 000 m = 100 000 cm, et les plaques se décalent à la vitesse de 4 cm/an.
Or, 100 000 ÷ 4 = 25 000.

2. Le **tableau des autres mouvements de plaques lithosphériques** est le suivant :

Sortes de mouvements possibles entre deux plaques	Conséquences de ces mouvements	Exemples de plaques ou de lieux
Rapprochement	Séismes, volcanisme explosif, formation de chaîne de montagnes	Plaque pacifique et plaque sud-américaine Himalaya au nord de l'Inde
Écartement	Volcanisme de dorsale océanique, ouverture d'océan	Plaque nord-américaine et plaque eurasienne Dorsale médio-atlantique

3. On constate sur Mars la **présence d'une très longue faille** située dans la Valles Marineris qui sépare un bloc nord d'un bloc sud de Valles Marineris. Au centre de la photographie, on note la présence d'un cratère d'impact dont les **deux parties sont décalées de 150 km**. Le bloc nord a été décalé vers la gauche.
Or, on sait que sur Terre, la présence de blocs décalés par des failles atteste de l'existence de plaques lithosphériques qui glissent l'une par rapport à l'autre.
Donc, on peut en déduire que la planète Mars a fait l'objet d'une tectonique des plaques.

Sujet de brevet 3

Sciences de la Vie et de la Terre et Technologie

Sujet de France métropolitaine, juin 2018

PARTIE 1 Épreuve de Sciences de la Vie et de la Terre (30 min) : Le tétanos

Dans ce sujet, on s'intéressera à une maladie, le tétanos.

Un médecin reçoit aux urgences hospitalières un patient qui s'est sérieusement blessé avec un outil de jardinage. Dans un premier temps, la plaie est nettoyée et désinfectée. Le médecin décide de prévenir rapidement le risque de tétanos.

Le tétanos est une maladie provoquée par une toxine, produite par une bactérie : *Clostridium tetani*. La vaccination contre le tétanos protège de cette maladie.

Vaccins \ Âge approprié	1 mois	2 mois	4 mois	5 mois	11 mois	12 mois	16-18 mois	6 ans	11-13 ans	25 ans	45 ans	65 ans	Tous les 10 ans : 75 ans, 85 ans...
BCG	X												
Diphtérie – Tétanos – Poliomyélite		X	X		X			X	X	X	X	X	X
Rougeole – Oreillons – Rubéole						X	X						

X : injection d'un vaccin *D'après le site http://inpes.santepubliquefrance.fr, 2017*

Doc. 1 Calendrier simplifié permettant de se tenir à jour dans ses vaccinations

1. Le carnet de santé du patient indique qu'il a été vacciné contre le tétanos à 2 mois, 4 mois, 11 mois, 6 ans et 13 ans. À partir du document 1, justifier que le patient, âgé de 33 ans, n'est plus à jour dans sa vaccination contre le tétanos.

Dans le cas d'un patient qui n'est plus à jour dans sa vaccination contre le tétanos, le médecin prescrit un test de dosage sanguin des anticorps spécifiques anti-toxine tétanique. Le résultat du dosage permet de déterminer le traitement à lui appliquer sans tarder.

- Une goutte de sang prélevée au niveau du doigt est déposée sur une plaquette-test, puis quelques gouttes d'un diluant sont ajoutées.
- Dix minutes plus tard, une ou deux bandes colorées apparaissent dans la zone de lecture.
  – Si une seule bande se colore, le patient n'est pas ou est insuffisamment protégé contre le tétanos, le test est dit négatif.
  – Si les deux bandes se colorent, la personne est immunisée contre le tétanos, le test est dit positif.

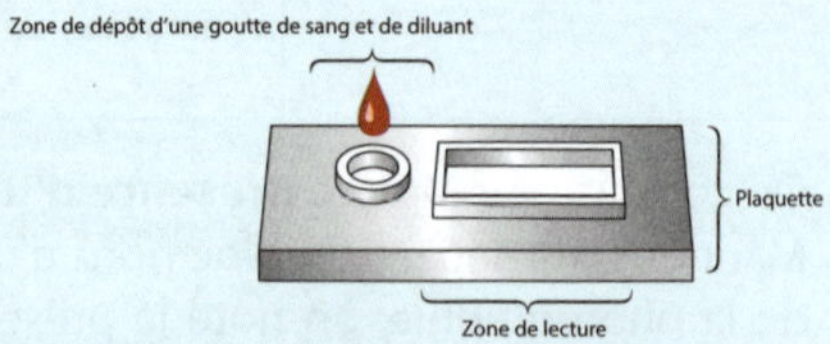

Plaquette utilisée pour le dosage rapide des anticorps anti-toxine tétanique

Doc. 2 Protocole du dosage rapide des anticorps spécifiques anti-toxine tétanique dans le sang d'un patient

2. À partir du document 2, réaliser le schéma légendé d'une plaquette-test correspondant à un résultat négatif de dosage des anticorps, obtenu pour un patient qui n'est plus immunisé contre le tétanos.

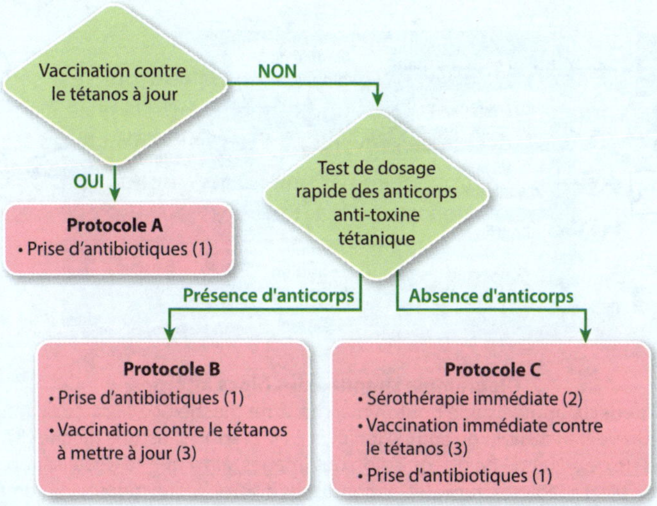

(1) Les antibiotiques stoppent l'infection due aux nombreuses bactéries présentes sur l'outil.
(2) La sérothérapie est une injection d'anticorps anti-toxine tétanique, la protection est quasi immédiate et ne dure que quelques jours.
(3) Seule la vaccination contre le tétanos assure une immunité supérieure à 10 ans contre la toxine tétanique.

D'après E. Pilly, Maladies infectieuses et tropicales, CMIT, 2016, 648 pages

Doc. 3 Arbre décisionnel des étapes à suivre pour un patient blessé par un outil de jardinage

3. a. À partir du document 3, citer les étapes de l'arbre décisionnel qui amènent le médecin à appliquer le protocole C.

b. Les trois éléments du protocole C sont : la sérothérapie immédiate, la vaccination immédiate et la prise d'antibiotiques. À partir du document 3, justifier la nécessite des trois éléments du protocole C à appliquer à ce patient qui s'est blessé avec un outil de jardinage.

PARTIE 2 Épreuve de Technologie (30 min) : L'échographie

L'échographie est une technologie d'imagerie 2D qui permet de visualiser certaines parties du corps humain, non visibles à l'œil nu.

Un constructeur d'échographes souhaite intégrer une transmission des résultats d'une vidéo de l'échographie en haute définition (HD). Afin de garantir une bonne disponibilité de cet appareil, il est nécessaire d'améliorer l'autonomie de la batterie et d'indiquer l'état de sa charge électrique.

1. À l'aide du document 4 qui décrit le principe de fonctionnement d'un échographe ainsi que les flux (information et énergie) représentés par les flèches, compléter le tableau de la page suivante en mettant, pour chaque flèche numérotée, une croix pour identifier la nature et le type de flux de chaque liaison.

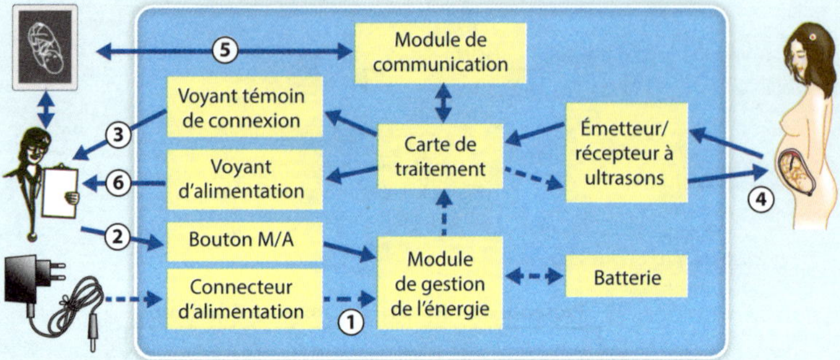

Diagramme simplifié des blocs internes

Lorsque le médecin appuie sur le bouton marche/arrêt (flèche ②), la carte de traitement est alimentée. Un voyant témoin de connexion avec la tablette est allumé (flèche ③).
La consigne de début et de fin d'acquisition des images, ainsi que sa visualisation, se font sur la tablette tactile. La tablette transmet les consignes (flèche ⑤) au module de communication qui les transmet à la carte de traitement.
La carte de traitement alimente l'émetteur à ultrasons en énergie électrique. L'émetteur à ultrasons convertit l'énergie électrique en signal sonore (flèche ④) qui se propage au sein du corps du patient. L'écho du signal sonore est capté par le récepteur, qui le convertit en signal électrique transmis à la carte de traitement puis au module de communication. Celui-ci renvoie les résultats du traitement (flèche ⑤) à la tablette pour l'affichage des images.

Doc. 4 Principe de fonctionnement d'un échographe portable

Lien	Nature de l'interaction					Type de flux	
Flèche	Signal Sonore	Signal lumineux	Courant électrique	Ondes radio (sans fil)	Consignes utilisateur	Flux d'énergie	Flux d'information
①							
②							
③							
④							
⑤							
⑥		X					X

Pour une transmission de vidéo en HD, il est nécessaire d'adapter la solution technique pour le module de communication.

2. À l'aide des données du document 5, choisir la solution technique que le constructeur doit intégrer au nouvel appareil et argumenter la réponse en précisant le ou les critères de choix.

Débits nécessaires pour une transmission :
- d'une image d'échographie en 1 s → 128 kbits·s⁻¹ (kilobits par seconde).
- d'une vidéo d'échographie haute définition → 10 Mbits·s⁻¹ (mégabits par seconde).

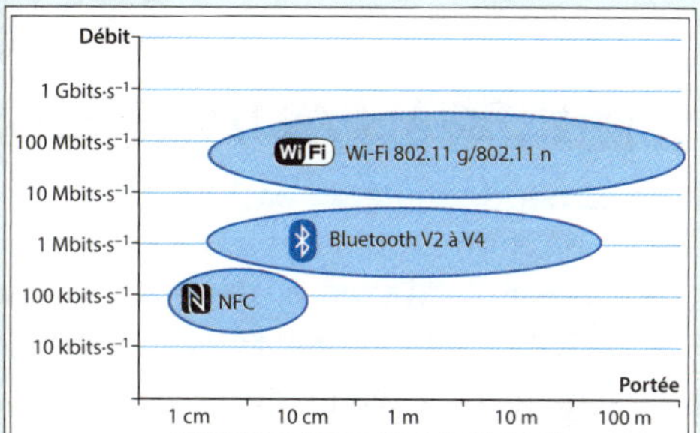

Comparaison de la portée et du débit de 3 normes de connectivité sans fil

Doc. 5 Caractéristiques des technologies de transmissions sans fil

Afin de répondre aux exigences du cahier des charges, le constructeur remplace la batterie utilisée de type Ni-Cd par une batterie de type Li-Ion.

3. À l'aide du document 6, préciser les exigences qui ont été déterminantes dans le choix du constructeur. Argumenter la réponse.

Critère \ Type batterie	Plomb	Ni-Cd	Ni-Mh	Li-Ion
Rapport énergiestockée/masse	40 Wh·kg^{-1}	60 Wh·kg^{-1}	85 Wh·kg^{-1}	170 Wh·kg^{-1}
Prix pour 1 Wh	0,15 €	0,60 €	0,65 €	0,70 €
Source de pollution	Élevée	Élevée	Faible	Faible
Durée de vie (ans)	4 à 5	2 à 3	2 à 4	2 à 3

Doc. 6 Caractéristiques des batteries

Pour informer l'utilisateur sur l'état de charge de la batterie, le constructeur étudie la possibilité d'intégrer un module d'information et de gestion de la charge au sein de l'appareil.

4. À l'aide du document 7, compléter la modélisation du programme de gestion du voyant d'alimentation de l'appareil d'échographie situé ci-dessous.

Un module de gestion gère la charge de la batterie et communique les informations suivantes à la carte de traitement :
- charge en cours – état vrai ou faux ;
- batterie déchargée – état vrai ou faux ;
- batterie chargée – état vrai ou faux.

L'information de l'utilisateur est réalisée à l'aide d'une LED tricolore respectant en permanence le principe de fonctionnement suivant :
- lorsque la batterie est en charge, la LED clignote en orange (1 s allumée, 1 s éteinte) ;
- lorsque la batterie est en charge et qu'elle a atteint son niveau chargé, la LED s'allume en vert ;
- si la batterie est déchargée, la LED s'éclaire en rouge.

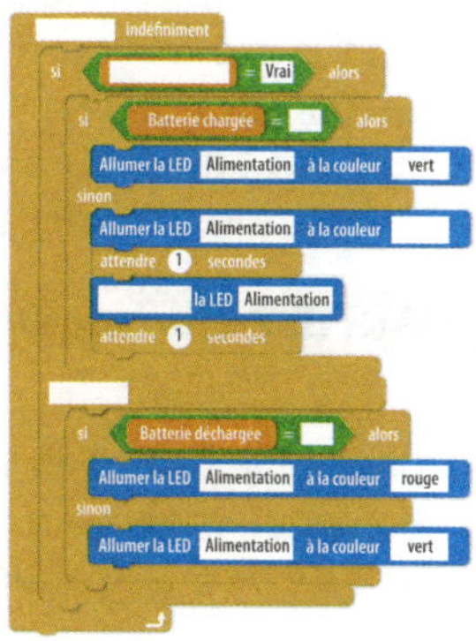

Doc. 7 Gestion de la charge de la batterie

CORRIGÉ

PARTIE 1 : Sciences de la Vie et de la Terre

1. Le carnet de santé du patient, actuellement âgé de 33 ans, indique qu'il a été vacciné contre le tétanos à 2 mois, 4 mois, 11 mois, 6 ans et 13 ans. Or, d'après le document 1, il n'a **pas** eu de **rappel de vaccination à 25 ans** comme préconisé. Il n'est donc plus immunisé contre le tétanos.

2. Le schéma de la plaquette-test est le suivant :

> **L'astuce du prof**
> N'oubliez pas les légendes !

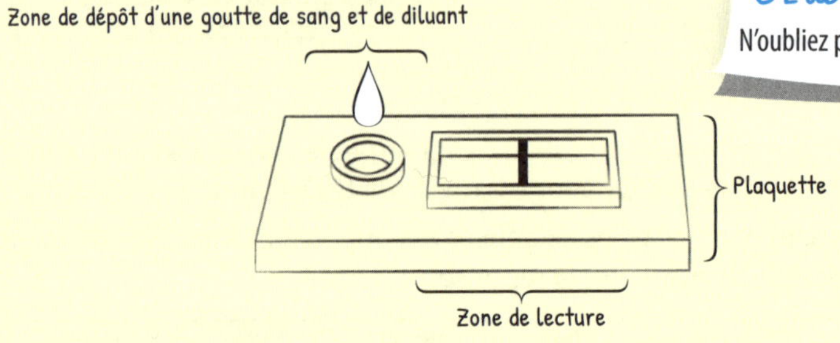

3. a. Les étapes de l'arbre décisionnel qui conduisent le médecin à mettre en œuvre le protocole C sont :
- le **contrôle du carnet de vaccination** contre le tétanos : le carnet n'est **pas à jour** ;
- le **test de recherche des anticorps** anti-toxine tétanique : le résultat est **négatif**.

b. Le protocole C comprend trois gestes médicaux qui **protégeront immédiatement et durablement** le patient. Les antibiotiques **détruiront les microbes tétaniques** qui ont infecté le patient et stopperont ainsi la production de nouvelles toxines tétaniques. La sérothérapie permettra de **neutraliser les toxines tétaniques** grâce aux anticorps. Enfin, la vaccination immédiate déclenchera une réaction des cellules immunitaires qui **produiront des anticorps anti-toxine tétanique**. Cette production d'anticorps sera suffisante pour protéger le patient **pendant 10 ans**.

> **Gagnez des points !**
> Reformulez les éléments tirés des documents.

PARTIE 2 : Technologie

1. D'après le document 4 qui décrit le principe de fonctionnement d'un échographe, ainsi que les flux représentés par les flèches, **la nature et le type de flux** de chaque liaison sont les suivants :

> **Gagnez des points !**
> Même si vous hésitez, tentez votre chance en plaçant deux croix dans chaque ligne du tableau.

Lien	Nature de l'interaction					Type de flux	
Flèche	Signal Sonore	Signal lumineux	Courant électrique	Ondes radio (sans fil)	Consignes utilisateur	Flux d'énergie	Flux d'information
①			X			X	
②					X		X
③		X					X
④	X						X
⑤				X			X
⑥		X					X

2. Seule la **technologie Wi-Fi** a une portée et un débit suffisants. Les critères de choix sont la **portée** (**distance entre l'échographe et la tablette**) et le **débit** qui permet de **transmettre une vidéo en haute définition**.

3. Les batteries Li-Ion ont une **quantité d'énergie stockée environ trois fois plus importante** pour une même masse. De plus, elles ont un **impact environnemental plus faible**. Leur inconvénient est un prix plus élevé, mais le constructeur a jugé ce critère moins important.

> **L'astuce du prof**
> Vérifiez que les trois états de la batterie peuvent être exécutés : chargée, en charge, déchargée.

4. D'après le document 7, la modélisation du programme de gestion du voyant d'alimentation de l'appareil d'échographie est la suivante :

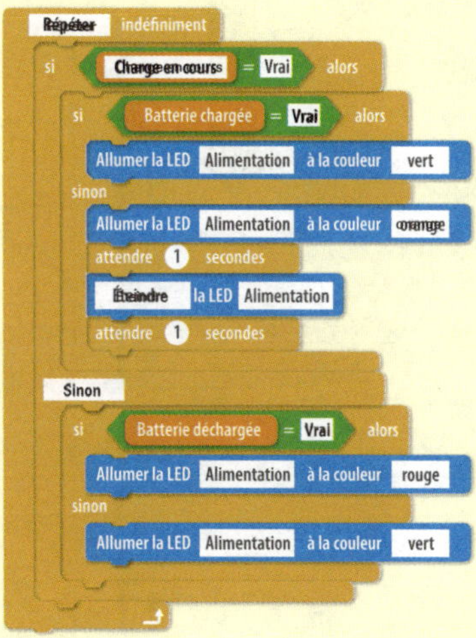

Sujets de brevet

Observation du vivant

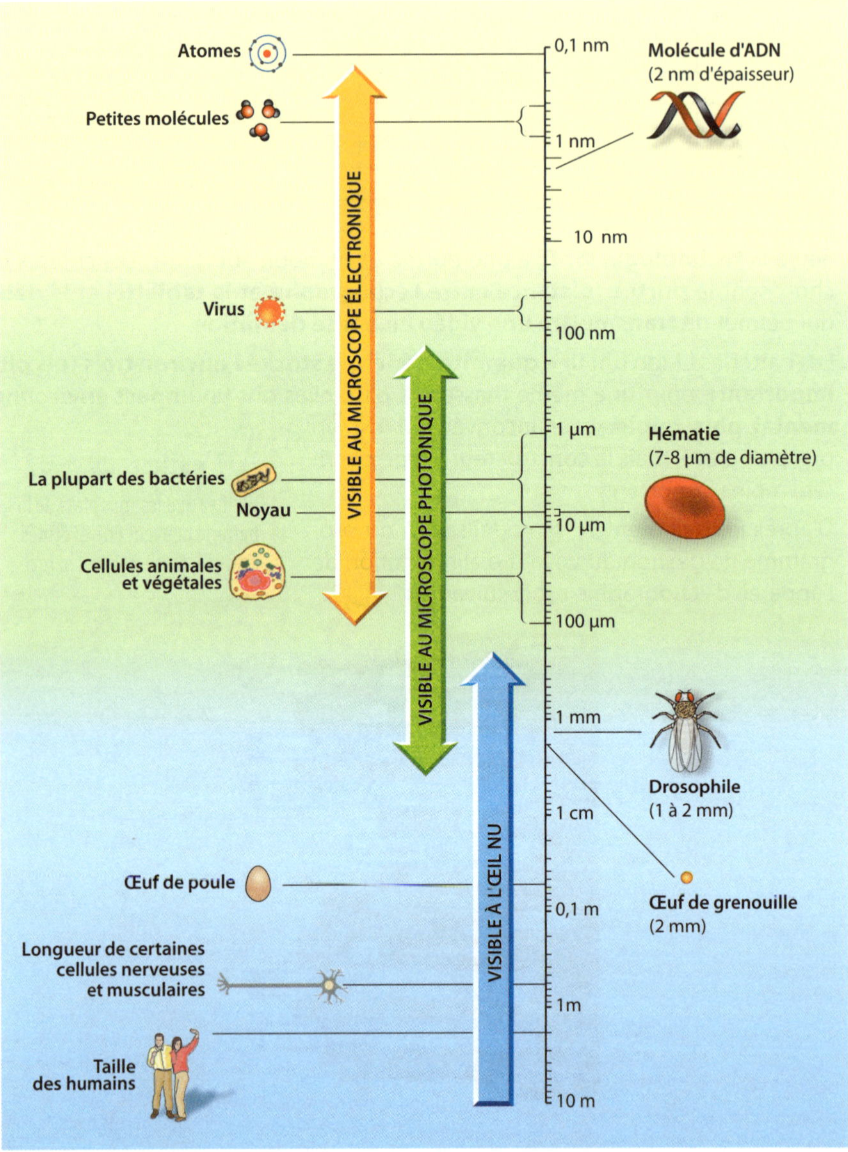

Classification emboîtée des animaux

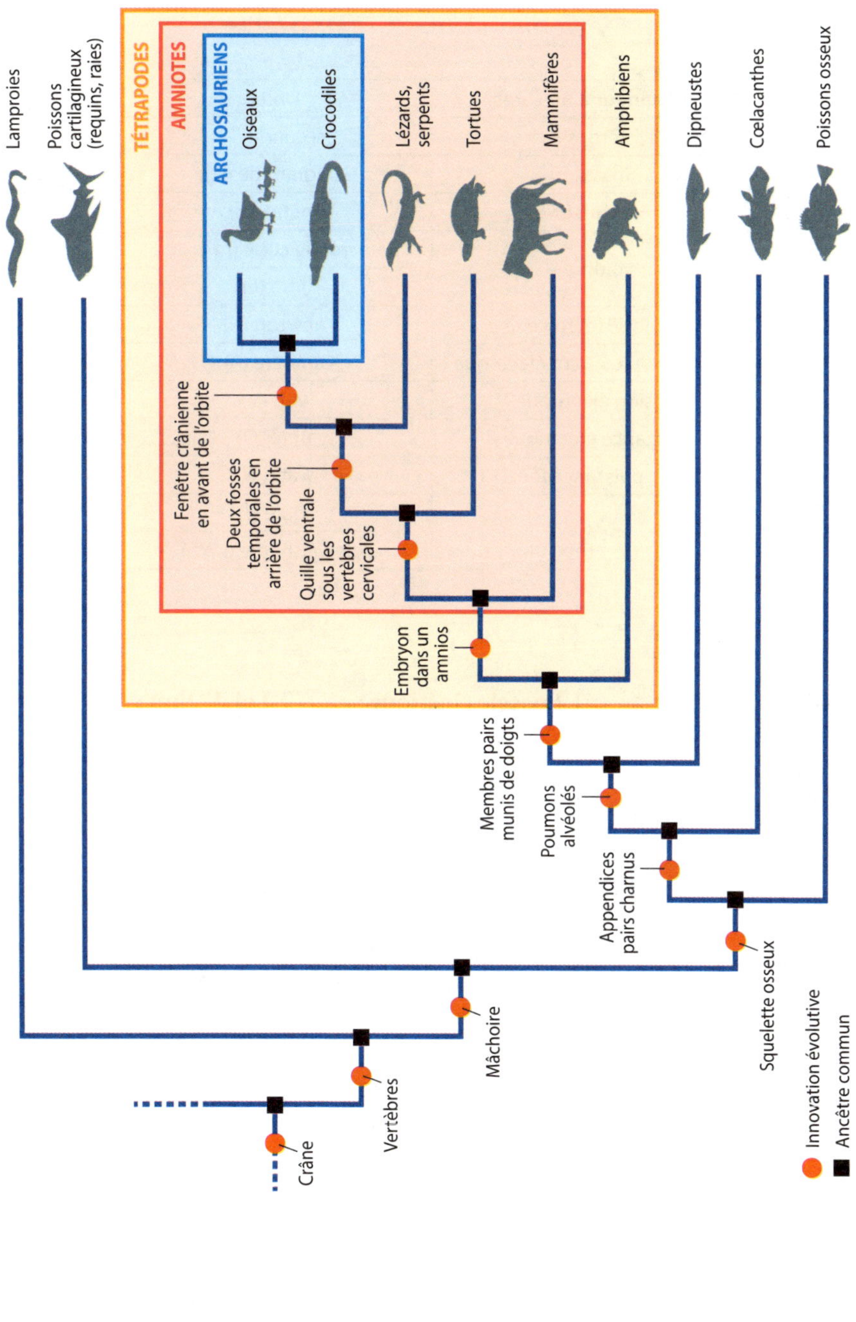

Grandeurs et unités

1 Les principales grandeurs et leurs unités

Grandeur à mesurer	Unité
temps *t*	seconde (s)
masse *m*	kilogramme (kg)
longueur *l*	mètre (m)
volume *V*	mètre cube (m³)
	litre (L)
poids *P* (et force *F*)	newton (N)
intensité du courant électrique *I*	ampère (A)
tension électrique *U*	volt (V)
résistance électrique *R*	ohm (Ω)
puissance *P*	watt (W)
énergie *E*	joule (J)
	kilowattheure (kWh)

2 Formulaire

Poids :

$P \quad m\,g$

P → N ; m → kg ; g → N/kg

Vitesse :

v → m/s ; d → m ; t → s

ou

v → km/h ; d → km ; t → h

Énergie cinétique :

$E \quad m v$

E → J ; m → kg ; v → m/s

Masse volumique :

ρ → kg/m³ ; m → kg ; V → m³

ou

ρ → g/L ; m → g ; V → L

Loi d'Ohm :

$U \quad R \times I$

U → V ; R → Ω ; I → A

Puissance électrique :

$P \quad U \times I$

P → W ; U → V ; I → A

Énergie :

$E \quad P \times t$

E → J ; P → W ; t → s

ou

E → kWh ; P → kW ; t → h

3 Multiples et sous-multiples

Facteur	Préfixe	Abréviation	
10^9	giga	G	$10^9 = 1\,000\,000\,000$
10^6	méga	M	$10^6 = 1\,000\,000$
10^3	kilo	k	$10^3 = 1\,000$
10^{-9}	nano	n	$10^{-9} = 0{,}000\,000\,001$
10^{-6}	micro	µ	$10^{-6} = 0{,}000\,001$
10^{-3}	milli	m	$10^{-3} = 0{,}001$

4 Conversions d'unités

MX			kX			X			mX			µX			nX		
										1	0	0	0	0			
								0,	0	1	0						
					0,	0	0	0	0	1	0						

Exemple :

t			kg			g			mg		
		1	0	0	0						
					0,	0	0	1			
					0,	0	0	0	0	0	1

1 t (tonne) = 1 000 kg
1 g (gramme) = 0,001 kg
1 mg (1 milligramme) = 0,000 001 kg

5 Notation scientifique

• On exprime très souvent un résultat sous forme de notation scientifique, c'est-à-dire sous la forme d'un nombre décimal comportant deux ou trois chiffres significatifs et une puissance de dix.

Exemple :

$$2{,}56 \times 10^6 \text{ m}$$

• En modifiant l'exposant de la puissance de dix, on effectue facilement une conversion d'unités.

Exemple :

$$2{,}56 \times 10^6 \text{ m} = 2{,}56 \times 10^3 \text{ km} = 2{,}56 \text{ Mm}$$

Quelques symboles en électricité

Photographie	Symbole
• Piles 	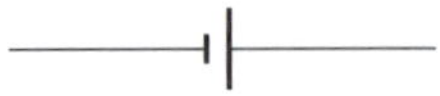
• Générateur 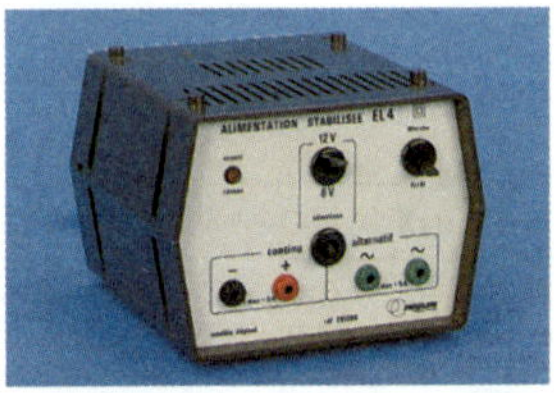	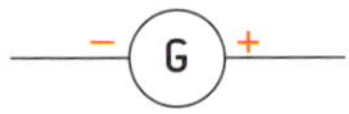
• Lampe 	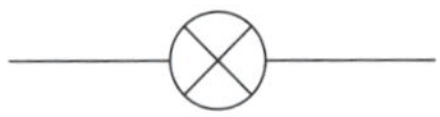
• Moteur 	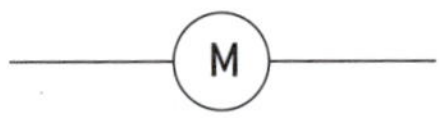
• Diode 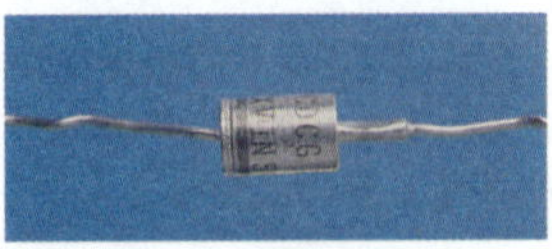	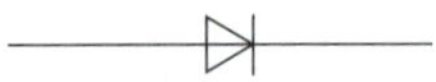
• Conducteur ohmique 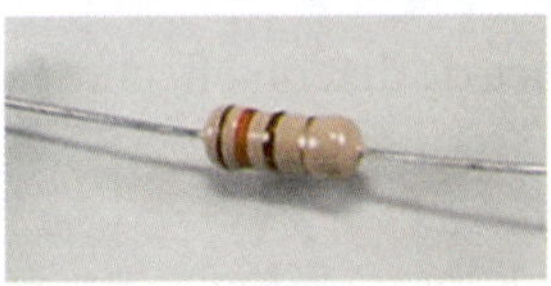	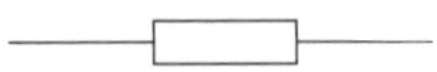

Classification périodique des éléments

Numéro atomique → Z X ← Symbole de l'élément
Nom

H 1 hydrogène																	He 2 hélium
Li 3 lithium	Be 4 béryllium											B 5 bore	C 6 carbone	N 7 azote	O 8 oxygène	F 9 fluor	Ne 10 néon
Na 11 sodium	Mg 12 magnésium											Al 13 aluminium	Si 14 silicium	P 15 phosphore	S 16 soufre	Cl 17 chlore	Ar 18 argon
K 19 potassium	Ca 20 calcium	Sc 21 scandium	Ti 22 titane	V 23 vanadium	Cr 24 chrome	Mn 25 manganèse	Fe 26 fer	Co 27 cobalt	Ni 28 nickel	Cu 29 cuivre	Zn 30 zinc	Ga 31 gallium	Ge 32 germanium	As 33 arsenic	Se 34 sélénium	Br 35 brome	Kr 36 krypton
Rb 37 rubidium	Sr 38 strontium	Y 39 yttrium	Zr 40 zirconium	Nb 41 niobium	Mo 42 molybdène	Tc 43 technétium	Ru 44 ruthénium	Rh 45 rhodium	Pd 46 palladium	Ag 47 argent	Cd 48 cadmium	In 49 indium	Sn 50 étain	Sb 51 antimoine	Te 52 tellure	I 53 iode	Xe 54 xénon
Cs 55 césium	Ba 56 baryum	L	Hf 72 hafnium	Ta 73 tantale	W 74 tungstène	Re 75 rhénium	Os 76 osmium	Ir 77 iridium	Pt 78 platine	Au 79 or	Hg 80 mercure	Tl 81 thallium	Pb 82 plomb	Bi 83 bismuth	Po 84 polonium	At 85 astate	Rn 86 radon
Fr 87 francium	Ra 88 radium	A	Rf 104 rutherfordium	Db 105 dubnium	Sg 106 seaborgium	Bh 107 bohrium	Hs 108 hassium	Mt 109 meitnerium	Ds 110 darmstadtium	Rg 111 roentgénium	Cn 112 copernicium	Nh 113 nihonium	Fl 114 flérovium	Mc 115 moscovium	Lv 116 livermorium	Ts 117 tennessine	Og 118 oganesson

L = Lanthanides : 57 à 71 **A = Actinides : 89 à 103**

D'après www.iupac.org

Lexique

Algorithme Succession d'opérations et d'instructions permettant la réalisation d'une tâche ou d'un problème.

Attribut Caractère observable d'un organisme permettant de le classer.

Biodiversité Toutes les espèces vivant dans un milieu.

Cahier des charges Support décrivant l'ensemble des contraintes d'un projet de confection d'un objet technique.

Caractéristique (d'un matériau) Qualité physique permettant de comparer les avantages d'un matériau par rapport à un autre.

Chaîne alimentaire Succession de relations « mangeur-mangé » entre des êtres vivants. Elle indique qui est mangé par qui.

Contrainte Caractéristique ou fonction imposée à un objet technique pour l'adapter à son usage, à son environnement ou à des choix esthétiques.

Conversion d'énergie Transformation d'une forme d'énergie en une autre forme d'énergie.

Décantation Technique qui consiste à laisser reposer un mélange en attendant que les constituants se séparent spontanément.

Écosystème Ensemble composé du milieu de vie et des êtres vivants qui interagissent.

Érosion Dégradation et transformation du relief et des roches sous l'action de divers éléments comme l'eau ou le vent.

Espèce Ensemble d'êtres vivants ayant des caractères communs et pouvant se reproduire entre eux tout comme leurs descendants.

Filtration Séparation des constituants solides et liquides d'un mélange grâce à un filtre.

Fœtus Étape du développement à partir de laquelle le jeune ressemble à sa forme adulte.

Fonction technique Action réalisable par l'objet technique.

Fossile Empreinte ou reste transformé en roche d'un être vivant conservé dans une roche sédimentaire.

Interaction Effet qu'exercent l'un sur l'autre deux parties.

Maquette virtuelle Modèle numérique qui représente l'objet dans un logiciel de conception assistée par ordinateur (CAO).

Matière organique Matière produite par les êtres vivants, qui constitue leurs différents organes.

Micro-organisme Organisme microscopique comme les bactéries ou certains champignons.

Nutrition Fonction biologique qui permet d'approvisionner les organes selon leurs besoins.

Objet technique Objet réalisé ou modifié par l'être humain.

Performance Résultat maximal qui peut être atteint.

Planning de fabrication d'un objet technique Calendrier qui définit les étapes de fabrication et d'assemblage d'un objet technique.

Procédé de mise en forme Technique permettant de donner une forme déterminée à un matériau.

Protection Ensemble des méthodes et techniques qui permettent de réduire les dommages causés aux constructions et le nombre de victimes suite à un phénomène naturel.

Prototype Premier exemplaire d'un objet sur lequel une série de tests sera effectuée pour valider les solutions techniques retenues.

Puberté Passage de l'enfance à l'âge adulte.

Régime alimentaire Ensemble des aliments consommés par un animal.

Réseau Ensemble de deux ou plusieurs ordinateurs reliés par des câbles ou des ondes (sans fil) pour communiquer.

Révolution Mouvement d'un objet tournant autour d'un astre.

Risque naturel Possibilité pour une population de subir une catastrophe naturelle.

Rotation Mouvement d'un objet tournant sur lui-même, autour d'un axe de rotation qui le traverse.

Source d'énergie renouvelable Source d'énergie dont le renouvellement naturel est assez rapide pour qu'elle puisse être considérée comme inépuisable à l'échelle de temps humaine.

Source d'énergie non renouvelable Source d'énergie dont les stocks sont limités à l'échelle de temps humaine.

Système solaire Système composé du Soleil et d'astres tournant autour de cette étoile, dont les 8 planètes : Mercure, Vénus, Terre, Mars, Jupiter, Saturne, Uranus et Neptune.

Trajectoire Ligne décrite par un objet au cours du temps lors de son déplacement.

Valorisation Transformation d'un déchet en vue de lui donner une utilisation plus noble.

FSC www.fsc.org
MIXTE
Papier issu de sources responsables
FSC® C022030

N° éditeur : 10244281
JPM – Décembre 2018
Imprimé en France par Loire Offset Titoulet
N° imprimeur : 201810.2091